CONSTELADO

千 里 远 景 ， 如 在 尺 寸 之 间 。

The Manners and Customs of the Ancient Egyptians

神的子民

古埃及人的风俗与日常

第I卷

[英] 约翰·加德纳·威尔金森 著

梁力乔 译

John Gardner Wilkinson

中国工人出版社

序言

本版系根据已故约翰·加德纳·威尔金森爵士留下的笔记和手稿整理而成，编者在出版时补入了新内容。为与已有版本形成区别，本版中用“G.W.”记号代表新增原作者留下的内容，“S.B.”记号代表本版编者自己补入的新内容，方便读者加以区别。对原版文本做的删节很少，仅删除了一些已经被19世纪最新证据证伪的观点和结论①。

随着我国学者②C.W.戈德温（C.W.Goodwin）、勒·佩奇·雷诺夫（Le Page Renouf）、坎农·库克（Canon Cooke）、布鲁格施–贝（Brugsch-Bey）、杜米申（Duemichen）、艾森罗赫尔（Eisenlohr）和L.斯特恩（L.Stern）等人和法国学者夏巴斯（Chabas）、乐维罗（Revillout）、马斯佩罗（Maspero）、日内瓦的纳维尔（Naville of Geneva）和圣彼得堡的戈罗尼舍夫（Golenischeff of St.Petersburg）等人不断发表考古新发现，埃及学这门学科开始不断地“开枝散叶”，对象形文字所进行的解读和

---

① 对应地，也补入了新内容。举例说明，我们删去了原版卷三的附录，读者如果感兴趣，还可以在同为约翰·加德纳·威尔金森爵士所作的《埃及旅行者手册》（*Handbook for Travellers in Egypt*）中找到。本版的三卷内容，实际相当于原版五卷的内容。——原注

② 指 19 世纪的英国。此外，杜米申、艾森罗赫尔和 L. 斯特恩是德国学者。——译者注

对古人笔迹进行的辨别就是例子。这导致希腊学者和罗马学者为我们留下资料的价值从18世纪的“一等”降为如今19世纪的“二流”。我们只要有条件，就在本书中都使用一流的材料，因为对于学生和研究者而言，比起直接照抄二流材料，用它们进行推导重要得多。

原作者敏锐的观察力及其根据对古代遗迹观察总结出的内容，足以让本书成为埃及学相关领域的教科书，同时适合普通人阅读。作者对古埃及文明和古希腊文明之间的比较研究下了很大功夫，这也是本书的一大价值所在。

为了和19世纪埃及学研究的最新水平对标，不得不对本书的某些转写为英语的名词进行修改。19世纪，埃及专有名词的音译系统仍然处于过渡状态；但从比较哲学和一般科学研究角度考虑，人们多少还是希望一些普遍共识性的标准尽快投入使用，如在1874年伦敦东方学会（Congress of Orientalists①）上提出的标准（本书就将参考这个标准），但引用古代学者原话的时候例外。

本作品将尽量呈现出能为大多数读者所能接受的面貌，以最佳方式传播古埃及民族——古代最杰出民族之一——的风俗习惯知识。

作为编者，鄙人谨对威尔金森夫人（Lady Wilkinson）表达诚挚

① “Orientalists”指的是“东方学”，即研究亚洲西部、非洲（北非为主）的历史、经济、语言、文学、艺术及其他物质、精神文化的综合性学科。东方学家自称还原了这些地区的历史和文明风貌，实际很多时候都带有欧洲中心主义色彩。近年来随着西方后殖民主义研究浪潮传入我国，一些学者对“东方学”这个译名提出了质疑，认为从语言研究和国家治理紧密结合，夺取中国国际话语权的角度考虑，应该重新对这个“由西方观念塑造东方面貌”的学科名称进行翻译。——译者注

的谢意，她提供了直到临终前都致力于埃及学研究的先夫的手稿，同时也要向威廉·夏普（William Chappell）先生表达谢意，他对于古埃及音乐的研究颇有心得。编者还要感谢自己的儿子瓦尔特·德·格雷·伯奇（Walter de Gray Birch）先生，他在本书出版过程中给予编者良多帮助，并撰写了本书的索引部分。

塞缪尔·伯奇

1878年2月9日

于伦敦

●卫城入口遗址。城门象征奥西里斯，两座塔分别象征伊西丝（Isis）和尼弗泰斯（Nephtys）

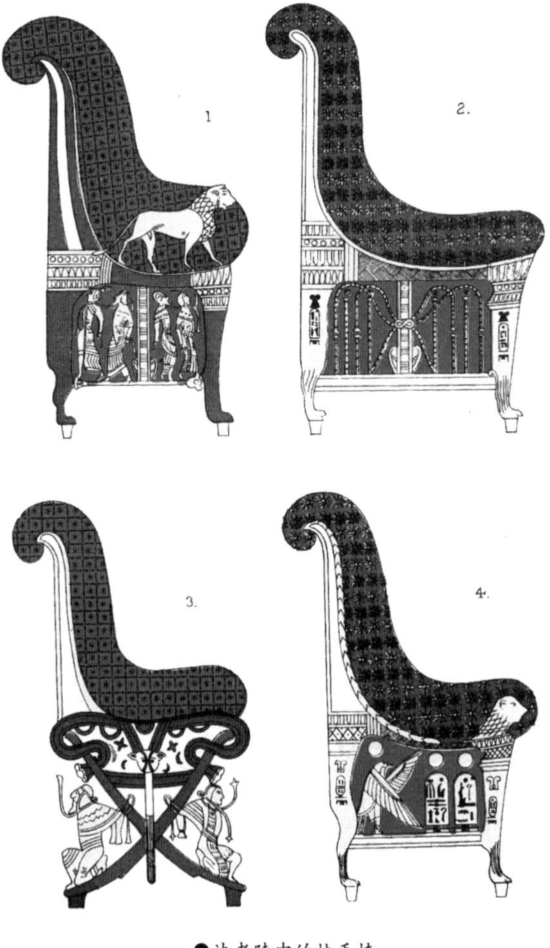

●法老陵中的扶手椅

摘要式目录

7
6
5
4
3
2
1

7
6
5
4
3
2
1

●阿匹斯神牛（Apis）铜像

●弹竖琴的人

第 1 章

埃及人的起源—尼罗河三角洲面积的缓慢扩展—盲诗人荷马笔下的“Ægyptus”—有时被称为“底比斯”的埃塞俄比亚—早期埃及社会状况—古代埃及的等级制度—美尼斯是最早的法老—埃及人从不认为奥西里斯等神生活在俗世之中—从美尼斯时代到波斯人入侵时期—最古老的埃及纪念碑—金字塔—和约瑟同时代的欧瑟特森—并非犹太人的“牧羊人国王”—古代铭文中埃及社会发展取得的早期进步—欧瑟特森一世时代之前无确切之事

●三角洲分岔口附近地区丰水期时的金字塔景象；本图右侧小山上也有一座古代金字塔的废墟，但没有任何古代学者提及它

《圣经》无疑是人类世界鸿蒙初开之时所能留下最古老、最真实的记录，虽然它对于人类先民起源的刻画显得泛泛而谈，但我们从中已经得到足够多的信息，从而推知一些有趣的结论。

到了晚期，古埃及将人类的起源归功于创造神克努比斯（Chnoumis），他让陶匠用滚轮造人。19世纪发现的一个新传说则认为是拉（Ra）神的一种形式，即哈马西斯（Harmachis）神①造人，拉曾以哈马西斯这个形式在阿波罗波利特诺姆（Apollonopolite nome）战胜了他的敌人。侥幸逃过神的屠杀的人往南部逃跑成了古实（Kush）居民，往北逃的人进入阿姆（Amu），往西逃的人成了“塔玛胡人”，换句话说就是利比亚人，剩下往东逃的人就成了萨苏人（Shasu）。世界上的人类分为四大种族，这是一种古埃及世界观。此外，还有一种创造神“特恩”（Turn）的传说，该传说认为特恩是存在（existences）的创造者和不同类型颜色的分配者，他让闪族人（Semetic）和黄色对应，让雅利安人（Ayran）和粉色、白色对应，让尼格里特人（Nigritic）和黑色、铜色对应②。根据传说，埃及文明在存在的最早时期是“黄金年代”，由不同的神轮番执政。后来，神的权位被称为“荷鲁斯追随者”③的原始先民接替，之后

① 摘自夏巴斯的《研究》（*Etudes*）和纳维尔的《荷鲁斯神话》（*Mythe d'Horus*）。——原注

② 摘自格里包特（Grebaut）的《阿蒙神的赞歌》（*Hymne à Ammon*）。——原注

③ 摘自马斯佩罗（Maspero）的《古代史》（*Histoire Ancienne*）。——原注

才传到由凡人建立的最早期的古代王朝。埃及人自认为是尼罗河流域的本土居民，但19世纪，一般认为他们从东方经苏伊士地峡（Isthmus of Suez）进入埃及，赶走了原始的尼格里特部落，并在尼罗河谷（Valley of the Nile）安居。

研究古埃及人包含语言等各方面的特征，我们觉得他们不像是非洲人的后裔，更像是阿比西尼亚人和尼罗河流域很多原始先民的后裔[①]，在起源上具有明显的亚洲特征。而根据老普林尼的记载，朱巴（Juba）确定尼罗河两岸锡尼（Syene）到梅罗（Meroe）的居民都不是来自埃塞俄比亚[②]，而是阿拉伯人。就算其他所有特征的说服力都不够强，至少我们研究古代头骨，也发现这些遗骸明显属于高加索人种[③]，所以对于埃及先民来自东方这个判断的疑虑可以被打消了。有人甚至直接引用《圣经·创世记》（*Book of Genesis*）中的内容，称诺亚（Noah）的儿子含（Ham）及其直系后代都来自东方，最后在埃塞俄比亚、埃及[④]、利比亚和迦南之

① “Azrek”这个单词常被用来表示黑色或蓝色，“Neel-el-Azrek”可以被翻译为“青尼罗河”，或许翻译成“黑尼罗河”更合适。这个单词和“Neel-el-Abiad”，即“白尼罗河”相对。——原注

② 来自埃塞俄比亚就肯定是黑人了。——原注

③ 因为这个结论是从对古代纪念碑的解读中得出的，所以埃及人中存在高加索人种的后裔这个观点还是能得到普遍承认的。尽管根据胡雷教授（Professor Huxley）提出的观点，古埃及人可能是一片古老大陆上先民的后裔，这和澳大利亚原住民比较类似。——S.B.

④ 《圣经·创世记》中有一个单词写作“Mizraim”或“Mizrim”，这是一个复数名词，在希伯来语中表示“埃及的两个区域”，可以在象形文字中找到很多对应。阿拉伯人仍然在使用类似的表述，转写过来大概相当于“两个‘Misr’”之类的表述，阿拉伯人把埃及和开罗称作“Musr”或“Misr”。类似地，存在“Thummim”或“Thmim”这样的表述，意指“两种真理”。——原注

地（Canaan）安居。含这个名字写作“Ham[①]”，事实上和埃及的“Khem”或“Cham”表示同样的意思，而摩西（Moses）也通过自称“诺亚之子”的方式亮明自己的埃及人身份。有一个更合理的假设，就是来自亚细亚的先民在后来的某个时期于埃及定居。相关的证据也是存在的，埃及人的头部构造和尼格罗人（Negroes，黑人）存在显著的区别。

埃及地处非洲，但埃及人和亚洲人之间在礼仪方面、风俗方面、语言方面和宗教方面惊人相似，至少亚洲风格多于非洲风格。有的学者也指出古埃及人曾居住的山谷属于亚洲而不是非洲，有的学者则以尼罗河为界，将埃及分为东西两部分[②]，东部应该属于亚洲，只有西部属于非洲。

印度宗教和埃及宗教不像是存在相互借鉴的成分，因为相似性不大，但两者源于同一祖先也并非不可能的事情[③]。

很多人认为埃塞俄比亚的尼罗河流域首先带来了“殖民化”和“文明”等概念，而埃及人掌握的科学技术则来自“古实之地”（land of Cush）。19世纪，根据科学考察得到的结论，这种观点和事实不符。埃塞俄比亚和埃及在古代科学技术方面留下的样品在概念上完全不一样，埃及样品的质量更高一些[④]。埃塞俄比亚先民恐怕不能像现在这样被过分地概括为如此之多民族的祖先；埃塞俄比亚在很多古代学者的大作中都被提及，常和埃及一起被并称为“底比斯”，这是科学研究和埃及科学技术的发祥地。

---

① 在《圣经》的许多地方，含都被用来指代埃及。——原注

② 如在孟菲斯（Memphis）附近发现了赫利奥波利斯（Heliopolis）古迹的老普林尼。——G.W.

③ 埃及人的头部特征就是典型例子，头的后半部分很大，具有中亚人（Central Asia）的特征。——G.W.

④ 可能埃塞俄比亚人的科技出现的时间还晚于埃及人。——S.B.

古代史中的埃塞俄比亚并不是界限分明的国家概念，和《圣经》及埃及语中一样，它被用来指代“大瀑布外的国度”，也就是“古实之地”。黑人[①]被称为“古实异域的土著”，在埃及纪念碑上通常以俘虏或者向法老纳贡称臣的人的形象出现。

但埃及文明开始的时期恐怕不在我们19世纪人类已经认知历史的范围之内[②]，我们不能在讨论这些问题的时候妄加揣测。如果采信希罗多德和另外一些学者的观点，坚持认为尼罗河三角洲形成的时间不长，就得意识到埃及文明所处地域空间的完全成形实际上需要的时间是不可估量的。从其土壤的极少积累和它“侵占”海洋的一小段距离来看，自从其内部出现古代城市以来，这需要无数个时代，所以它的起源远远超过大洪水，甚至超过世界创造时期的摩西时代。

“坦尼斯”（Tanis）一词如今写作“桑”（San），其希伯来语词汇转写成英语是“Zan”“Tzan”或“Zoan”，这指的是一座古城，它在一个非常古老的时期已经存在，矗立在一个平原或“田野”[③]（field）上，离海边有一段距离；遗迹仍然可以在离如今的

① 普鲁塔克（Plutarch）认为埃及人之所以用“Chëmi”这个词来形容，是因为埃及土地是黑色的（chame）。或许有“黑国度（black country）”之称的埃塞俄比亚也是对“Chëmi”这个单词的一种解释性翻译吧！——原注

② 据说，最近在底比斯附近发现了所谓石器时代的痕迹，也就是使用旧石器的原始人（J. 卢博克爵士，《人类学研究所学刊》，第4卷），但夏巴斯（Chabas）的《研究》第328页和莱普西乌斯（Lepsius）的《埃及语言学刊》（*Zeitschrift für ägyptische Sprache*）1870年版第113页及以下内容对这个观点有争议。海特·刘易斯（Hayter Lewis）教授在佐瓦莱特·艾·阿里安（Zowaryet el Arrian）金字塔附近发现了一块美丽的石锯（stone saw）。——S.B.

③ 坦尼斯实际上就是《圣经》中的琐安（Zoan），如今在英语中也被写作“San”或“Zan”，换句话说还是科普特人（Copts）语言中的“加尔尼”［Garni，一作贾米（Djami）］或“雅典尼斯”（Athennes）。当地存在大量的土丘和一处拉美西斯二世时代小神庙的遗址。当地有10到12个方尖碑，很抓人眼球。我们在当地发现留有

海岸几英里的地方找到①。从拉美西斯（Rameses）王朝开始，在长达3190年的时间里，当地水平面没有发生任何明显的变化，海岸线也没有前移。在这么长的时间里，尼罗河的冲积层都不见明显的变化，恐怕也不能认为从大洪水时期（Deluge）到拉美西斯大帝统治初期的一千年时间，河流堆积作用足以形成整个尼罗河三角洲。这句话更适用于培琉喜阿姆（Pelusium）、塔波西里斯（Taposiris）和卡诺普斯（Canopus），因为这些地方实际上就在海边。正如博学的博卡特（Bochart）公正地指出，既然埃及人自己认为坦尼斯河口（Tanitic Mouth）及布西里斯（Busiris）、塔波西里斯（Taposiris）、布图斯（Butus）和培琉喜阿姆等城镇早在奥西里斯（Osiris）和荷鲁斯（Horus）时期的早期已经存在，他们肯定知道这些城镇已经存在很长时间了，并且就连盲诗人荷马（Homer）笔下的米内劳斯（Menelaus）也能来到卡诺普斯。坦尼斯②在拉美西斯二世（Rameses II the Great）的时代就已经建成了。根据其废墟中现存的、有雕刻的纪念碑中得到的证据，以及摩西本人在《圣经》文本中信誓旦旦的记载，坦尼斯是在犹太人离开埃及之前很久就已经建成了，比希伯伦（Hebron）

奥西塔森三世（Osirtasen III）名字的古代文字，表明坦尼斯曾经有一座更古老的神庙；坦尼斯的历史之悠久，可以被追溯到亚伯拉罕时代，并且是在希伯伦七年后建立的，撒拉（Sarah）就死在那里。摩西的神迹据说就是在琐安的田野上发生的，当地在19世纪的荒芜状况表明，千年前针对它的预言已经完全应验了。——G.W.

① 也就是曼扎莱湖（Menzaleh）。当地有一座忒内苏斯城（写作Thenesus或Thenessi），距离海洋较近。卡诺普斯和许多其他城镇和建筑的遗迹都有两千多年的历史，和当时一样都紧靠着海岸线。——原注

② 在坦尼斯发现了第十八王朝之前在位的“Hykshos”，或牧羊人国王时期的遗迹。直到拉美西斯二世时代，当地一直处于被遗弃或被忽视的状态，当时还得名“帕拉梅瑟斯”（Paramesses）。［布鲁格施（Brugsch），《〈出埃及记〉及埃及纪念碑研究》，1874年］——S.B.

晚七年。[①]

从大洪水时期到坦尼斯建城显然不足以形成一个三角洲，尼罗河冲积物的不断积累无法使该地区的范围发生如此明显的变化，以至我们可以认为在三角洲还是一片沼泽的情况下，该地区的北部已经有人居住并形成了文明。那么，我们能否提出进一步的假设：埃塞俄比亚已经被未来的埃及殖民者的祖先所居住，而位于锡尼大瀑布下面的那部分山谷正在形成之中？

关于古代尼罗河三角洲沉积物大量堆积的证据，人们往往会引用盲诗人荷马“往来只需一天”这句话作为表述，并且认为这还能体现出自特洛伊战争时代以来，尼罗河三角洲一带因为沉积作用呈现地中海一带海岸线往前推进的格局。但如果我们对当时法洛斯岛[②]（Isle of Pharos）和亚历山大的情况有所了解，就知道这个表述其实是不准确的。如果我们意识到盲诗人荷马是误解了“*Αἰγύπτου προπάροιθε*”[③]这个概念，就只能做此假设：河流冲积作用达到了令人惊讶的程度，在卡诺普斯河口（Canopic Mouth）和法洛斯岛之间形成了广阔的空间。毕竟在那个时候，尼罗河水

---

① 希伯伦早在亚伯拉罕时代就已经存在。“撒拉死在奇贾斯–阿尔巴（Kijarth-arba），希伯伦也一样。”——原注

② 法洛斯岛是尼罗河三角洲西侧的一个小岛。公元前 332 年，亚历山大大帝在法洛斯岛对面的地峡上修建了亚历山大城。后来，一条防波堤将亚历山大和法洛斯岛连接起来。亚历山大大帝去世后，他的帝国分裂，其麾下的将军托勒密在埃及建立了托勒密王朝，他就是托勒密一世。在位期间，他提出了在法洛斯岛上修建灯塔的计划，最后，灯塔在他的儿子托勒密二世在位期间建成。法洛斯岛灯塔与埃及的金字塔、巴比伦的空中花园、奥林匹亚的宙斯神像、以弗所的阿耳忒弥斯神庙、哈利卡纳苏斯的摩索拉斯陵墓、罗德岛的太阳神巨像并称“世界七大奇迹”。——译者注

③ 从港口和法洛斯岛上的淡水这两个线索，可以认为盲诗人荷马是在暗示我们，如今的亚历山大可能曾经距离法洛斯岛很近。——原注

虽然裹挟着丰富的泥沙，在当时还没有洗刷过这个空间。[①]如果在亚历山大发生了沉积作用，程度应该是很轻微的，不可能让法洛斯岛和海岸线相连，应该是通过人工建造的“Heptastadium”来完成。[②]随后，“Heptastadium”不断拓宽，这就构成了19世纪当地城市的地基。亚历山大古城是拉科蒂斯（Rakotis）的“继承者”，拉科蒂斯地处利比亚沙漠的岩石之上，处于丰水期仍然淹

① 尼罗河三角洲岸边堆积物的含量如此少，我们不得不这样假设：尼罗河水比较“轻盈”，只能让泥沙处于悬浮的状态，绝大部分都被叙利亚海岸的强流带走后沉积在海底。有人假设，尼罗河水入海，沉积物被裹挟到了高盐度海水之中，沉积在距离海岸线 40 英里的地方。——G.W.

② “Heptastadium”指的是“距离海岸线 7 斯塔迪亚”，换句话说就是距离内港或东港四分之三英里。土层在当地山谷不同的具体位置厚度以不同的比例增加，但第一次沉积作用不是在人类已经出现于埃及以后才发生的。沉积作用没有在尼罗河三角洲带来厚度超过 40 英尺的土层，这说明沉积作用从最开始就是在海平面高度高于地中海沿岸地区的水平上进行的。埃及三角洲地区的形成和其他地区河流形成三角洲的过程不同，比起土地在往大海的方向上最终形成一个凸角，尼罗河在穿过堆积区后在莫埃里斯湖（Lake Moeris）以北入海，位置从埃及早期法老时期到现在几乎没有什么改变。当地最古老城市的遗址与海岸线的距离从古代到 19 世纪几乎都没有发生什么改变，中间跨度相当于从美尼斯到希罗多德之间时间跨度的两倍。埃及三角洲的面积没有继续显著扩大的另一个重要原因是，埃及北岸的土地一直在下沉，而红海沿岸的土地却在上升。有证据显示，地中海的面积正在缩小，尼罗河三角洲的面积在卡诺普斯到培琉喜阿姆地区是缩小而非扩大。地中海因为尼罗河的沉积作用损失了不少面积，叙利亚沿岸的河口也发生了轻微的变化，但没有形成任何三角洲。19 世纪，埃及的浅海地区如今也不是尼罗河三角洲的一部分，这和两千三百年前希罗多德时代的叙述也不一样。即便在 19 世纪，发现自己航行的水域水深只有 11 英寻这件事也会让水手感到警惕，因为这种水深只在距离海岸约 12 英里至 13 英里处及阿布基尔（Abukir）附近才会出现，如果距离海岸 25 英里或 30 英里时水深就达到 60 英寻到 90 英寻不等，那么海水中含有沙土和泥浆。在离尼罗河口 5 英里或 6 英里处，表面几乎都是淡水，底部土层是坚硬的。根据希罗多德的说法，一天最多航行 700 斯塔迪亚，约合 79.5 英里，或 540 斯塔迪亚，约合 61 英里。在距离岸边 61 英里和距离 79.5 英里的地方分别深测，得到的数据是接近的。——G.W.

不到的位置。法洛斯岛到海岸线的距离，从盲诗人荷马时代开始到现在19世纪，都没怎么改变。上文中提到盲诗人荷马的一个误解，这种误解源于我们对他使用的词汇“Aἴγυπτος”的误解，荷马用它指代尼罗河和埃及[①]，狄奥多罗斯也为此提供了证明。根据狄奥多罗斯的记载，尼罗河之所以叫这个名字，在英语中转写成“Nile”，是埃及早期的帝王[②]之一尼留斯（Nileus）用自己的名字命名的，此前它的名字叫“Ægyptus”。阿里安（Arrian）也客观地指出，“曾经被荷马称为‘Ægyptus’[③]的河流如今被埃及人和其他人称为‘Nile’，也就是尼罗河，当年米内劳斯（Menelaus）就是在这条河的河口命令船队抛锚”。这些文字被认为是真实可信的。如果是这样的话，盲诗人荷马提及的就不是“埃及沿海地区”，而是“尼罗河”。我们在讨论此类学术问题的时候，必须停止“以权威为尊”的做法。

如果对尼罗河河道各段沉积水平有所研究，从沿途第一大瀑布到位于罗塞塔[④]（Rosetta）的河口，都知道存在所谓随着靠近海岸线厚度逐渐变薄的“垂直土层”。在长达1700年的时间里，土层厚度提升了9英尺，底比斯一带也提升了约7英尺，提升的厚度从内陆到河口递减，这是因为河水丰水期泛滥所覆盖的土地在东部

① 这方面存在很多猜想。19世纪中期的最新学说认为，“Egypt”被认为源自孟菲斯（Memphis）的一个神圣名称，也就是“Ha-ka-ptah”。——S.B.

② 狄奥多罗斯认为尼留斯是建造大金字塔的彻布雷斯（Chembres）之前的君主。——原注

③ 曼涅托（Manetho）表示，“Egypt”得名自同样被称为“Ægyptus”的瑟索斯（Sethosis），他是阿尔麦斯（Armaïs）的兄弟。奥卢斯·革利乌斯（Aulus Gellius）则告诉我们，“Egypt”最早源于“Aeria”一词。——原注

④ 在尼罗河下游地区，努比亚（Nubia）一带的河岸高30英尺，在埃及中部地区高20英尺。随着距离河口越来越近，河岸高度逐渐下降。——原注［我发现肖（Shaw）得出了“100年时间里产生了1英尺的变化”这样的数据。——G.W.］

和西部范围更大。在尼罗河下游水位和土层堆积剖面图中，从三角洲的岔口到大海的倾角比从底比斯到三角洲的倾角要小得多，这一点可以从底比斯、赫利奥波利斯、开罗（Cairo）老城附近和其他地方河岸面积的增加得到证明。我们可以借助古代纪念碑的位置，确定过去土地的面积及一定时期内面积增加的过程。欧瑟特森一世在公元前1700年左右于赫利奥波利斯留下了一座方尖碑，当时堆积物的土层厚达5英尺10英寸①。相比之下，埃及阿斯旺象岛（Elephantine）的一座同时期纪念碑被埋在19英尺深的地下。赫利奥波利斯位于尼罗河三角洲的南部，土层堆积厚度向北逐渐减少，三角洲土地宽度则不断加大。多年以后，情况仍然如此②。

笔者坚持认为，不能因为出现了埃及三角洲就说明在它形成的时期埃及北部就已经有人居住了——这个观点只适用于尼罗河，因为尼罗河和世界上很多其他河流都不一样。其他河流的三角洲都是河流带来并沉积在河口的物质形成并迅速增加的，带来的各种物质会成为岛屿形成的核心，并且慢慢和大陆建立联系，其强度通过冲积沉积物和不断附着的新鲜材料巩固。这种情况在尼罗河口是不存在的。

---

① 笔者还在《埃及和底比斯》中提到了“7英尺到8英尺”这个数据。笔者是在开罗得到这个数据的，经过确认后无误。（尼罗河上涨的水位线在西岸高于海平面5英尺10英寸，在北岸则高于海平面5英尺6英寸。——G.W.）［另见本书作者在《尼罗河如今和历史水位水平》（*On the Present and Former Levels of the Nile*）的记载。］——原注

② 有人试图通过在尼罗河冲积泥浆中发现物体的深度确认埃及文明的年龄。见L.霍尔那（L.Horner）在1858年《英国皇家学会会报》（*Philosophical Transactions*）上发表的《论埃及冲积平原》（*On the Alluvial Land of Egypt*）一文。经过计算，得出孟菲斯地区的土层厚达70英尺。如果每3英寸到5英寸土层需要100年时间进行积累，这说明埋在当地地底的花瓶已经有12000年历史了。不过，这次研究有很多不足之处。——S.B.

基于已有的信息和前面的论述，笔者无意参与进来提出更多的假设，这样提出来的假设没有价值也显得冒昧。但可以确信的是，埃及境内三角洲地貌自古以来就存在，其存在史甚至长于当地乃至埃塞俄比亚的人类居住史。

关于古代学者笔下的“Ethiopia”（埃塞俄比亚）一词，有很多理由让我们相信，用这个词的目的是指代底比斯或者上埃及（Upper Egypt），甚至有可能是把这两个地方弄混了。根据老普林尼的记载，“埃塞俄比亚至少在特洛伊战争之前都是很强大的……还把疆域延伸到了叙利亚一带”。老普林尼在此处没有把埃塞俄比亚和埃及混淆，但他主要是引用和底比斯有关的传说，因为埃及第十八王朝的君主们已经开始接受来自埃塞俄比亚的赋税，对叙利亚也有控制权。这是在埃及法老权势达到巅峰的时候发生的事情，如果叙利亚人没有首先占领埃及一段时间，这种情况也不会发生。根据先知那鸿（Nahum）的断言，埃塞俄比亚和埃及实际上是“诺”（Nó）的力量产生的，这个“诺”的希伯来语版本转写成英语是“Na-Amûn”，也就是希伯来语中的“底比斯”的意思[①]。底比斯旧称就是埃及。埃及的其他地方都是次要的，底

---

① 《那鸿书》的这一段描写很有意思：“你岂比挪亚们（即底比斯。——译者注）强呢。挪亚们坐落在众河（即尼罗河在底比斯分成的4条河汊。——译者注）之间，周围有水。海（指尼罗河。——译者注）做她（即底比斯。——译者注）的壕沟，又做她的城墙。古实（即古实人，活跃于埃及南部的努比亚。——译者注）和埃及是她无穷的力量。弗人和路比人（都活动于北非的利比亚，是底比斯的盟友。——译者注）是她的帮手。”在希伯来语原文中，“יְאֹרִים”这个词在英语中被转写为“Iarim”，是“河流”（rivers）的意思，是埃及语“iaro”（转写成英语是river）一词的复数形式。“Sea”这个单词如果转写成希伯来语，表示的是“水”（water）或者“水域”（waters），它不像英语中那样专指“大海”。实际上，所谓的“Populous No”应该指“No”或“Na-Amûn”，并且应该取自埃及语中的“HI N AMOEYN”或“AMOYN-HI”，意思是“阿蒙的躯体”或者“底比斯，阿蒙之城（Amûn）”的意思。古代纪念碑上没有直

比斯的名号最响亮。希罗多德表示，埃及在古代就被称为底比斯[①]，可以认为下埃及（Lower Egypt）是被底比斯征服或者附属于底比斯，换句话说，也可以认为当时的埃及人征服了下埃及。如果事实真是如此，古代埃及人在这个时候就已经控制了上埃及……[②]

笔者不会进一步在埃及人和埃塞俄比亚人之间的比较方面做讨论。狄奥多罗斯接受“底比斯人自认为是最古老的民族，并且自称发明了哲学和占星术”的说法，不接受埃塞俄比亚人比他们年代更久远的说法。希罗多德明确指出，逃离普萨美提库斯（Psammetichus）的埃及军队对埃塞俄比亚人的开化产生了非常显著的影响[③]。

关于埃及在约瑟（Joseph）到达的时候，或犹太人出埃及时的情况，我们可以从《圣经》或保存下来的一些古代纪念碑中获得一些信息。两者都表明埃及文明的艺术和风俗在当时很先进。虽然我们对这些文明元素的起源及埃及文明最早期的政府组织形式一无所知，但至少可以对文明诞生及其快速发展做一些大胆推测。

关于埃及文明的创始，因为距离我们19世纪已经太远，我们的猜测纯粹只是猜测而已，因为在那么遥远的年代是不可能存在

接出现“Egypt”这个词汇，直接出现的有“Chëmi”这个词汇，在象形文字中以鳄鱼尾巴的图案表示。“Chëmi”的意思是“黑色的土地”或“含的土地”，“Ham”也作“Khem”［埃及神潘（Pan），换句话说是“自然的准则”］。普鲁塔克认为，正是因为当地有黑土地，所以才被称为“Chëmi”。——原注

① 另一方面，斯特拉波认为埃及全境都是低地。他没有把埃及和底比斯放在一起论述。——G.W.

② 通过解读象形文字得知，前面的结论只有第十八王朝从底比斯赶走牧羊人法老并统一埃及的情况才成立。另一种情况也成立，也就是说，美尼斯是本地人。——G.W.

③ 用希罗多德的话说，埃塞俄比亚人为了获得力量而推举自己的国王。就算得到了埃及人的帮助，他们还是保留了部分野蛮的习惯。——G.W.

真实历史记录的，我们得到的记载多少会夹杂着虚构的成分，就算是希腊文明的早期历史记录也被掺入了寓言和宗教神话，呈现出真实历史和形而上学结合的形式。不光希腊人的历史是这样，所有的古代民族都这样。如果我们能对这些记载的建构基础加以考察，就能发现不同民族之间在这些历史记录的宏观轮廓中所存在的惊人相似之处。

我们不知道最早的埃及文明采用等级制统治还是君主制统治，像这样的政权一般来说最初由在政治上、军事上具有卓越能力的某些个人统治。但与我们已有的历史记录更匹配的结论应该是，与扫罗[①]（Saul）时代之前的朱迪亚（Judaea）一样，埃及存在一个统治阶级，这个阶级一直存在到美尼斯登基为止。

任何试图对古埃及政治体制的改变规定一个精确时间点的尝试注定以失败告终：但我们似乎又有充分的理由可以确信，埃及神话中的神应该没有曾经在世俗世界真实存在过[②]。那种奥西里斯神曾经统治世界的传说纯属以讹传讹，尽管这种传说正好也和埃及宗教中最深奥、最神秘的部分密切相关。埃及人对这种重要的宗教秘密和“Osiris”（奥西里斯）这个名字都很敬畏，以至连希罗多德也不敢随意提及。据普鲁塔克说，埃及祭司们在谈到奥西里斯的时候都讳莫如深，毕竟他是亡者的统治者。

埃及人嘲笑希腊人，笑他们假装相信自己是神创造的，这还是有道理的。埃及人给赫卡泰乌斯（Hecataeus）和希罗多德展示

① 古代以色列王国的首任君主。——译者注

② 祭司们信誓旦旦地对希罗多德这么说的。普鲁塔克则发现，底比斯居民也持有类似的观点。不过，人们还是通过自己的想象力描绘出神确实在世俗世界生活的景象，甚至创造出他们统治世界的“年表”。——S.B.

了345个大祭司，认为他们都不是神而是凡人的后代——相比之下，赫卡泰乌斯反而显得很蠢，因为他声称自己是一个神的第十六代后裔。希罗多德在写相关内容的时候用的是“piromis”这个词，但他应该不懂这个词的意思——“rómi”和“pirómi”分别相当于英语中的“man”和“the man”[①]，我们还能从希罗多德的其他译文中发现他对于埃及的语言有多不了解。希罗多德经常只能得到不完善的信息，有时是因为过度轻信得到的资料，而具有幽默感的埃及人很乐意利用古希腊人的这种特点。我们可以从希罗多德对尼罗河源头的描述中看出，他之所以轻信自己收集到的资料，是因为他对于拿到手的资料缺乏仔细的筛选与考据。

曼涅托认为埃及从美尼斯时代开始到冈比西斯二世（Cambyses II）入侵时代[②]为止，一共经历了26个王朝[③]。对于埃及历史早期的这个阶段，保留下来的文物古迹也没能给我们提供任何帮助。曼涅托的作品所参考的古籍可信度应该还是比较高的，第十八王朝和一些后续王朝的君主的名字和顺序与一般看法很像。

埃及文明产生了很多王朝和君主，其绵延的漫长时间增加了判断的难度。根据曼涅托介绍，从美尼斯到波斯入侵约经过了4750年，不包括第十四王朝。而希罗多德从祭司那里得到的信息是，美尼斯之后有330位法老[④]，平均每位法老在位15年，共约

① 在早期埃及文明的语言中“rómi”并不代表“man”，而是由“rot”表达“man”的意思。在后来的通俗体文字和科普特语言中，我们常常能找到“rómi”这个词。——S.B.

② 公元前525年，尽管第十八王朝之前法老的确切数量是不清楚的，但人们还是保存了他们中绝大部分的姓名。——S.B.

③ 最后一位埃及法老在位到公元前527年。——S.B.

④ 希罗多德可能是指从美尼斯到阿玛西斯（Amasis）之间的330位法老，他还提及了莫埃里斯（Moeris）。希罗多德在一处提到了法老和大祭司共有345人，

4950年。类似的意见也适用于狄奥多罗斯和其他学者的叙述。研究争议较大的问题不能给读者带来什么兴趣，笔者只对约瑟到达埃及之前的历史时期进行简要评述。

19世纪发现的埃及（也可能是世界）最古老纪念碑就是孟菲斯北部的金字塔①。不过，象形文字和雕刻痕迹不是哪里都有的，所以很难确定金字塔建造的确切时期或建造者的名字。根据收集来的资料，有的金字塔是苏非斯（Suphis）和他的兄弟森苏非斯②（Sensuphis）似乎是在公元前2120年③左右建造的，周围的其他金字塔则可能是在之后不久建造的④。我们在19世纪还很难搞清楚这些金字塔的主人具体姓甚名谁⑤。

关于欧瑟特森一世（大概生活在公元前1740年左右，也就是和约瑟同一时期）

又在另一处提到瑟索斯（Sethos）之前有341代法老，这说明希罗多德把法老的“个数”和“代数”搞混了。关于希罗多德年表，见莱普西乌斯（Lepsius）的《介绍》（*Einleitung*）。——S.B.

① 19世纪已知的金字塔有66座。最古老的金字塔是位于迈杜姆（Meidoum）的第四王朝的塞纳夫鲁（Senefru）的金字塔，在切普斯（Cheops）和塞弗伦（Cephren）或苏非斯留下的金字塔之前。最晚的金字塔是位于莫埃里斯湖（Moeris）的第十二王朝末代法老的金字塔。所有金字塔都是法老之陵。——S.B.

② “Sensuphis”的意思就是“Suphis的兄弟”，这符合希罗多德对切普斯和塞弗伦之间关系的描述。这两个人的王位被莫斯切里斯（Moscheris）或门切里斯（Mencheres）继承，也就是希腊历史学家笔下的麦策里努斯（Mycerinus）。根据曼涅托的说法，苏非斯是孟菲斯第四王朝的第二个法老。——原注

③ 都是4世纪到6世纪埃及王室和主要将领及其家属的墓葬。——S.B.

④ 埃拉托色尼把苏非斯排在阿帕普斯（Appapus）之前，笔者认为阿帕普斯和亚伯拉罕（公元前1920年）是同时代的人。公元前1706年，雅各（Jacob）到达埃及，这被认为是阿帕普斯在位时期，也说明这些埃及法老可能不如我们设想的那么古老。那么多出来的214年都是谁在统治呢？这让我们感到疑惑。——原注

⑤ 曼涅托表示底比斯和埃及其他的法老为共同的事业团结在一起，这说明当时存在若干王朝并行的局面。——原注

登基之前的埃及纪念碑[①]（金字塔），我们知之甚少，只能推测埃及在艺术方面的造诣已经很高，并且一直保持到第十八王朝时期。《圣经》中关于约瑟时代埃及人的风俗的描述进一步证实了这一点，但还是不存在统治持续的确切时间等具体信息。

关于牧羊人法老的历史的记录也是存在瑕疵的，我们只知道他们不是犹太人，但也确定不了他们的种族[②]。我们只知道敌对行动在约瑟时代就已经很激烈，这说明入侵要早于那个时代发生。

犹太人被囚时期，埃及人应该和其他某些强大的外敌进行了一场战争，因为根据传说，埃及人压迫犹太人的原因就是怕犹太人和外敌联合[③]。事实上，从贝尼–哈桑（Beni-Hassan）的雕像中可以看出，欧瑟特森一世时期的埃及人已经在如今的亚洲动武，在当地捉了许多俘虏，都带回了埃及，可能还让一些当地人加入了

① 莱普西乌斯的《埃及纪念碑》（*Denkmäler der Aegypten*）、马利埃特–贝（Mariette-Bey）的《纪念碑探奇》（*Monuments divers*）和德·罗格（De Rougé）的《前六王朝》（*Les six premiers Dynasties*）都进行了细致的介绍。——原注

② 西拿基立（Sennacherib）被希罗多德称为“阿拉伯和叙利亚的王”。［更可能是来自亚洲的埃塞俄比亚人和古实人（Cushites），他们长期占领阿拉伯及爱奥尼亚湾以东的该国南部地区，苏萨是古实人占领的或埃塞俄比亚人控制的城市。从波斯湾迁移到如今被称为巴林（Bahrayn）的腓尼基人和当地人属于同一种族，他们长期占有阿拉德乌斯岛和泰洛斯岛（Aradus and Tylos）等。古实人是上尼罗河地区埃塞俄比亚人的祖先，上尼罗河地区也就是如今的努比亚地区。这些人通过阿拉伯地区的西南角到来，都是亚洲人，这说明尼罗河流域的埃塞俄比亚人具有亚洲人而非非洲人的特征。这个部落可能是在埃及北部定居的闪米特人的一支。“Cush” 也写作 “Kush” 或 “Kish”，是楔形文字，埃塞俄比亚的科普特名称写作 “Ethaush”。早在第十二王朝初期牧羊人国王入侵之前，“Kush” 就被作为一个名字赋予了埃塞俄比亚。——G.W.］——原注

③《出埃及记》（*Exodus*）中有这么一段：“……来吧，我们一定要小心计划一下，阻止他们数量增加，不然，一旦发生战事，他们就会连同敌人来攻打我们，然后一走了之。”据曼涅托记载，在比《出埃及记》内容更早的时间，埃及人就已经控制了利比亚。利比亚人在第三王朝早期掀起过对埃及人的叛乱。——原注

●大金字塔（The Great Pyramid）以南的景象

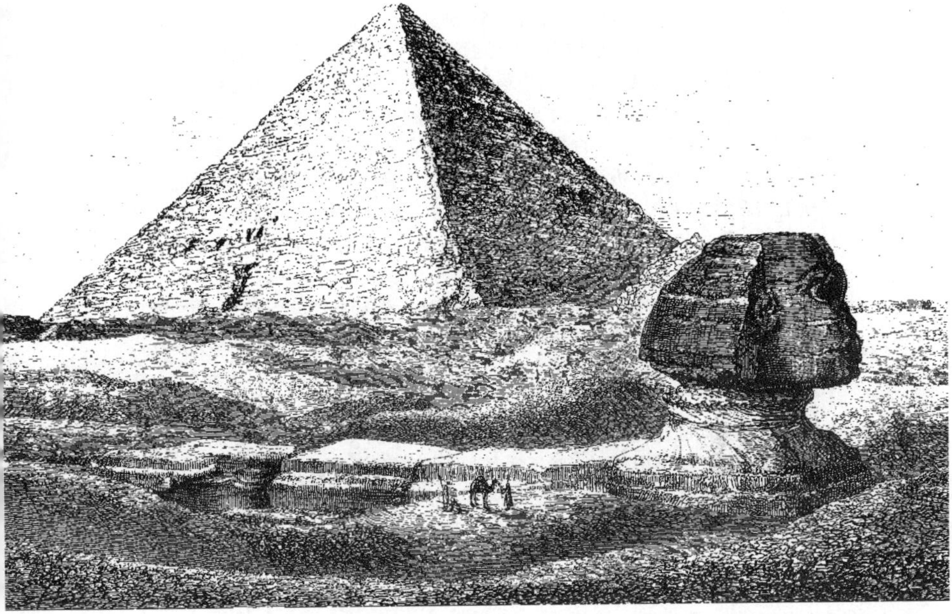

●大金字塔和斯芬克司（Sphinx）像

埃及军队，后来这种事经常发生。这次对外战争有力地反驳约瑟夫斯[①]所谓“犹太人就是‘牧羊人’（Shepherds）”的观点，犹太人在那个时期具有如此强大的权力的可能性没有那么大，也和《圣经》的记载不一致。[②]我们在下文中将对美尼斯到冈比西斯二世

① 即弗莱维厄斯·约瑟夫斯（Flavius Josephus，37—100年），古代犹太历史学家。公元37年，他出生于罗马帝国所辖行省朱迪亚的祭司家族。他从小就开始接受犹太精英教育。后来，他精心研究摩西律法。为了深入了解犹太教，他长途跋涉寻访各个宗派，还曾在沙漠中跟随一位著名隐士体验了三年的教团生活。19岁时，约瑟夫斯最终完成学业，返回耶路撒冷，成为犹太社会最有地位的祭司。公元64年，27岁的约瑟夫斯跟随犹太使团前往罗马，为参与暴动而被捕的犹太神职人员进行辩护。最终，约瑟夫斯帮助他们解除了牢狱之灾，使他们返回了故乡。在犹太人第一次抵抗罗马人的战争中，约瑟夫斯曾担任起义军的领袖与指挥官，目睹了公元70年圣城耶路撒冷被毁灭的整个过程。最终，投靠罗马人的约瑟夫斯获得了罗马公民身份，为罗马政府做参谋与翻译的工作。战后，他开始从事写作。他的第一部著作《犹太战争与耶路撒冷的毁灭》详细记录了整个战争的经过。后来，他又创作了一系列关于犹太历史变迁及文化传统的作品。其中，最著名的是《犹太古史》（*Antiquities*）。在作品中，约瑟夫斯经常会反驳当下历史作品中出现的一些带有偏见的片面之词，替犹太同胞进行辩解。尽管在一些犹太人眼中，他是一个投敌的叛徒，但时至今日，其历史著作依然是犹太人研究本民族历史的重要资料。后人将他誉为与希罗多德、修昔底德、色诺芬、波里比阿齐名的古希腊罗马五大历史学家之一。——译者注

② 19世纪对所谓“牧羊人王朝”历史的最新发现产生了深远影响。埃及第十四王朝灭亡之后，随着今天亚洲的移民进入尼罗河三角洲，迦南之地也对埃及发动了入侵。牧羊人王朝以孟菲斯为根据地，布农（Bnon）、阿帕克纳斯（Apachnas）、阿帕普斯（Apappus）和兰尼亚斯（Lannias）四位国王和南部的国王进行了长达两个世纪的战争，而阿塞斯（Asses）则征服了埃及北部。这些征服者的姓名中都带有闪米特（Semitic）特色的“Shasu”字样，意思是“掠夺者”，他们的国王都被称为“haq”，也就是曼涅托笔下的“Hykshos”。相关纪念碑和遗迹在南至菲奥乌姆（Fyoum）的地方都有发现，看来第十六王朝的底比斯法老是他们的傀儡，直到第十八王朝的时候才被放逐。阿帕普斯二世（Apappus II）要求底比斯王塔坎（Taakan）协助自己建造苏特克（Sutech）神庙——“苏特克”写作“Sutech”，也写作“Set”。因水资源的分配起了争议，牧羊人法老和埃及人之间遂爆发战争，几年后，阿瓦里斯（Avaris）或坦尼斯被第十八王朝的阿梅斯一世（Aahmes I）围困。最后，阿梅斯一世于在位第五年进入此城。牧羊人统

入侵时期埃及王位世系的不同说法进行列举，提供两个不同版本供读者对照①：

<table>
<tr><th colspan="4">表1 埃及法老世系</th></tr>
<tr><th colspan="2">希罗多德版本</th><th colspan="2">狄奥多罗斯版本②</th></tr>
<tr><th>法老名称</th><th>备注</th><th>法老名称</th><th>备注</th></tr>
<tr><td>美尼斯</td><td>—</td><td>美尼斯</td><td>写作“Menes”或作“Menas”</td></tr>
<tr><td rowspan="3">18位埃塞俄比亚人和尼托克里斯女法老（Queen Nitocris）</td><td rowspan="3">曼涅托把尼托克里斯女法老归入第六王朝的君主，也就是位列大金字塔建造者苏菲斯之后</td><td>美尼斯两个后代即位，之后又经历了52位法老</td><td>时间跨度1400年</td></tr>
<tr><td>布西里斯（Busiris）</td><td>—</td></tr>
<tr><td>布西里斯的8个后代</td><td>在这8个后代中，最后一个后代和第一个后代同名③，相传他创建了底比斯。他的第8代后裔以父亲的名字乌克莱乌斯（Uchoreus）命名，相传他创建了孟菲斯</td></tr>
<tr><td colspan="2">从埃塞俄比亚法老开始，到莫埃里斯为止，共330位法老</td><td>12代法老时期</td><td>—</td></tr>
</table>

治者塔图瓦（Tatuan）和他的主子（host）返回亚细亚，阿梅斯一世在第二年一路追到撒路恒（Saruhen），也被称为“撒伦”（Sharon）。坦尼斯找到的牧羊人王朝纪念碑具有明显的亚细亚特征，其中一种甚至和埃及风格有很大不同。见夏巴斯1888年出版的《埃及牧羊人王朝》（*Les Pasteurs en Egypte*）和马斯佩罗的《古代史》（*Histoire Ancienne*）。——S.B.

① 详情见下文表格。——译者注

② 狄奥多罗斯没有提及奥兹曼迪亚斯这个名字，只把他作为底比斯的统治者。——原注

③ 他的名字也被认为是布西里斯二世（Busiris II）。——原注

●接上表

<table>
<tr><td>莫埃里斯</td><td>写作“Mœris”，他建造了迷宫，挖掘了莫埃里斯湖</td><td>莫埃里斯</td><td>写作“Moiris”，在孟菲斯挖了人工湖</td></tr>
<tr><td rowspan="2">“伟大的征服者”辛努赛尔特（Sesostris）</td><td rowspan="2">—</td><td>辛努赛尔特一世</td><td>写作“Sesoôsis”</td></tr>
<tr><td>辛努赛尔特二世</td><td></td></tr>
<tr><td>佩农（Pheron）</td><td>—</td><td colspan="2">辛努赛尔特二世之后，很多法老相继即位</td></tr>
<tr><td colspan="2" rowspan="4">—</td><td>阿玛西斯（Amasis）</td><td>被阿克提桑斯（Actisanes）击败</td></tr>
<tr><td>阿克提桑斯</td><td>埃塞俄比亚人</td></tr>
<tr><td>门德斯（Mendes）</td><td>一作马尔忽斯[1]（Marrhus），埃及人，建造了一座迷宫，用作自己的陵寝</td></tr>
<tr><td colspan="2">长达 5 代人的权力真空期</td></tr>
<tr><td>一个孟菲斯人</td><td>根据希腊史学家记载，此人名叫普罗忒乌斯（Proteus）</td><td>克特纳（Ketna）</td><td>一作克特斯（Ketes），也就是希罗多德笔下的“普罗忒乌斯”</td></tr>
<tr><td>兰普西尼图（Rhampsinitus）</td><td>—</td><td>兰菲斯（Rhemphis）</td><td>—</td></tr>
<tr><td colspan="2">—</td><td colspan="2">经历了 7 位法老，这些法老没留下任何历史记录。有一位名叫尼留斯，他赋予了尼罗河今天的名字</td></tr>
<tr><td>切普斯</td><td>在位 50 年，建造了大金字塔</td><td>切普斯</td><td>写作“Chembes”或“Chemmis”，孟菲斯人。在位 50 年，建造了大金字塔</td></tr>
</table>

① 此处的“马尔忽斯（Marrhus）”和后文的“马鲁斯（Marrus 或 Marus）”指的是同一人，但书中用了不同的写法。——译者注

●接上表

塞弗伦	切普斯的兄弟，建造了第二座金字塔，在位56年	塞弗伦	切普斯的兄弟（一说儿子，这种说法叫他“Chabryïs”），在位56年
麦策里努斯（Mycerinus）	切普斯之子，建造了一座金字塔	麦策里努斯	也写作“Mecherinus”，大金字塔建造者之子。麦策里努斯下令建造一座大金字塔，没等到建成就驾崩了
阿西吉斯（Asychis）	—		
阿尼西斯（Anysis）	盲人。自此以后，埃及王位开始传给埃塞俄比亚人	聂法楚苏斯	写作“Tnephachthus”，在普鲁塔克的作品中，他的名字写作“Technatis”
		“智者”伯克利斯（Bocchoris the Wise）	聂法楚苏斯之子
萨巴科	埃塞俄比亚人，在位50年后退位	萨巴科	写作“Sabacôn”
阿尼西斯复位	—	两年权力真空期	
瑟索斯	武尔坎（Vulcan）祭司，与西拿基立和特哈加（Tirhaka）是同时代的人		
埃及被分为12部分[①]，由12位统治者分而治之[②]		12位君主统治，一共在位18年	

① 埃及从此划分为12个行省（beyliks），这种划分一直保留到马穆鲁克时期（Memlooks）。——原注

② 从美尼斯到这里，共341位法老，11340年（一说5115年）。——原注

●接上表

普撒美提科斯（Psammitichus）	12位统治者中的一位，在位54年	普撒美提科斯（Psammitichus）	12位统治者中的一位，在位54年，号称“赛斯（Saïte）王”
内科斯（Necos）	普撒美提科斯之子，在位11年		
普撒米斯（Psammis）	内科斯之子，在位6年	阿普利斯	经历四代统治者后即位，在位22年
阿普利斯（Apries）	普撒米斯之子，在位25年		
阿玛西斯（Amasis）	篡夺上位，在位44年	阿玛西斯	在位55年
普撒美尼托斯（Psammenitus）	阿玛西斯之子，在位6个月		

表2 曼涅托笔下的埃及法老世系

［以王朝为单位，得到欧西庇乌斯（Eusebius）和阿非利加努斯（Africanus）作品支持］

姓名（序号）	事迹	在位年数①	备注
第一王朝时期［8位法老，他们是提尼斯人（Thinites）或底比斯人］			
美尼斯（01）	提尼斯人，从半神统治者那里继承王位，被河马所杀	62	埃拉托色尼说他是底比斯人，19世纪的考古证据也是这么显示的。欧西庇乌斯曾提及，美尼斯留下7位或15位王子
安东西斯（02）	写作“Anthôthis”，美尼斯之子，在孟菲斯建造了一座王宫。懂得医学，著有一本解剖学著作	57	—

① 如果没有特殊情况，那么单位均为“年”，特殊情况下会写明时间单位。——译者注

●接上表

肯克尼斯（03）	写作“Cencenes”，又作“Kenkenes”，安东西斯之子	31	—
埃尼夫斯（04）	写作“Venephes”“Enephes”或“Venephres”，肯克尼斯之子，在可可尼（写作“Cochone”“Cochoma”或“Choe”）附近建造了金字塔。在埃尼夫斯在位期间，埃及暴发了大瘟疫	23	—
乌萨法多斯（05）	写作“Usaphædos”“Saphaidos”或“Usaphaes”，埃尼夫斯之子	20	—
米耶比多斯（06）	写作“Miebidos”“Miebes”或“Miebais”，乌萨法多斯之子	26	—
瑟孟普西斯（07）	写作“Semempses”“Semenpses”或“Mempses”，米耶比多斯之子，在位期间埃及暴发了大瘟疫	18	—
别纳切斯（08）	写作“Biênaches”“Ubienthes”或“Vibethis”，瑟孟普西斯之子	26	—
总结：根据阿非利加努斯记载，第一王朝延续共计253年，欧西庇乌斯的资料则显示为252年。当我们把表格中的数据相加，发现第一王朝延续时间共263年			
第二王朝时期（共9位法老，都是提尼斯人）			
别须斯一世（01）	写作“Boethus（the first）”或“Bôchus”。别须斯一世在位期间，布巴斯提斯发生了地裂，很多人死亡	38	—
凯厄库斯（02）	写作“Cæechos”“Chous”或“Cechous”。凯厄库斯在位期间，孟菲斯的阿匹斯牛、赫利奥波利斯的姆尼维斯（Mnevis）及门德斯羊（Mendesian Goat）都被宣布为神	39	宣布动物为可崇拜的神，这非常重要

●接上表

拜诺瑟里斯（03）	写作“Binôthris”或“Biophis”。拜诺瑟里斯在位期间，颁行了女性可以掌握政治权力的规定	47	—
特拉斯（04）	写作“Tlas”	17	欧西庇乌斯认为，这三个人和后面的四个继承人都很无能，所以他不屑于在法老世系表上加入他们的名字
瑟西内斯（05）	写作“Sethenes”	41	
柴里斯（06）	写作“Chæres”	17	
奈福尔切里斯（07）	写作“Nephercheres”，根据欧西庇乌斯记载，是拜诺瑟里斯的第7位继承人。根据寓言作家记载，奈福尔切里斯在位期间，有一次，尼罗河道中奔涌的都是蜂蜜，持续了11天之久	25	—
辛努克里斯（08）	写作“Sesôchris”。身高7英尺6英寸。据传身体宽5肘，欧西庇乌斯认为他身体宽3掌①	48	—
切尼里斯（09）	写作“Cheneres”或“Keneres”。欧西庇乌斯在制作世系表时忽略了他	30	—
总结：欧西庇乌斯认为第二王朝存在297年，但根据上表数据实为302年			
第三王朝时期（共9位法老，都是孟菲斯人）			
内克洛菲斯（01）	写作“Necheróphes”“Echerophes”或“Necherôchis”。内克洛菲斯在位期间利比亚人造反，但他们又因为意料之外的月相②投降了	28	—

① 一肘约合45厘米到46厘米，一掌约合23厘米，7英尺6英寸约合2.3米。——译者注

② 天文学术语，指从地球上看到的月球被太阳照亮的部分。——译者注

●接上表

托索尔苏斯（02）	写作“Tosorthrus”或“Sesorthus”，因为医术高超，被埃及人尊为“医神”。托索尔苏斯教会埃及人用碎石建房的技术，并且出资赞助文学事业的发展	29	—
泰利斯（03）	写作“Tyris”	7	欧西庇乌斯确实提到托索尔苏斯之后“还有7位法老”，但他直接不提及这些人的具体姓名
美索克里斯（04）	写作“Mesôchris”	17	
索菲斯（05）	写作“Sôÿphis”“Sôuphis”或“Zôuphis”	16	
托色塔西斯（06）	写作“Tosertasis”	19	
阿切斯（07）	写作“Aches”	42	
赛孚里斯（08）	写作“Sephuris”	30	
策尔弗里斯（09）	写作“Cerpheres”	26	
总结：欧西庇乌斯认为第三王朝存在197年，但根据上表数据实为214年			
第四王朝时期（共有8位法老，都是孟菲斯人，来自不同的王族）			
索利斯（01）	写作“Sôris”	29	欧西庇乌斯选择直接忽略了他的姓名，并且认为苏非斯是第三王朝时期的君主
苏非斯（02）	写作“Suphis”，建造了最大的金字塔，尽管同一座金字塔被希罗多德认为是切普斯建造的。苏非斯不敬神，留有一本被埃及人十分重视的《神圣之书》[①]（*Sacred Book*）[②]	63	—

① 一部著名的奇书。人们认为，只要找到它，就能解开金字塔的所有秘密。遗憾的是，这部书早已失传。——译者注

② 这段表述有矛盾之处。——原注

●接上表

苏非斯二世（03）		66	这6个人的姓名被欧西庇乌斯忽略
门切里斯（04）	写作“Mencheres”	63	
拉脱西斯（05）	写作“Ratœses”	25	
比奇里斯（06）	写作“Bicheris”	22	
瑟贝尔切里斯（07）	写作“Sebercheres”	7	
泰普提斯（08）	写作“Thampthis”	9	
总结：欧西庇乌斯认为第四王朝存在448年，但根据上表数据实为284年			
第五王朝时期（共有9位法老，来自阿斯旺象岛）			
欧瑟切里斯（01）	写作“Usercheres”	28	欧西庇乌斯认为阿斯旺象岛共出了31位法老，其中奥西乌斯（Othius）和斐奥普斯（Phiops）都被包含在内。但他没有把这些法老的名字录入世系表
瑟弗里斯（02）	写作“Sephres”	13	
尼弗尔切里斯（03）	写作“Nephercheres”或“Nercheperes”	20	
西西里斯（04）	写作“Sisires”“Sisichis”或“Sisiris”	7	
切里斯（05）	写作“Cheres”或“Echeres”	20	
拉苏里斯（06）	写作“Rachures”或“Rathuris”	44	
门切里斯（07）	写作“Mencheres”或“Mercheres”	9	—
坦切里斯（08）	写作“Tacheres”或“Tancheres”	44	—
欧布努斯（09）	写作“Obnus”“Unus”或“Onnus”	33	—
总结：有资料称本朝存在248年，但上表数据显示是218年			
第六王朝时期（共有6位法老，来自孟菲斯）			
奥托斯（01）	写作“Othóes”或“Thôês”，被自己的卫兵杀死	30	名字被欧西庇乌斯忽略

●接上表

非乌斯（02）	写作“Phius”	53	—
梅苏苏非斯（03）	写作“Methusuphis”	7	—
斐奥普斯（04）	写作“Phiops”或“Aphiops”，6岁登基，统治直到过完100岁生日后才结束	94	欧西庇乌斯认为斐奥普斯是第四位法老，显然就是想把他当作第六王朝的法老。不过，此人真的和阿波菲斯（Apophis）不是同一人吗？
梅瑟苏非斯（05）	写作“Menthesuphis”	1	—
尼托克里斯女法老①（06）	当时埃及最美的女性，有着亚麻色的头发，皮肤也很好。建造了第三座金字塔	12	写作“Nitocris”或“Minerva Victrix”
总结：有资料称第六王朝存在203年，但上表数据显示是197年			
第七王朝时期 共有70位孟菲斯法老，总共延续了70天（days）；根据欧西庇乌斯的资料，第七王朝有5位法老，一共在位75天或年（days or years）			
第八王朝时期 共有27位孟菲斯法老，总共延续了156年；根据欧西庇乌斯的资料，第八王朝共有5位法老，一共在位106年			
第九王朝时期 共计有19位赫拉克里奥波利斯法老，总共延续了409年；根据欧西庇乌斯的资料，第九王朝共有4位法老，共在位100年。第一位法老叫阿克索埃斯，英语写作“Achthoes”“Achtros”“Ochthovis”或“Ochitois”。阿克索埃斯是一个暴君，比他之前的所有法老都残暴。阿克索埃斯在埃及犯下很多残暴的罪行，然后疯了，最后被一只鳄鱼杀死			
第十王朝时期 共有19位赫拉克里奥波利斯法老，共延续了185年			
第十一王朝时期 共有16位迪奥斯波利斯法老，共延续了43年，其中一位叫阿门麦西斯（Amenmesses）的法老在位16年（到这里，上表已经列举了200位法老，他们的时间跨度达到2300年又70天②，而曼涅托作品的第一卷内容大概也就写到这里），而欧西庇乌斯的记载不把阿门麦西斯在位的16年计算在第十一王朝43年的历史中			

---

① 她的名字也被写作“Neit-gori”或“Neit-acri”。普撒美提科斯三世的王后名字也与此相似，写作“Nit-akar”。——原注

② 阿非利加努斯给的数据是2287年又70天的时间，经过修正后得到的数据是

●接上表

第十二王朝时期（共有7位迪奥斯波利斯法老，这是曼涅托作品第二卷内容的开始）			
瑟松克西斯（01）	写作“Sesonchosis”“Geson-Goses”或“Sesonchoris”，是阿门尼美斯之子	46	—
阿玛尼美斯（02）	写作“Ammanemes”或“Ammenemes”，被自己豢养的宦官杀死	38	—
“征服者”辛努赛尔特（03）	“征服者”辛努赛尔特用9年时间征服了整个亚细亚和远至欧洲色雷斯的地区，在各地竖立纪念碑以彰显自己征服多个民族的功绩。对于那些勇敢的民族，竖立的纪念碑形状类似男性的阳具；对于那些堕落的民族，竖立的纪念碑造型则像个荡妇。埃及人认为“征服者”辛努赛尔特是继奥西里斯之后最伟大的埃及统治者，他的身高约6英尺10英寸	48	—
拉查理斯（04）	写作“Lachares”“Labaris”“Lamaris”或“Lambares”，在阿尔辛诺特（Arsinoïte）建造了迷宫式的陵寝	8	—
阿美尔斯（05）	写作“Ammeres”或“Ameres”	8	欧西庇乌斯忽略了这三个人，只说拉查理斯的继承者共在位42年
阿门尼美斯（06）	写作“Ammenemes”	8	
斯基缪菲利斯（07）	写作“Scemiophris”或“Skemiophris”，她是阿门尼美斯的姐妹	4	
总结：欧西庇乌斯认为第十二王朝存在245年，但根据上表数据实为160年			
第十三王朝时期 共有60位迪奥斯波利斯法老，在位共453年			
第十四王朝时期 共有76位肖伊斯（Xoite）法老，在位共134年；欧西庇乌斯认为第十四王朝共延续了484年，其他资料显示这个王朝延续了184年			

2261年又70天。欧西庇乌斯忽略了其中两个数据，如果这些数据设定为和阿非利加努斯的数据一样，得到的延续时间跨度数据为2059年又75天的时间。——原注

●接上表

第十五王朝时期（牧羊人王朝）根据欧西庇乌斯记载，它延续了250年时间（都是迪奥斯波利斯法老）以下仅列举该王朝6位外族（腓尼基人）法老			
赛特斯（01）	写作“Saïtes”，后来一个叫“赛特”（Saïte）的诺姆便得名于此[①]。牧羊人法老们在赛斯罗特（Sethroïte）建了一座城，他们以此为基地征服了埃及全境	19	可能是指下埃及。后来，罗马人统治了埃及，他们可能用“Ægyptus”一词区分当地和底比斯。“Aphoph”是“一个巨人”（a giant）的意思
贝翁（02）	写作“Bôên”“Anôn”或“Byon”	44	
帕克南（03）	写作“Pachnan”或“Anchles”	61	
斯坦（04）	写作“Staan”	50	
阿尔克里斯（05）	写作“Archles”或“Anchles”	49	
阿波菲斯（06）	写作“Apôphis”或“Aphobis”	61	
总结：欧西庇乌斯认为第十五王朝存在250年，但根据上表数据实为284年			
第十六王朝时期 有32位希腊血统的牧羊人法老，共统治518年；欧西庇乌斯认为第十六王朝有5位底比斯法老，在位共190年			
第十七王朝时期 有43位牧羊人法老和43位底比斯法老；此处，欧西庇乌斯对阿非利加努斯记载的第十五王朝的法老进行了介绍，称他们为“来自腓尼基的牧羊人”			

阿非利加努斯文本资料		**欧西庇乌斯文本资料**		**备注**
姓名	**在位年数**	**姓名**	**在位年数**	
作者略去了这些法老的姓名	151	赛特斯（写作“Saits”，序号01）	19	欧西庇乌斯认为这个王朝存在了103年，这和阿非利加努斯记载中的第十五王朝世系[②]有所不同
		贝侬（写作“Bnôn”或“Anôn”，序号02）	40	
		阿尔克里斯（写作“Archles”或“Aphôphis”，序号03）	30	
		阿波菲斯（写作“Apophis”或“Archles”，序号04）	14	

① 基本不可能。—原注（本卷中名称相关的诺姆名为“赛特斯”。——译者注）

② 疑是作者笔误，应为第十七王朝。——译者注

●接上表

<table>
<tr><td colspan="5">第十八王朝时期（都是迪奥斯波利斯法老。阿非利加努斯认为有16位法老，欧西庇乌斯认为有14位法老）</td></tr>
<tr><td>阿莫斯
（写作“Amos”，生活在摩西离开埃及的时代，序号01）</td><td>—</td><td>阿莫西斯
（写作“Amoses”或“Amosis”，序号01）</td><td>25</td><td rowspan="7">阿美西斯因为是女法老，所以被欧西庇乌斯忽略了。图特摩斯二世生活在传说中丢卡里翁时代大洪水故事发生的时期</td></tr>
<tr><td>彻布罗斯
（写作“Chebros”，序号02）</td><td>13</td><td>彻布隆
（写作“Chebron”，序号02）</td><td>13</td></tr>
<tr><td>阿蒙诺菲斯
（写作“Amenôpthis”，序号03）</td><td>24</td><td>阿莫菲斯
（写作“Amophis”或“Amenôpthis”，序号03）</td><td>21</td></tr>
<tr><td>阿美西斯
（写作“Amersis”或“Amensis”，序号04）</td><td>22</td><td>米弗里斯
（写作“Miphris”“Memphres”或“Mephres”，序号04）</td><td>12</td></tr>
<tr><td>米撒弗里斯
（写作“Misaphris”或“Misphris”，序号05）</td><td>13</td><td>米斯弗拉格穆索西斯（写作“Misphragmuthôsis”“Myspharmuthosis”或“Misphragmuthôs”，序号05）</td><td>26</td></tr>
<tr><td>米斯弗拉格玛索西斯
［写作“Misphragmathosis”或“Misphragmuthôsis”，丢卡里翁（Decalion）时代大洪水的故事就发生在这个时期，序号06］</td><td>26</td><td>图特摩斯
（写作“Tuthmosis”，序号06）</td><td>9</td></tr>
<tr><td>图特摩斯
（写作“Tuthmosis”，序号07）</td><td>9</td><td>阿蒙诺菲斯
（写作“Aménôpthis”或“Amnophis”，传说中的“音乐石门农”，序号07）</td><td>31</td></tr>
</table>

●接上表

阿蒙诺菲斯（传说中的"音乐石门农"，序号08）	31	欧卢斯（写作"Orus"，序号08）	37	
荷鲁斯（写作"Horus"，序号09）	37	阿成彻里斯（写作"Achencheres""Achencherses"或"Achencherres"，序号09）	12	
阿彻雷赫斯（写作"Acherrhes"，序号10）	32	（有争议）阿托里斯（写作"Athôris"，序号10）	7	
拉索斯（写作"Rathôs"，序号11）	6	（有争议）成彻里斯（写作"Chencherres"，摩西在这个时代带犹太人离开埃及，序号11）	18	
彻布雷斯（写作"Chebres"，序号12）	12	阿彻雷斯（序号10或序号12）	8	在亚美尼亚文本中，阿科里斯（Achoris）和成彻里斯被忽略，与《出埃及记》密切相关的法老名字是"Achencheres"①
阿彻雷斯（写作"Acherres"，序号13）	12	彻雷斯（写作"Cherres"，序号11或序号13）	15	
阿尔梅瑟斯（写作"Armeses"，序号14）	5	阿尔麦斯［写作"Armaïs"，有的文本上写作"Dadanus"。被兄弟埃及普斯（Ægyptus）驱逐，躲到希腊避难，后来占领了阿尔戈（Argos）并在那里称王，序号12或序号14］	5	
拉美西斯（写作"Ramesses""Ameses"或"Armesis"，序号15）	1	拉美西斯（序号13或序号15）	68	
阿蒙霍特普（写作"Amenophath"或"Amenoph"，序号16）	19	阿美诺菲思（写作"Amenophis""Menophes"或"Memôphis"，序号14或序号16）	40	

① 年表中无此人，疑是原作者笔误。——译者注

●接上表

<table>
<tr><td colspan="2">合计 263 年①</td><td colspan="2">合计 348 年②</td><td>其他版本的数据：380 年或 369 年或 378 年或 384 年或 337 年</td></tr>
<tr><td colspan="5">第十九王朝时期（都是迪奥斯波利斯法老。阿非利加努斯认为有 6 位法老，欧西庇乌斯认为有 5 位法老）</td></tr>
<tr><td>瑟索斯（序号 01）</td><td>51</td><td>瑟索斯（序号 01）</td><td>55</td><td rowspan="7">这是曼涅托作品第二卷的结尾部分，至此共有法老 96 位，统治的时间跨度达到 2121 年</td></tr>
<tr><td>拉普萨斯（写作“Rapsaces”，序号 02）</td><td>61</td><td>拉普西斯（写作“Rampses”或“Rapses”，序号 02）</td><td>66</td></tr>
<tr><td>阿门尼普西斯（写作“Ammenepthes”，序号 03）</td><td>20</td><td>阿门尼普提斯（写作“Amenephthis”或“Amenphôthis”，序号 03）</td><td>8</td></tr>
<tr><td>拉美西斯（序号 04）</td><td>60</td><td>阿美尼美斯（写作“Ammenemes”，序号 04）</td><td>26</td></tr>
<tr><td>阿蒙尼姆尼斯（写作“Ammonemnes”，序号 05）</td><td>5</td><td rowspan="2">索利斯（被荷马称为“波利波斯”，序号 05）</td><td rowspan="2">7</td></tr>
<tr><td>索利斯［写作“Thuoris”，被荷马称为“波利波斯”（Polybus），是阿尔坎德拉（Alcandra）的丈夫。在位期间，特洛伊被攻陷，序号 06］</td><td>7</td></tr>
<tr><td colspan="2">合计 209 年③</td><td colspan="2">合计 194 年④</td></tr>
</table>

① 表中数据。通过计算，实得 262 年。——译者注

② 表中数据。通过计算，实得 347 年。——译者注

③ 表中数据。通过计算，实得 204 年。——译者注

④ 表中数据。通过计算，实得 162 年。——译者注

●接上表

<table>
<tr><td colspan="5">**第二十王朝时期** 有 12 位迪奥斯波利斯法老，延续了 135 年的历史；欧西庇乌斯没有记录法老的具体信息，只记录该王朝延续了 172 年。这是曼涅托作品第三卷的开始</td></tr>
<tr><td colspan="5">**第二十一王朝时期**（共有 7 位法老，都是坦尼斯人）</td></tr>
<tr><td>斯曼迪斯
（写作“Smendes”，序号 01）</td><td>26</td><td>斯曼迪斯
（写作“Smendis”或“Amendis”，序号 01）</td><td>26</td><td rowspan="5">斯卡利哥（Scaliger）省略了这个王朝，将其法老计入第二十王朝。辛策鲁斯（Syncellus）也把同样的法老放在第二十王朝的内容中介绍：（见下表）</td></tr>
<tr><td>普苏瑟尼斯
（写作“Psusenes”“Psuneses”或“Psusennes”，序号 02）</td><td>46</td><td>普苏瑟乌努斯
（写作“Psuseunus”，序号 02）</td><td>41</td></tr>
<tr><td>尼菲尔彻里斯
（写作“Nephelcheres”，序号 03）</td><td>4</td><td>尼菲尔彻里斯
（写作“Nephercheres”或“Nepherchenes”，序号 03）</td><td>4</td></tr>
<tr><td>阿梅诺普提斯
（写作“Amenôphthis”或“Amenenôphthis”，序号 04）</td><td>9</td><td>阿梅诺普提斯
（写作“Amenophthis”，序号 04）</td><td>9</td></tr>
<tr><td>奥索科尔
（写作“Osochr”或“Osochn”，序号 05）</td><td>6</td><td>奥索科尔
（序号 05）</td><td>6</td></tr>
</table>

●接上表

<table>
<tr><td>普西纳彻斯
（写作“Psinaches”或“Pinaches”，序号 06）</td><td>9</td><td>普西纳彻斯
（序号 06）</td><td>9</td><td rowspan="3">内吉普索斯（写作“Nechepsos”），在位 19 年；普撒穆特比斯（写作“Psammutbis”），在位 13 年；佚名，在位 4 年；策尔图斯（写作“Certus”），在位 16 年；拉普西斯（写作“Rhampsis”），在位 45 年；阿门瑟斯（Amenses），或称阿梅内梅斯（Ammenemes），在位 26 年；奥吉拉斯（写作“Ochyras”），在位 14 年；而在另一个版本中，阿梅诺普提斯被置于第二十一王朝的尼菲尔彻里斯之前</td></tr>
<tr><td>普苏瑟尼斯
（写作“Psusennes”或“Susennes”，序号 07）</td><td>14</td><td>普苏瑟尼斯
（写作“Psosennes”，序号 07）</td><td>35</td></tr>
<tr><td colspan="2">总计 130 年[1]</td><td colspan="2">总计 130 年</td></tr>
<tr><td colspan="5">第二十二王朝时期［共有 9 位法老，都来自布巴斯提特（Bubastite）］</td></tr>
<tr><td>瑟松吉斯
（写作“Sesonchis”或“Sesonchosis”，序号 01）</td><td>21</td><td>瑟松吉斯
（写作“Sesonchusis”或“Sesonchosis”，序号 01）</td><td>21</td><td rowspan="6">—</td></tr>
<tr><td>奥索尔托
（写作“Osorthon”，序号 02）</td><td>15</td><td rowspan="2">奥索尔托
（写作“Osorthos”或“Osorthôn”，序号 02）</td><td rowspan="2">15</td></tr>
<tr><td>序号 03—05 的 3 位法老姓名未被录入</td><td>共 25</td></tr>
<tr><td>塔瑟洛提斯
（写作“Tacelôthis”，序号 06）</td><td>13</td><td rowspan="2">塔瑟洛提斯
（写作“Tacellothis”或“Takellothis”，序号 03）</td><td rowspan="2">13</td></tr>
<tr><td>序号 07—09 的 3 位法老被略去</td><td>共 42</td></tr>
<tr><td colspan="2">总计 120 年[2]</td><td colspan="2">总计 44 年[3]</td></tr>
</table>

① 表中数据。通过计算，实得 114 年。——译者注
② 表中数据。通过计算，实得 116 年。——译者注
③ 表中数据。通过计算，实得 49 年。——译者注

●接上表

第二十三王朝时期（共有 4 位法老，都来自坦尼斯）				
佩托巴特斯［写作“Petoubates”，任期内奥林匹亚（Olympiads）运动会开始举办，序号 01］	40	佩图巴斯提斯（写作“Petubastis”，序号 01）	25	—
奥索尔科（写作“Osorchô”或“Osorchôu”，被埃及人称赞为“大力神赫拉克勒斯”，序号 02）	8	奥索尔托（写作“Osorthou”，序号 02）	9	
普撒姆斯（写作“Psammus”，序号 03）	10	普撒姆斯（序号 03）	10	
哲特（写作“Zêt”，序号 04）	34 或 31			
总计 28 年①		总计 44 年		
第二十四王朝时期 “赛斯王”伯克利斯（Bocchôris），在他统治期间，一只羊开口说话了。 伯克利斯在位 6 年，被称为“智者”（the Wise）。 关于他的父亲聂法楚苏斯（Tnephachthus），没有过多的信息				
第二十五王朝时期（有 3 位法老，都是埃塞俄比亚人）				
萨巴科（写作“Sabaco”或“Sabbacôn”，他抓住并且活活烧死了伯克利斯，序号 01）	8	萨巴科（序号 01）	12	—
赛比库斯（写作“Sebichus”“Sebichôs”或“Sevêchus”，萨巴科之子，序号 02）	14	赛比库斯（序号 02）	12	
塔尔库什（写作“Tarcus”，序号 03）	18	塔拉库斯（写作“Taracus”，序号 03）	20	
总计 40 年		总计 44 年		

① 表中数据。通过计算，实得 92 年，或 89 年。——译者注

●接上表

第二十六王朝时期（有9位法老，都是赛斯人）				
斯蒂芬纳特斯（写作“Stephinates”，序号01）	7	阿美勒斯（写作“Ammeres”，他是埃塞俄比亚人，序号01）	18	—
内彻波索斯（写作“Nechepsos”，序号02）	6	斯蒂芬纳特斯（写作“Stephinates”或“Stephanthes”，序号02）	7	
尼科一世（写作“Nechao I”，序号03）	8	内彻波索斯（写作“Nechepsôs”，序号03）	6	
普撒美提库斯（写作“Psammeticus”“Psammetycus”或“Psammiticus”，序号04）	54	尼科一世（序号04）	6	
尼科二世，占领耶路撒冷，抓住了约查兹王（Joachaz the King），并把他作为战俘绑回埃及（序号05）	6	普撒美提库斯（序号05）	44	
普撒美提斯（写作“Psammuthis”，序号06）	6	尼科二世（序号06）	6	
瓦弗里斯（写作“Vaphris”，耶路撒冷被亚述人占领时，其余的犹太人逃到了他那里，序号07）	19	普撒美提库斯（写作“Psammuthes”或“Psammatichus”，序号07）	17	
阿莫西斯（写作“Amosis”，序号08）	—	瓦弗里斯（写作“Vaphres”，序号08）	25	
普撒美彻里特斯（写作“Psammecherites”或“Psammacherites”，序号09）	6个月	阿莫西斯（序号09）	42	
合计150年又6个月①		合计167年②		

① 表中数据。通过计算，实得106年又6个月。——译者注
② 表中数据。通过计算，实得171年。——译者注

●接上表

<table>
<tr><td colspan="5">**第二十七王朝时期**（共有 8 位法老，都是波斯人）</td></tr>
<tr><td>冈比西斯二世，在波斯和埃及建立统治（序号 01）</td><td>6</td><td colspan="3" rowspan="9">欧西庇乌斯认为这个王朝存在了 120 年又 4 个月的时间</td></tr>
<tr><td>叙司塔斯配（Hystaspes）之子大流士（写作“Darius”，序号 02）</td><td>36</td></tr>
<tr><td>薛西斯大帝（Xerxes the Great，序号 03）</td><td>21</td></tr>
<tr><td>阿尔塔巴努斯（Artabanus，序号 04）</td><td>7 个月</td></tr>
<tr><td>阿尔塔薛西斯（Artaxerxes，序号 05）</td><td>41</td></tr>
<tr><td>薛西斯二世（Xerxes II，序号 06）</td><td>2 个月</td></tr>
<tr><td>塞古迪安（Sogdianus，序号 07）</td><td>7 个月</td></tr>
<tr><td>阿尔塔薛西斯之子大流士二世（序号 08）</td><td>19</td></tr>
<tr><td colspan="2">合计 124 年又 4 个月</td></tr>
<tr><td colspan="5">**第二十八王朝时期**
存在 6 年，只有一位“赛斯王”阿米尔忒乌斯
（写作“Amyrteus”“Amyrtæus”或“Amyrteôs”）</td></tr>
<tr><td colspan="5">**第二十九王朝时期**（有 4 位门德斯法老）</td></tr>
<tr><td>尼弗里提斯（写作“Nepherities”或“Necherities，序号 01”）</td><td>6</td><td>尼弗里特斯一世（写作“Nepherites”，序号 01）</td><td>6</td><td rowspan="3">—</td></tr>
<tr><td>阿科里斯（写作“Achôris”，序号 02）</td><td>13</td><td>阿科里斯（写作“Achoris”，序号 02）</td><td>13</td></tr>
<tr><td>普撒美提斯（序号 03）</td><td>1</td><td>普撒姆瑟斯（写作“Psammuthes”，序号 03）</td><td>1</td></tr>
</table>

●接上表

尼弗里特斯（写作“Nephorites”“Nephorotis”或“Nephorotes”，序号 04）	4 个月	姆瑟斯（写作“Muthes”，序号 04）	1	也有人认为尼弗里特斯二世是第四代君主，而姆瑟斯是第五代君主
		尼弗里特斯二世（也有写作“Anepherites”，序号 05）	4 个月	
合计 20 年又 4 个月		合计 21 年又 4 个月		
第三十王朝时期［有三位赛本尼图斯（Sebennyte）法老］				
涅克塔尼贝斯一世（写作“Nectanebes”或“Nectanebus”，序号 01）	18	涅克塔尼贝斯一世（序号 01）	10	—
提奥斯（写作“Teos”，序号 02）	2	提奥斯（序号 02）	2	
涅克塔尼贝斯二世（序号 03）	18	涅克塔尼贝斯二世（序号 03）	8	
合计 38 年		合计 20 年		
第三十一王朝时期（都是波斯法老）				
奥库斯（Ochus），也被称为阿尔塔薛西斯三世（Artaxerxes Ⅲ），他在波斯统治二十年，同时当过埃及的统治者（序号 01）	2	奥库斯，在位第二十年占领了埃及，之后统治了埃及一段时间（序号 01）	6	—
阿尔瑟斯（写作“Arses”，序号 02）	3	奥库斯之子阿尔瑟斯（序号 02）	4	
大流士三世（序号 03）	4	被亚历山大大帝击败的大流士三世（序号 03）	6	
合计 9 年		合计 16 年		
至此为曼涅托作品第三卷的全部内容，时间跨度共计 1050 年[①]				

① 参见科里（Cory）《古代残片》（*Ancient Fragments*）。他所做的整理很有价值。——原注

表2是根据曼涅托作品编辑整理的，很多地方都不完备；尽管里面谈及的王朝很多是否存在是有争议的，与埃拉托色尼编辑的编年史和底比斯法老世系表进行比较以后，在法老世系方面得到的基本结论还是能保持一致的。从美尼斯开始到第十六王朝或第十八王朝，这段时间的历史已经很难搞清楚，曼涅托的作品虽然有论及，但在法老的数量、姓名及统治时间等方面得到的结论都很不完善。

古代的埃及编年史中，除了半神以外，又经历了15代（法老或王朝）、共443年的政权交替。第十六王朝到第三十王朝在编年史中的情况如下面的表3所示：

表3 第十六王朝到第三十王朝

王朝	法老数量	延续年数
第十六王朝	传位8人（坦尼斯人）	190
第十七王朝	传位14人（孟菲斯人）	103
第十八王朝	传位4人（孟菲斯人）	348
第十九王朝	传位5人（迪奥斯波利斯人）	194
第二十王朝	传位8人（迪奥斯波利斯人）	228
第二十一王朝	传位6人（坦尼斯人）	121
第二十二王朝	传位3人（坦尼斯人）	48
第二十三王朝	传位2人（迪奥斯波利斯人）	19
第二十四王朝	传位3人（赛斯人）	44
第二十五王朝	传位3人（埃塞俄比亚人）	44
第二十六王朝	传位7人（孟菲斯人）	177
第二十七王朝	传位5人（波斯人）	124
第二十八王朝	传位5人（波斯人）	124

●接上表

第二十九王朝	传位5人（坦尼斯人）	39
第三十王朝	传位1人（坦尼斯人）	18
30个王朝，一共延续36525年 共有12个神和3984位法老先后统治埃及		

表4 埃拉托色尼笔下的底比斯王表

序号	法老的名字	在位年数	备注
01	底比斯的美尼斯（Menes the Theban）	62	—
02	阿托西斯（Athothes）一世	59	
03	阿托西斯二世	32	
04	迪亚比斯（Diabies）	19	
05	佩索斯（Pemphos）	18	
06	孟菲斯的托加尔-阿马库斯·莫姆齐里（Tœgar-amachus Momchîri the Memphite）	79	被称为“同伴中的多余者”（或“Toigaramos”）
07	斯托库斯（Stœchus），被称为“愚蠢的阿瑞斯”（Arés the Senseless）	6	—
08	戈索尔梅斯（Gosormies），被称为“艾特斯潘托斯”（Etesipantos）	30	
09	马雷斯（Mares）	26	
10	阿诺伊菲斯（Anöyphis）	20	—
11	西里乌斯（Sirius），被称为“讨厌鬼”（Son of the Cheek）或“阿巴斯坎图斯”（Abascantus）	18	
12	克努布斯·格奈鲁斯（Chnubus Gneurus），是克里西斯（Chryses）之子	22	
13	拉沃西斯（Rauosis）	13	
14	比利斯（Biyris）	10	

●接上表

15	撒奥菲斯（Saophis）一世，也有“科玛斯特斯”（Comastes）或“克里马提斯特斯”（Chrematistes）之类的称谓	27	或为曼涅托作品中的苏非斯一世、苏非斯二世和门切里斯，或为希罗多德作品中的切普斯、塞弗伦和麦策里努斯
16	撒奥菲斯二世	29	
17	莫斯切里斯（Moscheres），或写作“赫里奥多图斯”（Heliodotus）	31	
18	慕斯西斯（Musthis）	33	—
19	帕姆斯·阿尔孔德斯（Pammus Archondes）	35	
20	阿帕普斯(Apappus),又名“马西穆斯”(Maximus)	100	
21	阿彻斯库斯·奥卡拉斯（Achescus Ocaras）	1	
22	尼托克里斯女法老	6	
23	迈尔泰乌斯（Myrtæus），绰号“阿蒙诺多图斯”（Ammonodotus）	22	
24	“野蛮人”(robust)提奥西马雷斯(Thyosimares)，被称为“太阳”（Sun）	12	
25	“国力增强者”提尼卢斯（Thinillus）	8	
26	森弗克拉特（Semphucrates）	18	
27	暴君库瑟·陶鲁斯（Chuther Taurus）	7	
28	“太阳的挚爱”莫雷斯·斐洛斯克鲁斯（Meures Philoscorus）	12	
29	科迈弗塔（Chomaephtha），也被称为“科斯慕斯·菲尔赫法埃斯图斯”（Cosmus Phil-Hephaestus）	11	
30	暴君索库尼奥索库斯（Sœcuniosochus）	60	
31	彭特–阿特雷斯（Pente-athyres）	16	
32	斯塔梅里梅斯二世（Stamenemes II）	23	
33	“大力神赫拉克勒斯”（Hercules the Strong）辛斯托西彻尔梅斯（Sistosichermes）	55	

●接上表

34	马里斯（Maris）	43	
35	“武尔坎之子赫尔墨斯”（Hermes the son of Vulcan）西弗阿斯（Siphoas）	5	
36	佚名	14	—
37	弗卢龙（Phruron），也被称为“Nilus”（尼罗河神）	5	
38	阿姆赞忒乌斯（Amuthantæus）	63	

●射箭

第2章

王位传承—早期年表—欧瑟特森一世和第十二王朝诸王—第十八王朝—早期发明—金属铁的利用—拉美西斯二世—红海运河—拉美西斯三世取得的胜利—辛努赛尔特王族—奥兹曼迪亚斯之墓—“门农尼乌姆神庙”—继承大权—义务—海伦—兰普西尼图—聂法楚苏斯—萨巴科—示撒—阿科里斯—涅克塔尼贝斯

●三角洲丰水期农民营救被困牲畜，取景自底比斯的古墓附近

笔者在第一章中已经向大家介绍了埃及文明早期历史的不确定性。19世纪，因为缺乏可信度高的史料，保存下来的古代纪念碑也不多，即便只是对于欧瑟特森一世的年龄，或者辉煌灿烂的第十八王朝诸法老的年龄，不同的学者得到的答案也不一样。以下为读者呈上第五份法老年表，这份年表和前章中古代学者的年表有比较价值。虽然历史上很多早期的法老在这份表格中都被省略了，因为部分法老只是想象中的历史人物，存在得不到实证的支持，况且要看他们的话，在古代学者给出的表格中看就好了。

表 5 设想中的埃及法老世系表

古代学者文献中的姓名	古代纪念碑上姓名的铭文	大事	登基时间
第一王朝，共有 1 位底比斯法老			
Menes、Minæus（美尼斯）	Menai	根据约瑟夫斯记载，此人应该生活在所罗门王（Solomon，公元前 1032 年出生，公元前 1015 年登基）的 1300 年之前，修建了孟菲斯城	公元前 2320 年
第二王朝至第十五①王朝，孟菲斯法老（存疑？） 在此期间，宁禄（Nimrod）在公元前 2204 年建立了亚述王国。埃拉托色尼认为，在阿帕普斯（Apappus）之前一共经历了 19 位法老，时间跨度 569 年			
Athothis（安东西斯，美尼斯之子）	—	在孟菲斯建造了王宫②，并将王室迁到这里——这可能是这个王朝得名“孟菲斯王朝”的原因	公元前 2300 年

① 曼涅托给出的安东西斯至门莫斯（Menmoph）之间经历的王朝数字可能太多了。——原注

② 据称，美尼斯在位时间可能长达64年。埃利安（Ælian）参照阿庇翁（Apion）的资料，

●接上表

中间即位法老的信息不详			
Suphis、Saophis（苏非斯一世①）	—	公元前 2089 年西锡安（Sicyon）王朝的奠基人，建造了一座大金字塔。希罗多德在自己的作品中把切普斯、塞弗伦和麦策里努斯的位置摆错了，他们应该被置于辛努赛尔特和莫埃里斯之前。狄奥多罗斯给了切普斯不同的称呼，参见前表	公元前 2123 年
Suphis II、Sen Saophis（苏非斯二世）	（备注）从苏非斯二世开始到森弗克拉特时代为止，如今的埃及在当时似乎分裂为两个政体，各自有不同的法老作为领袖	公元前 2057 年，古代中国的君主是尧帝（Yao），大概在这个时代，建造了第二座金字塔	公元前 2083 年
Moscheris、Mencheris（被称为“莫斯切里斯”或“门切里斯”）		建造了第三座金字塔	公元前 2043 年
Musthis（慕斯西斯）		—	公元前 2022 年
Pammus Archondes（帕姆斯·阿尔孔德斯）		—	公元前 2011 年
Apappus、Aphoph（阿帕普斯）		公元前 1920 年，亚伯拉罕（Abraham）造访埃及②	公元前 2001 年
Achescus Ocaras（阿彻斯库斯·奥卡拉斯，存疑）		—	公元前 1901 年

认为美尼斯有一个叫欧伊尼斯（Œnis）的王子当了埃及法老。——原注

① 他的姓名可能写作“Shofo”或者“Khof”，埃及人的姓名中常常会使用“sh-”和“kh-”这样的字眼。在翻译的时候考虑进希腊语的因素，就会被转写成“Suphis”或“Cheops”这样的字眼。——原注

② 从亚伯拉罕到大卫（David）时代，共有十四代国王；从大卫到进入巴比伦（Babylon）时代，共有十四代国王。从被俘事件到耶稣基督诞生，又有十四代国王。——G.W.

●接上表

Nitocris（尼托克里斯女法老）	Nicaule（约瑟夫斯记载）	—	公元前 1900 年
Myrtæus（迈尔泰乌斯，存疑）	—	—	公元前 1890 年
Thyosimares（提奥西马雷斯）	—	—	公元前 1880 年
Thinillus（提尼卢斯）	—	公元前 1856 年，建立了阿尔戈王国（Kingdom of Argos）	公元前 1866 年
Semphucrates（森弗克拉特）	—	阿提卡发生奥奇其斯大洪水（Deluge of Ogyges in Attica）	公元前 1848 年
第十五王朝，共有 1 位底比斯法老（存疑？）			
不详	—	—	公元前 1830 年
第十六王朝，坦尼斯法老（存疑？）			
不详	请见笔者《埃及和底比斯》（*Egypt and Thebes*）中的表①	—	—
Misartesen[1]（米萨尔滕森）	Osirtesen I	约瑟在公元前 1706 年到达	公元前 1740 年
—	Amun-emha I	—	公元前 1696 年
—	Amun-emha II	—	公元前 1686 年
第十七王朝，孟菲斯法老（存疑？）			

① 对这个名称存在的一些误解源于把“ω”错认为“μ”。——原注

●接上表

不详	Osirtesen II	—	公元前1651年
—	Nofri-Ftep 或 Osirrtasen III	公元前1635年，约瑟去世	公元前1636年
—	Amun-emha III	—	公元前1621年
—	不详	—	公元前1580年

表6　古代纪念碑上发现的埃及前六个王朝主要法老姓名写法表

阿比多斯（Abydos）年表上的文字	萨卡拉（Saqqarah）古文字	都灵莎草纸文献（Turin Papyrus）	希腊语转写名
第一王朝			
Mena	—	Mena	Menes
Teta	—	Atet	Athothis
Atota	—	—	—
Ata	—	—	—
Hesep	—	—	Ousaphais
Merba	Merbaipen	—	Miebis
Kabeh	Kabehu	—	—
第二王朝			
Butau	—	—	Boethos
Kakau	Kakau	—	Kaiechos
Bainuteru	Bainuter	—	Binothris
Utnes	Utnes	—	Tlas

●接上表

Senta	—	—	Sethenes
Tata	—	—	—
—	Raneferka	—	Nephercheres
—	Sekari Neferka	Neferka Sekar	Sesochris
—	Tefa	—	—
—	Bubui	Bubu	—
第三王朝			
Nebka	—	Nebka	—
Ser-bes	Ser	Sera	—
Tata	Ser-Teta	Ser-Teta	Tureis
Set-es	—	—	Toser-tasis
Raneferka	Ra nebka	—	—
—	Huni	Hu	—
第四王朝			
Senefru	—	—	—
Khufu	Khufu	—	Cheops
Ratat-ef	Ra tatuf	—	—
Ra-shaf	Ra shauf	—	Chephren
Ra-men-ka	—	—	Mencheres
User-kaf	—	—	Ousercheres
Ra-sahu	—	—	Sephres
第五王朝			
—	Ra nefer-ar-ka	—	Nepherchores
Ra en user	—	—	Rathoures

●接上表

Har-men-ka	—	—	Mencheres II
Ra-tat-ka	—	Tat	Tancheres
Unas	Unas	—	Obnus
第六王朝			
Tata	Tota	—	Othoes
Ra meri	Pepi	—	Phiops
Merenra	—	—	Methensouphis
			(S.B.)

笔者认为欧瑟特森一世登基的时间约在公元前1740年，在位时间肯定超过了43年。欧瑟特森一世如果不是因战功可以与拉美西斯二世相比而显得自己尊贵，至少也因爱好和平及让国家繁荣的功绩而被视为一位英明的法老[①]。

从约瑟的故事中可以看出欧瑟特森一世在位期间埃及的风俗习惯，所以笔者推测这两位是同一时代的人：看看他笔下以实玛利人（Ishmaelites）带来的各种香料、香膏和没药，这些东西既是奢侈品，也是宗教用品。约瑟还提到了一些负责法老内廷事务的官员、

① 关于“法老”（Pharaoh）这个词，笔者研究过其真实念法和含义。在希伯来语中，“法老”写作“פַּרְעֹה”，转写成英语是“Phrah”，从埃及语中的“Pire”或“Phre”（发音类似“Phra”）而来，是“太阳”的意思，在象形文字中由皇室旗帜上的鹰和球体图案呈现。以这种类比手法，国王就得到了“法老”这么个称呼。国王是世俗世界的领袖，犹如太阳（神）是天上的领袖。根据约瑟夫斯推测，这个词的来源或和“ouro”（国王）这个词相关。“Phouro”和“Pharaoh”是相似的，但“Phrah”来自希伯来语，“Pharaoh”本质上是一种不规则的变形现象。参见笔者《埃及和底比斯》第5页注释。（最新的说法是，法老一词从“Per-âa”这个词演变而来，意即“大房子”或“宫殿”。演变成“Pharaoh”以后，意思就变成了“住在大房子里的人”。——S.B.）——原注

自己能够享受的地位；分配给祭司的土地，以及其他类似的制度和习俗等，这些都表明埃及在文明早期已经取得了不俗的成就。

从贝尼–哈桑[①]的雕像中可以看出，埃及人在当时已经能制造亚麻布、玻璃、橱柜、金饰等很多精美的工艺品，同时也出现了很多娱乐活动，如体操、飞镖[②]和球类等，不少现代的娱乐活动在当时也很常见。

当时的建筑风格宏伟庄重，贝尼–哈桑的凹槽柱子具有让人联想到多立克（Doric）式柱子纯洁美好的特点，而多立克风格似乎确实发源于埃及。

欧瑟特森一世在位时期，在赫利奥波利斯建成了一座神庙，或者说这座神庙是在这个时期得到了扩建，其中一座有着欧瑟特森一世名字的方尖碑表明，当时的埃及人在花岗岩雕刻这么复杂的工艺方面都拥有了高超的技巧。类似的材料表明，在鳄城（Crocodilopolis）有一个由欧瑟特森一世建造或装修的神庙，后来在文献中被称为“Arsinoite nome”和“el Fyoom”。卡尔纳克（Karnak）大神庙中的柱廊遗迹，以及欧瑟特森一世的名字所伴随的“上埃及和下埃及的领主”这一头衔，都证明他是底比斯和下埃及的唯一法老。

阿梅内姆哈二世（Amenemha II）和欧瑟特森二世是继欧瑟特森一世之后最杰出的两位法老，他们除了鼓励发展农业，也为在荒凉沙漠中工作的人着想，为他们在雅苏斯谷[③]（Wadee Jasoos）建立了一座

---

① 发现自尼罗河东岸靠近斯庇奥斯阿尔忒米多斯（Speos Artemidos）的石窟壁画。——原注

② 拉美西斯三世和普撒美提库斯二世时期都在底比斯举办过类似的活动，拉美西斯三世曾亲自参与游戏。——原注

③ “Jasoos”有时也写作“Gasoos”，阿拉伯语中的“g”发音一般都比较柔和。

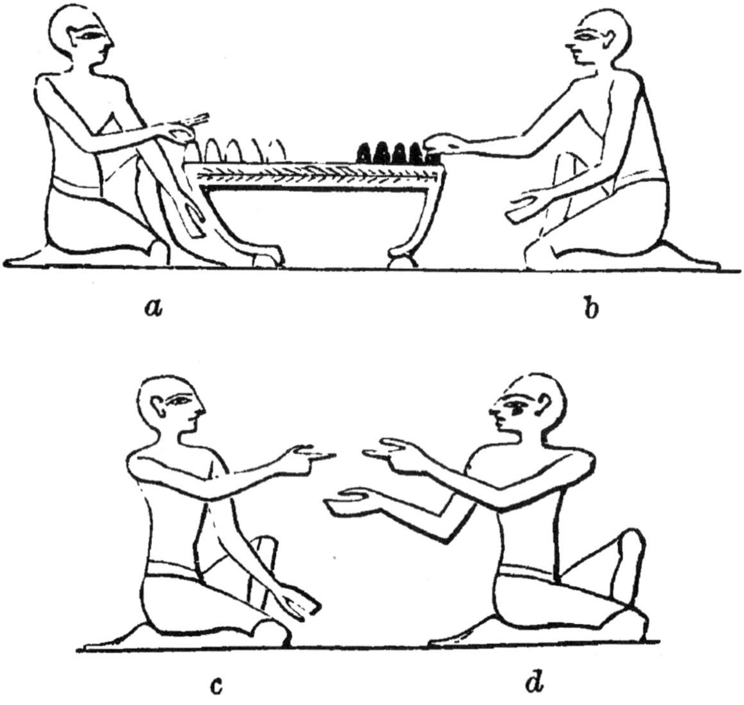

●古代跳棋（a和b）和节拍（c和d）游戏

神庙和一个有水井的驿站作为住所，证明当时的统治阶级重视人的精神和物质保护。科赛尔道路（Kossayr road）上的角砾岩采石场在当时已经投入运营，可能还有扎巴拉山（Gebel Zabara）的绿宝石矿。雅苏斯谷有一块石碑①，记录了与来自庞特（Pount）的异族②之间的战争，这是阿梅内姆哈二世在位第二十八年发生的事——这非常重要，因为它表明埃及军队的手已经延伸到在后来法老的军事征服中涉及的一些地区。

极有可能的是，红海上的斐洛特拉斯港（Philoteras）［又称埃努姆港（Ænnum）］已经建成。雅苏斯谷的驿站之所以建立，似乎主要是为了保护从前向该港口供水并且现在继续供水的水井③。因此，我们在断言埃及对阿拉伯贸易很早就开始的时候，又多了一条论据——树胶和香料在富裕的埃及④找到了现成的市场，当时的以实玛利人或阿拉伯人把它们带到下埃及进行销售就是证明。

与欧瑟特森三世（Usertesen III）相关的纪念碑暂时未被发现⑤，但他的名字总是在上埃及和西奈山⑥（Mount Sinai）发现的一些石表上出现。直到第十八王朝登上历史舞台之前，前面王朝的君主不

这个名称被一直沿用到如今当地的山谷。——原注

① 参见阿尼克（Alnwick）博物馆收藏的诺森伯兰公爵（Duke of Northumberland）的藏品。——S.B.

② 可能是当时生活在阿拉伯地区北部或者索马里（Somali）的人。——S.B.

③ 如今的科赛尔镇坐落于斐洛特拉斯港南部，它们相距不远，所以科赛尔镇距雅苏斯谷也不远。——原注

④ “彭特”（Punt）有可能指阿拉伯地区北部或者索马里，在第四王朝早期，在当时文献中，它就被提及。——S.B.

⑤ 见笔者的《埃及和底比斯》第 500 页。——S.B.

⑥ 西奈山是埃及西奈半岛上的一座山，海拔约 2285 米。西奈山四面都被山脉中更高的山峰所包围，其中包括埃及最高峰——海拔约 2629 米的凯瑟琳山。西奈山是《圣经》故事的重要发生地之一，以色列人在山上待了将近一年时间。——译者注

管是在世俗历史记载中，还是在宗教历史记载中，都不再有什么值得引起我们兴趣的内容了。①

续表 设想中的埃及法老世系表

古代学者文献中的姓名	古代纪念碑上姓名的铭文	大事①	登基时间
第十八王朝，都是底比斯法老			
Amosis（Chebron）（阿莫西斯）	（Chebron）Ames②	"当时出现了新法老（王国），却不了解约瑟。"公元前1571年，摩西出生。约瑟说此法老的女儿叫忒耳穆提思（Thermuthis）。刻克洛普斯（Cecrops）从赛斯（Sais）带人来建立殖民地③，公元前1566年，他成为雅典的首位法老	公元前1575年
Amenoph（阿蒙霍特普）	Amenoph I	—	公元前1550年
Amesses或Amenses（阿美瑟斯女法老）	—	阿蒙霍特普的姐妹④，其统治和下一任法老的统治有重叠	—

① 第十六王朝的君主继承的是第十二王朝的血统，他们的统治影响力似乎只限于埃及本土，他们的名字中带着"Sebakhetp"和"Neferhetp"，所以他们可能来自阿尔西诺地区（Arsinoite nome）或底比斯。和前代君主一样，第十六王朝的君主留下了萨姆尼（Samneh）地区尼罗河高度的记录，比19世纪的高度高出近24英尺。当地留下了一些刻有这些君主名字的纪念碑，但他们在当地没有很多的建树；况且埃及当时面对如今亚洲方向的外敌，无法有效控制自己的北部领土。——S.B.

① 更多细节信息参见笔者的《埃及和底比斯》第510页。——原注

② 笔者认为阿莫西斯或阿梅斯（Ames）或彻布隆是同一个人，具体的理由参见笔者《象形文字考古发现》（*Hieroglyphical Extracts*）第10页、第12页。——原注

③ 密涅瓦是赛斯的守护神，所建设的新城似乎也是根据"Minerva"这个名字取的。埃及文字是从右写到左的，比如"ΘΗΝ"，希腊人（有可能，但存疑）在左右两端各加一个"A"，让新单词变得从左往右读。——原注

④ 参见笔者《象形文字材料》（*Materia Heroglyphica*）的相关内容。——原注

●接上表

Mephres 或 Mesphris 或 Mesphra-Tuthmosis（米弗里斯）	Thothmes I	在一块古代纪念碑上发现了他在位第十四年的相关信息	公元前1532年
Misphra-Tummosis 或 Tothmosis（米斯弗拉–图摩西斯或托斯摩西斯）	Thothmes II	阿蒙–努姆·哈谢普斯（Amun-num Hasheps）的统治时间也被计入此处	公元前1505年
Thummosis 或 Tothmosis（图姆摩西斯或托斯摩西斯）	Thothmes III	公元前1491年，以色列人离开埃及。此时距离亚伯拉罕到达埃及已经过去430年	公元前1495年
Amenophis（阿美诺菲思）	Amnoph II	公元前1451年，摩西去世	公元前1456年
Horus（荷鲁斯）	Thothmes IV	—	公元前1446年
Rathotis（拉脱提斯）	Amenoph III	出现了传说中会说话的门农雕像。门农的兄弟①的法老身份不被承认	公元前1430年
Achencheres 或 Chebres（阿成彻里斯或彻布雷斯）	Khuenaten（S.B.）	—	公元前1408年
Achencheres 或 Acherres（阿成彻里斯或阿彻雷斯）	Remessu 或 Rameses I	—	公元前1395年
Armaïs（阿尔麦斯）	Seti I（Osireè）	距离希罗多德时代900年，可能是莫埃里斯生活的历史时期。莫埃里斯和阿尔麦斯之间存在惊人的相似性	公元前1385年

① 也就是“Amen-Toonh”。［图坦卡门（Tutanchamen）。——S.B.］也可能是当时一个叫达那俄斯（Danaus）的人。——原注

●接上表

Rameses Miamun（拉美西斯·米阿穆）	Amen-mai 或 Rameses 或 Rameses II（the Great）	希腊人称他为“辛努赛尔特”。我们在古代纪念碑上找到了他在位第 44 年和第 62 年的日期。曼涅托认为他一共在位 66 年	公元前 1355 年
Amenophis（阿美诺菲思）	Pthahmen	—	公元前 1289 年

阿莫西斯[①]是第十八王朝的君主，他的登基标志着埃及王室换了新的王族，更让人确信他“不了解谁是约瑟[②]”这一观点。一个合理的假设是，阿莫西斯可能是从底比斯远道而来，希伯来（犹太）人可能因此视他为陌路人，而他作为埃及人也会秉持一种生来“外人之心必异”的态度，这是埃及人对外人的标准看法。希伯来人被冠以“不洁的外邦人[③]”的污名，拥有“牧羊人”这种不洁的身份是他们被迫害的原因[④]。事实上，犹太人可能是为了躲避饥荒才到埃及来的，他们发现埃及是个富庶的地方，不仅足以维生，更能养殖大量牲畜，于是他们要求埃及统治者许给自己大量土地[⑤]，以自己和后代为埃及统治者提供服务作为交换条件。当时，孟菲斯人坐在埃及王位上，他们批准了这个要求，并

---

① Meneptah。——S.B.

② 约瑟本人已经死了 60 年，和他相关的那一代人及其兄弟们也全部不在人世了。——原注

③ 从留下的象形文字解读，犹太人生活的地方是多山的丘陵，这与埃及人生活的开阔平原形成鲜明的对比。——原注

④ “每一个牧羊人都是埃及人的害虫。”“牧羊人都是仆人，我们是，我们的父辈也是。”——原注

⑤ 有的犹太人身兼农民与牧民两种职业。——原注

且只按照最初签署协议的章程要求犹太人提供服务。后来，底比斯人登上了王位，犹太人的地位下降了，沦为奴隶。专制统治者很少尊重被统治者的权利，更何况是埃及统治者根本不在乎的犹太人，于是他们的工时被成倍增加[①]。埃及的法老们开始摆出一副担心犹太人在埃及对外战争中里通外敌的姿态，挑起了种族间的偏见，给了埃及人斗犹太人的借口。犹太人被指在埃及军队主力不在的时候将成为国家安全和秩序的威胁[②]，比较谨慎的做法就是不能让这种威胁变成现实。基于这种思路，犹太人被当作战俘对待，被迫给埃及的统治者提供用粗砖（整个埃及自古以来就普遍使用的建材，我们对此有充分的考古证据）修建粮仓之类的无偿劳动。在底比斯和孟菲斯附近发现的古代砖块上，常常刻有埃及统治者的名字，这些砖块的制造时间比笔者现在讨论的时间还要久远。孟菲斯附近发现的原始砖建筑遗迹主要是金字塔，底比斯的砖建筑则主要是围绕着纪念碑和古墓的城墙，有的城墙里面含有稻秆成分（大麦和麦秸铰碎混合，也有豆秸和麦秸铰碎混合的版本[③]），有的城墙里面没有；制造砖块的过程在古墓壁画上呈现出来，但这些砖块并不是以色列人烧制的，毕竟他们没有在底比斯住过。约瑟夫斯确定以色列人参与了修金字塔、挖掘运河和建堤岸的过程，但他们应该不太可能参与孟菲斯和阿尔西诺的古代金字塔的建造。[④]

---

① 每次阿拉伯人在尼罗河岸边的村庄定居的时候，土耳其人会想尽办法让阿拉伯人圈在村子里不出来，这样比较好控制他们。——原注

② 显然，埃及统治者并不怕犹太人占据埃及的任何地方，主要是担心他们掠夺财富后逃到国外。——原注

③ 这类泥砖使用的配料不是用稻秆，而是麦茬。——原注

④ 阿梅斯一世是第十七王朝诸法老的后人，领导埃及南部和底比斯对抗“牧羊人”建立的政权。他继续推进前任法老塔坎对“牧羊人”政权的战争，终于在自己在位第五年占领了“牧羊人”的据点阿瓦里斯。次年，他派军追击“牧羊人”法老塔图瓦。阿梅斯一世一共在位 22 年。——S.B.

摩西是在阿莫西斯统治后期出生的，其逃亡大概率发生在图特摩斯一世在位第二年。后来，在图特摩斯一世及其继任君主相继驾崩之后，摩西又回到了埃及。

阿梅斯一世在位期间建造了少数几座纪念碑，不过在埃尔玛萨拉（el Maasaea）后方的特洛伊山（Trojan mountain）上[①]发现了一些石表，体现出阿梅斯一世利用当地采石场出产的物料在孟菲斯及其邻近地区进行了一些工程建设[②]。

阿梅斯一世的王位被阿美诺菲思一世（Amenophis I）继承[③]，阿美诺菲思一世的名字在底比斯的很多地方都能看到，他似乎是一个和平主义者。他娶了埃塞俄比亚公主内芙塔莉（Nefertari）为王后，“Nefertari”似乎是埃及皇后常用的名字之一[④]。

图特摩斯一世时期的一些建筑保留到了19世纪，只是它们对于我们记载他那个时期的历史并不能提供很多新内容[⑤]。不管哈塔苏女法老是不是图特摩斯二世和图特摩斯三世时期的真正掌权者，至少她为图特摩斯一世留下了几座纪念碑。我们不知道她是不是图特摩斯一世的真正继承者，有的人怀疑她不是真的拥有法老身份。哈塔苏这个名字基本都被抹去，改为图特摩斯二世和图特摩斯三世的名字。但19世纪仍然存在米底奈特哈布（Medeenet

① 在斯特拉波（Strabo）和托勒密（Ptolemy）的作品中写作“Trocini lapidis Mons”，位于开罗（Cairo）以南 9 英里。——原注

② 跟很多人想的不一样，阿梅斯一世在位时期并非建造金字塔的时代。但斯特拉波等学者的作品确实提到，建造金字塔外层所用的石料是从本地获得的。——原注

③ 即“Amunoph”或“Amunôthph”。——G.W.

④ 公元前 1478 年。——G.W.

⑤ 图特摩斯一世驾崩后，王位被他的女儿继承，女法老的名字被认为是“哈塔苏”（Hatasu）或“哈舍普”（Hasheps）。——S.B.

Haboo）小神庙、科尔内石山下优雅的古建筑遗迹、卡尔纳克等地精美的方尖碑等，都是她当时下令建造的，并且是考古发现提供的证据，古雕像的主体也证明了哈塔苏女王对军队的重视程度。这个时代为人所知的大事就是玻璃的发明，我们发现了当时的一颗大玻璃珠[①]，上面刻有哈塔苏女法老的名字。后文也有机会展现，欧瑟特森一世在位早期，玻璃就已经得到应用。在那个时代，人们灌溉使用的工具就是如今木杆和水桶的雏形，埃及人如今的很多传统都源于我们现在讨论的法老时代[②]，这一时期的很多雕像也展现了亚麻布、拱门等很多那个时代的发明创造，在适当的时候，我们会提及这些有趣的细节，但不会立刻把它们作为主要内容进行讨论。

图特摩斯三世[③]在位时期可以说是埃及历史上最辉煌的时期之一。他既使用战争手段，也使用和平手段，造福国家，有充分证据表明他通过亲征或者把带兵的权力交给将军们，让外族首领对他称臣纳贡，进而扩大了自己的影响力，庞特、库法[④]、罗特–恩–努[⑤]（Rot-en-nu）和“西埃塞俄比亚南部[⑥]”的异族政权纷纷臣服。

---

① 也有人怀疑这是一颗黑曜石珠子。——S.B.

② 有一个词写作“Ebn Pharóon”，意思是“法老之子”，但这个词到19世纪就变成了“法兰克人的儿子”（son of a Frank）这样骂人的话。但最难听的莫过于“犹太狗”（Jew's dog）这样的话。——原注

③ 公元前1463年。——G.W.

④ 写作“Kufa”，亦作“Kéft”，实际就是腓尼基人。——G.W.

⑤ 今叙利亚。——G.W.

⑥ 底比斯古代纪念碑显示，这些国家（民族）派出代表给王座上的埃及统治者称臣纳贡。库法人和罗特–恩–努人是两个北方的民族，都长期和埃及人战斗，其中罗特–恩–努人距离埃及较远。——原注

笔者认为，图特摩斯三世（Thothmes III）在位第四年[①]，发生了犹太人离开埃及的事情。后来爆发了战争，图特摩斯三世立了纪念碑，这些是发生在犹太人离开埃及之后的事情。即便在摩西的作品中，也不存在所谓图特摩斯三世淹死在红海之中[②]的说法。关于《圣经》之中涉及历史的部分，我们从纪念碑上解读到的内容也没有任何与之矛盾的地方。这里就要回顾一下《出埃及记》中的内容，因为《出埃及记》的内容和这些古代纪念碑上的内容存在相似，有必要检查一下以免低级错误[③]被以讹传讹地不断重复。在比–哈希录（Pi-Hahiroth）旁边、巴尔–齐芬（Baal-zephon）跟前的大海边，犹太人安营扎寨，而埃及的法老已经带兵追了上来。犹太人往大海中逃离，埃及军队追上去，结果（本来分开的）大海突然合上，把埃及军队全部吞没。此处不论是《出埃及记》还是摩西唱的有关歌曲，都没提到法老死了[④]，而法老这么重要的领袖的命运是不会被忽略的。《圣经·诗篇》中的内容在权威性上无法和摩西的作品相比，不管法老是不是真的死了，只根据这些文献是无法加以论证的，对法老和他的军队用了“overthrown”这个词，不一定就意味着法老因此而死。

古实人在埃及一些地区居住，当时可能已经与另一个部落融

① 我们在古代纪念碑上发现了他在位第五十四年的相关内容。——原注

② 参见笔者在《象形文字材料》第 4 页末的相关评论。阿拉伯人的传说中，犹太人离开埃及是在“Amioos”王统治时期，这个名字写起来和“Amosis”和“Thothmosis”（因为这个名字和“Ames”或“Thothmes”指的是同一个人）很像。——原注

③ 错误包括明明是单峰驼却说它有两个驼峰，以及鳄鱼不能快速转身等结论，这都是不对的。——原注

④ 《出埃及记》原文：“法老的车辆、军兵，耶和华已抛在海中，他特选的军长都沉于红海。”（Pharaoh's chariots and his host hath. He cast into the sea: his chosen captains also are drowned in the Red Sea.）——原注

合。而在阿梅内姆哈二世时代，对犹太人的迫害可能愈演愈烈，部分原因可能是犹太人在埃及的滞留。不管怎么说，我们可以找到埃及统治者严重迫害犹太人的活动，而因为当时的人对和平的热爱，保留到今天的纪念碑上雕刻的都是统治者胜利的记录。图特摩斯三世在上埃及、下埃及和已经被自己的军队进攻过的埃塞俄比亚等地留下了很多建筑物，对底比斯神庙进行大规模扩建，并且凭着自己对工程建设的狂热在科普特、赫利奥波利斯及孟菲斯等地建造了很多建筑物。很多那个时代的纪念碑都展现出纯粹而优雅的风格①，但卡尔纳克花岗岩神庙的柱头和飞檐都展现出完全不同的风格，既不优雅也不实用，这说明图特摩斯三世的品位是多变的，这和他在其他地方展现出的雅致一样引人注目。

图特摩斯三世在位54年②，王位由王子阿美诺菲思二世（Amenophis II）继承③。阿美诺菲思二世不仅继续扩建卡尔纳克神庙，还开始在努比亚（Nubia）建造阿玛达（Amada）小神庙，王位最终由王子（下一任法老）图特摩斯四世（Thothmes IV）继承。狮身人面像的身上还雕刻着阿美诺菲思二世之子的雕像，但我们搞不清楚它到底是图特摩斯三世还是阿美诺菲思二世本人建造的。老普林尼可能就是因为没搞清楚两位法老的姓名而犯了错误，错把狮身人面像当作阿玛西斯的陵寝。

---

① 图特摩斯三世曾下令建造若干方尖碑，19 世纪，亚历山大有两座方尖碑，罗马有两座方尖碑，君士坦丁堡有一座方尖碑。以图特摩斯三世的名字命名的圣甲虫和小物件比他之前或之后的任何一个埃及法老都要多，连拉美西斯二世也比不上他。——原注

② 最早的记载认为图特摩斯三世在位 39 年，但 19 世纪的最新发现更新了这一数据。本书使用最新数据。——S.B.

③ 曼涅托提到，“牧羊人”政权在这个时期重返埃及，但这和 19 世纪人们的认知不符。——原注

●底比斯雷克马拉墓中呈现的
亚细亚人和埃塞俄比亚人朝贡景象

阿美诺菲思三世的兄长阿蒙-图（Amun-Toônh）在图特摩斯四世驾崩后继承了王位，但因为两人都太年轻，所以母后毛特-埃姆阿（Maut-emua）担当起了小法老导师和掌握实权的摄政者的责任。

在这个政权的早期，通往翡翠矿场的道路旁新建了驿站，旧驿站也得到了维护。我们发现了刻有象形文字的石板，这是当时政权对建筑精心维护的文字证据。

卢克索[①]（Luqsor）的带神庙的宫殿，和会发声的雕像旁的神

① 埃及重要考古名城之一，也是世界上最古老的有人居住的城市之一。卢克索经常被描述为“世界上最伟大的露天博物馆”，这跟它在历史上的重要性相关。早在第十一王朝时，它的重要性就开始不断增加。从 18 世纪开始，不断有欧洲的旅行家到访卢克索，一些人出版了他们的游记和记录其周围的环境，截至 20 世纪，卢克索已经成为埃及、非洲乃至世界上一个主要的旅游目的地。除此之外，对卢克索古代遗迹的考古发掘工作从未间断过，不断带给人们新的惊喜。2019 年 10 月，考古学者在卢克索神庙前发掘出 30 具保存完好的木棺 。这些木棺中有 23 具成年男性木乃伊，5 具成年女性木乃伊和 2 具儿童木乃伊，据信他们的生存状态相当于现代的中产阶级。木乃伊上装饰着各种雕

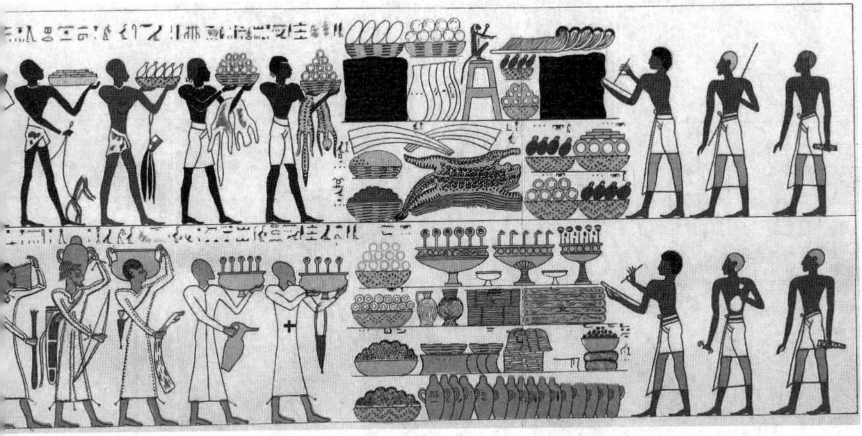

庙都是在底比斯建造的，小王子可能就是在这座宫殿中出生并接受早期教育的。这个时期，埃及各地［甚至包括比较偏远的纳帕塔[①]（Napata）］建起了各种建筑[②]，大规模扩建了卡尔纳克神庙，新增了很多刻有阿美诺菲思三世姓名的纪念碑，纪念碑上出现了当年图特摩斯三世击败敌人的形象[③]。这个时期，埃及军队在埃塞俄比亚和如今的亚洲地区也取得了新一轮军事征服的胜利。

刻和图案，有些棺材上还刻着死者的名字。2021年4月8日，考古学家在卢克索附近发现了一座有着三千多年历史的“失落的黄金城”，是迄今为止发现的最大的古埃及城市，更被认为是继发现图坦卡蒙陵寝以来在埃及的第二大考古发现。——译者注

① 这里不穷尽一切案例，详见笔者的《埃及和底比斯》。——原注

② 笔者认为如今的博尔克山（Gebel Berkel）就是原来的纳帕塔，普鲁杜勋爵（Lord Prudhoe）收藏的美丽的狮子雕像就是从这个地方带来的，它们都是在他掌权及与兄弟分离后不久便开始雕刻的。（笔者在写完这篇文章若干年后，在博尔克山做了广泛、深入的调查，证实了当地就是纳帕塔的假设，但相关成果在当时并未马上发表。）——原注

③ 指作为北方民族之一的庞特人。——原注

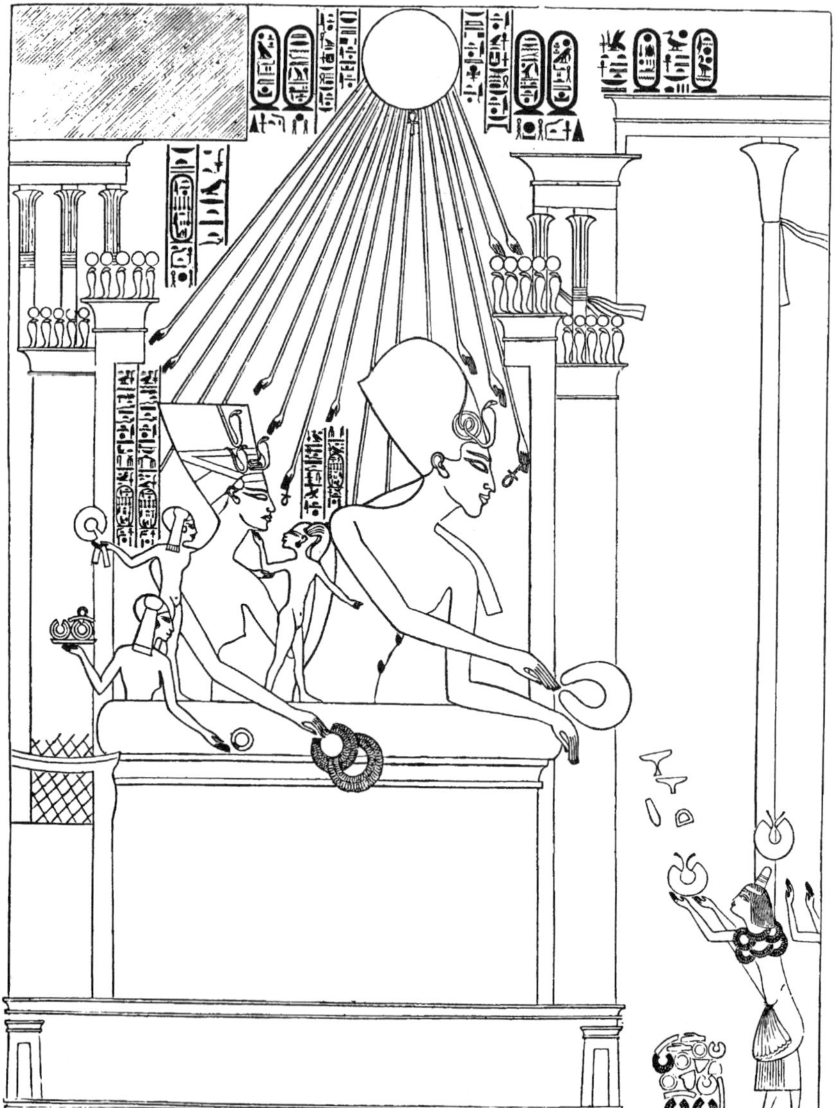

●克胡那腾（Khuenaten） 正在给予赏赐

有人认为，公元前1406年，希腊人第一次使用铁①；但大家回答不了的是，首个用铁的民族是不是埃及人。我们惊讶于埃及人竟然能在花岗岩和玄武岩上雕刻象形文字（刻入石块两英尺深），这都是用什么工具才能做到的啊？如果埃及人真不懂回火技术，我们只能说他们的很多创造都是奇迹。如果他们在这些工艺上应用的不是铁工具而是铜工具，我们也很难搞明白他们是怎么做到的。

阿美诺菲思三世时期是一个出现宏伟雕像和伟大精神的时代。埃及人雕像的质量从欧瑟特森一世时期开始到拉美西斯二世时期似乎经历了一个逐渐改善的过程。这并不意味着出现任何显著的变化，只是某些普遍特征和风格出现了改善。

阿美诺菲思三世令人感兴趣的是，比起其他的法老，他具有

① 赫西俄德（Hesiod）认为，对铁的使用要到更晚的时候。在忒修斯（Theseus）公元前1235年登上雅典王位的时代，我们认为铁还是一种不为人知的东西，因为我们发现忒修斯的陪葬品中包括一把黄铜剑和一支长矛。盲诗人荷马常常谈到黄铜武器（其实是青铜，但我们翻译为黄铜。——G.W.），尽管他也提到过铁。［铜制品在古埃及文明中是不多见的。我们虽然把“*χαλκός*”翻译为“黄铜”，但这个词习惯上仍然是指“青铜”——青铜是由铜和锡组成的；而黄铜由铜和锌组成。我们认为，在希腊语中，“黄铜器皿”“黄铜头盔”等“黄铜”用品一般写作“*χαλκός*”或“*χάλκεος*”，其实这里不能翻译为“黄铜（××）”，而应该是“青铜（××）”。但也有人认为希腊人和罗马人还是了解黄铜的，这一点可以从“orichalcus”或“aurichalcus”这样的词语中看出，昆图斯·贺拉斯·弗拉库斯（Quintus Horace Flaccus）的“Tibia non ut nunc orichalco vincta”也可以作为一个例子。人们常常拿黄铜冒充黄金。笔者对埃及文明的黄铜不甚了解，尽管自己收藏了一个古埃及的黄铜戒指（如今和其他收藏品一起被捐给哈罗公学了），这枚戒指的材质作为一种合金，似乎和用来打磨镜子的科林斯（Corinthian）黄铜很相似，包含银、铜、锌及其他成分，这种材料与我在埃及和希腊发现的类似文物一样，都是可以替代黄金的产品——这肯定就是以斯拉（Ezra）提到的、“珍贵如金”的优良器皿。老普林尼提到，黄铜花瓶的价值在当时比黄金还贵。古代的黄铜与现代的黄铜（从德国传入英国）不同，古人使用炉甘石或锌的天然碳酸盐，与铜和木炭混合，最后将锌矿石还原为金属状态，使其与铜结合形成黄铜。被称为“塞浦路斯黄铜（coronarium）”的材料被用来打磨薄金属叶片，利用牛胆染色后看起来像是黄金，用这些叶片拼装的桂冠适用于多种场合。黄铜最佳的铜锌比被认为是2:1，但有时也采用7:3或8:2等数据。——G.W.］——原注

更明显的黑人特征。这或许不是个偶然，毕竟他的母亲是埃塞俄比亚人。

阿美诺菲思三世是第十八王朝中首个在底比斯有陵的人，但他的陵和继任者及拉美西斯一世的陵不在同一个山谷。阿美诺菲思三世和王后泰亚（Taia）被葬在一起，和其他很多人一样，都位于米底奈特哈布（Medeenet Haboo）神庙后面的山谷中[①]。法老和王后一般不会同葬一穴，尽管可能偶尔存在例外情况[②]。

底比斯神庙的一块石头上的文字记载了阿美诺菲思三世作为埃及王室的直系后裔“父亲的父亲就是图特摩斯三世”的历史[③]，但记录他在位时期内容的纪念碑数量很少，内容主要只与一些建筑物相关。

拉美西斯一世几乎没有留下任何东西来阐明他所生活的时代的历史，他似乎也没有因在国外取得任何成功或在国内对艺术的鼓励而引人注目。他及其前任可能都是爱好和平的君主，他们之所以不重视对外征服，可能是因为叙利亚附近的省爆发了叛乱，于是，塞提一世登基时不得不亲自平息叛乱[④]，相关内容都在那个时代的雕像中被呈现出来。塞提一世被塑造为对每一个埃及邻国发动进攻的法老。当时，很明显，外族通过称臣纳贡[⑤]

① 阿美诺菲思三世陵的信息参见艾伯特（Abbott）莎草纸。阿美诺菲思三世和另外三位第十一王朝法老的陵都在艾尔阿萨西夫（El Assasif），但他们的陵在 19 世纪仍未被发现。阿美诺菲思三世继承者的陵都在底比斯西部的山谷。——S.B.

② 底比斯的比班艾莫洛克（Biban el Molook）的十号墓中就有发现，十四号墓中可能也存在。——原注

③ 参见笔者《象形文字材料》的相关内容。——原注

④ 在早期版本中原文并非“Seti”而是“Osirei”，事实证明最正确的版本还是“Seti”，因为“Osirei”和“Uasiri”是在更晚的时候才出现的表述。——S.B.

⑤ 不仅底比斯的雕像，就连塔西佗（Tacitus）也对埃及向外族征收贡赋一事进行了评价。——原注

来维持与塞提一世的友谊，这可以通过“Canana”①（卡那那）、“Lemanon”②（勒马农）这样的名字及当地人在塞提一世③在位初期的状况得到证明。

塞提一世是拉美西斯一世的王子，继承了王位，在位期间把势力往南北两个方向扩大了很远距离。不幸的是，卡尔纳克城墙带有浮雕的上半部分被毁，我们没办法以此为基础书写那个时代的历史。我们知道埃及人的主要敌人之一就是罗特-恩-努人，从他们的肤色、服饰及产品来看，他们似乎生活在比埃及更加寒冷的气候中，这样的地方盛产大象和熊④。塞提一世带兵离开埃及，深入敌对势力的中心地带，通过战斗击溃他们后围攻其据点城市，然后逼迫对方投降。为了彰显自己作为英雄的个人勇气，他从车上下来，放下弓箭，与敌人的首领们握手。在被征服的地区建立了自己的统治后，塞提一世回到了埃及，并将自己获得的丰富战利品和众多俘虏献给底比斯的神。

之后，塞提一世主要精力都用到了建造纪念碑上，保存到今天的纪念碑仍用于纪念他取得的胜利和荣耀。我们在塞提一世金碧辉煌的陵中考察⑤，就能体会到当时的埃及是一个辉煌灿烂、

① 虽然所罗门王的女儿嫁给了塞提一世，但塞提一世还是消灭了住在吉泽尔(Gezer)的迦南人并烧毁了这个地区，可能迦南人是忘了给他纳贡的事情了。——原注

② 科普特语言中常常用“m”替代“b”，以及关于战车通不过的山区和林地的记载，让笔者相信这是对黎巴嫩山（Mount Lebanon）的记载，山下就是“卡那那的土地”，如今被亚美尼亚人称为“艾尔门能”（Ermenen）。——原注

③ 在象形文字中，这是塞提一世登基第一年发生的事情。——原注

④ 由底比斯的一座墓判定。——原注

⑤ 贝尔佐尼（Belzoni）在底比斯发现了这座陵，并且将其打开。——原注

●塞提一世和赫梯人战斗

到处是宏伟建筑的国家。

接塞提一世班的是拉美西斯二世[①]，名字写作“Amun-mai-Rameses”或“Rameses-mi-amun”[②]，在历史上有“拉美西斯大帝”的美称，有时会被混淆为埃及古代的著名法老辛努赛尔特。这种混淆是可以解释的，辛努赛尔特被认为是第十二王朝的法老，希罗多德认为其生活年代比建造金字塔的法老要早。但拉美西斯二世的功绩慢慢超越了前人，这时，以前法老取得的荣誉都慢慢被集中到新法老的身上。后来，到了罗马帝国时代，日耳曼尼库斯（Germanicus）动身前往埃及，底比斯人完全不再提辛努赛尔特，只提到作为光荣、伟大征服者的拉美西斯二世。不过，迪奥多鲁斯说辛努赛尔特是《圣经》中的示撒，这一点恐怕得不到任何证据作为证明。

拉美西斯二世大概相当于埃及的屋大维，在他统治的时代，埃及艺术的发展达到了高潮，以至后世都无法模仿[③]。拉美西斯二世带兵深入如今亚洲的腹地，其他法老走得都没他远。他刚刚登基就急于在军事上有所建树，我们发现他在登基第四年就已

① 商博良和罗塞里尼都认为此处的法老和塞提一世之间另有一个法老，这个法老才是拉美西斯二世。笔者和普鲁杜勋爵、费利克斯少校则认为不存在这个另外的拉美西斯二世，只是拉美西斯二世在登基之后，改变了自己姓名的写法。——原注

② 笔者注意到，当写拉美西斯三世和他人的姓名时，不论横着写还是竖着写，“Amen-mai”和“Mai（Mi）-amun”的头衔都是同义。——原注

③ 大英博物馆收藏的一个头像长期被称为“小门农”（Young Memnon），其实是拉美西斯二世的头像。不过，这个头像确实“小”（young），这是相对于同一座神庙中的巨型雕像而言。以前卢浮宫（Louvre）也采用这种命名法命名了“小”阿波罗神像（le jeune Apollon），因为它不如观景台展区（Belvedere）的雕像那么大。——原注

经对几个距离埃及很远的国家①发动了一场成功的战争，沿着巴勒斯坦（Palestine）海岸线行军，这一事件的记录仍然保存在贝鲁特（Beiróot）附近的利库斯河（Lycus）的岩石上。拉美西斯二世在埃及边境以外竖立了埃及法老的纪念碑，让埃及军队的进攻范围远远超出了尼罗河流域，不论是《圣经》，还是古代遗迹，都能为此提供证明。埃及人在北方边境取得了进展，直到巴比伦国王尼布甲尼撒（Nebuchadnezer）时期，他才从法老尼科（Neco）手中夺走了“从幼发拉底河到埃及河②”地区的一切。埃及军队很可能是从叙利亚往东北出发，但笔者不会在这里去推敲埃及军队具体去了什么地方，或者讨论拉美西斯二世雕刻的纪念文字。我们从整体角度来看，埃及人的文明水平和军事水平在这个时代都有了长足进步。埃及人已经围绕城墙挖掘了宽度加倍的堑壕，堑壕上面架了桥③，各种攻防武器（长矛、剑、头盔、盾牌④和盔甲）轻便有力，加上三人乘坐的两马拉战车部队，埃及军队如虎添翼，结构良好，战斗力强大。埃及军队中有骑兵（还是战车兵更多），骑兵没有马鞍⑤，

---

① 参见笔者《埃及和底比斯》第 193 页。——原注

② 这里的“埃及河”（River of Egypt）并非尼罗河，可能只是一条小河或者一处急流。约书亚（Joshua）认为它是相当于当时埃及界河的一条河，位于如今加沙南部。“נחל”转写成英语是“nachal”，不算一条大河，相当于某些人认为的“נָהָר”（nahar）。“纳尔”（nahl）这条河和尼罗河之间就更不会有什么联系了。法老尼科正是“在幼发拉底河畔和卡尔凯米什（Carchemish）作战”。感谢怀斯（Wyse）为本研究提供的利库斯河畔拉美西斯二世相关铭文的副本。［斯特拉波认为，埃及人的势力范围一度延伸到斯基泰（Scythia）、大夏（Bactria）、印度（India），乃至如今被称为“爱奥尼亚”（Ionia）的地方。——G.W.］——原注

③ 19 世纪，我们只能看到这些桥梁的俯瞰图，所以无法搞清楚它们是怎么建起来的。——原注

④ 外形上接近底比斯的希腊式盾牌。——原注

⑤ 努米底亚骑兵也没有马鞍。［所谓的“基塔”应该是指埃及东北部的某个民族或者赫梯人。拉美西斯二世在登基第五年对他们发动了一场大战，最终在奥伦特河（Orontes）畔的卡德什（Khadesh）

但配备了缰绳，这都体现出军马使用的亚洲性特征。

笔者相信埃及军队的作战序列中很可能包含了骑兵和战车兵，古代文献也有提及[①]，但埃及可能没有其他东方古国那样保持大规模骑兵部队的习惯[②]。

埃及战车一般配备两名乘员[③]，一名是车夫，另一名是士兵。埃及战车数量很多，战车兵射术高超，埃及人与人口众多的国家进行的一系列长期战争中取得的辉煌成就可能都归功于此。埃及军队之所以总是能取得以少胜多的辉煌胜利，主要就是因为擅用弓箭；而值得注意的是，埃及人拉弓的方式和欧洲人的祖先类似。

这一时期留存到现在的古代浮雕很好地描绘了当时的战争方式，对云梯和龟甲阵[④]（testudo）的介绍令人感到很满意。埃及人很可能惯于挖地道作战，而在进行围城战[⑤]的时候使用龟甲阵能为军队提供有力的掩护。埃及龟甲阵不用盾牌，而是由杆子支撑的覆盖物或框架构成，攻城时也不配备攻城锤——看起来不像是直

击败了他们，参见潘托尔（Pentaur）诗或萨利尔莎草纸（Sallier papyrus）文献的相关记载。——S.B.]——原注

① 《圣经·以赛亚书》（*Isaiah*）中记载埃及骑兵的语句："你就相信埃及的战车和骑兵吧。"米里亚姆（Miriam）的歌谣中的"骑手和战马"，形容的就是埃及骑兵。示撒的军队中有 1200 辆战车和 6 万骑兵。（参见笔者的《埃及和底比斯》第 194 页脚注）——原注

② 《荷马史诗》中的英雄也是乘坐战车的，《伊利亚特》（*Iliad*）中还提到了一个有两匹战马的骑兵。希腊人直到对波斯战争以后才大量部署骑兵。——原注

③ 根据梅加斯特尼（Megasthenes）的说法，印度的战车含车夫共有三位乘员。（见下文）——原注

④ 在此 400 年前（欧瑟特森一世时期），龟甲阵就已经配合攻城锤使用了，维特鲁威（Vitruvius）认为攻城锤是迦太基人在围攻加德士（Gades）时发明的。——原注

⑤ 参见希罗多德作品第 4 卷第 200 页和第 5 卷第 115 页。——原注

接攻城的部队①，在某些情况下主要起到掩护攻城指挥官②的作用，在用法和战术原则上其实和罗马龟甲阵比较像。

拉美西斯二世在战争中的辉煌胜利都被雕刻在卡尔纳克神庙的墙壁上及努比亚神庙里。对于部分被征服的民族，埃及人和他们结盟，这些民族以后会为法老们提供对外征服所需要的军队。埃及人在拉美西斯二世时期的主要盟友是海洋民族夏瑞塔纳人（Shairetana），他们在拉美西斯三世时期仍然是埃及人的盟友。拉美西斯三世和其他民族也建立了联盟，征服了很多距离埃及很远的国家。塞提一世、拉美西斯二世和拉美西斯三世在位时期，是埃及对外征服鼎盛时期。

根据希罗多德的说法，笔者认为和拉美西斯二世是同一个人的辛努赛尔特③曾经派遣船队④进入红海，他似乎是首个穿越海峡进入印度洋的君主。狄奥多罗斯认为拉美西斯二世是首个建造战船的君主，估计这支埃及船队的船舶数量不少于400艘；不过，笔者在前面指出，埃及人可能在更早的时间就已经建造并使用商船和战船了。我们可以合理地推测，埃及船队对印度的贸易与拉美西斯二世开凿的尼罗河-苏伊士运河有关⑤。

---

① 木马也许是一种暗示，标志着古代首个靠挖地道攻城的战例。拉美西斯二世生活在特洛伊城破约一个半世纪之前。——原注

② 当时的攻城锤是一种装有金属尖头的长矛，可以撞松墙壁上的石头。它在拉丁语中写作“terebra”，在希腊语中写作“τρύπανον”。——原注

③ 根据狄奥多罗斯的记载，“辛努赛尔特”这个名字写作“Sesostris”或“Sesoosis”，曾在他父王当权的时候带兵远征进入阿拉伯和利比亚。我们根据卡尔纳克神庙里的雕像或许可以推测出拉美西斯二世和自己的父王一起打胜仗后凯旋的情形。对于拉美西斯二世来说，“Ses（Se）-Osirei”（Osirei之子）这个词真的和“辛努赛尔特”这个名字有关系吗？——原注

④ 或许派遣的不是商船而是战船。——原注

⑤ 斯特拉波、亚里士多德等学者都认为这条原始的苏伊士运河的开凿是辛努赛

古代的苏伊士运河始于现代贝尔贝斯镇[①]（Belbays）东北方向约12英里处，被罗马人称为“Bubastis Agria”，往东延伸约33英里后转向东南，延伸约63英里到阿拉伯湾尽头位置。几位法老都被认为是这条古代运河的建造者，有的学者认为是辛努赛尔特三世，有的认为是尼科二世，总之，最后运河是由大流士一世（Darius I）和托勒密二世（Ptolemy II）建造完成的。也有人认为这条古代运河从未彻底完工，在它到达苦湖的时候，因为担心红海[②]倒灌而作罢。但显然，这条运河最终肯定修完了，甚至早在拉美西斯二世时期就已经修完了，大量战俘充当了修建运河的劳动力[③]。不过，古代运河在沙漠之中修建，必须时时注意维护保养，否则就会被破坏。等到尼科二世或托勒密二世在位的时期，人们想要再次使用运河，就必须重修[④]。

希罗多德认为古运河是尼科二世开始修建的，他是生活在公元前610年左右的历史人物。尼科二世下令开凿的运河长度相当于一艘船4天的航程，宽度足以容纳两艘三层划桨的大船并排航行。从地图上看，运河以布巴斯提斯（Bubastis）为起点，在帕图莫斯镇（“Patumos”，亦作“Pa”或“Pi-Thom”）附近入海。狄奥多罗斯认为运河的河口靠近阿尔西诺港[⑤]，这个港口可能是在希罗多德提到的旧城基础上发展而来的。有人估计，运河长超过100斯塔迪亚、宽

尔特三世的功劳。——原注

① 斯特拉波认为运河起点在菲隆（Philon）旁边的法岑萨村（Phacensa）。——G.W.

② 语出狄奥多罗斯。后来，托勒密二世建造了水闸以解决倒灌问题。（见《埃及和底比斯》第320—321页）——原注

③ 希罗多德认为辛努赛尔特三世动用了大量战俘修建运河。——原注

④ 显然，这条古代运河的入海口距离如今的苏伊士（Suez）小村很近。——原注

⑤ 在斯特拉波的文献中写作“Arsinoe”，有时也被写作“克里奥帕特里斯”（Cleopatris）。——原注

100肘，或宽100英尺、深40英尺，西端到苦湖的距离为37罗马里（Roman mile）。据说为了建造运河，6万名埃及人丧生——我们不敢再想下去了，因为战俘在修建运河的时候必然要承担更辛苦、更危险的工作。运河河口设有水闸，按需开关，可以在必要的时候调节海水倒灌的情况，反过来也可以。如今，古代的运河已经荒废，但可以通过追踪古代遗迹的方法找到古代河道的痕迹。笔者自己在考察的过程中发现了一处带有拉美西斯二世形象和名字的纪念碑，这是重大的发现，证明了古运河在那个时代就存在了。但在托勒密王朝和历代恺撒[①]（Caesars）之后，古运河又被忽视了，很快破败下去。埃及对印度的贸易恢复后，重修运河的想法被再次提出，由哈里发（Caliphs）们付诸实践，直到后来亚历山大的地位被新商道破坏为止。

希罗多德笔下的拉美西斯二世是唯一能统治埃塞俄比亚的埃及法老，但通过考古发现取得的证据，我们知道这个观点并不正确。

拉美西斯二世有两个王后，共育有23个儿子和3个女儿，门农尼乌姆神庙收藏了他们的姓名和形象[②]。

和欧洲不一样，东方家庭中的后代所承担的义务要严格很多。直到19世纪，若得不到正式许可，儿子是不敢在父亲在场的情况下坐下的。埃及王子们对父王负有很多义务，要站在父王左边保护他，帮着抬父王的宝座和轿子，为他打扇子，并且充当父

① 罗马帝国时期经常出现两位君主共治的现象，其中皇帝的尊号为“奥古斯都”，副皇帝的尊号为“恺撒”。——译者注

② 但女儿的名字被略去了。东方王室往往都是子孙满堂的，阿尔塔薛西斯王族一度有153个后代，罗波安（Rohoboam）育有28个儿子和60个女儿。——原注

王的随从。即使身处最激烈的战斗中，王子也不能放弃自己身份的标志：他们在头的一侧戴着一个徽章，也许是为了遮盖和围住一绺头发，在埃及人中，这绺头发是年轻的标志，也是哈波克拉特斯神（Harpocrates）的常见标志。

拉美西斯二世的统治延续了很长时间，埃及在他的治下变得繁荣昌盛。考虑到拉美西斯二世大大地开拓了埃及的疆土，在各地留下了很多宏伟的纪念碑，他在位的60多年时间其实是非常充实的。笔者引述的资料来自曼涅托，19世纪也发现了他在位第62周年的纪念碑。神庙的扩建、红色花岗岩古方尖碑上的法老名讳都表明，埃及人在雕刻上具有高超的工艺[①]。不论是门农尼乌姆神庙、底比斯和阿比杜斯（Abydus）的其他许多建筑、阿波辛贝尔（Aboosimbel）的坚硬砂岩上凿出的神庙、努比亚的代尔（Dayr）、萨布阿（Sabooa）和格夫霍赛因（Gerf Hossayn）的神庙及坦尼斯的方尖碑等古代遗迹都表明，拉美西斯二世花费了很多时间和精力，对孟菲斯等城市进行了改建与扩建，但如今这些地方大都已经被黄沙掩盖，或被历史遗忘[②]。

据说除了军功以外，拉美西斯二世还有另一项功绩，那就是把土地分给农民耕种，代价是向政府固定缴税。这可能是最早的土地测量活动，但这种结论早就被希罗多德推翻，毕竟《圣经》也好，古代遗迹也罢，都表明土地财产权责界限的区分早在拉美西斯二世时代之前就已经搞清楚了。顺着这一点考虑下去，古埃

① 很多雕刻的象形文字深度达两英尺，巴黎就收藏了一块刻有这些文字的方尖碑，马赛（Marseilles）也收藏了一些。——原注

② 孟菲斯的一座巨型雕像和另外几座雕像残片上都刻有拉美西斯二世的名字。——原注

及文明程度已经相当高，因为丈量土地意味着几何学实践。《圣经》指出，约瑟辅佐的一位法老曾经向地主征地（除祭司用地以外），希罗多德谈及的土地划分应该是约瑟之后时代的实践[①]，至少也是约瑟所指导的实践。土地交易产生的税收是埃及农民每年向政府缴纳税收的一部分，长时间有专门的法律做具体的规定——正因为这一点，才会有人提出辛努赛尔特一世就是欧瑟特森一世[②]（同样，也有辛努赛尔特一世是拉美西斯二世的观点），换句话说，他正是约瑟抵达埃及时在位的法老[③]。

拉美西斯二世的接班人是他的第十三子，名叫梅涅普塔[④]（Meneptah）。从门农尼乌姆神庙留下的遗迹判断，一个王子登基成为法老的时候，其名字的第一部分可能被写入世系表之中。但梅涅普塔在位期间并没做什么大事，他可能是狄奥多罗斯笔下的“Sesoosis II”，也可能是希罗多德笔下的“Pheron”——希罗多德这么写，很可能是抄错了，把它认为是法老的名字，殊不知“Pheron”这个词很可能就是“Phra”或“Pharaoh”（法老）一词的变形[⑤]。相传梅涅普塔在赫利奥波利斯留下两座纪念太阳的方

① 埃及有专门管理土地的法律，法老可以收税，但管理不了祭司的土地。——原注

② 但欧瑟特森一世在位时期已经存在金字塔了。“Karneses”这个词最早出现在写有“Sesura”和“Sesutra”单词的莎草纸文献中，“辛努赛尔特”（Sesostris）也因此而得名，虽然也有人认为“辛努赛尔特”这个词可能是更早的埃及王朝，但至少第十二王朝的政治事件不能佐证这个观点。——S.B.

③ 必须承认的是，希罗多德的说法和《圣经·创世记》不完全一样。当时的人会卖地换粮食。土地因此归法老所有，不过农民接下来又会为法老种地。——原注

④ 原作者在本书第一版的这个位置留下的名字是“Ptahmen”，但现在已经普遍用“梅涅普塔”这个表述了。——S.B.

⑤ 阿拉伯人现在主要用“Phrah”“Pharaoh”或“Pharóon”这三个词表述。——原注

尖碑[①]，但它们如今已经不存在了。尽管“梅涅普塔”这个名字也会伴随出现在拉美西斯二世留下的一些纪念碑上，但梅涅普塔本人留下的纪念碑真的不多，至少在上埃及如此。当时，埃及的建筑普遍都很宏伟了，所以梅涅普塔也很难在这个基础上再做点什么。

总之，梅涅普塔是第十八王朝的末代法老，他的王位被底比斯君主继承[②]。这个新的王朝，也就是第十九王朝，一共延续了89年时间。

续表 设想中的埃及法老世系表			
古代学者文献中的姓名	古代纪念碑上姓名的铭文	大事	登基时间
第十九王朝，有1位孟菲斯法老和6位底比斯法老（存疑？）			
Sethos（瑟索斯）	Pthah-men-Septhah	可能本人就是孟菲斯人，或者是通过和陶西莉（Taosiri）联姻获得了继承王位的资格	公元前1269年
Rampses（拉普西斯）	Osirei II 或 Osiri-men-pthah[①]	—	公元前1255年
Amenophthis（阿梅诺普提斯）	Osirita（存疑）或 Remerer（存疑）或 Amun-mai[②]	—	公元前1245年

① 梅涅普塔也被称为“努克莱斯”（Nuncoreus），据称，他建造方尖碑的目的是感恩自己视力的恢复，希罗多德留下的相应记载与此基本相同。——原注

② 其实，瑟索斯可能是孟菲斯人，或者来自下埃及，其姓名在底比斯诸法老世系表和阿比多斯世系表中都被忽略（这可能更加证明了其孟菲斯的出身）。——原注

① Seti Ⅱ。——S.B.

② Setnecht。——S.B.

●接上表

Ramesses（拉美西斯）	Rameses III 或 Mi-amun 或 Amuu-mai	—	公元前 1235 年
Ammenemes（阿美尼美斯）	Rameses IV	—	公元前 1205 年
Thuoris（索利斯）	Rameses V	公元前 1184 年，特洛伊被攻克［参见阿伦德尔（Arundel）所藏大理石（Marbles）上的古代铭文］，据记载这是拉美西斯王族在位时期发生的事	公元前 1195 年
存疑	Rameses VI	—	公元前 1180 年

写到这里，以上都是笔者对于埃及王位传承提出的一些看法。笔者很高兴在此引述普鲁杜勋爵的意见——由于《圣经》中给出的资料稍显不足及古代学者在法老具体姓名上给出资料的彼此矛盾，要为埃及文明的历史确定具体日期是很困难的。在《圣经·创世记》中，法老对约瑟说：

“埃及地都在你面前，只管叫你父亲和你兄弟们住在其中最好的地。他们可以住在歌珊地（land of Goshen）。”

“约瑟遵照法老的命令，把国中最好的土地，也就是兰塞[①]（Rameses），给自己的父亲和兄弟居住，并且这些土地成为他们的产业。”

① 宗教文献中所谓“兰塞之地”指的是“land of Rameses”，直译过来就是“拉美西斯之地”。——译者注

法老把土地赐给雅各（Jacob）的时候，“埃及最好的地”似乎还没被称为“Rameses”，只使用了“（国中）最好的地”这样的表述。剩下的文字读起来，语气给人一种像是摩西在叙述的感觉。等到了摩西的时代，“Rameses”这个表述被接受了，所以在犹太人离开埃及之前也就沿用下来。土地之所以得名“Rameses”，可能是因为其中一位法老的姓名，据此可以认为犹太人离开埃及的事件发生在一个叫“Rameses”的人当上法老之后，而我们知道，最早使用这个名字的法老在象形文字中被称为“拉美西斯一世”①。《出埃及记》中如此表述：

“一位新王统治了埃及，他不认识约瑟。”

这一段描述和拉美西斯一世的情况是相符的，接着看：

“于是，埃及人便奴役以色列人，派出残暴的督工来辖制他们，要他们辛辛苦苦地在比东（Pithom）和兰塞为法老兴建储货城，叫他们吃尽了苦头。”

“Rameses”肯定是法老的名字。值得注意的是，在形容拉美西斯二世的时候，前缀用的是相当于“the”的“Pi”和象征“公正”（justice）的“Thme”。虽然“Thme”表述在拉美西斯一世和其他法老的名字中也有体现，但拉美西斯二世是第一个把象征泰米斯女神（Themis）的表述用在自己名字的前缀之中的。所以我们能确定的是，拉美西斯二世动用犹太人为自己建造“储货城”，也就是储存宝物的城市。

普鲁杜勋爵还认为，根据斯特拉波和亚里士多德提供的证词，结合他们认为建造古代苏伊士运河的法老是辛努赛尔特，

① “拉美西斯”是当时埃及人很常用的名字，但作为法老的名字，最早可能就是拉美西斯一世了。——原注

“兰塞地”的“Rameses”由来其实就是法老的名字，希罗多德也认为帕图莫斯镇就是古代运河入海的地方。我们已经谈过，“辛努赛尔特”（Sesostris）已经被认为就是“拉美西斯二世”（Rameses II），我们在19世纪又通过考古开发确定古代运河河道附近的古建筑遗迹上雕刻着拉美西斯二世的姓名，这让我们更加相信，《出埃及记》中的“比东”就是拉美西斯二世下令建造的。

利西马科斯（Lysimachus）曾说：“伯克利斯在位时期，他统治下的犹太人饱受麻风病和坏血病等多种疾病的困扰，犹太人都躲在神庙之中靠乞讨为生。对于这种情况，伯克利斯派人去咨询阿蒙神谕，神谕显示一定要清理神庙中‘一切被污染和不虔诚的人’（all polluted and impious men），把他们赶到沙漠中，只有这样土地的肥力才能恢复。伯克利斯照做了，并且相当残忍地这么做了。”

如果“Bocchoris”（伯克利斯）是科普特名字“OCIPI”抄错了，前面再带上罗马数字“II”这个前缀的话，实际上指的就是“Osiri”，也就是拉美西斯二世的父王。

约瑟夫斯说：“阿美诺菲思（Amenophis）希望像前代法老中的奥鲁斯（Orus）一样亲眼见到神，就向帕皮斯（Papis）之子、祭司阿美诺菲思表达了自己的愿望。祭司回答说，如果王能把整个国家的麻风病人和其他不干净的人清洗掉，就有机会见到神。于是，犹太人都被王派去采石场了。”

约瑟夫斯随后在作品中记载了一场叛乱，阿美诺菲思带领30万人的埃及军队，在克服了一些困难之后，击败了叛军，把他们撵到叙利亚边界。在出兵之前，法老把瑟索斯交给一个忠诚的属下照料。

约瑟夫斯笔下的“Amenophis”可能指“Pthamenoph”，这个结论可以得到两个佐证：

首先，由象形文字转写成英语的、名字写作“Se-ptha”的瑟索斯（Sethos）王子是他的儿子。19世纪，我们还是首次见到一个法老的名字被这样写；

其次，荷鲁斯（Horus）被称为“阿美诺菲思的前任法老之一”，因为阿美诺菲思祖父的王位就是继承自荷鲁斯，而纵观整个埃及历史只有一个法老名叫“Horus”。

综上，在这个基础上适当进行一些修正，我们可以大概推知这一时期的埃及法老世系：

（序号）**法老名**（英语写法）	**标志性事迹**
（01）荷鲁斯（Horus）	阿美诺菲思的前任法老之一
（02）拉美西斯一世（Rameses I）	不认识约瑟的法老
（03）奥西里一世（Osiri I）	镇压犹太人
（04）拉美西斯二世（Rameses II）	下令建造“比东”和“兰塞”两城
（05）普塔美诺思（Pthamenoph）	他在位期间，犹太人离开埃及
（06）瑟索斯（Sethos）	普塔美诺思之子，曾经由王室的近臣照料

《圣经》中有很多犹太人被压迫的抱怨，这说明当时犹太人被奴役的悲惨生活持续了一段时间，虽然可能不会太长。但我们或许可以这么问：埃及有数量众多的被压迫犹太人，他们后来离开埃及，这一事件带来了什么影响？

从文本资料来看，犹太人一共逃走了“不算孩子，光男性就有60万人”；就算不考虑文本资料，只看关于犹太人人数如何增加的描述，都会知道犹太人离开埃及之前，埃及有很多犹太人。

从中我们可以推知若干信息：

一、想要压迫并且控制数量如此多的犹太人，君主和君主任用的将领都必须是心狠手辣的。

二、犹太人数量如此之多，有任何动作都难免引起统治者的警觉，更何况是勤政的统治者。

三、叛乱想要成功，当权的统治者必须是暗弱无能的。只有这位普塔美诺思才算是这一时期比较无能的法老。

这就是拉美西斯二世之后埃及王朝的状况：因为犹太人离开埃及，埃及失去了大量人口，不仅失去了此前的繁荣昌盛，在科学技术上、艺术创造上都出现了颓势。直到拉美西斯三世登基，埃及文明才重新恢复了一段时间的繁荣，但他的登基也意味着古埃及的荣耀即将自此一去不返了。

也就是说，普鲁杜勋爵认为犹太人离开埃及事件发生在埃及第十八王朝最后一位法老[①]，即他笔下的“Pthamenoph”（也写作“Pthahmen”）在位时期。这样计算的话，法老们的在位时间与我们此前得出的数据相比，都要往后推约200年。究竟是普鲁杜勋爵的计算比较准确，还是根据古代文献得出的数据比较准确？我们把决定权交给聪明的读者，由大家公断。19世纪，我们暂时还无法充分理解这个问题，也谈不上在这个基础上进一步提出什么有价值的观点，现在还是把关注点转移回第十九王朝时期的历史吧。

一些文献中的“Pthahmen Septhah”这个姓名在曼涅托等学者

① 还有另一种计算方法：在雅各到达埃及后，犹太人在这里只待了 215 年，若从和亚伯拉罕订立协议时起算则为 430 年。如果阿梅斯（Ames）在公元前 1500 年左右登基，犹太人就是大约在公元前 1315 年离开埃及，这是拉美西斯二世统治末期，时间上也对应。——G.W.

的笔下可能写作“瑟索斯”（Sethos），“Sethos”和“Septhah”的发音比较接近。瑟索斯之所以能坐上法老的高位，可能是因为迎娶了陶西莉，所以孟菲斯血统让他没有被算入底比斯诸法老——当然，还有一种情况，那就是他被褫夺了王位①。瑟索斯是一位默默无闻的法老，孟菲斯和下埃及如今并没有留下什么他的时代建造的古建筑，底比斯也只有少量古建筑上存在刻着他名字的铭文。瑟索斯之后还有两任法老，他们在历史上也没有留下什么痕迹，仅有狮身人面像旁边的古道路、卡尔纳克神庙前方（front area）的小房间和少量纪念碑而已。在埃及历史上，拉美西斯三世绝对是大名鼎鼎的，他是一位在军事上战功赫赫，同时鼓励艺术发展的君主。自从拉美西斯二世建功立业以后，埃及人就不太重视在如今的亚洲用兵了，被征服的地区通常只要按照要求纳贡，就可以被视为臣服。拉美西斯三世恢复用兵，可能是因为自己的野心，也可能是因为这些被征服地区在纳贡方面的疏忽：他在底比斯和国内其他地方进行了庞大的战备行动，集结了由大批战车、弓箭手、长矛兵和其他步兵兵种组成的部队②，按照常规路线赶赴计划中确定的战场。

埃及人通过几场入侵战争③，占领了几个省④的土地。笔者

① 这也就解释了底比斯第十四号墓上瑟索斯的名字被抹去的原因。商博良认为可能正是由于这个原因，瑟索斯没有下葬。——原注（看样子，瑟索斯可能用自己的名字取代了一位法老的名字，而这位法老反过来抹去了瑟索斯的名字，只是在某些情况下保留陶西莉王后的名字。有时，陶西莉王后的形象被掩盖了，其故事甚至在抹去女性标志后被“嫁接”到其他法老身上，这应该不是瑟索斯所为。——G.W.）

② 米底奈特哈布有相应古代文物呈现这些情景的图案。——原注

③ 详见狄奥多罗斯的记载。——原注

④ 狄奥多罗斯：“埃及人当时征服了很多民族。”——原注

●带着战俘返回的拉美西斯三世

认为，在如今被认为是里海[①]（Caspian Sea）的位置，埃及人采取了某些预防措施来确保自己的财产安全及盟友的忠诚，也就是留下军事殖民地，并且委任相应的官员负责督促每年的纳贡[②]。我们或许可以据此判断，当埃及法老准备发动侵略战争的时候，和他结盟的民族都会积极参与；在埃及人与战争有关的浮雕中，这些盟友民族的形象也会被展示出来。被拉美西斯三世攻打过的民族的形象常常会在各种纪念碑上出现，有的是埃及人很了解的老对手，有的是他们以前根本就不了解的对手[③]；凭这一点，恐怕可以说明拉美西斯三世发动远征的主要目的其实就是政治野心和掠

① 疑似有误。——译者注

② 根据底比斯古墓葬中相应的壁画判定。——译者注

③ 有的埃及盟友的形象也是前所未见的，或许更早以前的纪念碑上也有，只是这些纪念碑被破坏了。米底奈特哈布的文物保存状况比门农尼乌姆神庙更好。——原注

夺战利品，多少具有非正义性质。甚至有两个为埃及人作战的民族［夏瑞塔纳人（Shairctana）和托卡利人（Tokkari）］①被人劝说改换旗帜、反对作为侵略者的埃及人。托卡利人的服装很特别，很像从波斯波利斯（Persepolis）被带回的波斯人的衣服②。但不管被征服的民族、古墓和神庙雕像中俘虏的雕像是否和大夏人失败的叛乱有关，笔者都不打算讨论，因为钻得太深普通人就不爱看了。拉美西斯三世的军事征服可能是往特定方向开疆扩土，取得的成就或许比拉美西斯二世还大。但门农尼乌姆神庙的那些形象，也就是被商博良称为“斯基泰人”的形象，看样子受侵略的程度和拉美西斯三世时代并不一样③。

拉美西斯三世在开阔的战场上、有坚固城防设施的城镇和河边击败了几个国家的军队，然后带着大量战利品④回到尼罗河谷，奖赏了自己的军队。埃及军队的勇敢和严明的纪律为法老的荣誉和国家的实力增色不少。拉美西斯三世统治后期，他和自己强大的祖先一样，在国内建造或装饰了很多无比精美的纪念碑。⑤

---

① 最早是托卡利人造反，随后夏瑞塔纳人加入，夏瑞塔纳人至少在拉美西斯二世时期就是埃及人的盟友。——原注

② 关于埃及的敌人，参见商博良的相关作品。——原注

③ 暂时可能没有找到新一轮远征的成因。被征服的民族的形象和名字只能在米底奈特哈布作为纳贡称臣的名单的一部分时才引人注意。——原注

④ 如果希罗多德笔下的“Rhampsinitus”就是拉美西斯三世，我们可以认为，他庞大财富的部分来源就是这些战争。——原注

⑤ 拉美西斯三世即位以后，帮助埃及人夺回了最高统治权，赶跑了国内的亚细亚人侵者和利比亚人侵者。在位第八年，撒丁人、意大利人和利比亚人联盟入侵埃及，就快打过孟菲斯了。拉美西斯三世在第二次巴勒斯坦战役中取胜，击败了这个联盟，同时在即位第十一年取得了对利比亚人的第三次战争的胜利。在随后的战争中，利比亚人失去了 4000 人，以及他们的领袖。拉美西斯三世随即重整国内秩序，利用大量战利品让赫利奥波利斯、孟菲斯和底比斯的神庙变得金碧辉煌。拉美西斯三世在位超过 31 年。——S.B.

拉美西斯三世时期，各种雕像风格很典雅，建筑风格宏伟壮观；但象形文字中被引入一种特殊形式的创新，这即便不是埃及艺术衰落的原因，也是埃及艺术衰落的先导。自拉美西斯二世登基始，象形文字就不再采用浮雕的形式；到他之后第五代法老的时代，进一步的改变发生了：文字的下半部分被雕刻得很深，而上半部分则从墙壁的表面逐渐倾斜，一直到达凹版的最里面。这样一来，如果一个人站在下方靠近有雕刻的墙壁部分，就可以分辨出象形文字。不是所有法老都这么做，但象形文字雕刻技法的改变可能影响了拉美西斯三世时期纪念碑碑文的雕刻。第二十六王朝的统治者曾试图在雕像艺术方面“复古”，在塑造新的象形文字和小人物雕像方面非常谨慎，以至如果一个不熟悉更早时期埃及艺术风格的人乍看之下都会觉得他们造出的作品是最雅致的。但真正了解埃及艺术的人知道，这种艺术的美并不全体现在风格大胆或者技法优越上，还体现在对细节的精妙呈现上。

拉美西斯三世驾崩标志着我们将挥别埃及历史最辉煌的时代[①]，但对于他的时代之前或之后热爱和平者所做的努力以及人类掌握科学和知识进步的过程在19世纪时仍然不为人知。当然，借鉴其他民族（国家）的发展历史，我们了解到军事征服往往伴随着知识的精进而产生。

《圣经》也是人类历史的载体，却没提到第十八王朝埃及君主的征服，如果把这个时代各民族领土变化的情况纳入考虑的话，这个问题倒也不难理解。犹太人本就只会在作品中谈及自

---

① 在拉美西斯三世的加冕仪式上，王后的名字没有雕刻在人像上面的椭圆形中，这象征着二人的分离吗？——G.W.

己或和自己有仇敌人的情况，这样我们就更能理解为什么他们对这段历史缄口不言了。犹太人当时必然还没有在应许给他们的土地上定居下来，正在和邻近的部落交战。而埃及军队沿着巴勒斯坦海岸线行军，绝不会惊动犹太人。回到埃及人的角度，他们也不可能主动去招惹比小部落武装强大得多的埃及军队，因为他们是挡不住这类大国军队的进攻的。在随后的一个时期，约西亚（Josiah）因为在类似情形下的无礼干涉落得身死国灭，埃及从此增加了一个税收来源的结局。

在之后的埃及雕像中，常常能看到被雕刻成俘虏的形象，但这些形象指代的应该不是埃及人新征服的民族，只是向自己纳贡的民族。毕竟不管出于任何原因，拉美西斯三世等人曾经热衷于发动的大规模远征都被他们的继任者们放弃了。

拉美西斯三世选择王子们接自己的班。这些王子沿用“拉美西斯”这个名字接班，直到第十九王朝世系表的末尾。我们暂时还不确定第二十王朝和第二十一王朝传了多少位法老，因为他们留下的建筑物（至少是留有纪念碑的城市如此）很少。即便有曼涅托留下的著作，我们也很难只凭借它就还原这一时期的历史，因为他的作品读来质量并不令人满意，必须配合更可靠的史料使用才有可信度。①

① 拉美西斯三世时代后的埃及各朝代纪念碑只能给我们提供很少的历史信息。拉美西斯九世在位第十六年的时候，底比斯的一些王陵被盗墓贼侵犯。拉美西斯十二世在位第十五年，孔苏神（god Chons）的方舟（Ark）和祭司被派往巴赫坦之地（land of Bakhtan），以帮助赶走据说附在埃及女王的妹妹和巴赫坦王的女儿身上的一个恶灵。成功完成任务后，于拉美西斯十二世在位第三十三年返回。拉美西斯十三世之后，主要是阿蒙神大祭司担任法老，其中第一个也是最重要的一个是哈伯（Harbor），也就是第二十一王朝的第一位法老。——S.B.

即便从希罗多德和狄奥多罗斯那里也很少得到关于这个时代的信息，同时不能对他们留下的埃及历史记录的真实性太抱信心。在普撒美提库斯（Psammatichus）即位之前，这些埃及学者提到的法老姓名几乎都是错的，并且因为他们没有搞清楚拉美西斯二世的身份，反而在确定法老世系的时候制造出了大混乱——我们在前文中解释过，埃及人会把前代君主的荣耀都集中在新的伟大君主身上，不过，后文还是要讨论希罗多德和狄奥多罗斯等人在作品中提到的有趣细节[①]。

一般认为埃及的第一个法老是美尼斯（Menes 或 Menas），人们认为他创造了上埃及和下埃及的主要城市，也就是底比斯和孟菲斯[②]。

过去，尼罗河被认为在利比亚的群山脚下流动；美尼斯被认为改变了尼罗河流向[③]，让尼罗河在山谷中心奔流，几乎与东西两座平行山脊之间的距离相等，然后在古代河床之上建造了孟菲斯。要实现这个目标，就要在距离计划中城市选址的地域100斯塔迪亚外的地方建造一座堤坝，利用高耸的土丘和坚固的堤坝使水向东流，并有效地将河流限制在其新河床上。这样的堤坝是历

① 由《世界史》（*Universal History*）的作者所写的《埃及史》（*The History of Egypt*）主要是根据这两位历史学家的观点编撰的；因此，笔者偶尔会摘录该作品的一些内容，并加上自己的评论。——原注

② 希腊人和罗马人总是喜欢用复数形式“Θῆβαι”或“Thebae”来写“Thebes”这个名词。在埃及语中，底比斯被称为“Ap”或“A`pé”，是“头”或者“首都”的意思。这个单词加上阴性就会成为“Tápé”，在孟菲斯方言中写作“Thapé”，科普特人称为“Thaba”，而爱奥尼亚希腊语则写作“Θῆβαι”。19世纪已知底比斯西部最古老的纪念碑是阿蒙–埃姆–哈一世（Amun-em-ha I）和他的继承人奥西塔森一世（Osirtasen I）在卡尔纳克神庙留下的，他们在约公元前2080年（第六王朝刚刚被取代）时在位。——原注

③ 如果是真的，可以算是19世纪一个伟大的科学发现。——原注

代埃及法老用心守护的东西，即便是波斯人控制埃及期间也至少在当地保留一名卫兵，让他监管堤坝必要的维修工作，并且时时视察堤坝。根据希罗多德记载，一旦出现溃堤，孟菲斯就可能被水淹没，在丰水期尤其如此。19世纪，我们仍然可以追踪到尼罗河改道的痕迹。在古孟菲斯遗址上方约14英里[①]处，尼罗河有一个巨大的弯道，但曾经在那里竖起的高大土丘已不可再见。河流的沉积作用将卡夫尔艾莱亚特（Kafr-el-Iyat）附近的河岸抬高到与山顶持平的水平，一条大运河在丰水期靠近萨卡拉（Saqqara）和米特–拉赫尼（Mit-rahenny）等村庄。这些村庄原来就是孟菲斯古城的一部分，暂时来说还是安全的。从孟菲斯现存的几个土丘的高度来看，它也不可能在任何时期被泛滥的尼罗河淹没，尽管它的一些地势较低的部分可能因为尼罗河泛滥而受害。

美尼斯在孟菲斯北部和西部开凿了一个人工湖，建造运河让它和尼罗河连通。不过，因为尼罗河在东边，人工湖没有往东延伸[②]。美尼斯还在孟菲斯建造了一座巨大的武尔坎（Vulcan）神庙。在埃及，Vulcan写作“Ptah”，是具有创造力的神。

美尼斯最早插手埃及宗教事务，举办宗教盛宴，让宗教仪式从简单朴素变得富丽堂皇。聂法楚苏斯常常为此表示遗憾，甚至在底比斯的朱庇特神庙（temple of the Theban Jupiter）诅咒美尼斯。

无论是希罗多德，还是狄奥多罗斯，对于美尼斯之后的埃及史都大篇幅地“留白”。希罗多德对于美尼斯之后330位君主（其中18位埃塞俄比亚人，还有1位尼托克里斯女法老）的记载我们在前表中也有提及。希罗多德没有告诉我们尼托克里斯女法老是在埃塞俄比亚人

① 见笔者《埃及和底比斯》第341页。——原注
② 人工湖和尼罗河之间显然隔着一段距离。——原注

掌权之前还是之后即位的，也不知道埃塞俄比亚人是靠征服、通婚还是别的什么方式掌权的。如果曼涅托的说法为真，尼托克里斯女法老很美丽，因为作为亲兄弟的前任法老被埃及臣民处死而登上王位，但希罗多德未给出前任法老的名字及其被杀害的原因。我们知道尼托克里斯女法老决心报仇，她邀请自己怀疑的凶手参加庆典，为此特别设计建造了一个巨大的地下大厅，准备在客人到齐之后引尼罗河水将其淹没。但事成之后，女法老怕事情败露，引起众怒，于是自缢而亡。

在上一段长长的法老名单中，除莫埃里斯外都未因为自己建立的功业而为人铭记。莫埃里斯修建了武尔坎神庙北侧的前厅，开凿了宏大、实用的人工湖①，并在湖边修建了两座金字塔，这可以说是全埃及乃至全世界最美妙的建筑。莫埃里斯留下的建筑形成了著名的迷宫②，据称迷宫不用木头、完全以石头搭建，后来代达洛斯（Daedalus）在克里特岛如法仿制了一样的作品。根据传说，迷宫是莫埃里斯一人修建的，希罗多德认为迷宫是在普撒美提库斯（Psammatichus）时代由12位法老共同修建的，尼科法老的儿子和大臣可能参与了迷宫的扩建。老普林尼在作品中写道，迷宫最早是由名字写作“Petesuccus”③或“Tithoes”的法老建造的。也有人认为，迷宫是“Motherus”，换句话说就是莫埃里斯之

① 希罗多德称金字塔立于湖中，高出湖面200肘，水下高度也达200肘，底下有巨石基座。——原注

② 老普林尼曾提到迷宫里有绿宝石制造的塞拉皮斯（Serapis）神雕像，这个雕像高9肘。还有一块同样质量的宝石，是巴比伦国王送到埃及来的，长4肘，宽3肘。笔者认为，这应该是绿闪石（smaragdite）或玻璃——虽然应该不是真的绿宝石，但这么大的尺寸也是很惊人的。——原注

③ 也写作“Petesecus”。此人姓名的开头具有埃及特征。——原注

陵①，但公认的观点还是迷宫是献给太阳的。狄奥多罗斯提到门德斯（Mendes），认为他是建造迷宫的人——“门德斯”也被一些人称为“马龙”（Maron）或“马鲁斯”（Marrus）。当然，还有其他版本的说法，迷宫是其他法老建造的②。

迷宫的入口和庭院所用的建材是类似大理石的白石③，走廊装饰的柱子及建筑的许多其他部分是由锡尼的红色花岗岩制成的。这座迷宫按照埃及中部地区的数量分成16个部分，迷宫中每个神庙都寄宿着神，整体看来十分坚固。根据老普林尼记载，虽然受到了强大的人为破坏和时间侵蚀，但迷宫依旧岿然不动。

19世纪，我们还很难确定挖掘莫埃里斯湖法老的真实身份，只能根据埃及人对这条把尼罗河水输送到菲奥姆④（Fyoom）、其附近湖泊的运河的名称，及相关传说故事来看，笔者倾向于认为运河是美尼斯修建的，这一点可以从其现代称谓“El Ménhi”中看出，明显就是借用的“Menes”这个名字。“莫埃里斯湖”这个词既适用于运河，又适用于湖泊；老普林尼声称莫埃里斯湖“是一条大运河（Lake Moeris was a large canal），位于阿西诺特和孟菲特之间”。

---

① 19世纪最新研究表明，莫埃里斯湖由第十二王朝的阿梅内姆哈三世（Amenemha III）营建，并且他建造了一座金字塔作为自己和继任者阿梅内姆哈四世（Amenemha IV）的陵寝，我们在迷宫找到了包括他们和名字写作“Sebak nefru”（“瑟巴克·奈夫鲁”）或“Skemiophris”的人的名字。这些名字可能是根据古代学者文献中的人名“Maenra”或“Ma-kher-ra”而找到的。——原注

② 笔者可能在其他地方也提过，“Mendes”和“Osymandyas”不能混为一谈——我们在“Osymandyas”中追溯到曼度神（Mandoo）的姓名，这才是法老名讳的来源。——原注

③ 被老普林尼称为“帕里斯大理石”。笔者经过实地考察，发现石材是一种坚硬的白色石灰石，其抛光后呈现的效果几乎与大理石一样。被用作建材的还有红色花岗岩。——原注

④ 可能是古代的鳄城或阿尔西诺。——原注

但希罗多德在这个问题上的描述不完整，这让我们遇到了困难：希罗多德将“运河”和“湖泊”混为一谈，忽略了运河是一种人工修建的工程，而湖泊有可能是自然形成的。很多读者都被希罗多德的记载迷惑了，也包括博学的地理学家唐维尔（D'Anville），他为了解释自己的说法，提出了可能存在“巴腾”（Bathen）的观点，但实地考察推翻了他的假设。斯特拉波在这方面留下的记载算是最令人满意的，但他的作品留下的记载太过简洁了。

从美尼斯到辛努赛尔特之间经过了很长时间，如果不算上述提到的几位法老，也就认为埃及就没有值得一提的法老了。但就算是这些法老，他们在位的具体时间也是不确定的。比如萨西奇[①]（Sasyches），我们不知道他是不是直接从姆尼维斯（Mnevis）那里继位，也不知道萨西奇和姆尼维斯究竟是莫埃里斯之前还是之后的法老。姆尼维斯被认为是第一个教导人们遵守和尊重法律的人，他作为法律制定者，身份是传承自墨丘利。这个寓言故事，加上“Mnevis”这个名字的写法，有力地支持了“狄奥多罗斯其实是将他与美尼斯混淆了”这一观点。萨西奇是一个学识渊博的人，他对当时埃及现成的法典做了许多重要的补充，并引入了许多关于宗教仪式的细微规定。他还被认为是几何学的发明者，并做出了应将天文学作为教育的一个重要科目来教授的规定。

虽然如此之长时间跨度的历史属于“空白期”，但我们可以把“牧羊人王朝”填到这一段历史里面，尽管史学家也没有给我们确定一个具体的历史时期。如果牧羊人王朝被约瑟有意和犹太人在埃及的逗留混淆在一起，那么希罗多德等学者肯定也多少把

① 这也让我们想到“示撒”（Susachis 或 Shishak），尽管狄奥多罗斯认为萨西奇是辛努赛尔特之前的法老。——原注

不同时期法老的事迹混淆在了一起。所以，笔者将继续对照多种文献研究埃及历史。

辛努赛尔特是首个带领船队在阿拉伯湾（Arabian Gulf）航行的人，厄立特里亚海[①]（Mare Erythraeum）沿岸的居民都被他收到自己的管辖范围之内。随着船队航行的深入，辛努赛尔特发现自己进入了带有大量浅滩、无法航行的海域。回到埃及后，借助祭司，辛努赛尔特召集一支强大的军队，走陆路发动远征，沿途挡路的所有民族都被征服——对于这些民族中比较勇敢、热爱自由的和另外一些胆怯不敢抵抗的，辛努赛尔特法老都给了对应的纪念碑作为标志。在地图上，辛努赛尔特率军从如今的亚洲打到欧洲，征服了斯基泰人和色雷斯人，然后就止步于此——这是考虑到，19世纪已知辛努赛尔特留下的纪念碑[②]大都存在于这些民族的聚居区。班师回国之际，辛努赛尔特法老来到了法西河（Phasis），笔者不确定他是否在当地留下了一支军队让他们建设殖民地，也可能是一支部队因为疲惫不堪而自愿留下的[③]。事实上，科尔基斯人（Colchians）似乎确实是发源于埃及；支持这一猜想的有力论据来自这样一个事实：除了埃及人和埃塞俄比亚人，以及笔者补充的巴勒斯坦的腓尼基人和叙利亚人，科尔基斯人是唯一使用割礼的民族，而腓尼基人和叙利亚人本来也承认自己的割礼是从埃及

---

① 如今我们称为“红海”（Red Sea），指印度洋中不包括曼德（Bab-el-Mandeb）海峡的那一部分；在古代，它用来指阿拉伯湾（Sinus Arabicus）。——原注

② 毫无疑问，与厄桑（E‘Souan）附近和其他地方（发现的）石碑类似，其中许多是纪念法老胜利的。在贝鲁特附近的莱库斯河畔可能也有一块希罗多德曾提到的石碑。——原注

③ 这个殖民地发挥的作用不像是军事据点，更像是确保当地人纳贡的“保安营”。——原注

来的。科尔基斯人与埃及人还有一个相似之处，就是都纺织亚麻布，这是他们的特产。此外，两个民族在礼仪上、语言上都很像。

“辛努赛尔特在他所征服的土地上修建的大部分纪念碑如今都消失了，笔者自己在叙利亚的巴勒斯坦见过一些，上面就有辛努赛尔特羞辱他们的符号和铭文。在爱奥尼亚（Ionia），有两座雕刻着同一位法老的雕像，一座雕像在以弗所通往福卡亚（Phocaea）的道路旁边，另一座雕像位于萨尔迪斯（Sardis）和士麦那（Smyrna）之间的位置。雕像都是一样的：身高5肘，右手拿标枪，左手拿弓；盔甲的一部分是埃及风格，一部分是埃塞俄比亚风格。雕像前胸雕刻着埃及神圣的象形文字的铭文：‘我用我的武器征服了这个国家’。19世纪，还没有人研究出他是谁①，尽管一些研究者认为此人是门农，而笔者认为这不是正确的答案。”

19世纪，一块古代石板或纪念碑肯定还屹立在叙利亚通往贝鲁特道路旁的纳尔艾凯布（Nahr-el-Kelb），上面雕刻着拉美西斯二世的姓名。虽然上面的象形文字已经消失了不少，我们至少还是能判断出是谁下令雕刻的。纪念碑附近还有一个刻着箭头图案的亚述国王形象，被博诺米（Bonomi）复制——在同一个地点，亚述人②和埃及人以类似的方式雕刻自己打胜仗的经过。

狄奥多罗斯曾经提及美尼斯和辛努赛尔特之间的几位法老，在被称为“Myris”的莫埃里斯法老前后时期的都有。用他自己的话来说，美尼斯的王位传给了自己诞下的两个王子。在曼涅

① 答案可能就藏在随雕像出现的石表上的几行象形文字中。——原注

② 有人认为他们是波斯人，其实不是，是亚述人。往南一点儿的地方还有一座罗马拱门。——G.W.

托的作品中，两个王子的名字是安东西斯和肯克里斯，被埃拉托色尼写作阿托西斯一世和阿托西斯二世。两位法老之后的52位法老名讳都被省略，然后就到了布西里斯，布西里斯的8个后代中第一个和第八个同名，据说创建了底比斯城。但前文的记载中曾提及，美尼斯才是创建底比斯城的法老，甚至有迹象显示底比斯城早在美尼斯称王之前就已经存在了，例如将美尼斯称为“底比斯人”这一点。我们也不能同意狄奥多罗斯将孟菲斯建城的事迹归到相传与其父王同名的乌克莱乌斯二世身上，狄奥多罗斯认为乌克莱乌斯二世是底比斯建城者的第八代后裔。乌克莱乌斯之后有十二代法老，之后的法老在孟菲斯旁开凿了人工湖，也就是希罗多德笔下的莫埃里斯湖。如果我们承认狄奥多罗斯作品是可信的，那么莫埃里斯和辛努赛尔特之间有七代法老，但希罗多德则认为莫埃里斯直接传位给了辛努赛尔特。

狄奥多罗斯称辛努赛尔特是阿美诺菲思之子，据说阿美诺菲思在辛努赛尔特出生的时候得到武尔坎托梦，说自己的王子将成为地球的主宰。这个梦如此真实，让阿美诺菲思印象深刻，并且急于想从中获得好处，于是下令让人把埃及各地所有和自己的儿子同日出生[①]的男婴带到自己身边，指定专人按照和自己的王子同等待遇照顾他们，因为他相信这些将在童年和青年时期陪伴自己儿子的男婴将成为他最忠实的追随者和亲密战友。随着这些男孩逐渐长大，他们学会了吃苦，得到了锻炼——其中一项锻炼是，在走完180斯塔迪亚（近23罗马里）行军前不能吃东西。身心方面的严格锻炼让这些男孩适应了各种各样的工作，也让法老认为

① 不一定是同一天，年龄相近也有可能。但这样的想法被伏尔泰（Volataire）大加挞伐。——原注

是时候让这种投入得到证明了，于是，男孩们奉命带兵进入阿拉伯，然后杀到非洲，征服了大部分还未被征服的地区[①]。

辛努赛尔特登基后着眼于内政管理，将全国分为36个行政区（行省），每个地方都任命一位总督管理，然后，开始着手执行自己的军事计划，进行军事扩张。辛努赛尔特组建了一支由60万名步兵、24000名骑兵和27000辆战车组成的军队，并任命自己年轻时的伙伴们（超过1700人）担任军官。辛努赛尔特自己带兵在外打仗，授予自己的亲兄弟阿尔麦斯最高权力（除戴王冠以外），让他保护王后和王族，并且以监国身份管理内政。埃及军队进攻埃塞俄比亚，要求埃塞俄比亚人上缴黄金、乌木和象牙作为贡品。然后，辛努赛尔特来到阿拉伯湾海峡附近的迪拉海角（promontory of Dira），在这里竖立了一块石碑以纪念自己的成功。随即，埃及军队又向出产肉桂的国家前进，在这里竖立了其他纪念碑，这些纪念碑一直保存了很长时间。

辛努赛尔特法老的船队有400艘船，在地中海和阿拉伯湾拥有战船，控制着腓尼基的海岸和基克拉泽斯群岛。眼看埃及南部和东部的诸多国家都被征服，辛努赛尔特就回了埃及。行至培琉喜阿姆的达夫尼（Daphne），监国亲自赶来迎接，并且办了盛大的接风宴会，把法老及其家人接到了专为他准备的下榻之处。没想到住所堆满了可燃物。王室成员一睡下，可燃物就被人点燃了。辛努赛尔特法老虽然及时惊醒，想要活下来就只能抛弃自己的两个儿子，于是为了保护自己和其他王室成员只得付出这个代价。

① 即便在托勒密王朝时期，利比亚也一直被认为属于埃及。因此，拉古斯（Lagus）之子托勒密（托勒密一世）被亚历山大大帝派去主政埃及和非洲，以及阿拉伯地区的一部分。——原注

根据其他说法，监国利用法老缺席的时间公开篡位，甚至对王后施暴，而辛努赛尔特之所以返回埃及，就是急于解决阿尔麦斯的篡位问题。

辛努赛尔特死里逃生之后，立刻到武尔坎神庙［或被称为普塔（Pthah）神庙］还愿，竖立了6座大理石巨像，其中两座是他和王后30肘高的巨像[①]，另外4座是王子20肘的高像。同时，他还在埃及各地建造了很多宏伟的纪念碑，表达了对自己所取得胜利的感激之情。辛努赛尔特利用战俘运送巨石，用于在孟菲斯建造神庙等各类建筑。他还建造了两座辉煌的方尖碑，并把一艘长280肘的船献给底比斯的神。在武尔坎神庙中，辛努赛尔特同时竖立自己和前任君主的雕像，以展示自己所得到的、来自臣民的拥戴。他直接把自己的雕像放在最显眼的位置，后来的继任者从来得不到让自己的雕像取而代之的资格。大流士一世曾经提出过这个要求，因为他认为自己建立了能和前辈比肩的功绩。可是孟菲斯的祭司们驳回了这个要求，因为他们认为辛努赛尔特征服了斯基泰人，但大流士一世还没有做到。当然，大流士一世也没有感到不快。他坦率地承认了祭司们的判断，也提出了一种希望，就是如果自己能活到辛努赛尔特的岁数，那时应该就会建立同样高度的功勋。

辛努赛尔特要求俘虏建造的每座建筑都雕刻了铭文，铭文的内容包括“这是由战俘建造的作品，没有要求臣民从事这种工作”。同时在埃及的每一座城市，辛努赛尔特为当地的主要守护神献上一座纪念碑。辛努赛尔特也用战俘从事农业灌溉、保护城

① 据狄奥多罗斯记载，每座方尖碑高120肘，约合180英尺。——原注

镇和土地，以及建造抵御尼罗河泛滥的运河和堤坝等工作[①]。前代法老也做了类似的工作，但辛努赛尔特建造的规模更大。他还引入了很多明智的地产管理规定，并且要求对地产进行精确测量（引入相关方面测绘的科学技术），以确定每个人财产的规模和地产的范围。辛努赛尔特因此成为第一个建造横穿埃及平原的运河的法老。

希罗多德认为："辛努赛尔特在位之前，埃及比较适合骑马或者乘车旅行，但后来就不适合骑马，更不适合乘车了。"

和现在一样，为了方便埃及城市之间的交通，修建了很多堤道，而下埃及与上埃及之间的陆路交通如果沿着沙漠边缘进行，就是方便快捷的，所以辛努赛尔特及前代埃及法老和历史学家的批评不一样，他们不是给埃及交通制造障碍的统治者。辛努赛尔特应该不是第一个提出应该确定不同水位所灌溉土地面积的君主，更不是第一个提出将税收与尼罗河的水位因素影响所带来的利益相匹配的人。不管我们怎么想，几何学在埃及的起源可能是由于需要确定每年在尼罗河岸发生的变化，完全有可能在辛努赛尔特在位之前就出现了。

据称辛努赛尔特在埃及东部[②]建起了一座墙，从培琉喜阿姆沿着沙漠边缘延伸到赫利奥波利斯，全长1500斯塔迪亚（约187罗马里），至少这确实是由一位埃及君主建造的城墙，可以从山谷中不同地方遗留的痕迹中得到证明。这座城墙并不局限于下埃及或尼罗河三角洲东部，而是从培琉喜阿姆到赫利奥波利斯，然后一

① 据希罗多德记载，辛努赛尔特在位时期，古运河建好后，埃及城镇的海拔都升高了。——原注

② 伏尔泰曾经就此事做过推论，笔者在《埃及和底比斯》第368页中指出了伏尔泰的错误。——原注（这里说的辛努赛尔特指的是第十九王朝的法老拉美西斯二世。——S.B.）

直延伸到锡尼一带的埃塞俄比亚边境地区。河流冲积导致城墙在原来尼罗河流域的低地部分被掩盖，但我们还是能在很多修建时地势就比较高的地方追踪到城墙的痕迹。直到19世纪，埃及还流传着关于这座城墙的传说，以下谨为读者呈现部分传说内容：一位法老或者王后为防止一个陌生人骚扰自己的女儿，就建造了城墙来阻挡。城墙被称为“Gisr el Agoos”，即“老女人的堤坝”；用粗砖砌成，在艾塔尔山[①]（Gebel e' Tayr）仍然能发现古城墙遗留的主体部分，笔者甚至在菲奥姆等地也发现了规模较小的古代城墙遗迹。

对于古埃及人的民族性，19世纪确实存在一些比较确凿的证据。如果狄奥多罗斯和老普林尼的记载可信度比较高，辛努赛尔特在历史上的荣誉就会因为他的暴行而被贬损，比如在庆祝凯旋的时候，他要求被征服的敌国国王为自己拉战车。底比斯艺术家在米底奈特哈布神庙中留下了类似暴行的雕像，主角是从东方凯旋的拉美西斯三世[②]：3个俘虏被绑在战车车轭之下，其他俘虏被用绳子捆着走在马旁边，他们都要被作为祭品献给神。

辛努赛尔特晚年不幸失明，因此结束了自己的生命。当时的人不认为这种行为不虔诚，臣民们和祭司们反而因此将其视为受人敬仰、受神爱戴的英雄。辛努赛尔特之所以早早离开，是因为他急于接受神的奖赏，得到永恒的幸福。

辛努赛尔特的后代在希罗多德作品中被称为“佩农”（Pheron），狄奥多罗斯认为他的名字是“辛努赛尔特二世”，老普林尼则称为“努克莱斯”，和他的父亲一样眼睛不好，一度到

① 见笔者《埃及和底比斯》第367页。——原注

② 卡尔纳克神庙也有以塞提一世为主角雕刻的同类作品。——原注

了完全失明的地步，经过11年才重见光明。希罗多德对其康复原因的陈述读来令人想笑，笔者认为佩农之所以能够恢复视力，实际上是因为技术高超的埃及外科医生给他做了手术。狄奥多罗斯和老普林尼都同意史学家哈利卡纳苏斯（Halicarnassus）的观点，即佩农在赫利奥波利斯为太阳献上了两座方尖碑以彰显对神恢复自己视力的感激之情（笔者认为这里的佩农指的就是拉美西斯二世的后代梅涅普塔）。

根据狄奥多罗斯的说法，之后又过了许多年，阿玛西斯（Amasis）登基，他是一个残忍专断的君主，不久便被埃塞俄比亚人阿克提桑斯废黜。阿克提桑斯[①]秉承民意自己登基，用实际行动证明自己无愧于埃及人民的选择。阿克提桑斯引入了一些良法，盗窃犯在他统治下不用被判处死刑（被割掉鼻子后放逐到与叙利亚接壤的沙漠），当地的一个小镇瑞诺卡鲁亚（Rhinocolura）据说就是因为“割鼻子”这种区分普通人和逃犯的标志而得名：这座小镇没有什么产出，三面环海一面临沙，只有冬季有降水，地下水处于（半）咸状态，不格外努力的话耕种就不会有收获。因为生活物资匮乏，当地人不得不想尽一切办法进行补充。一年中会有一个鹌鹑大量到来的季节，于是大家就利用芦苇编网抓鹌鹑[②]。在一年中的其他季节，大家就抓海中的鱼吃。

阿克提桑斯之后即位的是门德斯（Mendes）或马尔忽斯（Marrhus），是个埃及人。根据狄奥多罗斯的记载，门德斯在鳄城建造了迷宫，希罗多德认为迷宫是莫埃里斯建造的。显然希罗多德应该认为门德斯和莫埃里斯不是一个人，是莫埃里斯下令开凿了莫埃里

① 参见前文表格，但这个名字没有在纪念碑碑文中出现。狄奥多罗斯提供的记载也是转述自他人，与纪念碑碑文提供的记载不符。——S.B.

② 古埃及壁画中有显示。——原注

斯湖，还在文献中称他为“Myris”①。事实上，门德斯可能只是接过了前代法老的“接力棒”，只不过被称为“创造者”而已。这里的门德斯同样可以被视作斯特拉波笔下的“Ismandes”，他和根据象形文字撰写来的“Mandoof”或“Mandooftep”②是同一个人。斯特拉波认为迷宫是这个人建造的，这种判断也有合理性。奥西曼提斯之陵在底比斯，对于这个人，狄奥多罗斯没明确指出他在位的具体时间。但搞清楚了门德斯等人的身份问题，奥西曼提斯无疑就能在历史上得到一个合理的位置，狄奥多罗斯绝对认为奥西曼提斯和“Ismandes”指的也是同一个人③。

奥西曼提斯因在东方取得的军事胜利和在埃及各城市建造的纪念碑而受到人们的重视。他在位时期，一度被辛努赛尔特征服的大夏人反叛了，于是他决心镇压，进而收复失地。一支强大的埃及军队被集结起来，准备攻打大夏军队，并且最终获得了胜利。得胜之军返回底比斯，竖立一块纪念碑作为纪念。这座纪念碑除了胜利事迹以外，还被认为记录了法老对阿蒙神等神的还愿。赫卡特鲁斯（Hecatreus）更是认为奥西曼提斯最后还把自己的陵建在了当地——见狄奥多罗斯引述古代学者的记录：

距离底比斯墓群（Theban Necropolis）地下10斯塔迪亚的地方，不仅埋着朱庇特神庙的外墙，还有奥西曼提斯的陵寝。陵寝入口有

① 希腊语中，“oi”和“u”的发音和英语中“ee”的发音很像。——原注

② 第十一王朝的部分君主会使用“Mentuhetep”作为自己的名字，但在迷宫中没有找到这个名字的古文字。——S.B.

③ 斯特拉波：“如果像有些人想的，埃及人称‘门农’（Memnon）为‘伊斯曼德斯’（Ismandes），那么这个迷宫一定是门农的，在阿比多斯和底比斯建造建筑的都是同一个人，这些建筑都是‘门农尼亚风格’。”——原注

一个由各种颜色的石头组成的柱子[①]，长2“普法拉”[②]（plethra），高45肘[③]。后面是一个正方形的区域，内部被一列石柱包围[④]，每边都有4根柱子，有1个（部分）屋顶，屋顶由16肘高的实心石雕的动物形象雕像支撑，雕像风格拟古。天花板是紧凑的砖石结构[⑤]（覆盖外墙和柱子之间的空间），宽度超过12英尺，并在天蓝色的界面上镶嵌着星星形状的装饰[⑥]。上端有一个通往第二个区域的门洞，那里有一根柱子，在各方面都与前面提到的石柱相似，但雕像的主题更丰富。在靠近入口的地方，有一组大雕像（共3座），是锡尼式的门农像[⑦]。一座被称为“埃及最大的雕像”，足长超过7肘。另外两座雕像的尺寸非常小，只到大雕像的膝盖（以立姿连在王座前面的左右两侧），分别代表法老的女儿和母亲。组像因其卓越的工艺及石头的尺寸和性质而引人注目，在它们身上找不到任何裂缝甚至瑕疵。上面有这样的铭文：

“我是奥西曼提斯，我是王中之王；如果有人想知道我是什么，我在哪里，让他先在我的一些功绩上超过我吧！”

旁边还有一座高20肘的法老母亲像，这是由单块石头雕刻而成的，头上有3顶王冠，分别象征其作为法老的女儿、妻子和母

① 这似乎是在暗指埃及建筑上常见的彩绘雕像（花岗岩）。——原注
② 1普法拉相当于100英尺，一说相当于92英尺。——原注
③ 67.5英尺，这种高度只有可能是类似金字塔式的塔楼才会有。——原注
④ 实际上是一面方形的石头围墙。——原注
⑤ 古代文献用的是“Μονόλιθον”一词，参见斯特拉波的描述：“指坚固的砖石，不单纯是一块石头。奥西里德（Osiride）式柱子，据说也是单体的，无疑和一般情况一样，由几块石头建成。”——原注
⑥ 埃及建筑中很常见。——原注
⑦ 之所以这么说，可能是因为这本来就是门农的雕像，也可能是因为建筑的名字（Memnonium）。——原注

亲的身份。柱廊的后方装饰着很多雕像，表现的是奥西曼提斯率领由40万名步兵和2万名骑兵组成的军队进攻大夏人。部队分为4支，每支由一个王子率领。第一面墙上，法老自己被围困在一个被河环绕的堡垒中，身先士卒和敌人战斗，旁边还有一只狮子，似乎在帮助他战斗。有些人认为，雕像家打算表现一只真的狮子，奥西曼提斯把它从小养到大，打仗也带着它，目的是威慑敌人——当然也有人觉得这不是真狮子，只是对法老勇气的彰显罢了。第二面墙上，一个个战俘被雕刻成没有手或没有勇气的样子，也就是说他们都是没有勇气或反抗能力的人。第三面墙上充斥着各种表现法老献祭和取胜的雕像。在露天庭院的中央，有一个非常漂亮的石头祭坛，其尺寸和工艺都令人惊讶。在靠近一堵墙的地方，有两座坐像，每座都是由整块石头雕刻而成，高27肘。此处有3个通向大厅的入口，大厅由石柱支撑，建得像音乐厅（odeum）一样，每边都长2普法拉。这里有几座木像，代表原告与被告，以及审理案件的法官。这些雕像有30个，首席法官在中间，他身边放着许多书，脖子上挂着一个闭着眼睛的真理之神的形象——其象征意义在于，法官只关注真理，其他一概都不接受。之后是一条走廊，里面有许多房间，各种最合口味的食物都在各种艺术品中被呈现。法老的形象也被精美地呈现出来，他将每年从埃及各地的矿场获得的金银献给神，仅银子价值就相当于3200米奈①。每一个房间都逛完，就进入了宗教图书馆，它拥有“灵魂的香脂”（The balsam of the soul）字样的铭文。与之相邻的是埃及诸神的雕像，法老向每一位神献上祭品，这是为了让奥西里斯

① 埃及的米奈相当于一磅五盎司或六英担（dwt）。——原注

神和评审神官知道，法老的一生都对神虔诚，对人仁慈。与书房相邻[①]的是一个设有20张沙发的优雅房间，里面摆放着朱庇特、朱诺和法老的雕像，人们认为法老的遗体就安放在这里。周围有几个房间，上面有美丽的画，画的是该国的所有神圣动物[②]。墓穴外紧挨着一个金色的平面天体图，后来波斯人入侵埃及时，它被冈比西斯二世带走。平面天体图的周长为365肘[③]，根据星体升起与落下确定一年中每一天的位置和星座。[④]

重新审视狄奥多罗斯的描述，笔者越发倾向于他是在说拉美西斯二世的门农尼乌姆神庙，理由如下：

一、朱庇特神庙围墙位置的最早期墓葬距离门农尼乌姆神庙的位置与王后陵寝距离门农尼乌姆神庙的位置一致[⑤]。

二、建筑中有埃及最大的雕像（拉美西斯二世坐像）。

三、墓穴平面图从第二个区域的三个入口，以及后面的石柱、大厅等布局来说，和门农尼乌姆神庙的完全一致。就算图上尺寸和实际不一致，埃及其他古建筑都有同样的特征。

笔者曾认为“*πνλῶνα*”这个词的意思是“入口处的庭院或广场”，但后来马上意识到这是指“高2普法拉的金字塔形塔楼”。两座塔楼的后面不包括中间的城门面积与塔楼占地面积的比值符合一般埃及神庙的比值。不过，测量结果可能被夸大了，

---

① 在古代文献中是用“*Ομότοιχον*”这个词，标示两个房间共用一面墙。——原注

② 可以通过石头台阶逐级往上爬。——原注

③ 574.5英尺，一说182英尺。——原注

④ 门农尼乌姆神庙也有这样的天体图，位于大殿后方中央的房间，介绍了埃及一年的所有月份及各种星体，还雕刻着有数字和象形文字的铭文。——原注

⑤ 埃及的后妃们都承担了对阿蒙神或朱庇特神的祭祀任务。——原注

笔者认为取中间值更合适一些。具体详见《门农尼乌姆神庙平面图：平面图资料与狄奥多罗斯对奥西曼提斯陵的描述很像》这一插图。

上面的论述体现出米底奈特哈布的拉美西斯三世宫殿和门农尼乌姆神庙完全有可能是同一座建筑——都出现了东方民族对埃及人的反叛，法老身边的狮子图案，敌人被杀死和被肢解的遗体图案。另外，有关被河流环绕的城市和王子们参战情景的壁画与狄奥多罗斯的描述也很相似①。

门德斯（即奥西曼提斯）之后出现了一个长达五代人的权力真空期，直到在希腊语中写作“Proteus”的孟菲斯人策特斯（Cetes 或 Cetna）登基。直到希罗多德时代，孟菲斯仍然常常可见供奉这位法老的神龛，一般矗立在武尔坎神庙的南面，被装饰得十分华丽。来自泰尔（Tyre）的腓尼基人在埃及定居，希罗多德造访埃及的时候他们仍在那里，他们居住的地方也因此得名“泰尔营”（Tyrian camp）。当地有一座维纳斯的小神庙②，希罗多德以希腊人的虚荣心，猜测这是希腊的海伦③（Helen）女神：

祭司们是这么说的——传说海伦曾在普罗忒乌斯（Proteus）的宫中生活过一段时间，帕里斯（Paris）从斯巴达带走海伦，正准备返回，结果在爱琴海（Ægean）遭遇暴风。因为风向一直对自己不利，只好前往埃及，在卡诺普斯（Canopic）的尼罗河口，在“塔里

① 我们现在把这座建筑的名字写作“Ramesseion”，建筑里的雕像表现的都是拉美西斯二世在位第五年时战争的情形。——原注

② 昆图斯·贺拉斯·弗拉库斯和斯特拉波对此都有提及。——S.B.

③ 根据斯特拉波的记载，有的人认为这是希腊女神庙，有人说这是献给月亮的神庙。——原注

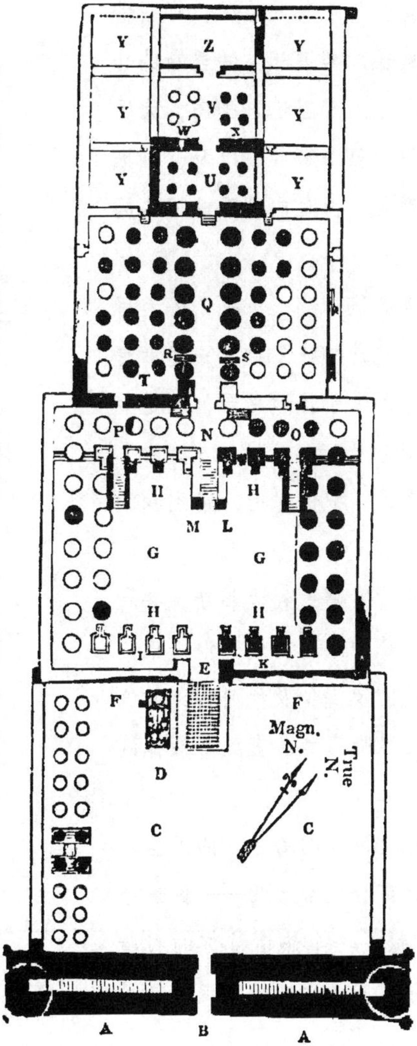

●门农尼乌姆神庙平面图：平面图资料与狄奥多罗斯对奥西曼提斯陵的描述很像

A：山门处的塔楼；B：入口；C和H：区域一样，中央是开放空间，两侧建了墙壁遮盖；D：巨型拉美西斯二世坐像；E：第二入口；F：墙壁上雕刻着纪念埃及军队作战的浮雕和文字；I：纪念埃及军队战斗的雕像遗迹；J和I：一起成为被毁坏的废墟；K：右处入口的首道城墙，上面刻着拉美西斯二世围攻河流环绕的城市的情景，第二面墙上刻着拉美西斯二世抓捕战俘的情景，这个区域中央有一座露天祭坛；L和M：法老头像，如今被收藏在大英博物馆中；R和S：都是基座，可能属于一些雕像；T：刻着龟甲阵的墙壁；U、V、Y和Z：小室；W和X：带装饰的雕像

狄奥多罗斯对门农尼乌姆神庙的描写是否完全正确现已无法判断，毕竟图上标注的这些房间已经完全被毁，仅靠这份平面图根本无法对证，并且狄奥多罗斯作为参考的赫卡索斯（Hecatseus）很可能不被允许进入大殿（Q）后的位置。狄奥多罗斯混淆了拉美西斯二世的神庙及拉美西斯三世在伊特拉斯坎建造的神庙。除了在面积测量方面得到了不同的数据（4平方公里）外，狄奥多罗斯对奥西曼提斯陵寝的描述和对这座建筑的描述基本吻合，这让我们怀疑它们根本就是同一座建筑的不同名字，或者出于同一法老之手

奇西”[①]（Tarichæa）靠近一座赫拉克勒斯神庙的位置登陆，这个位置至今仍然存在。在任何情况下，一个奴隶为了避难逃到这个神庙，并且为了证明自己为神服务，愿意被打上某些烙印，那么他就不能遭受骚扰。这个制度从一开始就被严格遵守。帕里斯的仆人知道神庙有这样的庇护权，从他们的主人那里逃进神庙，为了伤害他而服侍神。他们透露了有关海伦的整个事件，以及帕里斯对米内劳斯犯下的错误；他们不仅向祭司，而且向管理该河口的总督托尼斯（Thonis）讲述了此事。

托尼斯立刻派人到孟菲斯去给法老送信：“一个犯了很大事的特洛伊人来了：他勾引主人的妻子，把她和许多财宝一起带走了。逆风迫使他来到这里：我应该让他不受干扰地离开，还是应该扣押他的人身和财产？”

普罗忒乌斯下令：“不管这个人是谁，把他逮捕，带到我的面前。”

托尼斯把帕里斯连同海伦和他所有的财富送到孟菲斯，并扣留了他的船。帕里斯一获准面见法老，普罗忒乌斯就问他是谁，从哪里来，得到了诚实的回答。但当被问及海伦及如何得到她的时候，帕里斯的回答犹豫不决，并试图隐瞒真相，直到背叛他的仆人招供为止。于是普罗忒乌斯判决：

“如果我不认为把任何一个被逆风吹到我的海岸上的陌生人杀死是非常令人发指的罪行，那么我肯定会这么干的——你这个最坏的人，你以最背信弃义的方式背叛了一个热情待你的希腊人。你勾引了他的妻子，还不满足于此，偷偷地把她带走，并且

① 也就是“盐田”（Salt-pan）的意思。——原注

扣留了她，而且好像还不够似的，你还搜刮了他的房子。不过，我认为不杀陌生人是对的，所以我允许你离开；但这个女人和你带来的财富不准带走，应留在我这里，直到希腊人亲自来索取。3天后，你要和你的同伴一起离开我的海岸，否则就会被我当作敌人对待。”

普罗忒乌斯就这样扣留了海伦，直到米内劳斯到来——对方攻打特洛伊，发现海伦已不在帕里斯手中，实际上被留在了埃及，于是就去埃及，说明来意后受到了盛情款待，收回了海伦和所有财物。本来准备立刻起航，奈何风向相反，而米内劳斯又起了歹念：在当地的乡下抓了两个孩子做成了活人祭品！这算是犯了重罪，埃及人要惩罚他，结果没能追上，因为米内劳斯走海路逃到了阿非利加——作为一个背信弃义的人，他就这样摆脱了他所背叛的人的愤怒，以及自己因为背信弃义所应得的惩罚。

狄奥多罗斯认为，希腊人关于普罗忒乌斯具有神奇能力且善于变化[①]的寓言故事是根据埃及法老的一个共同习惯构成的，他们会在头上点缀各种人物、事物的饰品，这是为了让看到的人害怕。不过，这种解释不能令人满意[②]。古代雕像中表现法老们向神献祭的场景时，展现了各种各样的头饰，托勒密王朝后期尤其如此，但因为埃及人了解服饰的寓意，他们怎么会看到同胞穿这些衣服，就认为对方具有神力然后害怕呢？

① 普鲁塔克提到了普罗提斯的魔法，称他是“埃及版的欧绪德谟篇”（Euthydemus）。——G.W.

② 普罗忒乌斯被尊为“沿海岸航行的保护神”。——S.B.

普罗忒乌斯之后即位的是兰普西尼图[1]（Rhampsinitus 或 Rhemphis），虽然在对外征服方面不算出类拔萃，但他比较爱财，也掌握了巨大的财富。狄奥多罗斯认为兰普西尼图非常贪婪，到了不愿意拿钱出来祭神或为百姓谋福利的地步。但孟菲斯的兰普西尼图纪念碑否定了这一说法，证明兰普西尼图可能还是花钱赞助了国内的宗教事业和艺术事业。

希罗多德说："武尔坎神庙的西侧前庭是由他下令建造的，还有两座高25肘的巨大雕像矗立在前。北边的雕像[2]被埃及人称为'夏'（Summer），南边的雕像称为'冬'（Winter）；虽然他们对'冬'不屑一顾，但对'夏'非常敬重，甚至对其顶礼膜拜。"

希罗多德也赞同兰普西尼图是那个时代的法老中最富有的，他没有透露自己的财富数量，但有人为他计算后，认为其财产数量不少于40万塔兰特，也记载了他在守财方面所做的巨大努力：他曾为此建造了一座石头建筑，其中一侧与他宫殿的墙壁相连。但他雇用的建筑师不诚实，在外墙的一块石头上动了手脚，两个人甚至一个人都可以轻易地把它搬走。建筑完工后，法老把财宝存放在这里，自以为很安全。过了一段时间，建筑师感到大限将至，就派人去找自己的两个儿子，并告诉他们应该怎样从父亲为法老建造的建筑中发现财富的密码——只要下手的时候谨慎，就一定能搞到钱。父亲去世后不久，两个孩子就连夜赶到皇宫，搬开了那块有问题的石头，带走了一大笔财宝。法老进入房间发现花瓶里的黄金明显减少了，但因为想不到该怀疑谁，并且锁和封条都完好无损，所以感到非常困惑。但后来财宝每天都在减少，

① 也就是拉美西斯三世。——原注
② 武尔坎神庙左边入口处的雕像。——原注

于是他决定设置陷阱。兄弟二人中的一个再次偷财宝的时候被夹子夹住了。他立即叫来了兄弟，要求他砍下自己的头，这样才能毁灭证据、保住自己的命，兄弟照做了，还在原来的漏洞那里换了一块好石头。

天一亮，法老就发现陷阱里躺着一具无头尸体。墙壁是完整的，没有任何出口或入口，这让法老大惊失色，但他还是想解开这个谜团，于是命令曝尸示众，在现场派驻警卫，并指示他们把任何表现出悲伤或怜悯神色的人抓起来带到自己面前。建筑师的遗孀对法老这样对待儿子的尸体感到气愤，威胁两兄弟中幸存的那个说，如果他不想办法把尸体搬走，她将亲自去找法老揭发这个阴谋。眼看劝不动自己的母亲，儿子心生一计：他在几头驴子身上挂上装酒的皮袋，然后把它们赶到守卫看护自己兄弟尸体的地方。一走近他们，他就偷偷地拔掉了两三个皮袋上的钉子，当酒涌出来的时候，他就开始拍打自己的头，大声痛哭起来，假装混乱地跑来跑去，好像不知道自己应该先去堵驴身上皮袋哪一头的漏洞。士兵们果然闻讯赶来，但他们并没有帮助他，而是把剩下的酒都据为己有。起初，儿子做出愤怒的样子辱骂他们，然后假装服了，把他的驴子牵到路边，把皮袋子整理好，并开始与他们交谈。他看上去被其中一个士兵的笑话逗笑了，给了这个士兵一皮袋酒，甚至应邀留下来和他们一起喝酒，还和他们一起躺下睡觉。士兵们因为都被灌醉，所以很快睡着了。一到晚上，他就把兄弟的尸体搬了下来，把士兵们右脸颊的胡子都刮掉以示羞辱，并把兄弟的尸体用驴子驮走了[①]。

① 问题在于那个时代的埃及士兵是不蓄须的，希罗多德记载埃及士兵“只被允许在哀悼死者的情况下蓄须”——这一点可以通过古代雕像得到证实。——原注

希罗多德接着写道："法老听说自己的计策没有成功，一时间大发雷霆；不过，他还是希望抓住肇事者，遂又生一计——尽管我认为这不太现实：法老要求自己的女儿，只要一个男人告诉她自己所做过的最狡猾和最邪恶的事情，不管这个男人是谁，女儿都要侍奉他。如果有人说话的内容涉及'砍下自己兄弟的头'和'灌醉守卫偷走兄弟尸体'，就要留住他，好把这个人抓住。而偷法老财宝的小偷料到法老会有这样一招，竟然想挫败这个计策：他找到一个刚死不久的人的尸体，砍下一只手，把这只手藏在穿的斗篷之下去找公主。发现他说的每一句话都符合父王跟自己说的，公主就努力挽留他，还伸出手去抓他，结果昏暗之中抓住的只是那条死人的手臂，还是让他逃走了。法老感叹此人艺高胆大，又发布诏书称，如果这个人愿意自首，不仅能得到赦免，还另有重赏。读到法老的诏书，这个人就现身了。兰普西尼图对这个人很满意，心里还想道，埃及人的聪明才智胜过其他所有人，而这个人比埃及人还聪明，所以他比其他任何人都要聪明，于是真的把公主嫁给他了。"

虽然希罗多德是这么写的，我们得替他说一句公道话，就是他本人也不相信这个故事。他还记载了兰普西尼图对下埃及区域的视察，同样也是不相信的。相传兰普西尼图曾和谷神（Ceres）掷骰子玩，彼此互有输赢，而且在离开她时被赠送了一条绣着金线的餐巾[①]。埃及人把所谓的兰普西尼图回归时期作为一个庄严的节日来庆祝，甚至一直持续到希罗多德的时代。但这个仪式的真正起源或意义是什么，我们到了19世纪还是无法解开这个难题。

---

① 拉美西斯三世可能就是兰普西尼图，在米底奈特哈布宫殿遗迹的浮雕中就有拉美西斯三世玩飞镖的部分，并且有不同地区的守护女神陪同他。——原注

希罗多德只是补充说：“主持仪式的祭司要穿上一件在一天之内做好的衣服，然后在被蒙住眼睛的状态下被送到一条通往谷神庙的小路上躺下。当地会有两头狼把他带到距离城市20斯塔迪亚以外的谷神庙，仪式结束后又把他带回原地。至于这究竟是不是真的，我就不说了，留给高明的读者自己去判断。”

希罗多德又写道：“直到兰普西尼图在位时期，埃及都是很美好的，人们享受着宁静和公正的生活，又能得到神的祝福。但接班的切普斯不是个好人，他自甘堕落，关闭了所有神庙，禁止埃及人献祭，下的命令都是强迫埃及人为自己的意志服务。切普斯想建造金字塔，于是迫使一些劳动力在阿拉伯采石[①]，并把石料运到尼罗河畔。他又命令另一批人接收石料，并负责运到利比亚的山上，为此动用了10万人，每三个月轮换一次。为了运石头，修了道路，一修就是10年，而建造金字塔另外花了20年时间，这还不算施工准备所花的时间。”

希罗多德紧接着提到了金字塔的情况，笔者就不在这里赘述了，因为在《埃及和底比斯》第323页已经论述过，下面还是接着讨论后来接班的埃及法老的历史。

切普斯似乎就是曼涅托笔下的“Suphis”和狄奥多罗斯笔下的“Chembes”，他在位50年，其王位被亲兄弟塞弗伦继承。塞弗伦在位56年，也建了一座金字塔，和切普斯的金字塔比起来稍小一些。

塞弗伦驾崩后，切普斯的儿子麦策里努斯（姓名在文献中写作

① 即在狄奥多罗斯笔下被写作“Chemmis”“Chembes”或“Chemnis”的法老。显然，把切普斯在位时期安排在特洛伊战争之后，就是要突出当时的混乱状况。——原注

“Mycerinus”）即位，他是一个善良、虔诚的法老，埃及人相当尊重他——他的每一个决定都是公平、公正的。他热爱正义，如果自己做的决定有错，会相当乐于接受批评。法老有一个独女，在他登基后不久就死了。他感到很痛苦，决定让她风风光光地离开：公主的遗体被装在木制的母牛形状棺材里，棺材表面镀金。棺材长时间没有入土，直到希罗多德时代还被放在宫殿的一个华丽的房间中，晚上，房间里灯火通明，还要为棺材熏香[①]。

麦策里努斯遭受的劫难没有因此而到头，布托（Buto）神谕降临了，说他将在6年之后死去；虽然麦策里努斯给神带话，陈述自己的虔诚和正直，但得到的答复竟然是，正因为自己具有美德，所以得到了早逝的奖励[②]。

麦策里努斯从登基开始就致力于建造一座金字塔，根据狄奥多罗斯记载，他是在完工之前驾崩的。他的金字塔和两位前任法老的金字塔比邻，虽然小得多，但被认为更加美观，因为它是用红色花岗岩砌成的[③]。希腊人错误地认为它是由歌伎洛多庇斯（Rhodopis）建造的，但正如希罗多德观察到的那样，一个花费了几千塔兰特金银的纪念碑不可能由洛多庇斯来建造，她甚至不和麦策里努斯生活在同一个时代，而是生活在阿玛西斯统治时期。

我们不知道麦策里努斯的直接继承人是谁，希罗多德认为继承人似乎是孟菲斯人阿西吉斯（Asychis）和阿尼西斯（Anysis），狄奥

① 是否属于这位可怜的公主存疑。从希罗多德其他记载来看，小母牛应该是献给奥西里斯、伊西斯或阿托（Athor）之类特定的神。——原注

② 希罗多德曾提及一个荒唐的传说：麦策里努斯彻夜狂欢，做了“试图把黑夜变成白昼”的荒唐事，这样让自己的寿命增加了一倍。——原注

③ 根据希罗多德记载，金字塔到高度一半的位置都是用埃塞俄比亚的石头做的。——原注

多罗斯认为继承人是聂法楚苏斯和伯克利斯[①]。“聂法楚苏斯”这个名字在普鲁塔克作品中也被写作“Technatis”，他只知道此人是伯克利斯的父亲，曾带远征军深入阿拉伯，忍饥挨饿吃了很多苦，却发现因此睡得更香。于是，聂法楚苏斯认为奢侈的生活只会产生消极的影响，并决定在返回底比斯的时候记录自己对美尼斯行为的不满——因为他诱使埃及人放弃了节俭和简单的生活习惯。因此，他在底比斯的阿穆纳特（Amunat）神庙中竖起了一块石碑，并为此题词，他的儿子也大量扩建和装饰了献给神的宗教建筑。

总而言之，聂法楚苏斯的继承人就是伯克利斯[②]，他是赛斯人。伯克利斯虽然长得很丑，但思想品质方面是很高尚的，完全弥补了身体的缺陷，获得了“智者”的称号。他被认为是埃及的立法者之一，引入了很多债务和财务方面的规定。有的人认为伯克利斯关心财务是因为他很贪婪，不是出于国家利益。相传，伯克利斯被埃塞俄比亚人萨巴科俘获，最后被活活烧死。这种说法不太现实，并且萨巴科是否直接继承了伯克利斯的王位也值得怀疑，中间或许还有几代法老[③]。为了解决这个问题[④]，我们要得到更加可靠的历史证据，因此在下面的段落中，我们要结合希罗多

① 在埃塞俄比亚君主皮安奇（Pianchi）入侵埃及的记载中，提到了一个叫特夫提亚克特（Teftiakht）的利比亚军队首领或小国王，他统治着北埃及的大部分地区。——S.B.

② 象形文字将其写作“Bakenranef”，伯克利斯在位期间，竖立了几座纪念碑。——S.B.

③ 狄奥多罗斯也是这个观点。——原注

④ 萨巴科是卡什塔（Kashta）的儿子，也是王后阿美利提斯（写作“Ameritis”或“Amen-artas”）的兄弟，他征服了埃及和伯克利斯。后来，他与叙利亚人结盟，在拉斐亚被萨尔贡（Sargon）打败。（公元前 714 年。——S.B.）摘自马斯佩罗《古代史》。——原注

德[①]的作品谈谈阿西吉斯和阿尼西斯[②]的情况。

阿西吉斯赞助艺术事业，还引入了关于债务的善法，这对国家是有益的。

“阿西吉斯发现，商人因为极度缺乏资金，所以国家的商业利益受到影响，于是国家发布法令，规定任何人都可以用自己已故父亲的尸体作为抵押来借钱。根据这项法律，债务人的墓地落入了债权人的手中——因为如果债务没有得到清偿，他既不能与家人一起葬在该墓或其他墓中，也不能让他的任何子女入葬。”

阿西吉斯竖立的纪念碑中有一座砖砌的金字塔[③]，在大理石板上刻着这样的铭文：

别拿石头砌的金字塔跟这个比，因为我这个好得多，就像朱庇特是最伟大的神一样。金字塔是这样被制造出来的：人们用杆子在湖底探测，把泥土抽出来，做成砖块。

---

① 希罗多德没有提到伯克利斯及其父王，曼涅托和狄奥多罗斯也忽略了阿西吉斯和阿尼西斯。希罗多德称瑟索斯和西拿基立是同时代的人，在曼涅托的名单中也没有提及。特哈加（Tirhakah）是控制着从埃塞俄比亚的纳帕塔（Napata）到叙利亚边境一带所有土地的国王，当时在埃及不可能有其他掌权的法老，因此可以得出结论，希罗多德是把国王的头衔给了普塔（Pthah）的一个普通祭司。埃及人和犹太人都曾经提到，亚述国王的军队被击败是奇迹。有的人认为叙利亚军队是因为瘟疫而大量减员，但再厉害的瘟疫也不会在一天之内消灭185000多人。希罗多德有一些埃及线人，他们根本就不把特哈加放在眼里，可能是因为他们忌妒埃塞俄比亚人。亚述人被击败的形象在底比斯和博尔克山等地神庙的雕像中都有体现，以穿交叉形状的皮带为标志。［参见罗林森（Rawlinson）的《希罗多德》。——G.W.］——原注

② 传说是伯克利斯后代，逃到了尼罗河三角洲。——原注

③ 阿西吉斯应该是第四王朝的法老，名字也写作“Aserkaf”或“Shepeskaf”。第十二王朝之后，实际上就不存在埃及人建造的金字塔了。——S.B.

除了底比斯的几座较小的金字塔，19世纪，下埃及仍有4座这样的金字塔，很可能其中一座就是希罗多德提及、由阿西吉斯建造的金字塔。4座金字塔中的两座靠近孟菲斯和如今被称为“达索尔”（Dashoor）的地方。两座金字塔附近有两座石质金字塔，其使用的建材和它们距离孟菲斯的距离让我们相信阿西吉斯应该就生活在附近的地区。我们不知道这两种金字塔哪种更好，因为它们也不“愿意”路过的看客拿自己做比较。剩下的两座金字塔都在菲奥姆的河口地带。理查森博士（Dr. Richardson）认为，砖砌金字塔的优越性体现在其房间的拱形屋顶设计上，构造主要是借鉴了当时新出现的拱门。尽管砖砌金字塔中确实存在房间，笔者在达索尔的一座砖砌金字塔中也确实看到了这些拱顶房间的遗迹，但其他类似材质的金字塔早就在底比斯建造起来了，屋顶的结构也是一样的——毕竟拱顶在阿西吉斯登基前许多个世纪就已经在上埃及被发明出来并投入使用了[①]。

根据希罗多德记载，阿西吉斯之后接班的法老叫阿尼西斯，是个盲人，出生于和自己同名的小镇。埃塞俄比亚人萨巴科就是在这个时期入侵并且征服埃及的，之后统治了埃及50年。据说，在这50年的时间中，阿尼西斯一直躲在尼罗河三角洲地势较低的地方，传说埃尔波岛（Elbo）就是他为了躲藏而用灰烬和泥土建造的，他不敢也没能力抵抗入侵者的进攻。

萨巴科统治埃及时没有处死任何人，但根据罪行大小判处犯人服劳役，劳役的内容包括抬高全国各地城镇的海拔，让它们免

① 19世纪认为，最早可以追溯到第五王朝时期。——原注

于被洪水淹没的危险，辛努赛尔特法老在位时期就这么干过，当时还修建了运河。但现在埃塞俄比亚国王规定的劳动量多得多，所以每个城市，特别是布巴斯提斯的海拔都抬高了。

曼涅托和哈利卡纳苏斯对于萨巴科的描述各有不同，对于丢掉王位的阿尼西斯的描述也各不相同，有人认为是萨巴科抓住伯克利斯后将其烧死，希罗多德对这段历史的描述甚至前后不一致，他说萨巴科“抓住并处死了普撒美提科斯的父亲内科斯”[①]。曼涅托认为萨巴科在位“8年到18年”，希罗多德认为他“在位50年”，他还梦到有人建议自己召集埃及所有祭司，然后把他们残忍杀死，当然他最后不仅没这么做，反而引述神谕中“自己在埃及的统治到头了”为理由退位：萨巴科在埃塞俄比亚求神占卜，神说他能在埃及掌权50年——现在时间已到，该退出了，于是他照办了。

萨巴科退位远走，阿尼西斯从藏身处出来复位，但希罗多德没说他后来在位多长时间。阿尼西斯驾崩，王位被武尔坎祭司瑟索斯继承。瑟索斯和特哈加是同一时代的人，他看不起埃及的军人阶层，导致亚述国王西拿基立可以一举威胁整个下埃及，类似的事件前文中有所提及，之后在对第二十五王朝和第二十六王朝的叙述中也会提及。笔者进行过比较研究，就会回到按照时间顺序论述的模式，也就是从第十九王朝末期开始讨论第二十王朝、第二十一王朝及之后的王朝的历史。

---

① 笔者认为这并不可能。——原注

依据纪念碑总结的埃及第二十王朝和第二十一王朝法老世系表[①]	
纪念碑上的法老姓名	登基年
Rameses VII（拉美西斯七世）	公元前 1170 年
Rameses VIII（拉美西斯八世）	公元前 1155 年
Rameses IX（拉美西斯九世）	公元前 1140 年
Rameses X（拉美西斯十世）	公元前 1125 年
Rameses XI（拉美西斯十一世）	公元前 1110 年
Amun-mai-Harhor	公元前 1095 年
Amun-meses（存疑？）	公元前 1080 年（登基） 到公元前 1068 年在位
第二十王朝纪念碑上的年份信息	
(序号) 纪念碑上的法老姓名	在位年数
（01）Setnekt	不详
（02）Rameses III（拉美西斯三世）	不详
（03）Rameses IV（拉美西斯四世）	32
（04）Rameses V（拉美西斯五世）	18
（05）Rameses VI（拉美西斯六世）	不详
（06）Rameses VII（拉美西斯七世）	不详
（07）Rameses VIII（拉美西斯八世）	不详
（08）Rameses IX（拉美西斯九世）	16
（09）Rameses X（拉美西斯十世）	2
（10）Rameses XI（拉美西斯十一世）	不详

① 删改版删去了拉美西斯十二世（Rameses XII）、拉美西斯十三世（Rameses XIII）和第二十一王朝的哈尔霍尔（Harhor）。——S.B.

●接上表

（11）Rameses XII（拉美西斯十二世）	33
（12）Rameses XIII（拉美西斯十三世）	17
合计 12 人	合计（已知）98 年①（S.B.）
第二十一王朝纪念碑上的年份信息	
（01）Harhor	不详
（02）Panetem I	不详
（03）Petukhna I	不详
（04）Panetem II	不详
（05）Harpasebsha	不详
合计 5 人	合计不详（S.B.）
第二十二王朝纪念碑上的年份信息	
（01）Shashanqa I	21
（02）Uasarkan I	不详
（03）Takeloth I	不详
（04）Uasarkan II	23
（05）Shashanqa II	不详
（06）Takeloth II	14
（07）Shashanqa III	28
（08）Pamai	2
（09）Shashanqa IV	37
合计 9 人	合计（已知）135 年②（S.B.）
第二十三王朝纪念碑上的年份信息	
（01）Petsibast	不详
（02）Uasarkan	不详
（03）Psamut	不详（S.B.）

① 此处为原书数字，但将表内所有数字相加后实为 118 年。——译者注
② 此处为原书数字，但将表内所有数字相加后实为 125 年。——译者注

在长达90年的时间中，王位继承的具体时间是存在问题的。第二十二王朝是一个比较有趣的历史时期，曼涅托给出这个时期的王位世系表和纪念碑上名称的吻合度还是很高的[①]。

古代学者文献中的姓名	古代纪念碑上姓名的铭文	大事	登基时间
第二十二王朝，都是底比斯法老			
Sesonchis（瑟松吉斯）	Sheshonk I	示撒在公元前971年抢劫了耶路撒冷的神庙	公元前981年
Orsorthon（奥尔索尔通）	Osork	和公元前941年与阿萨（Asa）作战的埃塞俄比亚国王泽拉（Zerah）同一时代	公元前945年
Tacellothis（塔瑟洛提斯）	Takelothe		公元前925年
第二十三王朝			
不详	Osorkon II	约公元前907年，盲诗人荷马正处于巅峰期	公元前908年
—	Sheshonk II（他之后很可能还有一位法老，在位大约50年时间）		公元前890年，还有一种说法是约公元前860年
Tnephachthus（聂法楚苏斯）（狄奥多罗斯认为他是伯克利斯之父，普鲁塔克把他的名字写成“Technatis”。他真的是第二十三王朝的法老吗？）	—		不详，只知道伯克利斯约在公元前812年登基

① 曼涅托从瑟松吉斯（写作“Sesonchosis”“Sesonchis”或“Osorthon”）开始记录，在瑟松吉斯和塔瑟洛提斯（写作“Tacellothis”）之间插入了3位姓名不详的法老。对于第二十三王朝，曼涅托是从佩图巴斯提斯（Petubastes，亦写作“Pet-Pasht”）开始记录的，然后再记录奥索尔托（写作“Osorthon”或“Osorchon”）等后世法老的信息。——原注

博学的马尔肖姆（Marsham）提出了“设申克”（Sheshonk）这个名字[1]，其他杰出的编年史学家认为，“设申克”实际上和辛努赛尔特是同一个人。但这是一个站不住脚的假设，已经被抛弃了，辛努赛尔特应该是更早期的法老，在《圣经》中被称为“示撒”。公元前971年，罗波安（Rohoboam）在位第五年时，示撒带着1200辆战车、6万名骑兵，以及利比亚人、苏基姆人[2]（Sukkiim）和埃塞俄比亚人组成的庞大步兵部队向朱迪亚进军，占领了犹太人控制的、一切有围墙的城市，夺取了耶路撒冷的神庙。19世纪，示撒建造的建筑物已经所剩无几，但从他（的时代）在卡尔纳克神庙增加的雕像来看，足以表明这场对犹太人的成功战争和埃及人征服地区的名称都一起被记录下来。埃及法老循例将俘虏献祭给神，雕像中刻画了俘虏的形象，旁边会有一个椭圆形区域，刻下俘虏的形象所代表的被征服地区的名字。其中有一处是商博良确定的，写作“Yooda Melchi”，转写成英语是“kingdom of Judah”（犹大王国），当然，对怀疑论者来说，他们还是有理由表明自己的怀疑的。

设申克生活的时代可以作为一个时间点，据此可以进行编年史方面的计算。结合“犹太人出埃及”这一历史事件进行计算，算出每位法老在位的时间也不是没可能的。公元前1495年图特摩

---

① 公元前 980 年，耶罗波安（Jeroboam）投奔了这位国王。公元前 1014 年左右，所罗门娶了法老的女儿，他后来可能传位给耶罗波安。约瑟夫斯说，当时埃及和埃塞俄比亚被同一个君主统治，但他犯了一个很大的错误，就是认为所罗门的岳父是最后一位埃及法老，后来的埃及国王没有一位拥有法老的头衔，而他“引用”的犹太书籍却提供了反证。——原注

② 一些人认为他们当时居住在红海一带（还有一种说法是他们居住在埃及中部），还在穴居。有的人曾在底比斯见过在石山上开凿的古代墓穴（或听说过），就天真地认为穴居人在墓穴主人“入住”之前就把这些洞窟据为己有了。——原注

斯三世登基，截至公元前1068年共有23位法老先后即位，平均一人在位约18年。第二十一王朝末期的90年时间，估计就是那些在19世纪暂时还没能确定名字的法老在掌权①。

拉美西斯大帝（Ramses the Great）在底比斯门农尼乌姆神庙留下的占星铭文对笔者做出的判断很有帮助，里面记载了天狼星历（Sothis）的日升时间和托特（Thoth）月初的日升时间完全相同，结合具体的历史背景，这只可能发生在公元前1322年，这也是笔者推断的拉美西斯大帝在位时间的中期②——当然，这只是笔者自己的推断，笔者尊重读者自己利用合理方法得出的科学结论。

往后，埃及统治者似乎也没再侵略过犹太人。根据《犹太编年史》（*Jewish Chronicles*）记载，和埃塞俄比亚国王③泽拉④战斗前，犹大之地（land of Judah）都没有再遭受侵略，也没有爆发新的战争，所以阿萨（Asa）有机会修复城防、新建坚固的城镇以保护自己的国家。19世纪，我们没有发现设申克的继任者发动过任何重要的远征。除了宗教内容，第二十二王朝和第二十三王朝的法老们在卡尔纳克神庙也没有留下重要内容。

---

① 19 世纪，“Iutaha Maluk”就是指“耶路撒冷”，但没有发现与之相关的古代碑文记载。该词组和“Rabboth”“Taanach”“Sunem”“Rehob”“Haph-araim”“Adoraim”“Mahanaim”“Gibeon”“Bethoron”和“Megiddo”等名词都有联系。——S.B.

② 参见汤姆林生（Tomlinson）发表的相关论文。——G.W.

③ 是不是“Zerah”并不确定。黑人因为肤色导致外貌难辨，在研究他们的时候会因此产生一些困惑。不管是设申克还是奥尔索孔，这位法老总是在统治埃及，而泽拉不可能来自埃塞俄比亚南部的大瀑布地区——在阿拉伯语文献中他被称为“印度国王”（King of India），在《圣经》中又被写作“Zare”。其他文献中也称，埃塞俄比亚人和“Lubims”（利比亚人）是一起的。——原注

④ 有人认为是奥尔索孔一世（Orsokon I）。——G.W.

第二十四王朝，1位赛斯法老		
古代学者文献中的姓名	古代纪念碑上姓名的铭文	登基（在位）时间
“智者”伯克利斯	Pehor 或 Bakhor 或 Amun-se-Pehor	公元前 812 年

第二十四王朝纪念碑上的年份信息	
（序号）纪念碑上的法老姓名	在位年数
（01）Tafnakht	不详
（02）Bekenranf	6
（03）Sét	不详
合计 3 人	合计（已知）6 年（S.B.）

由埃塞俄比亚王族组成的第二十五王朝			
古代学者文献中的姓名	古代纪念碑上姓名的铭文	大事	登基（在位）时间
Sabaco （萨巴科）	Sabakoph	罗马建城（公元前 753 年）	公元前 773 年
Sebechon 或 Sevechus （赛博孔或赛孚楚斯）	Shebek	十部落被俘事件（公元前 721 年）	公元前 723 年
Teraces 或 Terachus 或 Tirhakah 或 Tearcon （特雷斯或特拉楚斯或特哈加或蒂尔孔） （姓名的转写形式来自斯特拉波的作品）	Tehraqa	西拿基立攻打犹大之地	公元前 710 年至公元前 689 年

第二十五王朝纪念碑上的年份信息	
（序号）纪念碑上的法老姓名	在位年数
（01）Shabaqa	12
（02）Shabataqa	—
（03）Taharqa	36
合计 3 人	合计（已知）48 年

在前文，我们已经谈过聂法楚苏斯父子，确定这对父子法老所处时代比较困难，就像确定阿西吉斯和阿尼西斯在位时间一样困难。

萨巴科对埃及的统治和退位的情况我们已经讨论过。曼涅托给出的结论相反，他认为是萨巴科夺取了伯克利斯的王位。狄奥多罗斯则主要谈论了伯克利斯和萨巴科之间即位成为埃及法老的情况。我们结合从普撒美提库斯到萨巴科的史料，可以发现这个时代的萨巴科不是处死尼科的那个，除非我们认为尼科有一个活了120多岁的王子，否则他根本不可能经历从特哈加的前任谢贝克（Shebeck）那里逃亡的事情。

一般认为萨巴科的名字在《圣经》中写作“So”①，他曾和以色列国王何西亚（Hoshea）签订条约，从而导致撒玛利亚（Samaria）被占领，以及10个部落被亚述国王沙尔曼尼瑟（Shalmaneser）征服。笔者认为，这发生在萨巴科统治结束前几年的时间。关于谢贝克（有时也写作萨巴科二世），像这样的名字只出现在底比斯的纪念碑上，以及曼涅托编写的世系表中，所以有些人认为他是希罗多德

① 写作“So”“Soa”“Sua”或“Sara”，希伯来语中写作“סוא”，《圣经》中写作“Σήγωρ”。——原注

笔下的瑟索斯。但这个名字正确的写法应该是“Se-ptah”[①]，带有强烈的孟菲斯特征，我们实在无法据此说这是一个埃塞俄比亚法老。

各种宗教或非宗教文本中都会提到反抗亚述人成功的“Tirhaka”（特哈加），《圣经》[②]和希罗多德的作品中都有提及，该事迹也被雕刻在底比斯神庙[③]的墙上。瑟索斯在位早期有可能和特哈加共同统治埃及，分别统治下埃及和上埃及，这可以被用来解释为什么“底比斯古纪念碑上没有瑟索斯的名字”一事。我们很难确定像这样的法老是否靠联姻获得统治权，或者他们最早的势力范围是否仅限于底比斯，只知道后来继承他们王位的埃及统治者没有破坏他们竖立的纪念碑[④]，这说明他们应该不是阴谋篡权或暴力夺权，而是合法继承了王位。

特哈加在位时期，亚述国王西拿基立发出了入侵下埃及的威胁，瑟索斯的军队抵抗不力，孟菲斯全境可能都要落入敌手。瑟索斯曾是武尔坎祭司，他即位后，与国家福祉相比，他更重视宗教仪式的执行。由于狂热的宗教情感，他认为自己的国家受到神的庇佑，无须“麻烦”军队，所以他不仅极其蔑视军队及军人阶层，还剥夺前代统治者赐予他们的产业，于是军人拒绝再和亚述人作战。眼看进退维谷，瑟索斯躲到神龛跟前，抱怨自己的

---

① 也被称为“普塔之子”（Son of Pthah）。根据莱普西乌斯（Lepsius）记载，“Sethos”这个名字没有在纪念碑碑文上被发现。——S.B.

② 《圣经・列王记》载，亚述王西拿基立听见人们议论古实王特哈加（Tirhakah）说：“他出来要与你争战。”艾博尔克（El Berkel）（纳帕塔的古称）便是当时埃塞俄比亚的首都，在这里可以找到刻有特哈加姓名的纪念碑。——原注

③ 米底奈特哈布存在刻有特哈加姓名的人像，以及特哈加抓捕的战俘的雕像。——原注

④ 在阿比多斯发现的古文字中刻有萨巴科（Sabaco）的姓名。——原注

危险和不幸，然后沉沉睡去。神在这时入梦，表示将保护他，带兵迎战绝不会受伤害。瑟索斯又有信心了，于是带着自己的追随者前往边境的培琉喜阿姆——但这些人没有一个是军人，只有商贩和工匠①。不久，埃及人的援兵赶到了。特哈加听说西拿基立②入侵，带着大量军队从底比斯出发，在巴勒斯坦击败了亚述人，这样亚述人对下埃及和朱迪亚的威胁就解除了。但因为瑟索斯是个忘恩负义（嫉妒心可能也很强）的人，所以希腊史学家当时没有考察出真相，只能把亚述人的失败归因于神的干预。祭司们有意引导人们忽视特哈加提供的军援③，对希罗多德信誓旦旦地说，鼠群趁夜骚扰了亚述军队的营地，把他们的武器装备咬得稀烂。第二天早上，亚述人发现，他们不仅伤亡惨重，其武器也都无法使用了。局势混乱不堪，无法收拾，亚述人只得撤军。为了纪念此事，一座瑟索斯的大理石像在孟菲斯的普塔（Pthah）神庙里竖起了，法老手握一只老鼠，上面写着：

无论你是什么人，都要从我的命运中学到“敬畏神”这一道理。

---

① 参见希罗多德作品。——原注

② 在叙利亚和阿拉伯版本的文献中，“Sennacherib”（西拿基立）被写作“Sanherib”。——原注

③ 根据亚述楔形文字，被埃萨尔哈顿（Esarhaddon）赶出埃及的特哈加，大约公元前668年亚述巴尼拔（Assurbanipal）统治开始时，从亚述人手中重新夺回了埃及，当时亚述人入侵埃及，在卡尔巴尼特（Karbanit）战役中击败了埃及人的埃塞俄比亚君主。特哈加逃到底比斯，但亚述人和群龙无首的埃及军队在40天后到达那里，特哈加则动身前往埃塞俄比亚。埃及人随后对亚述人的统治者感到不满，邀请特哈加返回，而特哈加在第二次出走后死亡。（参见G.史密斯，《亚述：从最早的时代到尼尼微的陷落》（*Assyria from the Earliest Times to the Fall of Nineveh*），1874年。——S.B.）——原注

希罗多德补充说（当然这个补充是比较夸张的）：“从美尼斯至今，埃及统治者已历经341代，其中大祭司作为领袖的数量和法老的数量是一样的。三代人的时间约为100年，所以埃及有大约11340年的历史。”

在这一时期，特哈加统治着纳帕塔和底比斯，我们可以从他扩建底比斯神庙和在埃塞俄比亚建造纪念碑中看出。底比斯雕像中有几处本来该标注“Tirhakah”的地方被“Nectanebo”代替了，这不是罕见的迹象，比如一位令人讨厌的君主统治结束时，也经常会出现这样的事情。特哈加算是一代雄主，我们从他的军事成绩和政治成绩中都能看出。不论斯特拉波在对特哈加的吹嘘中把他的实力夸大到何种程度，我们至少知道他是有权威的，能统治下埃及和上埃及，并且他可能是在瑟索斯驾崩后开始统治上埃及的。

根据希罗多德记载，有一段12位君主统治整个埃及的时期，他们可能都没有获得法老头衔[①]，与其说是君主，不如说是一个国家12个行省（地区）的总督而已[②]。*这必然不是一种常设的划分方法。至少在辛努赛尔特时期，埃及就由36个被称为“诺姆”的行政区组成，诺姆的具体数量因不同的历史时期而异。希罗多德提到了18个，辛努赛尔特时期有36个，托勒密王朝和恺撒控制时期也有36个。根据斯特拉波的记载，在一个历史时期，*

---

① 本处注释即为下文的斜体部分和表格部分，因注释过长，故排入正文，不失为权宜之计。——译者注

② 埃萨尔哈顿把埃及分为20个行政区，这20个行政区的统治者是赛斯城和孟菲斯城的君主尼科。后来，20个行政区减少为12个。——S.B.

底比斯有10个诺姆，尼罗河三角洲有10个诺姆，另外16个诺姆位于中间地带。在另一个历史时期，埃及由上埃及、下埃及和中间由七个诺姆组成的哈普坦密斯（Heptanomis）组成。后来，哈普坦密斯新增了阿尔西诺。于是行政区划发生了改变，埃及由三个地方组成：首先是上埃及，其一直延伸到如今文献中被称为“Daroot e’Shereef”的地方；哈普坦密斯以尼罗河三角洲分岔地带为边界；下埃及则一直延伸到埃及北部沿海地区。老普林尼认为埃及共有44个诺姆，托勒密提到埃及在尼罗河三角洲地带或下埃及共有24个诺姆。罗马帝国晚期，皇帝们将埃及分为4个行政区：第一奥古斯都地区和第二奥古斯都地区（写作“Augustamnica prima”和“Augustamnica secunda”），它们与第一埃及地区和第二埃及地区（写作“Ægyptus 1n”“Ægyptus 2da”）一直保持着自己的行政区划。狄奥多西大帝（Theodosius the Great）之子阿尔卡迪乌斯下令将哈普坦密斯改名为阿尔卡迪亚（Arcadia）。底比斯被一分为二，分别是上底比斯和下底比斯，它们以潘诺波利斯（Panopolis）—托勒密-赫尔米（Ptolemaïs-Hermii）为分界线。这样一来，埃及含阿蒙绿洲地区共有58个诺姆（尼罗河三角洲有35个诺姆），我们在下文会提供一个表格供读者参考。每个行政区都有自己的行政长官，负责征税，掌握各种管理权力。布西里特斯（Busirites）诺姆紧挨着赛本尼图斯（Sebennytic）诺姆，一个在南，一个在北。赛本尼图斯诺姆或布西里特斯诺姆与特姆西雅克（Thermuthiac）诺姆之间的区域在肖伊斯的东部。奇怪的是，这个地区被提及的上埃及地名只有两个，分别是底比斯和彻米斯（Chemmis）。只是之所以出现这种状况，可能是因为希罗多德提到的地名太少，更有可能他还忽略了一些，而不是上埃及只有底比斯和彻米斯（及其驻军）。埃及军队中规模最大的一支必然驻扎在北部城镇，以防御来自东部的外敌，但这并不意味着它们几乎都是就地组建的。除了东边的底比斯，对岸的帕提里提（Pathyritic）也是如此，它包含了底比斯的“利比亚郊区”部分，或称门农尼亚（Memnoneia）。帕提里提被称为“Pa-Athor（属于阿托神）”（对应希腊神话中的维纳斯），阿托神被称为“掌管西方的存在”。底比斯和彻米斯是埃塞俄比亚边境上两个主要的屯兵城市，也是上埃及地区的两大要冲，据希罗多德记载，军队人数达到41万。狄奥多罗斯估计辛努赛尔特时期罗马军队有步兵60万人、骑兵24000人和战车27辆，这很可能是把支援部队计算在内了。截至19世纪，阿普提斯（Aphthis）的具体区域仍然不明。（G.W.）

表A：（东起）尼罗河三角洲（下埃及）诺姆表

行省名	（序号）诺姆名	主城名	19世纪的地名
第一奥古斯都和第二奥古斯都	（01）赫利奥波利斯（Heliopolis）	赫利奥波利斯	马塔林（Matareëh）
	（02）布巴斯提特斯（Bubastites）	布巴斯提斯（Bubastis）	泰尔巴斯塔（Tel Basta）
	（03）安特里比特斯［Anthribites，含麦克法利斯岛（Myecphoris）］	阿特里比斯（Athribis）	本哈埃阿萨尔（Benha-el-Assal）
	（04）赫卢波利特斯（Heroöpolites）	赫卢（Hero）	阿波克赛义德（Abookeshâyd，存疑）
	（05）法格洛里奥波利特斯（Phagroriopolites）	法格洛里奥波利斯（Phagroriopolis）	谢赫哈那依迪克（Shekh Hanáydik，存疑）
	（06）阿拉伯	法库萨（Phacusa）	泰尔法克斯（Tel Fakkoos）
	（07）赛斯罗依特斯（Sethroïtes）	赛斯卢姆（Sethrum）或小赫拉克里奥波利斯（Heracleopolis Parva）	泰尔沙雷格（Tel Shareég，存疑）

●接上表

第一奥古斯都和第二奥古斯都	（08）坦尼特（Tanites）	坦尼斯（Tanis）	桑（San）
	（09）法尔拜希特斯（Pharbæthites）	法尔拜苏斯（Pharbæthus）	哈尔拜特（Harbayt 或 Heurbayt）
	（10）里昂托波利特斯（Leontopolites）	里昂托波利斯（Leontopolis）	坦博尔（Tanbool，存疑）
	（11）尼乌特或努特（Neout 或 Neut）	帕里费西斯（Panephysis）	曼扎莱（Manzaleh）
	（12）门德西乌斯（Mendesius）	门德斯（Mendes）	艾什孟（Ashmoon，存疑）
	（13）帕拉美特斯（Paramites）	帕拉梅斯（Paramis）	—
	（14）布西里特斯（Busirites）	布西里斯（Busiris）	阿布瑟尔（Abooseer，存疑）
	（15）赛本尼图斯	赛本尼图斯（Sebennytus）	赛门胡德（Semenhood）
第二埃及（Ægyptus Secunda）	（16）奥伊西斯（Auysis）	奥尼西斯或伊瑟乌姆（Anysis 或 Iseum）	贝巴特（Bebayt）
	（17）小赛本尼特	帕克那姆尼斯（Pachnamunis）	—
	（18）埃勒阿奇亚（Elearchia）	—	—
	（19）那索岛（The Isle of Natho）	那索（Natho）	萨赫拉格特（Sahragt）
	（20）肖伊特斯（Xöites）	肖伊斯	萨克哈（Sakha）
	（21）奥努菲特斯（Onuphites）	奥努菲斯（Onuphis）	巴奴卜（Bannob，存疑）

●接上表

第一埃及（Ægyptus Prima）	（22）尼特里特斯（Nitrites）或尼特里奥提斯（Nitriotes）	尼特里亚（Nitria）	扎奇克（Zakeek，存疑）
	（23）普罗索皮特斯（Prosopites）	普罗索匹斯或尼求（Prosopis 或 Niciu）	梅努夫（Mennof，存疑）或伊布沙德（Ibshádeh，存疑）
	（24）普特姆皮特斯（Phthemphites）	塔瓦（Tava）	舒尼（Shooni，存疑）
	（25）赛特斯（Saites）	赛斯或沙（Saïs 或 Ssa）	萨–厄哈加尔（Sa-el Hágar）
	（26）普特里奥特斯（Phtheneotes）	布托斯（Butos）	—
	（27）卡巴希特斯（Cabasites）	卡巴萨（Cabasa）	科姆沙巴斯（Kom Shabas）
	（28）瑙克拉提特斯（Naucratites）	瑙克拉提斯（Naucratis）	—
	（29）梅特利特斯（Metelites）	梅特利斯（Metelis）	富阿（Fooah）
	（30）亚历山德里诺鲁姆（Alexandrinorum）	亚历山大（Alexandria）或拉克提斯（Racotis）	伊斯坎代利赫（Iskenderëëh）
	（31）赫尔莫波利特斯（Hermopolites）	小赫尔莫波利斯（Hermopolis Parva）	达曼胡尔（Damnhoor）
	（32）梅尼莱特斯（Menelaïtes）	梅尼莱斯（Menelaïs）	—

●接上表

第一埃及 （Ægyptus Prima）	（33）莱托波利特斯 （Letopolites）	莱托波利斯 （Letopolis） 或拉脱奈 （Latonæ Civitas）	威悉姆 （Weseem，存疑）
	（34）（利比亚的）马里阿 （Marea）	马里阿 （Marea）	埃尔海特 （El Hayt）
	（35）哈摩尼亚库斯 （Hammoniacus）	哈摩尼斯 （Hammonis）	悉瓦 （Seewah 或 Siwah）

笔者的《埃及和底比斯》第1卷第399页到第455页还给出了尼罗河所有分支地图及尼罗河三角洲的所有城市的介绍，有需要的读者请自行查阅。

表 B：（北起）上埃及（底比斯和哈普坦密斯）诺姆表

行省名	（序号）诺姆名	主城名	19 世纪的地名
哈普坦密斯	（01）孟菲特斯 （Menmphites）	孟菲斯 （Memphis）	密特拉亨尼 （Mitrahenny）
	（02）阿芙洛狄忒波利特斯 （Aphroditopolites）	阿芙洛狄忒波利斯 （Aphroditopolis）	阿忒夫赫 （Atfëëh）
	（03）阿尔西诺特斯 （Arsinoites）	鳄城（Crocodilipolis） 或阿尔西诺（Arsinoe）	米底奈特艾菲奥姆 （Medeénet el Fyóom）
	（04）赫拉克里奥波利特斯 （Heracleopolites）	赫拉克里奥波利斯 （Heracleopolis）	阿赫纳什艾美迪奈赫 （Ahnas el Medineh）
	（05）奥克西里奇特斯 （Oxyrhinchites）	奥克西林楚斯 （Oxyrhinchus）	阿那谢赫 （Anásieh）

●接上表

哈普坦密斯	（06）奇诺波利特斯（Cynopolites）	基诺波利斯（Cynopolis）	贝赫内沙（Béhnesa）
	（07）赫尔莫波利特斯（Hermopolites）	大赫尔莫波利斯（Hermopolis Magna）	艾凯斯（El Kays）
	（08）安提诺特斯（Antinoïtes，包括两片绿洲）	安提诺厄（Antinoë）	奥斯莫纳伊恩（Oshmoonáyn）或谢赫阿巴德（Shekh Abádeh）或以西奈（Insiné）
（下）底比斯	（09）吕高波利特斯（Lycopolites）	吕高波利斯（Lycopolis）	西乌特（Sioót）
	（10）西普斯里特斯（Hypselites）	西普斯里斯（Hypselis）	肖德卜（Shodb）
	（11）安泰奥波利特斯（Antæopolites）	安泰奥波利斯（Antæopolis）	戈（Gow）或寇艾凯庇尔（Kow el Kebeér）
	（12）阿芙洛狄忒波利特斯（Aphroditopolites）	阿芙洛狄忒波利斯	伊特福（Itfoo）
	（13）潘诺波利特斯（Panopolites）	潘诺波利斯（Panopolis）	埃克米姆（Ekhmim）或阿克米姆Akhmeem）
	（14）提尼特（Thinites）	靠近阿比多斯，后来被称为“托勒密–赫尔米”（Ptolemais-Hermii）	比尔贝（Birbeh，存疑）或艾比尔贝（El Beerbeh，存疑）

●接上表

<table>
<tr><td rowspan="9">(上)底比斯</td><td>(15)迪奥斯波利特斯
(Diospolites)</td><td>小迪奥斯波利斯
(Diospolis Parva)</td><td>豪
(How)</td></tr>
<tr><td>(16)腾提里特斯
(Tentyrites)</td><td>腾提里斯
(Tentyris)
或腾提那
(Tentyra)</td><td>登德拉
(Denderah)</td></tr>
<tr><td>(17)科普提斯
(Coptietes)</td><td>科普特
(Coptos)</td><td>科富特(Koft)
或科布特
(Kebt)</td></tr>
<tr><td>(18)忒拜卢姆
(Thebarum)</td><td>底比斯</td><td>卡尔纳克(Karnak)和
卢克索(Luxor)</td></tr>
<tr><td>(19)帕提里特斯
(Pathyrites)</td><td>(底比斯西部属于利比亚的部分)</td><td>寇尔纳
(Koorna)</td></tr>
<tr><td>(20)赫尔蒙提特斯
(Hermonthites)</td><td>赫尔蒙提斯
(Hermonthis)</td><td>厄尔门
(Ermént)</td></tr>
<tr><td>(21)拉脱波利特斯
(Latopolites)</td><td>拉脱波利斯
(Latopolis)</td><td>埃纳
(Esné)</td></tr>
<tr><td>(22)阿波罗诺波利特斯
(Apollinopolites)</td><td>大阿波罗诺波利斯
(Apollinopolis Magna)</td><td>埃富
(Edfoo)</td></tr>
<tr><td>(23)奥姆比特斯
(Ombites)</td><td>奥姆博斯
(Ombos)</td><td>科姆-奥姆波
(Kôm-Ombo)</td></tr>
</table>

希罗多德认为，这是因为埃及人是“不可一日无君”的民族，他们选出了12个享有同等权力的人①，大家通过彼此联姻建立联系，并且做出“促进共同利益，绝不恣意妄为”的承诺。这

① 12 个诺姆可能只是埃及最主要的行政区（尼罗河三角洲地带），而不是整个埃及一共只有 12 个诺姆——在这个数据方面，斯特拉波认为有 10 个诺姆，而托勒密认为有 24 个诺姆，后来，人们认为包括阿蒙绿洲在内，埃及共有 35 个诺姆。老普林尼称全埃及有 16 个部落在迷宫（Labyrinth）里开会；斯特拉波认为，诺姆的数量与迷宫建造时规划的房间数量相符。——G.W.

么做大概是为了对抗一道神谕，神谕预言12人中将有一人用铜器在火神庙献祭，然后成为埃及的唯一统治者。12人多年来关系良好，彼此绝对信任，但意外还是发生了：有一次大家要在节日里在武尔坎神庙献祭。节日到了最后一天，大祭司呈上仪式所需的金杯，但他搞错了数量，只带了11个。排名最后的普撒美提科斯没有分到金杯，只能用自己的铜头盔代替。这本来是很偶然的事情，但大家看着普撒美提科斯的动作，联想到古老的神谕，就觉得他必然有什么目的。经过一番检查，大家发现普撒美提科斯[①]此举确实不是出于故意，便决定不杀他，但剥夺了他的权力，将其限制在埃及低地，禁止他随意离开或与外界建立联系。

普撒美提科斯被废黜，大权由十二人掌握变成由十一人掌握，这样的日子持续了一段时间，但被夺权的那个人怎会甘心自己的遭遇！他感到强烈的不满，决心报复，为此派人去询问当时埃及可信度最高的布托斯（Butos）的拉脱那（Latona）神谕，得到“大海应该通过制造铜人来为他的事业报仇”（the sea should avenge his cause by producing brazen men）作为回应。普撒美提科斯认为这样的话没有什么意义，但几天后事情有了变化：一些爱奥尼亚人和加利亚人（Carian）海盗因恶劣海况不得不在埃及登陆，人们看到他们穿上了铜盔甲[②]，并且大肆抢劫。大家没见过这种武装，就把这些盗匪称为“铜人”。知道内情的人大感震惊，赶快把消息告诉普撒

① 此处用的是“Psammatichus”，这是希罗多德的写法，有的人写作“Psamatik”或“Psammatichus”。——原注

② 根据亚述人的楔形文字写成的编年史，这些盗匪其实是吉格斯（Gyges）派来的军队，与普撒美提科斯联合之后，将亚述人赶出了埃及。——S.B.

美提科斯[1]。普撒美提科斯觉得神谕应验了，于是找到海盗，并且和他们结盟，许以利益。这些海盗和普撒美提科斯的党羽联合起来，战胜了另外11个长官，帮助他成了统一埃及的共主。

在还是希罗多德所谓的“十二法老共治埃及时期”，十二人合力在鳄城建造了著名的迷宫，后来被称为“阿尔西诺”。但毕竟我们在前文中已经把“莫埃里斯建造迷宫说”发展得比较完善，在这里也就只能说普撒美提科斯应该是完成了前人开始的建造工作。根据希罗多德的记载，为了感谢“海中的铜人”帮助自己登基，普撒美提科斯把尼罗河两岸被称为“营地”（camp）的土地许给他们，还将一些埃及儿童托付给他们照顾，让这些小孩跟着他们学希腊语，据说即便到19世纪，埃及本土的口译员也是这些孩子的后代。“铜人”们居住在海边，在距离布巴斯提斯不远的尼罗河分支流域；他们生活了很长时间，直到阿玛西斯希望用他们对付埃及人，把他们驱赶到孟菲斯。“铜人”算是埃及人接受的首批外国人[2]，希罗多德甚至坚持认为，即使在他那个时候仍能看到当年“铜人”生活和使用过的各种房屋、船坞等遗迹。

根据狄奥多罗斯记载，埃塞俄比亚人的统治结束以后，埃及在整整两年的时间里都处于无政府状态。对当时埃及的实权人物来说，民意似乎表达出应该掌权并且恢复国家秩序的愿望。鉴于此，12个最有声望的人被推选出来，每人统治一个行省，共同分

---

① 埃及人看到铜盔甲时觉得很诧异，这似乎暗示着他们自己使用的是铁盔甲——这是希罗多德的意见，我们能信吗？根据希罗多德的记载，普撒美提科斯自己也使用青铜头盔。——原注

② 这不正确，因为马克叙埃斯人（写作“Mashuasha”或“Maxyes”）、撒丁人（写作“Shairetana”或“Sardinian”）和卡哈卡人（Kahaka）在拉美西斯三世时期已经在埃及定居了。——S.B.

享作为法老的权力，在自己管辖的行省更是掌握最高权力。12位统治者尽管相对而言彼此独立，但还是存在联络与协调，并且相互宣誓忠诚——这种稳健的和谐关系维持了15年。

普撒美提科斯的势力范围逐渐扩展到地中海区域，这让形势发生了改变。他管辖的行省境内有海港。他利用这个机会，与腓尼基人和希腊人建立了贸易往来，赚了很多钱。另外十一人嫉妒普撒美提科斯，决心阻止他，最终褫夺他的权位。为此，这十一人决定联合攻击他，但他提前知道了消息，便派人到阿拉伯、加利亚和爱奥尼亚等地求援，使用雇佣军和本土组建的部队，在莫门斐斯（Momemphis）一举击溃了对手，敌酋逃到利比亚避难，普撒美提科斯重新统一了埃及。相比之下，狄奥多罗斯的记载比希罗多德的记载更合理。狄奥多罗斯并非不了解希罗多德的记载，但他经过准确判断，没有采用。事实上，不可能有大量希腊人在完全偶然的状况下到达埃及。不过，对于当时的埃及来讲，一群海盗被逆风吹到埃及沿海登陆虽然合理，但不仅让埃及这种大国瘫痪，甚至帮助普撒美提科斯战胜了另外11个统治者的联军，这才令人感到震惊。

曼涅托给出的法老世系表中没有详述这12位共治君主的详情，如果不是古代雕像中确实透露出一些蛛丝马迹，19世纪的现代学者甚至会倾向于怀疑希罗多德和狄奥多罗斯的记载都是失实的。

普撒美提科斯是尼科的儿子，希罗多德称他是被萨巴科处死的，但没理由认为他是12位共治君主之一。如果普撒美提科斯真的统治上埃及和下埃及，他可能就是在共治时代之前掌权的埃及法老。

由赛斯王族组成的第二十六王朝			
古代学者文献中的姓名	古代纪念碑上姓名的铭文	大事	登基时间
Stephinathis（斯特非那西斯）、Nechepsus（内科瑟普苏斯）和 Nechao I（尼科一世）	—	12 位共治法老中的三位	—
Psammatichus（普撒美提库斯）或Psammitichus(普撒美提科斯）	Psamatik I[1]	公元前 610 年，约书亚败亡	公元前 664 年
Nechao II（尼科二世）	Neco	公元前 606 年被尼布甲尼撒打败。佛罗伦萨博物馆有一块石表，上面第三个人名是尼科二世，第三十五个人名是阿玛西斯（Amasis），时间跨度为 71 年	公元前 610 年
Psammitichus（普撒美提科斯）或 Psammutis（普撒穆提斯）或 Psammis（普撒米斯）	Psamatik II	公元前 599 年，约雅敬（Jehoiakim）被俘	公元前 600 年
Vaphres （瓦弗里斯）或 Apries（阿普利斯）	Psamatik III	也被称为法老何弗拉（Hophra）或合弗拉，此处的“瓦弗里斯或阿普利斯”可能并不对应铭文中的“Psamatik III”（一般被称为“普桑提克三世”）	公元前 596 年

① 根据马利埃特（Mariette）在阿匹斯墓中发现的石碑，证明特哈加之后，王位直接由普撒美提库斯一世继承。——G.W.

●接上表

Amasis（阿玛西斯）或 Amosis（阿莫西斯）	Ames-Neit-se	公元前538年，居鲁士大帝攻陷巴比伦。古代纪念碑上刻着他在位第44周年的日期	公元前571年
Psammicherites（普撒米尼克瑞特斯）或 Psammenitus（普撒美尼托斯）	—	—	公元前525年

第二十六王朝纪念碑上的年份信息	
（序号）纪念碑上的法老姓名	在位年数
（01）Psametik I	52
（02）Nekau II	8
（03）Psametik II	16
（04）Uah-ab-ra	19
（05）Aahmes II	45
（06）Psametik III	1
共计6人	共计141年（S.B.）

统一全埃及以后，普撒美提科斯就把注意力转移到国家内部管理上，同时着手压制因不久前的内战而掀起的党派之争。不管是普通国民还是祭司群体，普撒美提科斯都要吸引他们支持自己，于是在上埃及和下埃及的各主要城市建设了很多辉煌灿烂的纪念碑，将原有的宗教建筑也加以装修与美化。普撒美提科斯把底比斯的阿蒙大神庙（如今被称为“卡尔纳克神庙”）进行了大量扩建，修建了孟菲斯普塔神庙的南侧前庭，在对面又为阿匹斯神建造了一幢宏伟壮观的建筑，阿匹斯神牛就被供养在里面，接受公众的

参拜。建筑物墙体上有各种各样丰富的浮雕装饰，屋顶是由4个巨型雕像作为柱子支撑的，把法老本人作为奥西里斯神的形象塑造，高12肘，两手都拿着奥西里斯的标志。为便于公众对这座建筑形成一定程度的了解，笔者曾专门做过一个内部透视图。

但统一埃及不仅用了本土军队，还严重依赖外国雇佣兵，这导致本土军队对当时更加受宠的外国武装产生了强烈的不满。这种不满本来处于秘密状态中，本土军队还是忠心耿耿地听命了很多年，但愤怒的情绪最终还是爆发了——毕竟以带强烈偏见的眼光来看，这些帮助普撒美提科斯上台的外国人都是不纯的低等民族，对于本土军队来说真是一种莫大的羞辱。与安抚百姓或祭司相比，安抚军队需要更复杂的策略。普撒美提科斯完全忽略了，在这种情况下本应该采取必要的预防措施，估计他要么没有注意到本土军队日益增长的不满，要么就是将其忽略了。普撒美提科斯不仅犯了过分抬高外国军队贬低本土军队的错误，还延长本土军队在边境城市马里阿、达夫尼和阿斯旺象岛等地的驻扎时间，让本土军队一度驻扎3年得不到换防，甚至剥夺了本土军队在叙利亚的一些荣誉职位。希腊军人被安排在军阵的右翼，埃及本土军人则被安排在左翼。本土军人的愤怒上升到极点，于是兵变发生了，共有24万名埃及军人离开军营去了埃塞俄比亚。普撒美提科斯一边劝军人们，一边跟踪他们到阿斯旺象岛①。他身边带着希腊支援部队和一些本土最忠实的支持者，下令尽可能把出

① 根据狄奥多罗斯记载，普撒美提科斯首先派人去找这些军人，然后走水路一路跟踪到边境。陪同国王的人在阿波辛贝尔（Aboosimbel）留下的碑文证实了这一点，确定普撒美提科斯国王最远跟到了阿斯旺象岛。——原注

逃的军队都带回来。出逃的埃及军队到埃塞俄比亚的阿波契斯[①]（Aboccis）时被法老的使者赶上，但不论这些使者如何劝说军人们不要抛弃自己民族的神或妻子与家庭，结果都没用，甚至他们还被反讽说，作为军人无论到哪里，只要还是男人，手上还拿着武器，总是可以得到妻子和孩子。

于是，这些出逃的埃及军队进入上埃塞俄比亚，被该国统治者收入自己的帐下，得到了该国边境上很大一片土地。埃塞俄比亚国王还命令埃及军队驱逐当时反抗自己的一个部落。总之，这次出逃相当于一次迁徙，为埃塞俄比亚引入了先进民族的艺术和礼仪，对埃塞俄比亚本土文明产生了显著的影响。

出逃的埃及军队最后在哪里驻扎？19世纪时暂且没有得到答案。希罗多德认为他们还是驻扎在尼罗河畔，当地和梅罗之间的距离和梅罗到阿斯旺象岛之间的距离差不多，都是50天[②]的路程，并补充说这些“Automoli”（逃兵）一般都被称为“Asmach”，转写成英语就是“站在法老的左手边”（standing on the left hand of the king）。

斯特拉波说：“他们（逃兵）在梅罗附近定居，那里后来由他们的女王管理。他们被称为‘Sebritse’，意思是‘陌生人’[③]。”

但老普林尼基于亚里士多德的文献，计算出从梅罗到埃萨尔[④]（Esar）是17天路程——埃萨尔是埃及叛逃的军队建设的一个城

① 笔者认为应该位于阿波辛贝尔附近，埃及军队大概是出逃到这个位置才被埃及国王的使者追上的。——原注

② 结论不太可靠。——原注

③ 即外来民族。——译者注

④ 斯特拉波称为“特尼西斯”（Tenesis）。——原注

市，据说他们在这里生活了300年之久。我们还可以从不同历史文献中的不同名称窥见一些端倪。

老普林尼说：“埃萨尔（Esar）被称为‘Bion Sapen’，意思是‘陌生人’（stranger）。”与埃萨尔相邻地区的地名写作“Symbari”“Sembritæ”“Sambri”或“Sembolitis”，这些写法让人联想到斯特拉波笔下的瑟布利特（Sebrites），而古埃及语中的“shemmo”（陌生人）和“beri”（新的）是比较相似的。“Esar”这个词被转写到阿拉伯语中意思是“左手”，和“shemal”同义。这一点参见希罗多德的“*ἄσμαχ*”这个词语的用法，“*χ*”这个字母被意外改成了和自己含义很像的“*λ*”。比较有可能的一个结论是，“站在法老的左手边”的人数可能达到了24万。能“站在法老的左手边”的人其实一般都是国中主要人物和王子，它获得了全新的意义，成为纪念被普撒美提科斯侮辱的士兵的一个词[①]。今天阿拉伯语中的“shemal”，其实也算对这个称呼的一种保存。

普撒美提科斯一共在位54年，他用29年时间围攻叙利亚一座叫阿佐图斯[②]（Azotus）的大城。狄奥多罗斯认为普撒美提科斯的军队是在埃及对叙利亚战争时发动叛乱的，所以应该发生在围攻阿佐图斯之前。

普撒美提科斯在位期间，他甚至下令进行一次“无用”的学术实验，目的是寻找世界上最古老的民族及其语言。根据希罗多德记载，埃及人此前认为自己是世界上最古老的民族，经过调

---

① 这些逃兵被称为“陌生人”“来自左边的人”，也可能被称为“来自北边的人”——在当时人的观念中，东方是世界的正面，西方是世界的背面，普鲁塔克称世界的右边是北方。——原注

② 如今被称为“埃佐德”（Ezdod 或 Eshdóod）。阿佐图斯（Azotus 或 Ashdod）位于加沙和乔帕（Joppa）之间的沿海地区。——原注

查发现，自己比很多民族古老，但弗里几亚人（Phrygians）的历史比自己更古老。试验方法是普撒美提科斯提出的。有两个新生儿，父母都很贫穷。一个牧羊人得到指令带走并且抚养两个新生儿，必须尤其注意不得在他们旁边说话。新生儿被安排在一个封闭的小屋里，在合适的时候喂给山羊奶，给予其他照顾，直到他们说出第一个单词为止。两年后的某天，牧羊人循例走进小屋，两个孩子同时向他伸出手臂，以乞求的语气说出了“becos”[①]这个单词。牧羊人起初不以为然，但两个孩子不停地说，他就觉得有必要禀报法老了。法老命令把孩子带来，普撒美提科斯想知道“becos”是哪个民族的单词，发现是弗里几亚人形容面包的单词。于是，经过深思熟虑后，埃及人得出结论，弗里几亚人比自己的历史更古老。在孟菲斯，笔者也听武尔坎神祭司讲过的故事。但希腊人在记载故事的时候有所修饰，他们认为法老用被割掉舌头的妇女来照顾孩子。

普撒美提科斯始终注重与希腊人直接交往，维持与希腊人、迦太基人的贸易往来，欢迎外国人，吸引大量外国人在下埃及定居。希腊人通过这种平凡的交流，开始了解以前不为自己所知的文明的历史。之后的埃及法老也遵守这种自由政策，其中以波斯人入侵前后的阿玛西斯和涅克塔尼贝斯为重要代表。

---

① 也写作“Bec”。在希腊语中，“os”是表示终止的部分。拉尔彻（Larcher）提出了一个巧妙的假设，认为这其实是在模仿山羊叫。——原注［“βέκος”被认为与德语中的“backen”和我们英语中的“back”有联系。不过拉森（Lassen）对此有所怀疑，他认为这应该是从梵文词根“pac”中形成的，慢慢地发展为希腊语中的“πέπ-ω”，拉丁语中的“coq-uo”、德语中的“coch-en”、英语中的“cook”和塞尔维亚语中的“pec-en”等，具体请参见拉森的《莱西古铭文和小亚细亚古语言研究》（*Ueber die Lykischen Inschriften, und die Alten Sprachen Kleinasiens*）第369页。这两种假设都有可能是真的。还可以参见《论西亚各国的民族亲缘关系》（*On the Ethnic Affinities of the Nations of Western Asia*）第1卷的相关内容。——G.W.］

也是在这个时期，斯基泰人征服了整个亚细亚，准备入侵埃及，他们首先把西米里亚人（Cimmerians）赶出了欧洲，接着在勇敢的国王马迪亚斯（Madyas）的带领下，从帕鲁斯莫埃提斯（Palus Maeotis）出发，攻占了高加索山左边的省份，并打败了围攻亚述人都城尼尼微的米底国王（Median monarch）赛亚克萨雷斯（Cyaxares）。之后，斯基泰人深入叙利亚。普撒美提科斯感到震惊，于是派人前往会见，通过讲好话、送礼物等方法，让斯基泰人改变想法，这就避免了埃及人和这个危险的敌人发生直接冲突。

普撒美提科斯之后即位的是尼科二世。尼科二世在叙利亚战绩辉煌，不论是宗教学者，还是世俗学者，都对此大书特书。尼科二世武功卓著、重视商业，一登基便致力于重建陆军，组建强大的海军船队。他尽量避免重蹈父王覆辙，试图平等对待国内各阶层，这是很明智的。

尼科二世在地中海[①]组建了由三层划桨战船组成的船队，在红海另外组建了船队，聘请腓尼基的专业领航员和航海士，让他们驾船沿着非洲海岸进行探索。船队从阿拉伯湾出发，绕直布罗陀海峡进入北海，然后返回埃及。可以说他们是顺着海湾航行进入南面的大洋（Southern Ocean）的。秋天到来时，他们停船上岸，并在陆地上播种，一直待到收获季节，收获完粮食后[②]继续航行，这样一过就是两年，第三年驶过赫拉克勒斯石柱所在的海域，回到了埃及。根据汇报（在笔者看来是不可思议的，无论其他人相信与否），

① 这就是希罗多德笔下的“北海”（North Sea），被 19 世纪的阿拉伯人称为“白海”（White Sea）。（有些阿拉伯人称为“北海”。——G.W.）——原注

② 携带种子可能显得很奇怪；但帖木儿（Timur）在进军中国时也是这样做的，他的军队里有装满粮食种子的马车。——原注

他们看到太阳在自己的右手边——这就是埃及人对非洲最早的了解。后来，史学家参考迦太基人的资料，然后根据迦太基人的资料，讲述了在波斯人泰阿斯贝斯（Teaspes）的儿子萨塔斯贝斯（Sataspes）带领下第二次尝试环非洲大陆航行的情况——他本来要被薛西斯大帝钉死在十字架上，因为他向梅加比祖斯（Megabyzus）之子佐罗普斯（Zopyrus）的女儿施暴；但他的母亲（大流士一世的妹妹）以他去环非洲航行为条件求得了一纸赦免令。因此，萨塔斯贝斯去了埃及。他在这里雇了一艘船和一些船员，航行到赫拉克勒斯石柱所在地区，航行过程中还绕过了非洲海岸的索罗伊斯岬角[①]（promontory of Soloeis）。然后，他继续往南航行，在海上漂了几个月后返回埃及，努力向薛西斯大帝说他发现继续前进是不可能的。然而，薛西斯大帝拒绝采信，还是把他钉死在了十字架上。

上述并非当时仅有的环绕大陆航行的探险，汉诺（Hanno）领导迦太基人进行航行探险，都用布匿语记录，后来被翻译成希腊语。老普林尼表示，有一个叫“汉诺”的迦太基人从加德士出发一直航行到阿拉伯湾的尽头，环绕整个非洲大陆航行，并且把所有细节都记录下来，这是在迦太基文明最繁荣时期发生的事情。汉诺同时还在当地的沿海地区建造了若干城镇，可惜到了罗马帝国皇帝韦斯巴芗（Vespasian）在位时期，这些城镇都已经不在了。还有一个叫欧多克索斯（Eudoxus）的人，他与科尔奈利乌斯·奈波

① 写作“Soloeis”或“Soloentia”。如今亦称“利比亚岬角”（Libyan headland），有人认为是19世纪非洲被称为“坎丁”（Cantin）的岬角，位于阿特拉斯山脉的西端。——原注

斯（Cornelius Nepos）和托勒密·拉西鲁斯[①]（Ptolemy Lathyrus）是同时代的人，也完成了阿拉伯湾到加德士的环非洲大陆航行。传说，在他之前，还有其他人为了商业目的，已经进行过这样的航行了。

汉诺的环非洲大陆航行发生在尼科二世命令进行的航行之后的一段时间，因此我们认为尼科二世是首次组建非洲探险队，并且将非洲大陆的形状定为“半岛形”（peninsular form）的统治者，这比巴托罗缪·迪亚士[②]（Bartholomew Diaz）和瓦斯科·达·伽马（Vasco da Gama）及各自的地理发现早了两千多年。

希罗多德在这方面的一处记载耐人寻味，因为从这处记载似乎可以看出，这是埃及人一句句亲口跟他说的，毕竟有一点很明显，就是埃及人不可能在没有观察到自己所叙述现象的情况下就通过好望角（Cape of Good Hope）。对于当时埃及人观察到的天象，即升起时的太阳在埃及人右手边的说法，虽然希罗多德对此表示怀疑（我们应该肯定他的质疑精神及其所做的证明），但已经得到了19世纪读者的肯定。

尼科二世筹备这次环非洲大陆航行之前，已经着手恢复荒废已久的尼罗河-红海运河了。此处，如果希罗多德的记载可信，尼科二世最终半途而废了，因为神谕警告他说“干下去就是给蛮族服务”[③]——或许是吧，但希罗多德记载“12万名埃及人为

① 老普林尼说这个人是逃跑的，但与其说是逃跑，被国王派出的可能性还是更大。——原注

② 巴托罗缪·迪亚士在葡萄牙国王若昂二世（John II）在位时期（1487年）发现了好望角，但他当时没有登陆。他称好望角为“Capo Tormentoso”，因为他在当地经历了一场风暴，所谓“好望角”是后来约翰二世给更改的名字。后来，曼努埃尔一世（Emanuel I）即位，派遣瓦斯科·达·伽马出航，要求他到印度去。——原注

③ 幼发拉底河的交通状况，也可以用类似的情况估计。——原注

修建运河丧生”的说法绝对是不可信的，“尼科二世是第一个开凿运河的人”[1]就更不可信了。然而，不仅老普林尼、斯特拉波[2]和亚里士多德认为尼科二世是首个开凿运河的人，而且运河两岸城镇中有很多纪念碑也在帮助以讹传讹[3]。

尼科二世把注意力转向亚细亚，抓住亚述人实力下降的机会，决心在边境地区发动一次攻击。为此，他召集一支大军深入巴勒斯坦，沿着祖先在犹太人聚居区海岸的行军路线行进，打算围攻幼发拉底河畔的卡尔凯米什[4]（Carchemish）。国王约书亚对埃及军队通过自己的领土行军一事感到不满，决心无论如何都要出兵干涉。尼科二世[5]了解到他的想法，派使者劝约书亚不要这么做，并提出自己对犹太人没有敌意，自己的远征得到了“神”（God）的保证，并警告对方说，无谓的干预反而对自己有害。约书亚没有听，让军队在米吉多山谷（valley of Megiddo）驻扎下来，准备与埃及人交战。

米吉多是玛拿西（Manasseh）部落的一个城市，位于耶路撒冷以北40英里到50英里，距离海岸不到3小时路程，希罗多德称它为“玛格多勒斯”（Magdolus）。约书亚的兵力不多，但还是利用山谷

---

① 希罗多德和狄奥多罗斯也这么认为。——原注

② 斯特拉波记载：“古运河是特洛伊战争之前由辛努赛尔特开始修建的，也有认为是他儿子开始修建，但没建完就驾崩的；在那种情况下，是大流士一世促成了运河完工。”——原注

③ 也有人认为开始修建运河的人是拉美西斯二世。——原注

④ 在阿拉伯语中被称为“曼博格”（Mnbeg），写作“منبج”，在叙利亚语言中被称作“Mabog”。——原注

⑤ 在一些叙利亚文献和阿拉伯文献中，尼科二世被称为“瘸腿法老”（lame Pharaoh）。——原注

突然袭击埃及人，结果遭遇惨败，他本人被流矢剐伤了脖子[①]。随从把他从战场上抢救下来，犹太人的队伍早就被冲散了，随后更是被密集的箭雨淹没。随从把约书亚转移到第二辆战车上，然后送到耶路撒冷。最终，约书亚就死在这里。

尼科二世没有对犹太人的干涉进行进一步的报复，而是继续朝幼发拉底河行军。刚刚过了3个月，他就成功打败了巴比伦人，占领了卡尔凯米什，然后凯旋。尼科二世收到消息，约书亚驾崩后留有长子，但另一个儿子在父亲驾崩后马上自立为王，也就是国王约哈兹（Jehoahaz）。约哈兹的意图不明，也没有就自己登基一事请求尼科二世批准；尼科二世认为这是对自己的无视，而无视自己就意味着与自己为敌，他必须施加一些惩罚才行。尼科二世遂请约哈兹在“哈马斯地”[②]（land of Hamath）的里布拉[③]会面，当面宣布将其废黜，迫其缴纳100塔兰特银[④]、1塔兰特金[⑤]作为贡品，然后把他作为囚犯押到耶路撒冷。尼科二世在耶路撒冷立约书亚的长子以利亚敬（Eliakim）为王，继承他父亲的王位，并将他的名字改为“约雅敬”（Jehoiakim）。然后全军带着从犹太人那里搜刮的金银与被俘的国王一起返回埃及，这位犹太国王结束了自己短暂而不幸的国王生涯。

---

① 根据某些阿拉伯文献，约书亚王被尼科二世射中两箭，最终在米吉多被杀。——原注

② 如今已经改称为“哈马”（Hamah）。——原注

③ 写作“Riblah”，在叙利亚和阿拉伯文献中写作“Deblath”。在希伯来语文献中，“d”和“r”是很容易弄混的。——原注

④ 据估计，1希伯来塔兰特银购买力折合19世纪的353英镑11先令10.5便士。——原注

⑤ 据估计，1希伯来塔兰特金购买力折合19世纪的5075英镑15先令7.5便士。——原注

很多著名的埃及统治者军事征服的事迹都被雕刻在底比斯、埃及和努比亚等各地建筑物的墙上和雕像上：人们观察这些文物，发现征服者用俘虏向神献祭，他们认为军事上的征服主要归功于神的开恩与赏赐。立足19世纪展望未来，我们有理由期待找到一些关于埃及人战胜巴比伦人和犹太人情景的文物——卡尔纳克神庙大殿的象形文字中出现了“尼科”（Neco）这个名字，但这是他在底比斯的唯一记录，并且只是表明他同时统治着上埃及和下埃及。尽管在花瓶和一些小型艺术品上出现了刻有他名字的椭圆形标志，但没有任何雕像记录他的胜利或他统治时期的辉煌景象，像“犹太国王战败”这样令人感兴趣的主题，19世纪还没有发现古代纪念碑作为佐证。

尼科二世对犹太人的征服是古代学者关注的重要问题之一。希罗多德只把犹太人放在叙利亚人之中论述，说尼科二世在米吉多一举击败了他们，随后占领了巴勒斯坦的一座大城市——卡迪提斯（Cadytis）。希罗多德认为，卡迪提斯比萨尔迪斯还要小。不过，实际上这里的“卡迪提斯”指的是耶路撒冷，这一点从古代犹太人以及19世纪希伯来人和阿拉伯人对该城的称呼就可以看出——希伯来人的表述“Kadúsha”①，意思是“神圣的”（holy），这是希伯来人赞美耶路撒冷的词语。相应地，阿拉伯人会使用“El Qods”或“Cots”这样的表述，自从所罗门王建造圣殿，这样的表述就开始被使用了。

① “sh”在抄写的时候因为发音相似很容易就被写成“th”，在东方语言中也是如此，比如，在希腊语中，“t”很容易就被传成“sh”，但希腊语不存在希伯来语和阿拉伯语中“sh”这样的发音。“El Qods”一词也有“神圣”的意思。——原注

尼科二世对自己的成果感到满意，把战袍献给了自己相信的、保佑自己成功的神；希罗多德作为希腊人，自以为是地认为这个神是米利都的阿波罗（Apollo of Miletus）。①但好日子没有持续太久，因为远征结束后第四年，尼科二世就发现巴比伦人的强大已经超出了自己的想象，现在必须通过军事征服阻止对手入侵自己花大力气打下来的江山。于是，他再次攻打叙利亚，向幼发拉底河一带推进②。这次，巴比伦人做了完全的准备：尼布甲尼撒率领一支强大的军队打败了埃及军队，收复了卡尔凯米什（公元前607年），然后乘胜追击，越过巴勒斯坦夺取了从幼发拉底河到叙利亚最南端的所有属于埃及法老的领土。尼科二世无力夺回，只得谨慎地守卫疆界③。

巴比伦人占领了耶路撒冷，尼布甲尼撒有一次对犹太国王感到不满，于是就搬走了神庙中的宗教法器，把包括约雅敬在内的很多贵族青年都逮捕了，悉数押解到巴比伦。第二年，尼布甲尼撒④又派人去找约雅敬年仅8岁的小王子约雅斤（Jehoiachin），⑤立他为继位者，同时选约雅敬的兄弟西底家（Zedekiah）监国（其实就是巴比伦国王的附庸）。尼布甲尼撒还把1万人带到巴比伦，其中包括耶路撒冷的主要人物，7000名士兵、1000名铁匠和工匠，以及神庙和宫殿的宝物被带到了巴比伦。西底家成为迦勒底王国的附庸。

---

① 实际上，埃及人很蔑视希腊人的宗教观念。——原注

② 尼科二世（此处原文写作“Nechao”）在首次与巴比伦人结盟的战役中往卡尔凯米什进军，就曾遭到约书亚王的进攻。约书亚王不希望埃及军队在当地行军。——S.B.

③ 古代文献中记载此事发生在“约雅敬王在位4年之后”。——原注

④ 也有可能尼布甲尼撒之子尼布甲尼撒二世，阿拉伯人称他为“波科托努瑟”（Bokhtonusr）。——原注

⑤ 此处记载和《圣经·列王记》略有不同。——原注

不久前，尼科二世去世了，王位由普撒美提库斯二世（Psammatichus II）继承，他在希罗多德的文献中名称被写作“Psammis”。在位期间，除了远征埃塞俄比亚，以及接待埃利安人（Eleans）使团的来访[①]，他基本没有什么可圈可点的政绩。面对来访的使团，普撒美提库斯二世召开会议，选拔有智慧、有经验的大臣出席。埃利安人询问埃及人对自己的运动会规则有什么意见。在协商（consultation）过程中，埃及人询问自己是否可以派员参加，得知可以。埃利安人在这方面不会偏袒自己的同胞，各地都可以派人参加。

希罗多德这样写道：“（埃利安人）最后这么说：‘如果您真的这么看重公正，专程来埃及询问我们的意见，那不如把埃利安人排除在外，并将比赛限制在外国选手身上。’”

普撒美提库斯二世的王位被阿普利斯继承，阿普利斯有两个名称，参见前表，希罗多德和狄奥多罗斯对他都有记载，《圣经》中把他的名字写作“Pharaoh-hophra”[②]。和这位埃及法老同时代的君主恰好就是被尼布甲尼撒扶植的西底家国王，西底家认为现在到了摆脱巴比伦控制的好时候了，于是和埃及法老签约议和。但埃及此时正在与叙利亚人和昔兰尼人（Cyrenaeans）作战，所以也给不了犹太人什么帮助。事实上，虽然埃及军队通过进入朱迪亚为犹太人解除了迦勒底人对耶路撒冷的包围，但巴比伦国王于西底家在位第十一年再次占领了耶路撒冷。这次，他把这座城市夷为平地，犹太人也全部被掳走——这种形同虚设的保护令以

① 狄奥多罗斯认为是阿玛西斯接待的他们。——原注

② 即“Phrāh Hophrā”，希伯来语写作“פַּרְעֹה חָפְרַע”，而在迦勒底释义（the Chaldee paraphrase）中写作“חֲבוּרָא”。——原注

西结提出了著名的“破碎芦苇根”（broken reed）的比喻[①]。

《圣经》中还提到了很多预言，就是一旦和埃及订立协议就会遭遇灾难，也提到了犹太人对巴比伦人的反叛，埃及本身也被尼布甲尼撒威胁。但埃及在什么时候以什么方式被威胁、威胁的程度有多严重这些事都不清楚，我们只是从字面上了解这些事大概发生在尼布甲尼撒时代。这些文字可能指向阿普利斯的失败，以及阿玛西斯叛乱事件之后埃及出现的混乱景象。

阿普利斯在位初期，埃及是繁荣的，他本人被认为是“最幸运的法老之一，仅次于其祖父”。他对塞浦路斯（Cyprus）发动了一次远征，围攻并占领了加沙[②]和西顿（Sidon）。一场海战之后，埃及人打败了泰尔（Tyre）国王，成了腓尼基和巴勒斯坦的主人，从尼布甲尼撒手中夺回了大部分失地及对叙利亚的影响力。阿普利斯接下来派兵攻打昔兰尼人，但遭遇了惨败，而军队更是把失败归因于法老，认为法老就是要他们去送死（从而削弱军人阶层的力量，这样王权就能独大），所以必须让法老了解自己的态度才能保命。于是，军队拒绝承认阿普利斯的权威，这就相当于反叛了。阿普利斯愤怒不已，派出最得力的干将阿玛西斯竭尽全力平叛，尽量让军队重新效忠自己。

阿玛西斯一到叛军营地，就对叛军发表了一段讲话，请他们马上停止叛乱、尊重王室的权威，这都是在为他们的利益考虑。就在这时，一个站在他身后的埃及军人把一顶头盔戴在他头上，

---

① 《圣经·以西结书》：“这样，所有的埃及人就知道我是主。因为你不过是以色列的一根芦苇（reed）。当他们的手抓着你的时候，你就折断（break），刺伤了他们的手；当他们倚靠你的时候，你就折断，闪了他们的腰。”——原注

② 出自《圣经·耶利米书》（*Jeremiah*）的预言。——原注

这是尊他为法老的意思。阿玛西斯没料到会发生这样的事情，但他欣然接受，因为他意识到已经引不到“恢复对阿普利斯的忠心”这个话题上去了，就算他要牺牲自己也做不到了，所以还不如顺应军心、自立为王。

阿普利斯很快收到了消息，于是他派宫中最能干的大臣帕塔贝米斯（Patarbemis）去“活捉阿玛西斯”，帕塔贝米斯一到现场就被阿玛西斯抓住。阿玛西斯让帕塔贝米斯带回不敬的信息，说不用法老这么麻烦来请自己，他自己很快就会去见法老。帕塔贝米斯知道对方心中所想，也的确见到对方正在备战，于是就溜回宫中给阿普利斯报信，却被割掉了耳鼻。帕塔贝米斯很有声望，居然受到这样的侮辱，阿普利斯仅剩的支持者目睹这一切，也不愿意继续支持他了。眼看自己众叛亲离，已经几乎得不到埃及同胞支持，阿普利斯便召集包括3万名爱奥尼亚人和加利亚人（当然，还有少数仍然忠于自己的埃及人）在内的外援准备背水一战。双方在莫门斐斯短兵相接，阿普利斯及其军队因为寡不敌众而战败，本人被活捉，被幽禁在自己还是法老时居住的深宫之中。

阿玛西斯的表现让人觉得，他能够配得上自己的成功与好运气。阿玛西斯仁慈地对待阿普利斯，尽力保全他的生命，这和埃及人的陈述、想法背道而驰。埃及人施压，要求阿玛西斯交出阿普利斯，阿玛西斯没有屈服，直到他们表现出“这是在和敌人示好，对我们不公平”的态度。阿玛西斯无法反驳这一点，只得不情愿地交出阿普利斯，任由他们将其勒死以解心头之恨。阿普利斯已死，被葬在密涅瓦神庙墙内靠近主建筑、祖先世代享用的陵中，所有赛斯法老都长眠于此，包括后来阿玛西斯本人，不过，阿玛西斯之陵所在的位置，比起阿普利斯及更早的法老，距离更远。

这就是希罗多德著作中阿普利斯生命的悲惨结局，而他在自己的荣耀（glory）达到顶峰的时候，认为神也没有能力让自己跌下王座，更不可能动摇自己政权的稳定性。阿普利斯表现出的傲慢也载于《圣经·以西结书》：

“第十年十月十二日，耶和华晓谕我，人子啊，你要向埃及法老预言，他和整个埃及会遭到攻击，说：

‘主耶和华如此说：埃及法老啊，我与你这条卧在自己河中的大鱼[①]为敌。你曾说：这河是我的，是我为自己造的。’”

《圣经·耶利米书》相应地做出了精准的预言：

“耶和华如此说：‘我必将埃及法老合弗拉交在他的仇敌和想要其命的人手中……’”

19世纪时的研究者对埃及古代史了解不足，所以不知道《圣经》的这些预言最后都是以何种形式实现的。不管是阿蒙-诺[②]（Amun-No）、底比斯还是埃及，或者是它们的神及法老都会被惩

① 作者在此处引用了《圣经·以西结书》的原文。有趣的是，本章的“大鱼”的英语原文其实是“dragon”，即“龙”的意思，这种龙是西方神话中的邪恶魔兽，与带来风调雨顺、象征吉祥和皇权的中国龙有区别。因为这种区别，近年来有学者提出用根据汉语拼音变形来的单词“loong”替代“dragon”，成为专门指称中国龙的新单词。——译者注

② 希伯来版本中写作“Amun of No（Nay）”，在叙利亚版本中写作“Amun of the waters”，在迦勒底释义中则写作“Alexandria”，尽管亚历山大城当时尚未建立。——原注

罚，法老与一切信任他的人“像我将犹大王西底家交在他的仇敌和寻索其命的巴比伦王尼布甲尼撒手中一样”，埃及将落入北方人的手中，而《圣经·以西结书》第二十九章中上帝的谴责读起来显得更加严厉。神（Deity，即上帝）这样表达自己的意见：

“埃及变得荒芜。这样，他们就知道我是主。你（法老）曾说：尼罗河是属于我的，是我亲手造的。因此，我要攻击你和你的河，使埃及从色弗尼塔[①]到古实[②]的边界[③]全部荒废。既没有人，也没有兽的踪迹。接下来四十年，埃及将无人居住。我要使埃及成为全世界最荒凉的地方；接下来四十年，埃及的城镇将比任何废弃的城镇更凄凉。我要使埃及人沦为难民，逃往各国，住在外国人中间。……上帝这样说：‘四十年之后，我要把分散的埃及人从各国聚集起来，我要转变埃及的国运，使他们重归本土巴忒罗[④]（Pathros），埃及成为一个弱小的国家，是世界上最弱小的王国；它绝不能再统治别的国家。我要使它沦为毫无地位的小

---

① 在《圣经》和阿拉伯文献中写作“from Migdol and Syene（סְוֵנֵה）to the borders of Ethiopia”（从米格多勒和色弗尼直到古实边境）。色弗尼（锡尼）塔同样位于埃塞俄比亚边境，所以这句话如果有意义，应该理解为“从锡尼的塔”（from the towers of Syene）或“从米格多勒到锡尼”（from Migdol to Syene），而“锡尼位于古实边境”。“Migdol”在希伯来语中就是“塔”（tower）的意思。——原注

② “Syene”，即“锡尼”，“古实”是“Ethiopia”，即“埃塞俄比亚”。——译者注

③ 锡尼、阿斯旺象岛和腓莱在当时仍然是埃及边境的城镇。即便在罗马人掌权的时期也是如此，尽管法老只能统治埃及，而罗马人控制的地盘比埃及法老控制的地盘大得多。——原注

④ “Pathros”也写作“Pathures”，《圣经》中的“Φαθωρης”转写成英语是“Paathyris”，意思是“属于阿托”（belonging to Athor）或“阿芙洛狄忒”（Aphrodite）。也有可能是指“Aphroditopolis”“Athribis”或“Atarbechis”，但我们更有理由相信它是指“Pathyris”，或底比斯西部地区，当地后来独立出一个地区，以阿芙洛狄忒女神的名字命名。——原注

国，不能任意统治别的国家。埃及一定不必再作为以色列的家人的倚靠……’”

《圣经·以西结书》第三十章中接着说：“主晓谕我说：人子啊！你要说预言：‘主耶和华这样说：你们要哀号：那一天有祸了！主采取行动的日子来临了；那是乌云密布、列国受惩罚的日子。埃及将遭遇战乱。埃及人横尸全境，全国被洗劫，被夷为平地。古实人、弗人、路德人[①]、杂族的人民（mixed multitude）、古巴人[②]，以及同盟之地的人，都要与埃及人一同倒在刀下。主宣告说：凡帮助埃及的，都要倾覆；埃及的傲气必受挫败，从米格多勒到色弗尼的居民，都要丧身刀下。埃及要变成荒地中的荒地，城要变为废墟中的废墟。我在埃及点火，凡帮助埃及的都要遭受毁灭。那时，他们就知道我是主。到了那日，我要差派使者乘船出去，威吓安逸的古实人，使他们在埃及遭难的日子惊慌失措。看，这日子快到了。’我要通过巴比伦王尼布甲尼撒消灭埃及人[③]（hordes）。他和追随他的人，是万民中最凶狠的。我要差他们去毁灭埃及，举刀杀戮，让埃及人伤亡遍野。我要使尼罗河干涸，把土地卖给恶人，并且要通过外人的手使土地和土地上的一切尽皆荒废，这是主对我说的。主这样说：‘我要摧毁在挪弗[④]

---

① 在希伯来语文献中写作“Cush，Phut and Lud”，即“古实人、弗人和路德人（即‘Lydia’，吕底亚人。——译者注）”。——原注

② 原文为“Chub”，并非指美洲的古巴，有人认为“Chub”应被翻译为“吕彼亚”，有人将其音译为“故普人”，有人认为其可能是托勒密笔下的“Cubii”，这是一个住在毛累提斯（Mareotis）的民族。——译者注

③ 希伯来语写作“עֵרֶב”。在《出埃及记》中，这个词被用来指和摩西在一起的“杂族人”。——原注

④ 即孟菲斯（Memphis）。在埃及文献中，“Noph”写作“Memfi”“Mefi”“Menfi”

（Noph）的偶像和假神。再没有统治埃及的人；我要使埃及人惊慌失措。我必使巴忒罗荒凉，必在琐安①点火，向挪②施行审判。把我的震怒倾倒在训③（Sin）这个埃及的坚固据点上，并消灭挪的民众。亚文④（Aven）和比伯实⑤（Pibeseth）的少年必倒在刀下。这些城的人们必被掳掠。我在答比匿⑥（Tehaphnehes）折断埃及之轭（yoke of Egypt），消灭它夸耀的精锐部队时，黑暗要遮盖答比匿。密云要笼罩埃及，其中的女子必被掳掠。我必这样惩罚埃及人；这样，他们就知道我是主。’十一年正月初七日，主晓谕我说：‘人子啊，我打断了埃及法老的手臂，没有人替他包扎，也没有绷带缠裹，以致他无力拿刀。主这么说：看哪，我跟埃及王法老为敌；我必将他有力的膀臂，和已打折的膀臂全部打断，使刀从他手中坠落。我要把埃及人分散到列国，散布到各地。’……”

“Menbe”“Moph”“Men-nofri”或“Ma-nofri”，意思是“善地”（place of good）。“Noph”还可以写作“Pthah-ēī”，即“普塔居所”（abode of Pthah）。阿拉伯人称“Noph”为“Ma-nouf”或“Menouf”。“Noph”根据象形文字转写过来写作“Men-nofri”，后面跟的就是金字塔的图案。——原注

① 即“Zoan”，指坦尼斯（Tanis）。——原注

② 指“No”，即“诺”，或“诺-阿蒙”（No-Amun），即底比斯。“No”还可以写作“Na-Amun”或“Amun-na”，在埃及文献中写作“Amun-êī”，在《圣经》中写作“ἐν Διοσπόλει”。——原注

③ 古城名。它在《圣经》中写作“Σάϊς”，而从希伯来语文本转写成拉丁语则为“培琉喜阿姆”（Pelusium），在阿拉伯文献中写作“San”，而在希伯来语和塔古姆（Targum）文本中写作“Sin”。培琉喜阿姆是埃及东北部边界的堡垒，如今被称为“蒂内”（Tineh）。——原注

④ 也写作“Aon”、“On”（《圣经·创世记》）、“赫利奥波利斯”（Heliopolis）或“און”。——原注

⑤ 也写作“Pa-bast”或“布巴斯提斯”（Bubastis）。——原注

⑥ 《圣经》中写作“ἐν Ταφναις”，被希罗多德称为“Δάφνῃσι τῇσι Πηλουσίῃσι”。答比匿距离培琉喜阿姆不远，其海拔比培琉喜阿姆低，却比尼罗河在当地的支流高。——原注

对于上述预言，笔者将竭力用手边的资料说明它们是怎么应验的，同时讨论为什么希罗多德对尼布甲尼撒入侵一事缄口不言。

阿普利斯之死的论述主要参考希罗多德的作品，这部作品的参考资料来自埃及祭司对希罗多德的口授，把阿玛西斯形容成利用军队的不满让自己坐上王位的叛乱分子。但希罗多德学到的内容不包括埃及军队遭遇明显失败的内容，也不包括因为尼布甲尼撒的成功而导致埃及失去在叙利亚部分领土的内容。笔者据此认为，埃及祭司们对希罗多德是有所隐瞒的。梅加斯特尼（Megasthenes）和贝罗苏斯（Berosus）肯定，尼布甲尼撒征服了非洲的大部分地区，并在入侵埃及后抓走了许多俘虏，这些俘虏被交给指定的人负责，由这些专人负责转运到巴比伦，但被认为是在尼科二世统治时期发生的，约瑟夫斯明确指出，亚述[①]王“率领军队进入科勒叙利亚（Coele-Syria），占领该地区，然后向亚扪人（Ammonites）和摩押人（Moabites）发动战争。征服这些民族以后，他又攻占了埃及；处死原来的国王之后，他任命了另一个人取而代之”。如果这个判断是正确的，这可能就是在暗示阿普利斯是被废黜的，继任的法老就是阿玛西斯。不难想象，亚述人吞并了整个巴勒斯坦后，一听说埃及发生了内乱，马上就趁虚而入。参阅《圣经·以赛亚书》的相关内容：

“我要使埃及人手足相残，邻舍相争；城与城、国与国彼此为仇，互相攻击。我要使埃及人的计谋失效，斗志丧失。他们只

① 原文为“Assyrian”，但实际上更有可能是“Babylonian”（巴比伦）。——G.W.

得向偶像求援，向巫师、算命先生、鬼魂求助[①]。我要把埃及人交给一个暴君，一个残酷的王，使他统治他们。……”

通过比较研究很多权威学者的作品，可以得出结论，就是阿普利斯和阿玛西斯之间并非只有一次决战就分出胜负，应该持续了一段时间。很可能是阿玛西斯寻求尼布甲尼撒作为外援干预埃及内政，也可能是尼布甲尼撒主动利用埃及内乱废除阿普利斯，把阿玛西斯推上王位，让这个傀儡法老对自己纳贡称臣。《圣经》中的内容应该是准确的[②]，能反衬出埃及经此一乱受到的伤害，以及埃及人体会到的耻辱：不仅要向仇敌纳贡称臣[③]，同胞还要被抓去——这真是一场大灾难，埃及人自此失去了昔日在世界民族之林中拥有的崇高地位。

阿特纳奥斯（Athenaeus）认为，阿玛西斯的崛起是因为他在阿普利斯寿辰上为国王献上花环，国王因此而宠信他。狄奥多罗斯对此事的记载似乎更可信，即是阿玛西斯的地位本来就很重要，他是埃及当时很重要的将领，阿普利斯[④]甚至把女儿嫁给他，这都和古代纪念碑留下的记录一致。这样看来，希罗多德明显是被埃及祭司骗了，并没有了解到真实情况。

同样是根据希罗多德的记载，阿玛西斯在位时期是埃及最繁

① 即咨询神谕。阿玛西斯在登基之前，据说也咨询过神谕。希罗多德对于阿玛西斯早年咨询神谕的行为，及神谕回复留下的记录都是很荒谬的。——原注

② 对于神谕，基本不必按照字面意思做细致的解释，只要了解大概意思就可以，有很多先例可以证明。——G.W.

③ 阿米阿努斯·马尔切利努斯（Ammianus Marcellinus）认为，迦太基人也曾经入侵过埃及。不过，从他的记载来判断，真实性好像不高。——原注

④ 狄奥多罗斯根据赫拉尼库斯（Hellenicus）的记载，称他为“帕尔塔米斯”（Partamis）。——原注

荣的时代[1]，河流让土壤变得肥沃，沃土就能养育居民，一度建起了两万多个繁荣的城市，这也能从阿玛西斯及其前两代君主时期在埃及建造的建筑外观、金碧辉煌的纪念碑数量，以及波斯人带出埃及的华丽战利品等方面得到证明。这个时代的埃及墓葬和华丽的陪葬品表明，当时民间积攒了大量财富，全方位超越了第十八王朝时期的任何墓葬。我们可以假设，埃及虽然在这一时期成为巴比伦的附庸，但地位的下降没有对他们占有的财富造成什么影响，埃及人甚至还能借助优越的自然环境继续积累财富。可能是在阿玛西斯在位后期，他当时已经不必向巴比伦人称臣纳贡，因为巴比伦被居鲁士大帝征服了。《圣经》中埃及蒙难的预言应该部分与尼布甲尼撒的干预，埃及人在巴比伦统治下的屈辱状况，以及波斯人在冈比西斯二世领导下入侵导致的结果有关。所以任何与之相关的重大事件，应该不会被任何文献遗漏。埃及人的武装力量应该没有因为内战或巴比伦人的干涉而被彻底消灭，尽管阿玛西斯可能不会冒险和尼布甲尼撒正面冲突，他仍然具有让邻国敬畏的实力。在位后期，阿玛西斯对自己的实力已经相当自信，甚至敢于藐视强大的波斯，却不承想因此给自己的国家带来了大灾难。[2]

内乱已定，阿玛西斯就把注意力集中在增长国家的军事实力和商业实力上。他远征塞浦路斯，第一次让它对一位埃及法老称臣纳贡。对于愿意和自己的臣民做生意的外国人，阿玛西斯都给予鼓励，维护他们的利益，对他们也比较宽容。对此，希罗多德

---

① 色诺芬（Xenophon）在自己的作品中认为居鲁士大帝入侵过埃及，但他的行文不清楚，语焉不详，让人觉得并不可信。——原注

② 埃及人确实曾给予克里萨斯王援助，帮他对抗居鲁士大帝。——G.W.

曾说：

“对于那些居无定所，偶尔做做生意的人，他们都被允许在瑙克拉提斯（Naucratis）定居。希腊人在埃及仍保有一座著名的大神庙，在文献中，其名称被写作‘Hellenium’，是由希奥斯（Chios）、提奥斯（Teos）、福卡亚（Phocaea）和克拉佐美兹（Clazomense）的爱奥尼亚人（Ioians），罗德岛（Rhodes）、克尼都斯（Cnidus）、哈利卡纳苏斯（Halicarnassus）和法瑟里斯（Phaselis）的多利安人（Dorians）及米提林（Mitylene）的伊奥利亚人（Æolians）共同出资修建。这座神庙是上述诸城邦的共同财产，大家任命专员管理彼此的贸易事务，个别城邦是没有理由要求区别对待的。不过，阿尔格尼泰人（Æginetæ）曾经就建造了一座朱庇特神庙，就像撒米安人（Smians）为朱诺建造神庙及米利都人为阿波罗建造神庙一样。

瑙克拉提斯很快就作为唯一一个享受特权的希腊人在埃及人贸易中心而繁荣起来，商人都要在当地卸货，商人除非意外不得在其他任何地方登陆，即使登陆了也要改变方向前往瑙克拉提斯。如果因为逆风实在无法航行的，就要卸下所有货物，改用内河船舶运往埃及各地，或者绕过尼罗河三角洲，最后还是要去瑙克拉提斯。

阿玛西斯另外给予希腊人很多恩惠。德尔斐神庙被大火烧毁后，他给了德尔斐人一大笔钱用于重建。和锡尼人结盟后，他为当地捐建了一座密涅瓦女神金像，并且送了一幅自己的画像。阿玛西斯还向林德斯（Lindus）的女神庙赠送了两座大理石雕像及精美的甲胄，向罗德岛的密涅瓦女神献上了同样材质的胸部部分，老普林尼认为这个胸部部分用很好的材料制成。”

希罗多德还说："阿玛西斯对萨默斯（Samos）之所以有善意，是因为他和埃齐斯（Æaces）之子波利克拉特斯（Polycrates）之间的友谊。但他对林德斯不存在这种动机，只是被达那俄斯的女儿们逃跑过程中在当地建造的密涅瓦神庙所打动。"

阿玛西斯之所以喜欢锡尼人，是因为他的王后拉蒂斯（Ladice）就是锡尼人。后来，冈比西斯二世征服埃及，拉蒂斯被送回父母身边。

根据希罗多德记载，阿玛西斯和波利克拉特斯之间的友谊始于斯巴达人（Lacedaemonians）和波利克拉特斯之间的战争，斯巴达人一度占领了萨默斯岛。双方互致礼物，这份友谊看来有希望长期维持下去。但波利克拉特斯慢慢发展繁荣起来，阿玛西斯注意到，因此变得越来越焦虑。在他人唆使之下，阿玛西斯给波利克拉特斯写了这么一封信：

阿玛西斯致波利克拉特斯：

你是我的朋友，你的繁荣让我感到幸福。但我知道命运是多舛的，所以我为你的命运感到担忧。就我自己而言，如果允许我为自己或我所关心的人做出选择，我应该在某些情况下选择繁荣，而在另一些情况下选择不繁荣；尽管不是每次都选繁荣，至少这样可以交替着安全过完一生。人不可能一辈子幸运下去，就算有人一度这么做到了，在他的生命走到尽头的时候基本都会被灾难吞没。所以请听我的建议吧，用我提议的方法让你自己的运势得到平衡，试着喜欢上一些事物，喜欢到一旦失去就会感到遗憾的程度。一旦找到了这样的东西，就毁了它，毁到不可能恢复的程度，然后一直这么做，直到不再有好运为止。

波利克拉特斯深以为然，决定真的这么做，最后他认为最喜欢的东西是一枚自己常常佩戴的、镶嵌祖母绿宝石的金戒指，是撒米安（Samian）的狄奥多罗斯（Theodorus）的杰作[①]。他登上一艘高达50英尺的大船，命令开船。开进大海后，他当着所有人的面取下戒指，把它扔进海里，然后下令返回萨默斯。

虽然波利克拉特斯扔掉戒指确实是自愿的，但他也确实因此悲伤过度。直到五六天后，一个渔夫钓到了一条大而美丽的鱼，于是进宫请求把鱼献给国王：

“陛下，虽然我是靠劳动成果生活的，但我认为这么好的鱼不应该在市场上被俗人买走；我认为它值得陛下享用，所以我把它带来了。”

波利克拉特斯：“你真好，我对你呈上来的礼物和表达自己的态度感到很满意，我请你留下来用晚餐。”

渔夫很高兴，然后回家了[②]。

宫里的仆人剖开鱼腹，居然在里面发现了被国王扔掉的宝石戒指，于是他们兴高采烈地把前因后果都和渔夫说了一遍。波利

---

① “σφρηγὶς”和阿拉伯人的“Khatom”一词对应，指一种有雕刻图案的宝石戒指，或者说纯金戒指。老普林尼和索利努斯（Solinus）说波利克拉特斯扔掉的是一枚红玛瑙宝石戒指，老普林尼更表示罗马城的协和神庙里有一枚戒指由罗马皇帝赐予，相传原主就是撒米安国王。亚历山大的克莱门特认为被丢弃的戒指上面有一个里拉琴的图案，阿拉伯人也在流传这个故事，但他们省略了国王的名字和戒指丢失的原因，更说戒指是意外掉进海里的。——原注

② 渔夫感到很高兴也不代表他在进晚餐的时候和国王坐同一桌，东方古代王朝的大人物搞宴请很多都这样，“我请你留下来用晚餐”翻译自“I invite you to supper”，这句话是从希腊语“σε ἐπὶ δεῖπνον καλέομεν.”转写而来的。——原注

克拉特斯认为宝石戒指的失而复得是神的安排，于是找人把每个细节都写下来，然后寄到埃及。阿玛西斯把这封信从头念到尾，心想一个人果然没有能力把另一个人从等待他的最终命运中解救出来。波利克拉特斯无论是这一次还是之前，都表现得很幸运，这样的人是不可能平静结束自己一生的。于是，阿玛西斯派人到萨默斯，表示自己以后不联系波利克拉特斯了——作为朋友，自己在对方落难的时候会感到悲哀，他不想这样。

根据希罗多德记载，此事发生在波利克拉特斯的国家遭遇内忧（民怨）外患（斯巴达人介入）之前，发生在波利克拉特斯最终被奸诈的奥罗特斯（Oroetes）残忍杀害之前的一段时间。狄奥多罗斯等学者却断言，埃及法老是对波利克拉特斯的暴虐行为感到不满，加上感受到内外对他的不满，于是认为此人最终败亡。包括希罗多德在内，很多学者都记录了撒米安人逃往克里特岛，以及波利克拉特斯压制他们的不满的故事。

波利克拉特斯被认为是大力鼓励学术研究的，不仅掏钱赞助大学者，还花时间和他们在一起，其中包括阿纳克里翁（Anacreon）和毕达哥拉斯（Pythagoras）等。因为和阿玛西斯关系好，所以在毕达哥拉斯到埃及的时候，波利克拉特斯愿意直接把他推荐给阿玛西斯①，为他争取到在埃及学习的物质条件，当时能享受在埃及

① 根据老普林尼记载，毕达哥拉斯访问埃及时法老的姓名写作“Semnepsertus”，我们不知道这个名字之所以写成这样，是不是因为老普林尼抄了污损版本的名字，而正确版本应该写作“Neit-se”或“Se-Neit”，意思或为“奈特的儿子”（Son of Neith）。如果是这样，这可能说的就是阿玛西斯，参见他的名字“Ames-Neit-se”或“Ames-se-Neit”。其他版本包括这个名字实际上指“Sen–Osiri”，或认为“Semneserteus”（此处可能是当时的编辑将“Semnepsertus”抄错了。——译者注）实际上是“Psammenitus”这个单词经过变化而形成的——如果是这样，那说的就是阿玛西斯的儿子。——原注

学习待遇的外国人可不多。不过，也有人认为，毕达哥拉斯并非因为波利克拉特斯的主动安排甚至批准才去埃及的。他们反而认为，毕达哥拉斯是因为无法忍受自己的国家（城邦）统治者的暴政才出逃的。

阿玛西斯在位期间，梭伦（Solon）也到访了埃及①。他对埃及人的立法很满意，埃及法老也给予他方便，让他任意挑自己感兴趣的学习。后来，在雅典，梭伦把自己学到的很多内容引入了立法。

阿玛西斯同样鼓励艺术的发展，这一点有很多古代保存至今的埃及纪念碑可以作为物证，古代学者对此也留下了很多记载。作为土生土长的赛斯人，阿玛西斯天生就有一种想法，就是要把统治的城市装饰得漂漂亮亮。基于这样的想法，他在自己的家乡建造了一座献给密涅瓦女神的华丽山门——其建筑之精美、用料之考究，远远超出同时代的其他很多建筑。山门前安放了几座巨大的石像和很多巨大的雄狮像，它们镇守在通往大神殿的道路两旁②。神殿就像一座大庭院一样，中央敞开，内部被一排排柱子包围，前面是通常的金字塔形塔楼，形成通往密涅瓦神殿的一条通道。这座建筑有一部分是前代法老造的，到阿玛西斯时代需要进行维护了，所以阿玛西斯为此收集了大量石料，其中一部分来自孟菲斯的采石场③，另一部分来自锡尼附近的石料产区。希罗

① 普鲁塔克在《七贤宴》（*Banquet of the Seven Sages*）中说，泰勒斯（Thales）在阿玛西斯统治时期曾在埃及，他向埃及人展示了如何通过影子来测量金字塔的高度——但恐怕这个故事应该是虚构的。——原注

② 底比斯的卡尔纳克有一些小的“criosphix”，它们和我们熟知的狮身人面像相比，唯一的不同是使用的“羊面”而非“人面”。——原注

③ 位于孟菲斯对面的山脉。希罗多德在另一次提到连接红海的运河时也提及了

多德评价说：

“在我看来，最雄伟的莫过于仅用一块巨石雕成的巨像。巨石是从阿斯旺象岛运来的，路上要耗费20天[①]。埃及挑选了两千名船夫运送石头，耗费了3年才运到。巨石从外侧量长21肘、宽14肘、高8肘，从内测量长18肘又20指、宽12肘、高5肘。这座石像就矗立在神庙之外，之所以位于神庙之外，是因为阿玛西斯发现工人在运石头的时候由于劳累、厌倦而叹气，加上一名男子在运送过程中被巨石压死，所以阿玛西斯命令队伍不要继续前进了，停下来，就把巨石放在原地。”

也有记载称：“阿玛西斯给上埃及和下埃及的其他神庙都赠送了很多精美礼物。如孟菲斯的武尔坎神庙前就陈列了一座75英尺长的巨型横卧雕像[②]，当地还有另外两座来自埃塞俄比亚的花岗岩雕像，每一座都有20英尺高，分别位于建筑主体的两侧[③]。赛斯（Saïs）另有一座和孟菲斯雕像相似的雕像，就连陈列的位置也相似（截至19世纪，这在古埃及是不常见的）。阿玛西斯在孟菲斯建造了宏伟的伊西斯神庙，大概也得到了很多信众的顶礼膜拜。”

截至19世纪，埃及各个地方仍然存在很多根据阿玛西斯的名

同样的山脉，都是用“Troici lapidis mons”这个词组。19世纪，人们已在当地开放的采石场中发现了古代铭文。——原注

① 陆路运输距离700英里，中间不止一次要过河。19世纪，阿斯旺象岛上仍然可以看到花岗岩采石场。——原注

② 斯特拉波：“神庙建筑的地下部分入口前方躺着由一块巨石雕刻而成的巨像，里面还有人举办斗牛表演。”——原注

③ 希罗多德在此处用了“μέγαρον”这个词，意思可能是雕像和建筑主体彼此独立，或者说神庙中央位置的圣所是独立出来的。卢克索和底比斯都有同类古建筑的实例存在。——原注

字命名的纪念碑，其中一块是红色花岗岩材质的，位于特尔艾特迈（Tel-et-mai），形状[①]和希罗多德记载中从阿斯旺象岛带到赛斯的类似。底比斯等地也有多种古代纪念碑，主要是纪念他对于建筑和其他形式艺术给予的鼓励。锡尼采石场故址发现的一些古代铭文表明，阿玛西斯出于新建或装饰已有建筑的考虑，从当地弄走很多花岗岩石料。

老普林尼引用另一些人的说法，认为狮身人面像[②]就是阿玛西斯的陵；但实际上这可能是错误的，原因在于类似“Amosis”和“Thothmosis”这样的名字容易被古代研究者搞混[③]，如果真的搞混了[④]，那么就算是卢坎（Lucan）这样的古代学者的断言也是不准确的——他的作品本来也没得到重视，毕竟他对腓莱大瀑布的描写确实太夸张了，还曾经把托勒密王朝的遗迹和我们讨论的这个时代的埃及遗迹混淆。

希罗多德曾经谈到过阿玛西斯陵寝的状况[⑤]——虽然第二十六王朝时期底比斯和孟菲斯在名义上仍然是上埃及和下埃及

① 感谢伯顿（Burton）为此画的概念图。概念图中纪念碑从外侧量高 21 英尺 9 英寸、宽 13 英尺、深 11 英尺 7 英寸，从内侧量高 19 英尺 3 英寸、宽 8 英尺、深 8 英尺 3 英寸。——原注

② 19 世纪最新考古发现表明，狮身人面像可能是第四王朝的产物，我们最早认为它是不晚于第十八王朝的产物。——原注

③ “Amasis”中的 A（Aah 或 Ioh）和“Thoth”都可以被看作“月亮”（moon），第十八王朝的君主“Amosis”名字和另一个名字“Tethmosis”也可以被看作同一人。不论是“Amosis”还是“Amasis”，指的都是一个国王，他的名字一般被写作“Ames”。“Thoth”也是一年中第一个月名称的写法。——原注

④ 结合卢坎和狄奥多罗斯的文献，有人认为文献中第一座金字塔是阿尔迈乌斯（Armæus）的，第二座金字塔是阿玛西斯的，第三座金字塔和第四座金字塔分别是伊那龙（Inaron）和罗多普（Rhodope）的。——原注

⑤ 希罗多德还认为陵寝旁边有一座湖，这座湖截至 19 世纪仍然存在（位于撒艾哈加尔），当地还有古代砖墙遗迹，长度较长，砖的质地又粗又硬。——原注

的首府，但家族陵寝密涅瓦神庙所在城市的重要性正在不断增加，并成为埃及王室的住所，名义上也成为大都市了。

阿玛西斯统治后期，冈比西斯二世派人到埃及求娶其女儿，这个主意是一个仇恨阿玛西斯的埃及医生出的，因为从前居鲁士大帝罹患眼疾，请埃及法老给自己找医生，阿玛西斯就让这个医生背井离乡、抛妻弃子前往波斯，而他也因此对法老怀恨在心，就对居鲁士大帝的继承者提了这么个建议。阿玛西斯恨透了冈比西斯二世，不愿意真的送个公主去，但又怕得罪波斯人，就决定送一个已故国王的女儿过去，这个女孩很有魅力，在希罗多德作品中被称为“尼提斯”（Neitatis 或 Nitetis）。阿玛西斯让她穿上最华丽的衣服，把她扮作自己的女儿送到波斯。冈比西斯二世起初信以为真，不料尼提斯揭穿了阿玛西斯的这个谎言；加上阿玛西斯的王位本来就是从前代法老阿普利斯那里篡夺的，愤怒的冈比西斯二世决定立刻和埃及开战，并且为此组建了远征军①。

这种入侵理由其实不大经得起推敲，因为尼提斯是在阿玛西斯统治末期被派到波斯去的，阿玛西斯在位四十四年，如果阿普利斯在被废黜之前尼提斯就出生了，那其实到这时已经是一个老太婆，算不得什么美人了②。不管这背后的真实原因是什么，我们能确定的是，埃及遭到了波斯入侵军的野蛮对待③：

---

① 还有其他原因导致波斯和埃及爆发战争，参见希罗多德的作品。有人说冈比西斯二世的母亲就是阿普利斯的女儿，这个说法具有浓厚的东方色彩，和波斯文献对亚历山大大帝的记载一样。——原注

② 更有可能的战争理由是，埃及人曾经支援过克里萨斯王，参见前文。——G.W.

③ 值得注意的是，法国护卫舰“卢克索”号曾经从底比斯运走方尖碑，其军官曾在艾库内（El Qoorneh）的一个坑里发现了阿玛西斯王后的石棺，尸体的位置没变，但已经被烧得面目全非。因为尸体呈现被镀金的状态，比较可能的情形是波斯人刨坟掘墓亵渎王后的遗体，然后埃及人重新安葬了她。——原注

神庙和公共建筑被毁，墓地被毁，尸体被烧，宗教被亵渎，私人财产乃至埃及人都被波斯侵略者掳回波斯去了。

阿玛西斯在波斯入侵半年之前便驾崩了，所以他来不及意识到自己的欺骗行为将给国家带来什么，冈比西斯二世也就没法报复他，不然他的下场无疑是很可怕的。

冈比西斯二世之所以成功入侵埃及，原因有很多，但与冈比西斯二世的怒火或野心无关。阿玛西斯的大臣中有一个叫法内斯（Phanes）的哈利卡纳苏斯人，既有智慧也有战功，但不幸触怒了阿玛西斯，就从埃及乘船叛逃，要投奔冈比西斯二世。因为法内斯的影响力很大，一定不能让他成功出逃，于是阿玛西斯派亲信宦官指挥三层划桨战船追赶，一定要带回法内斯，终于在莱西把他抓住，但又让他骗过卫兵溜到了波斯去。冈比西斯二世从法内斯那里得到了大量关于埃及的重要情报，尤其是穿越沙漠的时候必须做的物资准备，并且遵从其建议，和沙漠中的阿拉伯人在向导和寻找水源方面签订协议，这对埃及方面来说是致命的。于是，阿拉伯酋长命令在所有骆驼身上都挂装满水的皮袋，躲到沙漠中藏起来，等待波斯军队。

阿玛西斯驾崩后，王子普撒美尼托斯即位，他做了大量抗击外敌入侵的准备，亲率埃及军队和爱奥尼亚人与加利亚人组成的援军到培琉喜阿姆，在靠近尼罗河口的平原地带扎营。波斯人也穿过沙漠，其军营和埃及军队隔河相望。希腊人对法内斯里通外国的行为感到愤怒，杀死了他的两个儿子示众，然后放血——血滴到一个大花瓶里，再往里面兑水和酒，喝掉后突然发动袭击。双方一阵厮杀，彼此伤亡惨重，但埃及军队最终失败并且撤退。

波斯军队打了胜仗，培琉喜阿姆–孟菲斯一线已经门户大开，此时当然应该迅速进攻埃及首都孟菲斯。不过，为了避免冲突，获得对自己有利的条件结束战争，冈比西斯二世用米提林的船载了一个波斯人去和埃及人谈判。不料，船在孟菲斯被愤怒的埃及人击沉，船员也被杀光。愤怒的冈比西斯二世立刻下令包围孟菲斯，最后攻破了孟菲斯，并且屠城①。抓住埃及法老不说，还杀死了两千名和普撒美尼托斯年龄相同②、最尊贵的埃及人，并且他们全部当着征服者的面列队被处死。法老本人被赦免，看得出波斯人还是很敬重他③，如果他没有在之后仓促发动造反，可能仍然能保住法老的位置④。

这一时期的埃及成了波斯的一个行省，冈比西斯二世及其继承者共同构成了埃及历史上的第二十七王朝。在科普特–红海一

① 狄奥多罗斯认为大量埃及工匠连同埃及人积累的财富都被带到波斯，波斯波利斯、米底和苏萨（Susa）的华丽建筑和宫殿都是他们建造的。卡诺普斯法令（decree of Canopus）提到了被波斯人掳走的众神雕像，有的直到约公元前 238 年才慢慢被托勒密王朝的托勒密八世追回。——原注

② 靠抽签选出，都是最尊贵的埃及人。波斯人决定一个被杀船员的命要由埃及人的十条生命来抵，所以船上应该是有两百人。——原注

③ 希罗多德说：“波斯人有这样的习惯：对于抵抗自己的国王，波斯人尊重他们的后代，通常会扶他们的儿子即位。”土耳其人和其他亚洲国家的王室也有类似的习惯，而对国王的尊重在卡尔十二世（Charles XII）这个例子中体现得尤其明显。——原注

④ 冈比西斯二世的行为被宗教书记官乌塔哈尔逊（Utaharsun）雕刻在黑色玄武岩石板上，目前它被收藏在梵蒂冈。在描述了波斯国王确认自己委任状（appointment）之后，乌塔哈尔逊说：“接着，我向国王汇报说这是拉神的伟大母亲奈特的住所，还汇报了这座主神庙的其他重要信息。我又对国王报告了那些住在尼斯神殿里的人的情况，请求将他们赶走，把神殿恢复原状。于是，国王命令把当地所有居民赶走，把他们的房屋都毁坏，循例举办节庆活动，自己也在神殿里献祭。”摘自德·罗格（De Rougé）的《尼斯小雕像》（*La Statutte Naophore*），发表在 1851 年《考古学评论》（*Revue Archéologique*）第三卷。——S.B.

线，一个旅行者曾用象形文字刻下当时君主的名字和在位年数。在大绿洲艾哈尔盖（El Khargeh）的主神庙（Principle temple）之中，我们能看到“Darius”（大流士）字样的铭文，这大概就是建造当地大部分建筑的国王。值得注意的是，他是当地古文字显示的唯一命名方式和埃及本土国王相似的波斯国王。考古行动也发现，这位国王在活着的时候就获得了“Divus”（神）的头衔，古代的国王（包括波斯国王）很多都能在死后获得这种荣誉，这个发现也证明了狄奥多罗斯的判断。

大流士一世的统治温和且公平，小心翼翼地避免冒犯埃及臣民的宗教信仰或伤害他们的感情，纠正了埃及法律的弊端，补正新的善法，很多都被后来的法老们沿用，直到托勒密王朝时期才逐渐被修改、废止。

由波斯王族组成的第二十七王朝				
古代学者文献中的姓名	古代纪念碑上姓名的铭文	纪念碑上的年数	大事	登基（在位）时间
Cambyses II（冈比西斯二世）	Kanbutha	6	在位第四年征服埃及	公元前525年[1]
Darius（续司塔配之子大流士一世）	Ntareeusha 或 Ndareush	36	公元前490年，马拉松战役；公元前486年，埃及人造反	公元前521年
Xerxes the Great（薛西斯大帝）	Khsheersha	12	公元前484年重新征服埃及；希罗多德出生	公元前485年
Artabanus（阿尔塔巴努斯）	—	—	在位7个月	公元前472年

① 19世纪最新的研究成果认为应该是公元前527年。——S.B.

●接上表

Artaxerxes（阿尔塔薛西斯）	Artkhshashas	36	埃及人反抗；（公元前 463 年）英阿鲁斯（Inarus）和阿米尔忒乌斯（Amyrtæus）被选为国王；（公元前 460 年）希罗多德造访埃及	公元前 472 年
Xerxes II（薛西斯二世）	—	—	在位两个月	公元前 425 年
Sogdianus（塞古迪安）	—	—	在位 7 个月	公元前 425 年
Darius Northus, the son of Xerxes（薛西斯之子大流士·诺苏斯）	—	—	—	公元前 424—公元前 414 年

埃及人不会甘于被外族统治太长时间，乘希波战争中波斯失败之机，于大流士一世在位末期揭竿而起[①]，成功把波斯人赶出了尼罗河全域。埃及人在接下来的一年继续反抗，继任的波斯国王无法号令他们。但薛西斯大帝登基第二年就重新征服了埃及人，任命埃及国王的兄弟阿加美尼（Achæmenes）为埃及总督。

日子就这样过了二十多年，直到薛西斯大帝驾崩，波斯发生了相当大的混乱，埃及人准备抓住阿尔塔巴努斯[②]自立为王和大夏人叛乱的机会夺回自己的统治权。埃及人请求雅典人援助自己，在40艘雅典战船的配合下，联军攻破了在埃及的波斯军防

① 希罗多德认为大流士一世在位36年，而埃及人造反是在马拉松战役后第四年，第二年大流士一世就驾崩了。——原注

② 被称为“Artabanus”或“Artapanus”。阿加美尼被认为是阿尔塔薛西斯的兄弟。——原注

线。阿尔塔薛西斯国王闻讯，组建了一支40万人和200艘战船的军队[①]，并任命阿加美尼为将领。利比亚人英阿鲁斯和赛斯人阿米尔忒乌斯都获授最高统治权[②]，尽全力抵抗波斯侵略军。两军相遇后，波斯军队以损失10万人的代价失败，阿加美尼被英阿鲁斯打伤，并因此而死。

因为不听劝谏而打了败仗，阿尔塔薛西斯更加愤怒，一定要派出一支大军，以压倒性的实力解决一切问题。这支部队有20万人和300艘战船，它与上一支部队剩余的人马都被交给梅加比祖斯和阿尔塔巴祖思（Artabazus）联合指挥。在第二次入侵战争中，无论是进攻方，还是防守方，都打得很英勇，也都付出了沉重的伤亡代价。梅加比祖斯击伤了英阿鲁斯大腿，迫使其在希腊援军的保护下退出战场，躲到设防严密的比布鲁斯（Byblus）避难。梅加比祖斯提出承诺，只要投降绝不加害，但阿尔塔薛西斯想到阿加美尼被杀的事情，也就不遵守什么承诺了，就把英阿鲁斯钉死在十字架上。阿米尔忒乌斯运气好点，逃到埃尔波岛（Elbo）并且躲起来，等待良机准备东山再起。波斯军队收复了起义军控制的一些大城市，任命萨尔萨马（Sarsamas）为埃及总督。

阿尔塔薛西斯在位第十五年，雅典人向埃及的起义军派遣了一支60艘船[③]的船队，还有人希望拥立阿米尔忒乌斯复辟，但没有成功，因为埃及人的抵抗行动出现了一段时间的偃旗息鼓，直

① 一说有战船 80 艘。狄奥多罗斯认为阿加美尼是大流士一世之子。——原注

② 策塔西亚斯（Ctesias）：“英阿鲁斯，吕底亚人和另一个埃及人……”修昔底德（Thucydides）等学者也会提到阿米尔忒乌斯。有的人认为英阿鲁斯是利比亚人，修昔底德认为英阿鲁斯在利比亚当过统治者。——原注

③ 普鲁塔克在《西门传》（*Life of Cimon*）中也有所提及。西门曾经派这些船前往埃及。——原注

到大流士·诺苏斯在位第十年。

波斯人意识到埃及人忍不了被外国总督统治的事情，急于尽快、彻底地平息埃及人的反叛，于是允许英阿鲁斯之子泰尼拉斯（Thannyras）和阿米尔忒乌斯之子鲍里西斯（Paurisis）担任称臣纳贡的国王[①]，实际上就是当波斯人的总督。但这些还是不能让埃及人感到满意，只要看到波斯军队驻扎在埃及或向波斯称臣纳贡，他们就不会满意，只有实现独立，他们才会满意。所以埃及人又开始暗中准备驱逐波斯人的行动，邀请阿米尔忒乌斯担任领导，从蛰伏的暗处出来一举击溃波斯人，占领了孟菲斯，最终控制了整个埃及。

阿米尔忒乌斯在曼涅托的法老世系表上被认为是第二十八王朝的唯一君主，一共在位6年。其间，他努力弥补国家因为波斯入侵而蒙受的损失。底比斯等地被冈比西斯二世亵渎的神庙，很大程度上都被修复了。为了进一步削弱波斯人的力量，并且远远地把他们驱逐，阿米尔忒乌斯和阿拉伯人签署协议，让他们帮自己到腓尼基。不过，在腓尼基，阿米尔忒乌斯做的事没有计划中那么宏伟，只是谨守疆界而已。

根据曼涅托的记载，阿米尔忒乌斯的继承人是第二十九王朝的开国君主尼弗里提斯一世，狄奥多罗斯把他的名字写作"Psammatichus"[②]，是前代同名君主的后裔，也是尼弗里提斯王族的祖先。但这个人在这个时代有没有掌过权其实是不确定的，并且这个说法可能混淆了英阿鲁斯的同名父亲。更何况狄

① 考虑到希罗多德作品成书的时间，这应该是公元前445年前发生的事。——原注

② 曼涅托并未提及此人。——原注

奥多罗斯版本的第二十九王朝开国君主性格不好，也就意味着他在统治的过程中犯了大罪。波斯人任命了一个叫塔姆斯（Tamus）的孟菲斯人为爱奥尼亚总督，但任职一段时间后为免遭提萨芬内斯（Tissaphernes）的怨恨而不得不逃跑。塔姆斯觉得，毕竟自己帮助过当时的埃及法老，所以应该不必害怕，还随身携带了自己所有财产。但提萨芬内斯了解到这一切和塔姆斯的想法，毫不犹豫地选择了背信弃义，做了谋财害命的事情。

说回“Psammatichus”这个存疑的第二十九王朝开国君主的名字，截至19世纪，我们还没有在埃及的纪念碑上有所发现。英阿鲁斯的雕像未出现在底比斯的任何神庙，也未被曼涅托写进世系表。但从埃及第二次起义开始到被波斯人最终镇压的这段时间，虽然英阿鲁斯没有在埃及独掌大权，至少有自己的独立地位，有几个古代史学家在自己的作品中也肯定了这个论断。大概是埃及政局动荡，还要和波斯人作战，埃及人失去了安宁的生活，而没有安宁的生活就没有艺术创作的环境，这可以解释为什么没有雕刻英阿鲁斯名字的纪念碑。有人认为英阿鲁斯是利比亚国王，有人认为他只是有利比亚血统，但因为利比亚在古埃及时期是在埃及版图中，所以他更可能是合法的埃及王位继承人，并且为了躲避波斯暴政曾一度在利比亚避难，并且利用合适的机会解放了国家。只要了解到他父亲的名字是纯粹的埃及名字，就能认定英阿鲁斯是埃及人[①]。

① 埃及名称转写成英文为“Naifaurut”，这个名字在大英博物馆收藏的一枚泥印和底比斯的几处古纪念碑上都有体现。——S.B.

第二十八王朝，仅 1 位赛斯王（曼涅托法老世系表）			
古代学者文献中的姓名	古代纪念碑上姓名的铭文	大事	登基时间
Amyrteus 或 Amyrtæus（阿米尔忒乌斯）	—	—	公元前 414 年
由门德斯王族组成的第二十九王朝（曼涅托法老世系表）			
古代学者文献中的姓名	古代纪念碑上姓名的铭文	大事	登基时间
Nepherites I 或 Nephreus I（尼弗里提斯一世）	Naifaurut	—	公元前 408 年
Ac（h）oris（阿科里斯）	Hakor	公元前 401 年，小居鲁士（Cyrus the younger）去世	公元前 402 年
Psammouthis（普撒莫提斯）	Pse-maut	—	公元前 389 年
Nepherites II（尼弗里提斯二世）	纪念碑上没有提及	—	公元前 388 年
Mouthis（莫提斯）		—	

第二十九王朝时期的埃及古遗迹是比较少见的，波斯人的进攻让本就衰落的埃及艺术遭到进一步破坏，很多最精美的古建筑从此消失。加上无数工匠都被掳到波斯，可以说这时的埃及已经失去了曾经令人瞩目的艺术能力。我们曾经在底比斯古迹中两次发现“Nepherites”这个名字，如果他后面的两个继承者[①]在当地和下埃及[②]的神庙中增加了装饰品，肯定也不如之前的水准高。但至少第二十九王朝时期的埃及已经摆脱了被外国统治者奴役的羁绊，甚至可以援助与波斯人敌对的其他国家。在这个时期，埃

① 米底奈特哈布神庙中发现了“Acoris”这个名字的铭文。——原注

② 这一时期，采石场开采了大量石料，估计这些石料就是用于城市建设。——原注

及人曾经跟斯巴达人合作，派出100艘船为斯巴达人运粮，尽管这些船开到罗德岛后被波斯人缴获了。

阿科里斯继承了尼弗里提斯一世的王位，在位十三年。他曾经和塞浦路斯王尤阿古拉斯（Euagoras）签订了一项对抗波斯人的条约，努力在挫败波斯人阴谋的同时削弱他们的力量。这个时期，塔姆斯之子高斯（Gaus）背叛了波斯。高斯曾经为波斯当过海军指挥官，如今投靠了埃及和斯巴达联盟。阿尔塔薛西斯拿埃及毫无办法，埃及彻底安全了。

普撒莫提斯在位一年，其间没有发生什么大事；他之后还有另外两位法老，但我们不知道这个时期发生了其他什么大事，只知道波斯人在这一时期准备入侵埃及，后来他们的阴谋没有得逞。

由赛本尼图斯王族组成的第三十王朝（曼涅托法老世系表）

古代学者文献中的姓名	古代纪念碑上姓名的铭文	大事	登基（在位）时间
Nectanebes I 或 Nectabis I（涅克塔尼贝斯一世）	Nakhtharheb	—	公元前 387 年
Teos（提奥斯）	—	—	公元前 369 年
Nectanebes II 或 Nectanabis II（涅克塔尼贝斯二世）	Nakhtnebef	公元前 340 年，被波斯人击败，逃到埃塞俄比亚	公元前 362 年—公元前 340 年

涅克塔尼贝斯一世时期，波斯人又组建了一支庞大的远征军，由法尔那巴祖思（Pharnabazus）和伊庇克拉底（Iphicrates）指挥，水陆并进攻打埃及。波斯人对自己的军队很自信，心想这一下就能迅速控制整个埃及了。但波斯君主任命的两个将领因相互猜忌而

不和，作战因此失败了，培琉喜阿姆等城市根本就攻不下来。法尔那巴祖思虽然深入埃及，但没有取得很大战果。一方面，埃及的抵抗力量很强；另一方面，缺少船舶加上遇到尼罗河水泛滥，最终他不得不放弃占领埃及的野心而撤军了。

涅克塔尼贝斯一世解决了外患，把全部精力转移到内部建设上。全国各地的很多神庙都得到了重修或扩建，锡尼的采石场①出产了一座精美的方尖碑，而直到19世纪，仍可以在上埃及和下埃及的不少地方发现“Nectanebo”这个姓名，这是他当年大兴土木的见证——就算他曾经因为没有重修神庙而被战神玛尔斯（Mars）托梦责备，至少他后来也做出了充分的补偿。赛本尼图斯的战神神庙被装点一新。不过，没有古代学者注意过此事，它只是被草草记录在一张希腊莎草纸文献上，然后流传至今，被19世纪的一些学者在一座埃及墓②中发现。

18年后，提奥斯（Teos 或 Tachos）即位。面对波斯人的威胁，他大惊失色，于是向斯巴达人求援。阿格西劳斯二世（Agesilaus II）急于帮助作为盟友的埃及人，于是带领一支强大的军队赶赴埃及帮忙。

提奥斯对斯巴达人抱有很高的期望，但见到阿格西劳斯二世看起来像个小老头，就感到很失望——这么丑陋的人怎么配当国王呢！于是，提奥斯拒绝了本来答应授予他的元帅职务，只让他率领希腊援军，同时把海军交给雅典人查布里亚斯（Chabrias）。即便如此，他还是不听斯巴达人的建议，只留一个总督在国内管事，自己带着大军杀入腓尼基。结果国内出现了一个叫涅克塔尼贝斯

① 在老普林尼作品中写作“Nectabis”，他认为这个记载是找不到象形文字证据作为支撑的。——原注

② 即巴黎的阿纳塔西收藏品（Anatasi collection）。——S.B.

二世的王叔[①]在埃及军队一名主将支持下密谋反对提奥斯，而阿格西劳斯二世因为种种新仇旧恨也决定抛弃提奥斯，提奥斯被迫逃到西顿。不过，被提奥斯指定为王储的门德西乌斯[②]（Mendesius）决定和涅克塔尼贝斯二世斗一斗，率领10万人的军队向其发动进攻——这支军队虽然人数上占优，但由市民和工匠组成，战斗力和职业军人没法比，更不要说阿格西劳斯二世在指挥经验上占优了。所以，最后得到王位的就是涅克塔尼贝斯二世[③]。

涅克塔尼贝斯二世登基第二年，阿尔塔薛西斯二世[④]（Artaxerxes II）就驾崩了，继承波斯王位的是阿尔塔薛西斯三世。

阿尔塔薛西斯三世在位期间，西顿人和腓尼基人、埃及人结盟（得到了涅克塔尼贝斯送去的4000名希腊人的支援）联手反抗波斯人的统治，并且成功赶跑了波斯人。看上去，波斯人被赶得远远的，埃及法老的安全感大大增加了。但阿尔塔薛西斯三世很快就亲率一支强大的军队灭了腓尼基，这时，埃及人又遭到叛徒出卖，局势再次变得危险起来。涅克塔尼贝斯二世做好了各种防守准备，虽然军队在人数上不如波斯多，但士气高涨。可在决战中，果然还是人数多的一方占优；埃及法老为了保卫孟菲斯，放弃阵地后退，这就导致埃及军队士气低落。培琉喜阿姆投降，之后，波斯军队发现所到之处敌人都不抵抗了。涅克塔尼贝斯二世只得放弃孟菲斯撤退到上埃及，波斯获得了尼罗河三角洲和下埃及全境。这是公元前

---

① 此为普鲁塔克的说法，与狄奥多罗斯记载大不相同。狄奥多罗斯认为是那位总督煽动涅克塔尼贝斯二世对抗提奥斯，提奥斯在阿格西劳斯二世的帮助下挫败阴谋，成功复辟。——原注

② 这可能不是人名，只是门德斯一个首领的名字。——S.B.

③ 阿格西劳斯二世因为出兵援助得到了220塔兰特军费的补偿。据记载，雅典为了应付波斯人，把查布里亚斯召回了。——原注

④ 狄奥多罗斯认为阿尔塔薛西斯二世仅在位43年。——原注

340年，也就是阿尔塔薛西斯三世在位第二十一年发生的事[①]。

波斯占领期间，埃及人遭到了残酷的迫害，现在更严重的灾难降临到他们身上了。波斯君主对埃及人虽然可能犯下各种神怒人怨的暴行，但和阿尔塔薛西斯三世比起来就差得远了——就连阿匹斯神牛也被杀掉，成了宴会上的盘中餐。好在他的暴行只持续了两年，埃及人就解脱出来了。为了表达自己的厌恶和仇恨，在他们的文字中，奥库斯的名字用一把象征毁灭的剑来表达。

奥库斯和另外两位君主一同构成了曼涅托笔下的第三十一王朝，这个王朝没有任何大事发生，直到被马其顿人在公元前332年发动的入侵消灭为止。

<table>
<tr><th colspan="4">由波斯王族组成的第三十一王朝</th></tr>
<tr><th>古代学者文献中的姓名</th><th>古代纪念碑上姓名的铭文</th><th>大事</th><th>登基时间</th></tr>
<tr><td>Artaxerxes III 或 Ochus（阿尔塔薛西斯三世）</td><td rowspan="3">截至19世纪，没有在纪念碑上发现这几位国王的姓名</td><td>公元前338年，（马其顿国王）腓力（Philip）死亡</td><td>公元前340年</td></tr>
<tr><td>Arses（阿尔瑟斯）</td><td>—</td><td>公元前338年</td></tr>
<tr><td>Darius Codomanus（大流士·科多曼，又称大流士三世）</td><td>公元前332年，亚历山大大帝控制埃及；公元前323年，亚历山大大帝驾崩；托勒密一世（Ptolemy Lagus）成为埃及的总督和法老（公元前322—公元前305年）</td><td>公元前336年</td></tr>
</table>

① 19世纪最新考古发现显示，涅克塔尼贝斯二世可能被葬在了孟菲斯。见1872年马利埃特-贝的《纪念碑研究》（*Monuments Divers*）。——原注

亚历山大大帝来了，埃及人都很欢迎他；他们恨波斯人，加上他们和希腊人的关系好，一同对抗波斯人，所以对于马其顿军队自然是箪食壶浆相迎，将其视为神派来的。托勒密王朝的早期统治是相当高明的，颇受埃及人拥护，即便托勒密王朝的法老不是埃及本地人，他们也不在意。

本书意在叙述古埃及人的历史和礼仪习俗，所以没有必要往下继续详述托勒密王朝的历史事件了。不过，如果读者对托勒密王朝感兴趣，敬请参阅笔者《埃及和底比斯》第508页的相关内容。

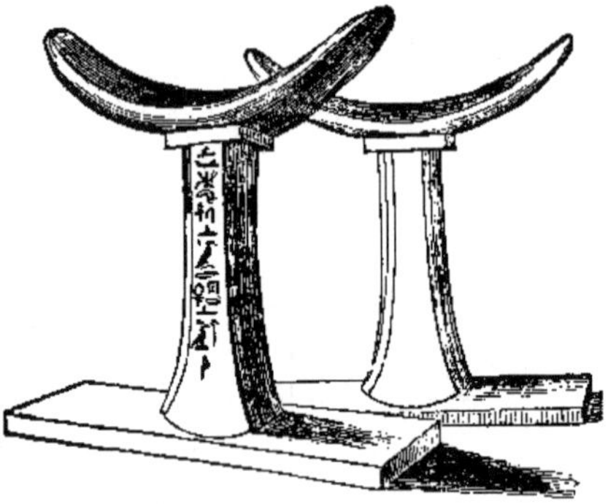

●阿尼克博物馆收藏的雪花石膏枕头

第3章

开疆扩土—财收与贸易—海港—埃及人的阶级—神权阶级—诸王—第一等级—祭司—第二等级—军人阶层—正规军—支援兵部队—武器装备—埃及实现军事征服过程中遭遇的敌人—开赴战场—埃及人的人性—战俘—军法与惩罚—其他第二等级成员—第三等级—第四等级—法律与政府—诸王—法官—法律—古代护照—谋杀—父权—轻微的违法行为—偷窃行为—债务—行为—婚姻—奴隶—孩子们—爱敬长者及国王—埃及人的赈济—埃及律法的一致性—不同的立法者—行省总督

●腓莱（Philæ）古代遗迹及其周边景象

19世纪语境中的埃及，从学术的角度来说，实质是指位于尼罗河谷中北纬24° 3'到北纬31° 37'的部分，即厄苏安（E'Sooan）大瀑布的腓莱岛（island of Philæ）和地中海①之间的那部分②。除了尼罗河三角洲北部，埃及的宽度不大，有人居住（换句话说是有人耕种）的部分常被限制在东部和利比亚山脉之间不到一半的距离。从下埃及的开罗（Cairo）到上埃及的埃富（Edfoo）之间，两条山脉间山谷的平均宽度大约只有7英里。可耕种的土地的多少主要取决于尼罗河水的泛滥程度——以宽度为标准，连同河流在内最窄时仅两英里，最宽时可达10.75英里③。

埃及最北端位于金字塔和海洋之间区域的面积是广阔的，仅作为其中一部分的尼罗河三角洲在19世纪的面积就达到1967平方英里。尼罗河三角洲像一个不规则的三角形，其顶部［19世纪，尼罗河的两条支流分别流经罗塞塔（Rosetta）和达米埃塔（Damietta），最后两条支流交汇］很窄；越靠近海岸线，顶部越宽，并且三角形底边最宽之处达到81英里。罗塞塔和达米埃塔延伸出的尼罗河支流的东西两侧（含三角洲地带本身）都有大量河流可以提供灌溉水源的土地，共计可达4500平方英里，而埃及如果不算菲奥姆（小行省，面积约340平方英里），耕地面积约2255平方英里。

---

① 布尔罗斯角（Cape Boorlos）。——原注

② 根据阿蒙神谕，凡饮尼罗河水，并且最北居住在阿斯旺象岛的人，都是埃及人。——原注

③ 指埃及中部的埃富以北，当地和厄苏安之间的山谷非常狭窄，河两边有的地方没有土壤，所以笔者没有把这一部分计算在内。——原注

据说，尼罗河上游河谷的城镇与村庄很多，多得让人难以置信。据希罗多德断言，阿玛西斯在位时期，埃及有两万个人口稠密的城市。狄奥多罗斯更加审慎，自己算出大型城镇和村庄共有18000个，这个数字在托勒密一世时期发展到3万个，甚至一直维持到了公元前44年左右。希罗多德时期埃及居民有约300万人①，但此前最辉煌的时候一度达到700万人②。

根据约瑟夫斯③（此人生活在韦斯巴芗皇帝时期）的估计，除了亚历山大城的居民超过30万人，尼罗河流域还生活着750万人。根据忒奥克里托斯（Theocritus）的说法，早期的城镇数量是33333个，其中包括托勒密二世时期如埃塞俄比亚、利比亚、叙利亚、阿拉伯、帕菲利亚（Pamphylia）、西里西亚（Cilicia）、加利亚和莱西等当时还被算为埃及领土的地区。其他学者有时可能也把“埃及”这个概念扩展到利比亚、埃塞俄比亚和叙利亚这些古代埃及王朝一度占有的属地，毕竟埃及所在的地区整体上是很富饶的，只讨论瀑布和大海之间唯一的山谷也太不充分了。

当今世界迈入了19世纪。和现在相比，古埃及时期的粮食及各种资源的产出无疑要大得多，这是因为当时埃及人的技术先进，并且管理制度比较优越。假如埃及人操作得当，因为耕地面积的增加，其实能供养比以往任何时候都多的人口④。换言之，

① 还有另一种看法：狄奥多罗斯认为自己生活的年代埃及也有700万人口。（狄奥多罗斯生活的时代比起希罗多德大概晚300年。——译者注）——原注

② 据《人民日报》2020年2月14日报道，埃及人口在2020年2月11日已正式突破1亿。据估计，如果保持现在年新增250万人的水平，2030年埃及人口将突破1.28亿。——译者注

③ 他也可能误用了罗马人征服埃及初期的数据。——原注

④ 上海外国语大学中东研究所张帅在2018年发表的《埃及粮食安全：困境与归因》（《西亚非洲》，2020年第6期）中归纳了近现代埃及在粮食安全方面面临

如果古代埃及先民把那些未被淹没的沙漠边缘的部分围起来开垦成耕地，这个判断同样成立。山谷中被灌溉的部分与如今相比要少得多，至少在平原向东和向西延伸的任何地方，或河流的左右，冲积物不断沿着水平方向在沙漠的缓坡处形成堆积这一事实是很明显的；由于河床和埃及土地的海拔高度一直在上升，所以垂直上升的水位一定会导致水在一个开阔的空间上向东和向西流到相当远的距离，这一点是毋庸置疑的。

从历史的角度，上一段我们回顾了阿美诺菲思三世时期底比斯平原的情况，也就是大概公元前1430年时期的底比斯平原，当时的底比斯平原在宽度上还不到19世纪的三分之二。阿美诺菲思三世作为埃及统治者的雕像周围的淤泥冲积层厚度近7英尺，底部是沙土——这就意味着流沙侵蚀①其实是不可能让埃及变成沙漠的②。那么，为什么埃及会在19世纪出现土地退化的现象呢？原因有外国建立的专制统治、国家利益的不安全及土地长期被耕种导致退化等。而土地长期被耕种，就像一个人和一个国家衰老

的困境，这和古代文献中埃及给人带来的“物质丰盈的沙漠绿洲”形象形成了鲜明反差。中国在解决埃及粮食问题方面发挥了重要作用：张帅的《中阿合作论坛框架下的农业合作：特征、动因与挑战》（《西亚非洲》，2020年第6期）一文记载了中国帮助埃及提高粮食仓储方面的贡献，袁隆平也曾多次赴埃及开展杂交水稻的种植指导工作（见湖南杂交水稻研究中心杨耀松在《杂交水稻》2022年第S1期发表的《心怀百姓饭碗的追梦人》一文）。——译者注

① 虽然巴赫拿萨（Bahnasa）附近的耕地边缘、克尔达瑟（Kerdasseh）和其他一些地方已经出现了黄沙增加的情况，这与山谷地形造成的面向利比亚的沙漠有关，但在尼罗河流域，这种地形并不普遍。19世纪，在埃及的任何地方，沙子的移动速度都不会非常快。但努比亚的黄沙（面积）可能会在厄苏安大瀑布附近的尼罗河西岸狭长的土地上蔓延。——原注

② 因为尼罗河水位隔一段时间就会上涨，为防止被淹没，古埃及人不得不持续担土加高居住城市的海拔。——原注

一样，衰老必然走向死亡，这多么合理！

不仅平原上有数不清的城镇和村庄，古埃及人还小心翼翼地把很多城镇和村庄建设在沙漠附近的山坡上，其目的是不占用耕地，并且距离耕地很近。他们甚至还能在沙漠化的平原上进行一定程度的耕种，并在尼罗河泛滥区利用水管和水井等工具进行灌溉——相关遗迹在埃及各地皆有发现，而一些宏伟神庙的遗迹和传承至今的古代文献更是表明有建在沙漠附近的大城市，它们都被建在尼罗河水难以影响到的地区[①]。

不论城乡，因为人们的不断努力，即使被沙漠包围也不会受到流沙侵蚀的影响。可一旦人们的家园被遗弃，沙漠就会迅速将其吞没[②]。只有当大风吹起的时候，我们才有可能发现远古先民留下的建筑和种植的痕迹，它们能证明一个民族曾经在当地努力不懈地生活过。不能仅凭这一点就认为流沙会限制埃及人的生存空间或威胁其生存——基于这个观点，德·吕克（de Luc）的作品[③]读起来虽然可怕，但也不像是在研究自然，更像是一篇文学作品：

“（埃及的沙子或沙漠）以前是远离绿洲的，在绿洲和黄沙之间是以前一直延伸到尼罗河的土壤的遗迹；被西风吹到这里的沙子，吞没并掩埋了这片广阔的土地，这片曾经以富饶著称的土地注定变得贫瘠。”

---

① 斯特拉波认为，塞拉皮雍（Serapeum）“建在沙子很多的地方”。——原注

② 阿比多斯就是这样。不过，阿比多斯被遗弃已久，遗址被黄沙吞没呈现那样的状态也是可以理解的。——原注

③ 见《法国信使》（*Mercure de France*）1809 年第 9 期有关非洲流沙现象的文章。——原注

写得挺有意思，这种结论应该部分建立在德农（Denon）报告的基础之上——德农在访问奥克西林库斯（Oxyrhynchus）的巴赫拿萨[①]时，观察到城镇附近的一些建筑被很多沙子覆盖，几乎连顶部也被吞没，因此判断利比亚沙漠对尼罗河谷的西侧形成了侵蚀。由于山体及其附近沟壑的区位形成了开口的形状，且沙漠内部向西流动的黄沙体积庞大，当地及附近的部分丘陵因此形成，也出现了黄沙堆积的现象。但经过仔细的地理勘查，还是无法认为流沙是埃及土地面临的最大威胁。如果尼罗河水及其堆积作用不能抵消流沙的侵蚀，或河流堆积物没有持续增加，沙漠才有可能对耕地面积产生影响。如果有的人觉得这样的议论还是太过冗长，这里再为他们做一个简单的总结：

19世纪时，尽管沙漠的侵蚀作用存在，但影响程度其实相当有限。尼罗河谷灌溉区比以往任何时期都要宽，并且扩大的趋势将继续下去。在被河流沉积物覆盖前，当地就已经可以获得丰收的沃土了[②]。

德·吕克的想法放在19世纪是比较新颖有趣的：如果埃及的沃土曾经往西延伸到那么远的地方，我们应该倾向于认为，居住

① “Bahnasa”也作“Behnasa”或“Behneseh”，似乎得名于当地曾出现的一位王后或总督的妻子，意思从“Bahanissa”而来，即“女性美”或“最美女人”。见阿布·阿比迪拉·穆罕默德·伊本·穆罕默德·埃尔·木卡里（Aboo Abdillah Mohammed Ebn Mohammed el Mukkari）撰写的阿拉伯历史作品中关于这座城市的描述。——原注

② 主要是一种含沙的黏土。——原注

在这些沃土上的居民数量是不够的——反而不应该认为，古代学者对古代埃及人口众多的描述是夸大其词。古代的绿洲似乎不再是一片延伸到尼罗河谷的、平坦的土地，更像是被石灰岩山脉包围着的数百英尺高的高地，并且四面环山，一直延伸到与埃及西部接壤。从高处往下眺望，绿洲就像洼地一样，面积不太大，但这些地方的人口比现在密集得多，盛况一直延续到罗马统治后期，至今仍能发现不少古代遗迹，证明这些地方昔日的繁荣景象①。

作为埃塞俄比亚一部分的努比亚位于厄苏安瀑布和哈尔费谷（Wadee Halfeh）之间，一直是一个人烟稀少、生产力低下的行省。山脉常隔断河水，土地无法得到沉积物作为补给，这些地方受流沙侵蚀的程度更加明显，比在山地缓坡推进更突然、更难抵抗②。所以尼罗河西侧的古城镇和神庙常常被流沙包围甚至部分被掩埋，正是因为土地贫瘠，这些建筑才被选在这些地方建造③。自古以来，埃及人就知道沃土宝贵，不能浪费，并且努力防止沙漠的另一侧被侵蚀。从粗糙的古代砖墙痕迹可以明显看出，其中一部分已经倒塌了，流沙吹入，吞没并把阿波辛贝尔（Aboosimbel）大神庙的入口堵住，使其陷入半掩埋的状态。

不管是考古实证，还是古代文献，都充分体现出埃及人的势力范围必然超越了尼罗河谷，但我们还是要先讨论这些地方为埃

① 这里所说的绿洲更像是尼罗河谷的延伸部分，四周都是山。——原注

② 越往南去，尼罗河海拔也就越高，河口处的海拔自然最低。努比亚河道海拔高度可达10码，罗塞塔只有若干英尺。——原注

③ 比起19世纪，历史上的努比亚段尼罗河道海拔更高。莱普西乌斯教授发表在1846年《费城自然科学学院学报》（*Proceedings of the Academy of Natural Sciences of Philadelphia*）第2卷第193—195页的文章。——原注

及带来的财富，以及埃及的其他资源。

从底比斯的古代雕像来看，埃及人每年都会从自己征服的地区（如今的亚洲和埃塞俄比亚北部）收到大量的贡品，价值很高，有金银财宝、奢侈品、瓷器、金属、象牙、珍稀木材、宝石、马、狗、野生动物、树木、种子、水果、树胶、香水、香料和其他产品。虽然古代文献显示这些物品是献给埃及法老的，但也可以认为它们实际上并非供国家元首独享，而是作为公共收入①的一部分，在王室得到善法约束指引的国家尤其如此——社会福利在这样的国家不会因为统治者的反复无常而被牺牲。根据斯特拉波的记载，托勒密十二世算是能力比较差的一位君主（克里奥帕特拉七世之父），就算是能力较差者，税收也达到了12500塔兰特，购买力合19世纪的300万英镑到400万英镑。外国从埃及购买粮食和产品，这种贸易行为在埃及政府能谨慎管理自己事务的时期必然能大大增加收入。

埃及出口的货物包括纱线、细麻布和刺绣，泰尔人和犹太人是主要买家。所罗门王时期，犹太商人用相当于19世纪17英镑10先令到70英镑不等的价格购买埃及出产的各种物品。

通过和印度人、阿拉伯人打交道，埃及人得到很多好处②。

① 图特摩斯三世时代，被埃及人征服的民族每年要纳贡（htar renpa），他那些第十八王朝和第十九王朝的继承人也征收这种贡赋。埃及及其属地的矿藏都属于法老，实行授权开采制。法老会保留一些领地，将领地授予立有军功的将领。当时，征税的对象可能也包括神庙和地主。——原注

② 梅佳拉谷（Wady Magarah）和西奈山脉出产绿松石和铜。熏香来自阿拉伯和索马里，熏香、树胶、猴、化妆品、豹皮、猿和猎犬来自非洲东海岸。夏巴斯，《古代史研究》（*Études sur l'antiquité historique*），1872年出版于巴黎，第149—176页。——原注

我们有理由相信斐洛特拉斯港[①]应该很早之前就建造了，远远早于犹太人离开埃及的时间，并且成了贸易中心。斐洛特拉斯港位于红海西岸北纬26° 9'，虽然它不是一个大港口，但几乎不受任何季风的影响，大量船舶通过它往返于埃及和阿拉伯之间。

在那个时代，埃及人是直接和印度建立了联系，还是以阿拉伯人为中介进行贸易，我们不得而知。但即便是中介贸易[②]也能挣钱，我们在底比斯发掘古墓的时候，确实也找到了印度商品。

《圣经》表明，所罗门王通过红海和印度建立起的贸易联系是很重要的，一次航行产生的贸易额不少于450塔兰特黄金，折合19世纪的324万英镑。如果埃及对印度的贸易不像所罗门王与泰尔人对印度的贸易那样直接，那么就要承认，在古代，和印度人做生意真的很赚钱，因为这可以说是一家独大的生意。阿拉伯湾的其他港口都晚于斐洛特拉斯港，罗马人征服埃及之后，它们的贸易大大增加了。每年仲夏，天狼星出现的时候[③]，都会有120艘船离开埃及沿海地区前往印度，在当年12月或次年1月返回。爱德华·吉本（Edward Gibbon）说："对东方的贸易主要与'华而不实'的物品相关，例如宝石和各种香料，一磅丝绸在当时可是要拿一磅黄金来换的。"

斯特拉波造访埃及时期，米约斯霍尔莫斯[④]（Myos Hormos）已经替代了贝勒奈西（Berenice）及其他沿海商港，事实上，它在贸易上

---

① 得名自托勒密二世的姐妹，此前也被称为"Ænnum"。——原注

② 斯特拉波认为，古代，20艘船组成的船队无法通过巴贝尔曼德海峡（Straits of Babelmandeb）；但与印度的贸易可能是通过阿拉伯人来进行的。——原注

③ 据推算，应该是每年7月26日左右。——原注

④ 如今称为"阿布斯哈尔"（Abooshar）。根据阿加萨尔西德（Agarharcides）说的，当地也曾被称为"维纳斯港"（Port of Venus）。——原注

的优势确实比除阿尔西诺和斐洛特拉斯（仅在通过尼罗河连接内陆贸易这一方面可以匹敌）外的其他城市更明显。后来，到了老普林尼时代，贝勒奈西还是很受欢迎。货物到了商港，从船上卸下装到骆驼[①]背上，穿过沙漠送到科普特，再从科普特送到埃及各地。在后来的托勒密王朝和罗马统治时期，对于适合出口到欧洲的货品，会沿着尼罗河送到亚历山大，在这里卖给商人们，商人们会在特定的季节到达。

随后，在阿拉伯哈里发统治埃及的时期，名叫“小阿波罗诺波利斯”（Apollinopolis Parva）或“库斯”（Qoos）的城市取代了科普特，成为从红海来的商队的集合点，很快就繁荣起来。在阿布尔菲达（Aboolfidda）时代，它成为仅次于首都福斯塔特（Fostat）的第二大城市，最后像米约斯霍尔莫斯让位给科赛尔一样让位给奎内（Qeneh）。不过，斐洛特拉斯仍然保持着自己的地位。阿拉伯的哈里发们统治埃及时期，斐洛特拉斯最终被一个古代商港取代，也就是今天的科赛尔[②]。

米约斯霍尔莫斯的另外一个名字是“阿芙洛狄忒”（Aphrodite），位于北纬27° 22'，坐落在海岸的平坦地带，距离丘陵大概3英里，当地有一座叫“塔德诺思”（Tadnos）的井。作为港口，贝勒奈西和斐洛特拉斯都不如米约斯霍尔莫斯宽阔，当然更宽阔也就意味着更容易受到风暴影响，但对船舶来说还是安全的。当地是若干道路的交会点，连接阿尔西诺、斐洛特拉斯、贝勒奈西和科普特等城市，以及沿途各个提供水源和物资的补给

① 拉美西斯三世时代使用驴子。——S.B.

② 斐洛特拉斯如今已经是一片废墟，人们习惯称它为“老科赛尔”。——原注

站，水源来自尼罗河[①]。

托勒密二世是贝勒奈西的奠基人，之所以取名贝勒奈西，是因为这是他母亲的名字，也就是托勒密一世的妻子。贝勒奈西算是一座大城市，城中有一座精巧的塞拉皮斯小神庙。因为处于海湾的怀抱之中，所以算不上是港阔水深，但船舶停在港口中至少还是安全的。贝勒奈西有一条连接科普特的道路，沿途有水源补给站。另一条路从大阿波罗波利斯延伸至贝勒奈西，再经贝勒奈西与绿宝石矿相连。

阿尔西诺位于红海北端，距离19世纪的苏伊士很近，由托勒密二世所建，这是以他的妹妹的名字命名的。作为港口，虽然它算是很好的庇护所，但船舶出海后，在海峡尽头航行时，海况很危险，所以比起米约斯霍尔莫斯或贝勒奈西，更不适合对印度贸易[②]。如果不是当地穿越沙漠的路程较短，很可能不会被选为海港城市。

内彻西亚（Nechesia）和莱克斯港（Leucos Portus）这样的小城市，可能是在罗马时代才出现的，尽管当地的天然港口可能在更早的时期就已经被使用了。从纬度上看，当地北纬24° 54'和北纬25° 37'的陆地部分就存在一些遗迹。1826年，对苏伊士至

① 诺斯岬（Cape Nose）的岬角往东部延伸到距离海岸线21英里处，这符合“贝勒奈西附近有一处地峡突出，伸入红海之中；虽然说不上是大港口，至少也是很好的庇护所”的记载。——原注

② 可能在阿尔西诺建城之前，当地还有更古老的城市存在。我们不确定当地是否存在过克莱斯玛（Clysma），但科尔沁姆（Qolzim）的遗址必然包括阿尔西诺遗址和现代苏伊士运河的一部分（参见《埃及和底比斯》第540页脚注）。希罗多德认为，古运河在在帕图莫斯（Patumos）附近流入红海，所以帕图莫斯和阿尔西诺在地理位置上相似。“Patumos”也写为“Pi-thom”，很多埃及城镇都用它做名字。——原注

贝勒奈西一带沿海地区进行考察时发现，这些遗迹仍然保持着原貌。苏伊士可能是因为当地有水井，也被称为“努卡里谷”（Wadee Nukkaree）；贝勒奈西也被称为“E’shoona”，即“仓库”[①]（Magazine）。因为海港是用白色石灰石建造的，当笔者向阿拉伯人询问其位置的时候，他们都很乐意地为笔者指出。

老普林尼用“Portus multi”（很多港口）来形容贝勒奈西和科赛尔之间区位的状况——每一处港口都有引导船舶的地标，但没有留下古城或人居的遗迹。

阿拉伯和印度最早把香料和各种东方产品传入埃及，主要用于宗教目的和奢侈品。在底比斯古墓葬中，人们常常发现阿拉伯和印度出产的各种珍贵宝石、青金石等物品，都刻有第十八王朝法老们的姓名。祖母绿宝石都开采自埃及沙漠中的矿藏，开采工作从阿美诺菲思三世时期就开始了，但埃及必然从印度引进了很多宝石，并且莲科植物[②]（Nymphaea Nelumbo）只能从印度引进。我们虽然很难给出那个年代埃及进出口的各项数据，但可以合理推测奢侈品是埃及政府收入的重要来源。无论是出口，还是外销，都可以靠关税给国家带来财富。

埃及人拥有庞大的财富，可以从他们的宝石、各种贵金属及各种奢侈品中看出[③]，周围的国家对此也很了解。埃及人最喜欢华丽、奢侈的东西，克里奥帕特拉七世就是一个经典范例。

---

① 从阿拉伯语“Mukhzen”而来，意义相似。——原注

② 莲是需要得到悉心照料的植物，应该不像是埃及土生土长的，毕竟 19 世纪尼罗河流域已经完全看不到有这种植物的存在了。我们不禁要问，从印度引入莲之前，埃及有土生土长的莲吗？除了埃及人，会有其他人种帮忙把莲带来吗？——原注

③ 柏拉图认为，对财富的渴求是埃及人和腓尼基人的民族性。——G.W.

埃及人的另一个财源是埃及北部沙漠中的金矿，如今阿拉伯人仍然知道金矿的位置[①]，大概是在大阿波罗诺波利斯（北纬24° 58'）对面、比沙利（Bisharéëh）山区的巴哈雷（Bahayreh）的东南。艾德里西（Edrisi）、伊本–赛义德（Ebn-Saïd）和阿布尔菲达[②]（Aboolfida）等阿拉伯人认为这些金矿都位于奥拉基山（Gebel Ollágee），它是一座贝佳地（land of Begá）的山。这些描写指向了另一个地名，也就是比斯哈里（Bisháree）沙漠，当地的阿拉伯部落仍在使用这个名称。金矿藏在石英矿矿脉[③]中、荒凉的山谷里和附近河谷的岩层内，要通过大力开采才能得到很少的回报。加上还有引水等各方面的投入和困难，19世纪的现代人可能会认为在当地开采黄金是无利可图的投机行为。阿布尔菲达时代的黄金开采业务确实只能收回成本，终于在哈里发统治埃及的时代被彻底抛弃。根据阿伽塔西德斯（Agatharcides）的描述，掘金是工序复杂、工艺困难的工作，要经过频繁的淘洗、捶打才能得到黄金，古代法老陵中的壁画上对此有所体现。19世纪，我们尚不知道埃及人最早是什么时候发现自己国家有金矿的，埃及历史上比较早的法老时代应该已经投入生产了[④]。根据赫卡泰乌斯（Hecatæus）的记载，金矿开采的所得都

---

① 法国人李南（Linan）和博诺米（Bonomi）估计的地址，和阿拉伯人的记载非常吻合。——原注

② 姓名也写作“Emad-e’deen-Aboolfeda Ismail-ben-Nasser”，他是叙利亚的哈马国王（king of Hamah），生活的时代大约是公元前1334年。——原注

③ 穆罕默德·阿里（Mohammed Ali）有过重开这些矿藏的想法。在笔者的考古经历中，每次在沙漠中发现石英矿矿脉，都会发现古人试图挖断矿脉找黄金的案例。——原注

④ 在塞提一世和第十九王朝的拉美西斯二世时代，雷德西（Redesieh）和寇班（Koûban）的金矿就已经开始采掘了。都灵博物馆收藏有一份金矿平面图的莎草纸文献。见伯奇（Birch）的《考古学》（*Archaeologia*）及夏巴斯的两部相关作品。——原注

被存在了一所由第十八王朝法老建造的神庙之中。赫卡泰乌斯也指出，埃及有很多银矿，产量很高，达到三千二百米奈。除此之外，埃及的铜、铅、铁和绿宝石矿[①]至今存在于红海地区的沙漠之中。沙漠中硫黄矿的储量也很充分，古埃及人也有开采。

古埃及的财富主要来自税收、贡赋、垄断、贸易、矿业及农业产出，又以农业产出为最主要，虽然有比较贫穷的阶层存在，但这些阶层的物质需要可以很容易得到满足。对尼罗河谷的居民来说，农业种植收获很多，代价很少，以当时的技术水准来说也不需要投入很大的人力。产出的粮食不仅能满足国内庞大人口的需要，还有较多富余出口外国[②]，多到利用薄利多销策略还能获得丰厚利润的程度。埃及粮食的两大主要出口商分别是邻国和来埃及做生意的旅行商人。

表面上，古埃及的底层人们是安于留在自己的阶层的，对于上层的权力与地位没有表现出野心。不论是民族独立时期，还是被奴役时期，埃及社会各阶层都呈现出等级分明的特征，在所住房屋、服饰种类和外形特征上都是如此。从历史性特征来看，和19世纪相似阶层地位的人相比，古埃及的某些“同类”在房屋和食品条件上甚至更好一些。古埃及无产者的地位必然处于最底层，但有些权威学者争论道，尽管他们要受严刑峻法的管束，至少也没有超出当时法律范围的限制。如果埃及法老由真正能掌权的埃及人担任，埃及人很满意，也会遵从法老发布的法律。埃及人一旦被外国统治者控制，就会感到沮丧，并且强烈反对——波斯专制统治者的时代是这样，到后来托勒密王朝时期，统治者也

① 即扎巴拉（Zabarah）。——S.B.

② 我们可以通过阿美诺菲思三世献祭的粮食量进行推测。——S.B.

只能设法尽量满足埃及人的感情需要，上到祭司下至平民都是被讨好的对象。当然，这里要考虑埃及人的排外情绪、各种变革乃至祭司阶层本身的影响，但说句公道话，古埃及人的法律精神是一种基于当时制度、不太尊重正义、与父权政府结合的仁慈。其实不光埃及，整个东方的王朝基本都是呈现阶层分明①的格局，和一个习惯多元、思想多元的社会不一样，一个阶层分明的社会不会存在前者普遍存在的各种不满情绪。只要社会的公平与正义得到尊重，东方王朝中就不会出现不满情绪。

截至19世纪，很多学者都已注意到埃及社会阶层分明的状况，希罗多德提出了“祭司和军人”加上“牧民、养猪人、店家、译员和船夫”的七分法，狄奥多罗斯表示在埃及设置殖民地的雅典人也采用了类似制度，即“祭司、农牧民（及从其中征召的军人）和工匠”的三分法。但有时，狄奥多罗斯也会提出另一种五分法，也就是“农民、牧民、工匠、军人和祭司”五个阶层。斯特拉波提出的是“军、农、宗教”的三分法，柏拉图提出“祭司、工匠、牧羊人、猎户、农民和军人”的六分法，并观察到，当时每个阶层都分得很细，当时的每一种技能和职业都在被考虑的范围之内，每人呈现各安其位、互不干扰乃至父死子继的传统，古印度和古中国也是如此。

基于上述论证，我们知道，截至19世纪，对埃及社会阶层的讨论都还没有得出确切的答案。不过，我们可以肯定的是，在学者们的努力下，我们可以把埃及的社会阶层分成某几个大类，每

---

① 有一种方法把米底奈特哈布（Etruscans）分为四个阶层，其分法似乎不是原创，而是从东方“借”来的，从高到低依次为“Larthes”（统治阶层）、“Tusci”（宗教阶层）、“Rasenas”（军人阶层）和平民阶层（the people）。——原注

一个大类下包括几个小类。和其他学者类似，笔者曾在《埃及和底比斯》第230页中列举过四个大类和下面的小类，今天在这部作品中就再啰唆一次。

第一大类，即作为第一阶层的祭司阶层。祭司阶层包括主神和属于各个阶层的小神的、各类等级不一的祭司，以及各类先知、法官、宗教书记官和御用书记官（使用象形文字）、印章官[①]（sphragistæ）、保管并维护宗教服饰者、医生、尸体防腐工匠、游行队伍中携带圣物者、持圣扇者、保管神像者、神圣宗教动物守护者、祭司阶级专用的石匠、雕刻家及制图员、执事官、洒水者、用拂尘赶苍蝇的人及其他下级宗教事务官员。

第二大类，即作为第二阶层的农业阶层，这个阶层的人以军人和农民为主，可以细分为军人、农民、园丁、猎人和船夫等职业。

第三大类设置的职业主要有工匠、商贩、店主、音乐家、建筑工人、木匠、泥瓦匠和雕刻匠，可能还包括陶工、过秤员（Weighers）及公证人。

第四大类可能包括牧人、养家禽的人、捕鸟人、渔民、劳工和侍者，一个词概括就是“平民”。这种分类还可以进一步细分，比如牧人可以被分为牧牛人、牧羊（绵羊或者山羊）人和猪倌等，工匠和商贩作为大类也可据此进一步细分。以牧人一类为例，根据希罗多德记载，猪倌不仅在自己的阶层中，可能在整个社会中都是最底层——毕竟没人愿意娶猪倌为妻或把女儿嫁给他们。作为一种职业，养猪在古埃及被视为可耻的，因为古埃及人

① 斯特拉波认为印章官属于祭司阶层的成员之一，负责检查祭品，在献祭前为祭品盖章。——原注

认为猪不干净。古埃及人甚至规定，养猪的人不经净化仪式不得进入神庙。印度人对猪倌也有类似的看法，这似乎从侧面印证了希罗多德记载的合理性。①

上述两个阶层是埃及产生法老的阶层。如果第二阶层的成员被选为法老，在登基之前依法必须被第一阶层接纳，并且在祭司的指导下学习各种宗教技能。

① 关于古埃及社会阶层分类的记载，古埃及纪念碑碑文、希罗多德、柏拉图和狄奥多罗斯的记载各有不同，所以此处有必要把“埃及存在多少世袭阶层”这一问题纳入考虑之中。即便到了19世纪，现代社会中也总有那么一些“上流”阶层。而在古代，有三个重要的阶层是世袭罔替的：掌握宗教的祭司阶层、掌握知识的文官阶层和掌握军队的军人阶层，以及由大量官员组成的庞大官僚机构，这些都可以从古代纪念碑上得到直接证明。对于奴隶等下等阶层，19世纪能找到的资料不多，目前只能从付得起昂贵丧葬费和尸体防腐费的古人那里“获得”比较充分的情况，这些人都属于古埃及社会的中上层。古埃及社会的三大阶层严格意义上说不具有世袭的特点，虽然这些阶层成员的儿子因为习惯、思想、教育乃至关系等种种原因必须子承父业，但上述理由在任何时代的任何地区都存在。只不过和现在我们身处的19世纪不一样，上述三个阶层之间的区别并没有那么明显。一个人可以在是祭司的同时在海军或者陆军担任将领，或当一名书记官，负责监造工程或对地方政府进行监督。一个军队将领可以迎娶祭司的女儿，诞下的后代可以当书记官、祭司或官员。希腊作家没有搞清楚埃及社会的阶层是如何产生的，他们可能缺乏必要的信息，或者产生了错误的判断。如今，到了19世纪，我们有理由相信古埃及曾经存在一种拥有土地的世袭贵族，但君主有权处置贵族的土地。君主有这样的权力，可能是因为一种封建所有权，也可能是因为这种制度下的埃及君主相当于全国最大的地主，可以授予良将土地作为奖励。少数大家族垄断了大部分公职，有人认为这是对文官政府的一种有利安排。不过，作为一个阶层，问题的关键还在婚姻方面。埃及文明虽然历史悠久，但19世纪，我们尚未发现埃及文明中存在同阶层联姻的限制。对于没有阶层或种姓制度存在的国家或民族之中，手工业和贸易的世袭是很普遍的，我们不再赘述。见安培（Amèpre）《论古埃及阶层及职业的世袭性》（*Des Castes et de la Transmission héréditaire des Professions dans Fancienne Egypte*），该文发表在1848年的《公共教育学刊》（*Journal de l'Instruction publique*）上。这篇论文得到了当时一些其他作品的支持。——S.B.

埃及法老是政教合一的领袖，就像穆斯林的苏丹一样。法老要负责管理神庙中的祭祀事务①，独掌主持宗教集会的特权②，管理神餐仪式和宗教节日。法老有权宣布国家进入战争状态或者媾和，是军队的总司令③。法老要奖赏有功者，除非与好的政策和国民福祉相悖，可以说是为所欲为。④

王位的传承秉持父死子继的原则，如果继承人不幸夭折，通过通婚、收养等方式选出新的继承人⑤。王后在法老驾崩之后接过权杖不会受到禁止⑥，不过，曼涅托和希罗多德笔下的尼托克

---

① 法老会在神庙中献祭酒。在浮雕中，埃及法老总是被刻画成献祭的形象。罗马帝国皇帝同时是最高祭司（Pontifex Maximus）。——原注

② 一位埃及法老有五种姓名或头衔：一、被展示在建筑物方形围墙前（有时是加闩的门）的“”符号，是荷鲁斯（Horus 或 Harmachis）的象征；二、“南方与北方所有城市的领主”，即“”；三、“黄金之鹰”（Hawk of gold）或荷鲁斯，即“”；四、行政头衔或宗教头衔“上埃及和下埃及之王”，即“”，此象形文字呈现时周围有花边；五、家族姓氏，前面一般还跟着文字“太阳（拉）之子”，即“”。后来到了第五王朝时期，出现了第六个头衔。从第一王朝开始到第十二王朝结束，同一个法老的前三个头衔是完全一样的。第四个头衔的历史似乎和第三王朝的塞奈弗鲁（Seneferu）（此处可能是作者笔误，塞奈弗鲁被认为是第四王朝的法老。—— 译者注）一样古老。似乎直到第十二王朝时期，法老都有自己的第六个头衔。参见布鲁格施-贝（Brugsch-Bey）的《埃及史》（*Histoire d'Egypte*）第 46 页，1875 年出版于莱比锡（Leipzig）。——S.B.

③ 对于呈递贡赋之类的事务、使者的接待及内政诉求，法老都有管理的责任。埃及面临战争时，会组建三十人的战争内阁，法老似乎是内阁领袖。内阁显然由枢密官、书记官和其他高官组成。法老有人事任命权，一切宗教祭品都以他的名义献给神。——S.B.

④ 法老和贵族之间也存在巨大的地位差距，在贵族只能步行的场合，法老可以乘车，而约瑟被安排在法老的第二辆战车中就彰显出他享有崇高的地位，因为法老在场时，其他人乘车是不被允许的。——G.W.

⑤ 这是笔者提出的一种设想，因为现任法老在提及前任法老的时候，大多不会把他们的全名说完整。——原注

⑥ 尽管后来埃及人似乎又不赞成女性掌权了，强迫克里奥帕特拉七世出嫁就是例子。后来，我们甚至发现克里奥帕特拉七世及其儿子的名字一起出现在古代雕像中。——原注

里斯似乎直接就是“女法老”（queen），而底比斯和阿比多斯神庙中的统治者年表则完全不把女性记录在内[①]。

有时，埃及法老是强势的统治者，这样的统治者掌权要么依靠血统强调自己的合法性，要么利用国家的内乱状态，建立一个支持自己的派系，然后武装夺取政权。我们没理由认为埃及法老靠选举产生，尽管辛奈西斯（Synesius）引导我们这么想——他肯定地记载，王位候选人都要被集中到尼罗河利比亚一侧一座位于底比斯的山上，根据集中到这里的选民（祭司或军人）举手表决的结果产生新法老。但对于这种值得思考的问题，只有权威的断言是不行的，并且考虑到这种结论与历史乃至象形文本的记载不一致，我们不该采信。

根据埃及纪念碑，埃及王朝的王位继承确实是父传子，一传好几代的那种。就算真的靠选举产生过法老，想必也是因为当时不存在直接、合法继承王位的人。狄奥多罗斯表示：“古代的国王不是靠血统继承，而是根据功绩进行选举。”

19世纪，我们还无法确定这是不是埃及君主制文明开始之初的情况，我们认为血统继承和功绩选举是兼而有之的。希罗多德和狄奥多罗斯提到，第一个埃及法老留下的王位就是由他的后代继承的，而由古代雕像可以证明第十八王朝及之后的王朝也遵循了血脉传承的规矩。普鲁塔克也没明说埃及法老从军人和祭司中选举，这说明选举制是在缺乏合法继承人的情况下才被使用的。

① 决定继承权的是母系的血统，19 世纪的埃塞俄比亚也是如此。一位君主迎娶不具有王室血统的女性为后，后代就不具有王室成员的合法身份，所以从第一王朝开始女性就可以不需要男性独立掌权，并且成功的案例有很多。参见布鲁格施-贝的《埃及史》第 44 页，1875 年出版于莱比锡。——S.B.

罗塞塔石碑进一步告诉我们，埃及王位“永远属于他（法老）和他的孩子们”。但王室不会因为自己是王室而随意违犯自己定下的各种法律。法律文本作为宗教典籍的一部分被认为是神颁布的，人们对法律的尊敬就像一种宗教迷信。质疑或者不从都被认为是对神的反叛，从而受到重罚①。

对古代史进行研究后，我们发现埃及人的法律是本着对社会福祉的最大尊重这一原则而制定的。狄奥多罗斯说：“如果这个无与伦比的民族（埃及人）不是拥有最好的法律和习俗，如果人民受到的不是最有益的法律的指导，它就不可能在整个时代保持这样的繁荣。”

法律不是简单设计给底层人们的条条框框，就连法老也不敢违法而恣意妄为，这是由于因违法而受到责备有损自己作为统治者的威信。不管是公共义务，还是私生活准则，都会被遵守，甚至包括食物和酒水方面的严格限制。从外观上可以轻易区分法老和平民，法老会戴冠冕（uræus，臣民不许戴），虽然没有权杖，但有特制的袍服。在战时，法老还会戴特制的头盔（khepersh）。

一个军人阶层出身的法老在登基前对宗教知识是一无所知的，所以必须参加学习，以此了解关于神和法律的一切秘密，并且避免和不恰当的女人性交或任命不称职的人当官等。如果祭司阶层的后代被选为法老，只选择地位最高的祭司的后代，因为这样的人从小就受到最好的宗教教育。这是一种预防性措施，让选

① 这些纪念碑表明埃及君主制是世袭的，君主应该是众神的后代，男女皆是。部分王室成员的姓名确实体现出一种选举的概念，但这是一种宗教选举。君主在世时，可以指定或任命继承人；当然，继承权也是存在争议的。——原注

出来的法老不会服从自己内心最邪恶的冲动，如果在他身边，有人引诱他堕落，那就麻烦了。

当法老并不意味着就可以为所欲为，必须服从前人依靠智慧留给自己的规章制度和祖训，这是为了保证法老和国民的福祉①。埃及人认为，法老也是官员群体中的一员，必须维护国家利益，为国服务，并且必须治理好国家，国家不是法老的私有品。埃及法老深受这样的思想影响，严格遵守法律。法老的一天受到极其具体的时间表限制，固定的时间只能做固定的事情，无视规章制度会产生不好的结果。破晓时分②意味着办公时间开始，法老要批阅一切书信，不能有一封遗漏。然后穿上法袍，按照惯例参加献祭仪式。祭品被摆到祭坛前，大祭司会站在法老身边③，参与者站在距离两人不远处，祈祷④神赐予法老健康和其他一切祝福⑤，以回报他对法律的尊重、对正义的热爱及对他统治的人民的行为。祈祷时，法老的品质会被一条条提出，尤其要提及他对神的虔诚及对一般人的仁慈与和善。法老的自制、公正、宽仁、热爱真理和慷慨都被赞扬，尤其要赞扬法老超脱了忌妒和

① 《圣经·申命记》中列举了关于犹太王行为的若干禁令。——原注

② 希罗多德认为阿玛西斯从一天的黎明到开市时间（或者说一天的第三个小时）之间都在办公。——原注

③ 实际上，这不是在神庙之中，而是在院子里进行。因为平民可以进入院子，但只有在特殊场合才能进入神庙的圣殿，这一点和犹太人一样。——原注

④ 跟从哈里发时代到19世纪的穆斯林清真寺一样，苏丹·赛里木（Soltan Seleem）征服埃及以后保留了马穆鲁克贵族阶层，前提是每年向奥斯曼帝国称臣纳贡，在宗教信仰上服从君士坦丁堡，并在公共祈祷文和钱币上嵌入苏丹的名字。在1832年到1833年的叙利亚战争中，穆罕默德·阿里（Mohammed Ali）想到了用自己的名字代替苏丹·马哈茂德（Soltan Mahmood）的名字这一策略。——原注

⑤ 罗塞塔石碑上有这样的信息："因为神赐予法老健康和权力等一切礼物，法老及其子孙将永远统治王国。"这或许就是狄奥多罗斯强调的内容。——原注

贪婪这两个人性的弱点。法老对于罪犯给予最宽大的刑罚，对值得宠爱的人给予慷慨的回报，于是法老的品格更显高尚了。之后就回顾法老的各种行为，包括他因为无知或托付不当而犯的错误①。值得注意的是，古人已经采用“君主豁免”这样的原则，只处罚大臣和谋士。狄奥多罗斯认为这是告诫君主要敬畏神，从而择善而从。然后，法老就开始检查祭品，并且主持祭祀，书记官开始负责宣读有记载的名人事迹及言论。

人们希望法老应该从善如流，着重从先王旧事之中汲取教训，必须遵守对国家有利的行为准则，但并非只在公开场合才是如此，就连私生活的每一个细节都有细致的规定。狄奥多罗斯断言餐桌上只允许出现牛肉和鹅肉②及少量的酒水，原则是满足法老一天的基本需要，同时不让他纵欲过度。但我们或许不能采信普鲁塔克引自欧多克索斯关于酒水很晚才在法老餐桌上出现的记载③。总之，节制性规定是有益的，人们宁可相信这不是一种规定，而是一种养生法则。

普鲁塔克认为，古埃及最伟大的地方主要在于那些防止领袖轻率下判断并采取行动的规定。由于法老也被迫守法，所以必须依法对违法者施以公平的惩罚。

惯于践行道德的人最终会对此感到满足。埃及法老坚信自己所做的一切既有利于为国谋福利，也对自己的幸福有利。埃及人承认感情被放纵是有害的，爱情、愤怒和其他强烈的情感冲动比

① “法老不会做错事”这一观念比我们想象的出现得更晚。——原注

② 这是当时最常见的肉。埃及人也吃野生山羊、瞪羚、大羚羊和各种野禽的肉，我们可以在古雕像中看到。——原注

③ 早在约瑟时期埃及法老就喝酒了。法老有酒政官（chief butler），这是为法老斟酒的人。——原注

责任感更强大，甚至能冲昏很理性的人的头脑。所以埃及法老都愿意遵守被制定出来并被有理智的君主批准的行为准则，对臣民就像父母对子女一样施以公平与公正的善意。埃及祭司，乃至全体埃及人都会像珍视自己的妻儿和最珍视的宝贝一样为法老的幸福而担忧——这就是狄奥多罗斯认为埃及文明能持续这么长时间且繁荣的原因。对外战争的胜利带来大量的财富，让各行省和城市展现出无与伦比的辉煌，这是任何其他国家都无法比拟的。

埃及人不仅在法老生前敬爱他，死后也是。埃及法老的葬礼表明，埃及人知道对自己有恩的人现在已经不在了，仍然对他的仁慈心怀感激，并对他的美德赞赏有加。当给予臣民恩惠的法老已经不在人世，他已经不能目睹给予的荣誉时，还有什么比直接表示感谢更显得真诚呢?

一位埃及法老驾崩[①]，全国都要哀悼72天[②]，唱赞美诗纪念他的美德，神庙关闭不再献祭，宴会或节日都不举办。人们撕破自己的衣服[③]，往头上撒土，甚至组成一个两三百人的男女队伍，他们每天在公共场合聚会两次，为法老唱挽歌。这些人还实行普遍的斋戒，既不吃肉，也不吃面饼，并且不喝酒，不吃各种味道鲜美的东西。

在臣民哀悼的同时，葬礼开始筹备了。临入葬前一天，法老的遗体被安置在陵的前厅供人瞻仰。人们会陈述先王的生平事

① 被认为驾崩后就能上天堂。——S.B.

② 《圣经·创世纪》："埃及人为他哀哭了七十天。"——原注

③ 为死人哀悼到了19世纪已经成为一种被普遍采用的习俗，不同场合的情感表现都不一样，比如雇人哭丧，如果死者是出资人的父母，被雇的人拿到的钱较多；如果死者是出资人的朋友，被雇的人拿到的钱较少。——原注

迹，这时，如果有人站出来控诉，并且其控诉的内容足够猛烈，甚至可以阻止法老得到符合自己身份的葬礼待遇。因为担心在这种考验上“翻船”，法老们往往会在生前尽量努力履职，所以这种制度起到的威慑效果远远超过尊重法律或热爱美德所灌输的任何情感。①

前面说过，古埃及社会主要被分为四个阶层，第一阶层当然是最高的，法老主要从他们当中挑选自己的亲信和国家官员。这些官员帮助法老治国理政，利用宗教书籍解释为什么会存在约束法老的道德准则并要求他遵守。这些官员经验丰富，具备天文学知识，了解历史，被认为可以预知未来②。根据狄奥多罗斯的记载，一个女人被任命为祭司，其他很多人被请来负责献祭并举办仪式。祭司团针对不同的神有不同的成员，分工很明确。

除了前面谈及的祭司阶层分工③，我们还要着重谈一谈服务

---

① 犹太人的习惯类似，坏的君主会被剥夺安葬在祖先陵中的权利［一些君主驾崩后会被神化，为配合其神化，配置了专门的宗教神职人员，第四王朝时期的塞奈弗鲁似乎就得到了这样的待遇，还有很多其他法老也得到了这样的待遇。托勒密王朝时期，这类祭司中地位最高的是亚历山大大帝（神化形象）的祭司。——S.B.］，约瑟夫斯认为这种情况一直延续到阿摩尼（Asmonean）时代。——G.W.

② 懂天文学的人被认为可以洞悉“her seshta en pa”（天上的秘密）和“her seshta en ta”（俗世的秘密），一些在矿井和地窖等地工作的人也掌握这类知识，但不清楚他们是否属于祭司阶层。——原注

③ 在象形文字中，祭司阶层写作“”（neter hent），是社会的最高阶层。最重要的主神有四名大祭司，他们依靠资历或通过选举产生。较低级大祭司写作“”（neter atef），可以出任先知的职务。有一种“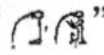”转写成英语是“washers”或“purifiers”，这是一种下级祭司。“”是“神爱的人”（beloved of god），一种更低级的祭司。还有“”（fai sen-neter），即“掌管熏香的人”，除了掌管熏香，还负责神庙及其财产的照料和维护。“”（har heb）指负责招募在葬礼上为亡者祈祷同时兼具其他职能的人。“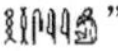”（hesi）指神的“游吟诗人”（bards）。大祭司对国内的整个宗教机构履行监督、管理的职责。大约在公元前238年（托勒密一世）时期，祭司被分为四个“tribes”，实际上

●人们往头上撒土表示哀悼

诸神的女祭司群体。国王和王后的女祭司有表明自己特殊身份的头衔，最明显的就是阿蒙神祭司，头衔一般写作“Pellices”或“Pallakides”。因为这类女祭司往往出身高贵，甚至王后本人及其后代（公主）也是祭司团的成员，她们都认为自己履行这种职责是一种荣誉。我们可以得到这样一个结论，就是这类女祭司是当时在宗教服务中地位最高的神职之一①。

这些人就是希罗多德所说的献给底比斯朱庇特神的“圣女”（holy women）。根据狄奥多罗斯的记载，这些人的墓在山谷里，距离底比斯的奥西曼提斯陵（保存到了19世纪）只有10斯塔迪亚的距离，距离米底奈特哈布古迹3000英尺。墓本身的存在，与墓相关的雕像存在，以及目前发现墓中安葬的几乎都是法老的妻妾和女儿，这些事实都说明墓主人一定是当时埃及王朝地位最高的女性。

除了女祭司阶层，还存在一种类似的阶层，可以认为是前述女祭司阶层的一个分支，主要履行仅有男性祭司的妻女才能履行的宗教职责，这种职责一般被交给“Pallakides”的成员执行。这些人同样享受手持法杖侍奉神的特权。

传说女性神职人员中也有娼妇存在，这可能是因为希腊人脑海中的“堕落”观念与无知——这些人的猎奇心理很强，有一项恶名就是对外国风俗与文明知之甚少，并且他们所谓的“入乡随俗”都不过是面子功夫。但古埃及人是最笃信宗教的民族，女祭

也就是四个阶层，后来又增加了一个阶层。——S.B.

① 在象形文字中，参与宗教事务的女性写作“”（neter hem），意思是“神妇”（divine wife）。“”或“”（neter tut）是“神婢”（divine handmaid），在地位上和职能上相当于“Pallakides”。“”（qema）指歌手。“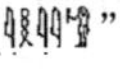”（achi）指拨浪鼓手。女性在神庙中也有若干职能。举例说明：所谓“neter tent”，即女先知，这种行业在12世纪就不存在了。除此之外，还存在“kenemt”，即阿蒙神祭司。——S.B.

●右一至右三：母女三人都担任祭司；左一和左二：拉美西斯大帝的两位王后

司出身又是最高贵的，这种猜测恐怕是不明智的。所以，像这种“圣女堕落”的故事实际上是古代学者的自欺欺人罢了。

希罗多德指出女性没有资格担任神的祭司，只有男性能当祭司，但该论断显然更适用于高等级的祭司，或者其他某些高级神职人员，因为他也曾论及侍奉阿蒙神的女性，其他古代学者的作品也佐证了这一观点。狄奥多罗斯曾提到辛努赛尔特之女阿提提斯（Athyrtis），此人精通占卜之术，向父王预言军队在未来一定会成功，并且催促他赶快设法执行自己的军事征服计划。只要精通占卜之类的术数，简直足以左右朝政。而作为埃及的法老，精通宗教法术本来就是基本要求。阿提提斯的一切观测和占卜都在神庙中进行，在罗塞塔石碑和纸莎草文献中，我们直接读到王后和法老多名女儿出任女祭司职务。

不单是宗教职业，就连特制的服装都很可能采用父死子继的规矩，就像犹太人的法度一度规定的那样（G.W.）。不过，具体的等级高低可能会发生变化[①]。假如丈夫献身给一位神，妻子很可能会追随他。这种夫妇享有重要特权，全家都可以享受——如免税，生活必需开支几乎没有（都由公帑提供[②]），这个群体在分配埃及土地的时候可以享受三分之一（并且这部分土地完全免税）。我们发现，当法老听从约瑟的建议用埃及人的土地来替代粮食的时候，祭司不必献上土地作为祭品，也不必像非祭司群体一样缴纳20%的粮食税。狄奥多罗斯说埃及的土地被一分为三，法老拥有三分之一，祭司拥有三分之一，剩下的属于军队。笔者倾向于认为埃及古墓浮雕中已经暗示了埃及地产的专有制度，如果法老、祭司和军人才拥有土地[③]，那么浮雕反而显得与《圣经》的内容相符，让我们想到法老买下埃及人的所有土地，然后让他们给自己耕种，并且征收税率20%的土地税的内容。希罗多德会试图引导我们做出这样的论断，即辛努赛尔特把土地平均分给每个埃及人[④]，每年从耕种的农民那里收租。

祭司阶层内部分出了若干小阶层，彼此之间在地位上同样存在天壤之别。祭司长（chief priests）和大祭司（high priests）是地位最高、最尊贵的。不过，实际上，只要能在神殿中献祭，就意味着拥有最尊贵的宗教地位（通常都是法老亲自献祭）。不过，也可能存在

① 祭司的产生有两种方式：法老直接指定和选举。——S.B.

② 祭司直接从神庙领取物品。托勒密三世下令，给祭司妻女的面包直接做成一条，在上面印上自己女儿的名字或头衔作为标记。见莱普西乌斯1876年在柏林发表的《卡诺普斯双语法令》（*Das bilingue Dekret von Kanopus*）。——S.B.

③ 国家给祭司和军人发放津贴，尽管在约瑟时期的饥荒中军队因此受益的情况似乎并未被提及。——原注

④ 这里应该是指分配土地给农民耕种，自己控制地权，同时要求农民交货币租金或者实物产出（总产量的五分之一）。——原注

这么一种情况，就是若干祭司长轮流在重要宗教场合担任主持，即享受这种荣誉的不止一人。但对于一个神的祭祀仪式，祭司长并不被要求在另一个神的神庙中主持仪式，在神庙中向主神献祭不受此例影响，例如向作为冥界[①]（Amenti）审判官的奥西里斯献祭。有一些人因为对神献祭，其地位远比其他人高。对于祭司来说，服务大神的也许比服务小神的更受关注和尊敬。大神的高级祭司一般都在埃及的主要城市，阿蒙神的最高等级的祭司在底比斯，普塔神的最高等级的祭司在孟菲斯，拉神的最高等级的祭司在赫利奥波利斯。

祭司有若干种，比较重要的一种是先知。这种人特别精通与宗教、法律、对神的崇拜和整个秩序的纪律有关的一切事务，不仅主持神庙工作和神圣的仪式，而且指导对宗教收入的管理，在庄严的游行队伍中，先知们很引人注目——他们携带着法老本人在类似场合经常携带的宗教圣物，当需要为宗教事务引入新法规时，他们与祭司长的意见最先被征询。正如我们在罗塞塔石碑中发现的那样，在通过关于授予托勒密五世荣誉的法令时，祭司长和先知们领导的秘密会议在孟菲斯的神庙中召开了。

祭司的神圣职责赋予他们管理所有精神事务的专有权，以及宣布神谕、进行威慑和监督宗教崇拜的职责，目的是确保神得到社会普遍的尊重。祭司因其卓越的理解力和丰富的知识而受到尊敬，而这些知识只能通过他们独特的教育获得。考虑到他们必须在寺庙里为国家和居民的福祉服务，除了能得到大量的免费物资外，他们还获得了充足的货币收入。因为埃及人认为对神的荣誉的管理不应该是不变的，而应该总是由同一个人以同样的方

① “冥界”是意译，也有音译为“阿门提”等版本的。——译者注

式来管理，所以那些在智慧上、知识上高于所有同胞的人不应该在生活的舒适上、便利上低于他们中的任何一个人。基于类似的观点，法老也能分配到一定钱物，以便奖励那些对国家有贡献的人，从而让他们有充分的手段来维持自己的荣誉和尊严，这样一来，臣民不会负担过多的苛捐杂税。

祭司能在当时人们的思想中占据优势的主要原因是人们对神秘事物的重视，而只有祭司才能彻底了解这些神秘事物。祭司的宗教秘密如此神圣，以至于许多祭司团都不允许新成员加入。只有那些证明自己品德高尚且配得上这一荣誉的人才会被选为新加入的成员：亚历山大的克莱门特[①]（Clement of Alexandria）认为埃及文明的宗教秘密不是所有埃及人都了解的，更不会让亵渎宗教的堕落者知晓，只会留给王位继承人，或那些品德高尚、智慧卓越的祭司[②]。

对于埃及宗教的这些保密内容，根据我们在19世纪了解到的资料，似乎分为两部分。为了了解等级较高的一部分，研习较低部分内容的学生可能被分为四个不同的等层。候选人的品格必须是纯洁无瑕的，学习的过程旨在提倡道德、净化心灵。

祭司掌握的实际上是埃及国内级别最高的机密——当然，这是以一个祭司阶层成员被作为王储培养为前提的。如果王储是军人阶层出身，直到登基前都不会真正插手宗教事务。不过，基本的宗教事务其实有很多非宗教阶层的人（包括一些希腊人）参与。但这些人级别的晋升同样要严格按照规定进行。

---

① 与后文中的“Clemens of Alexandria”是同一人，此人的姓名有两种写法。译者尊重原著，采取直译策略翻译。——译者注

② 亚历山大的克莱门特说道：“所以，在深层次上，埃及人和犹太人很像。”——原注

狄奥多罗斯是这样评价埃及教育的：

“祭司阶层的后代被教育使用两种文字[①]，即宗教文字和通俗文字，并且侧重几何和算术的教育，因为国家的命运和尼罗河紧密地联系在一起，也因此成为导致地主们针对自己所有土地的范围进行各种争论的问题根源。如果不具备相应的知识，只靠肉眼观察，很难切实地解决问题。除了天文教育，祭司阶层同样重视经济理论和几何理论的实践。埃及人对星象的掌握不亚于世界上任何一个先进的民族，对每一个天体的运动追踪都能持续若干年，令人难以置信。埃及人从很早就开始研究星象及其运动，对于行星的运动、周期和位置的观察及对生命（认为这能影响人的一生、农作物收成、疫情、自然灾害及其他不可思议的事情）的影响也相当了解。据说，巴比伦的迦勒底人都来自埃及殖民地，因为他们跟随埃及祭司学习、掌握了高超的占星术。普通人的知识都是继承自父母，被用于接班，只有少数人有文化，这些都是阶层更高的工匠。”

因此，埃及人的教育模式似乎取决于父母，父母会根据自己认为满意的生活模式和职业，将知识传授给后代。

希罗多德经过细致的观察后指出，埃及人尽量将历史事件都记

① 狄奥多罗斯和希罗多德这里提到的应该是埃及文字中的“祭司体”（hieratic）和“通俗体”（enchorial），没有考虑“象形文字”（hieroglyphic）。在写同样的内容时，波菲利和亚历山大的克莱门特表达更加清晰，波菲利说毕达哥拉斯在埃及的时候已经学会了“碑文体文字”（epistolographic）、“象形文字”（symbolic）和“符号文字”三种文字，亚历山大的克莱门特则认为埃及人的教育中存在三种语言表述，一种是书信体（也作通俗体），一种是祭司体，还有一种是象形体。——原注

录下来，特别注意当类似的事件再次发生的时候结果是否一样。

如果我们认为古埃及人最引以为豪的宗教在表面功夫上太过浮夸，不是真正的虔诚，就必须考虑到古埃及宗教的礼仪是作为一个东方国家的礼仪而存在的，并且记住祭司们不是只会嘴上说这些礼仪，他们对自己的要求比其他任何阶层更严格，并且给大家做了榜样，然后从中得到好处。祭司们不仅借此得到了其他埃及人的尊重，自己的品德也因此得到升华，像自己的知识一样引人注目。

以19世纪的观念来看，祭司阶层这么做是不对的，因为宗教研究排他性很强，对国民有所隐瞒。但这种责备显得过于形而上学，在这里不适用，和埃及祭司的职责与国家的福祉也不相称。祭司阶层认为必须常常反复提醒自己承担该有的职责，并且努力敦促自己遵守为鼓励道德而制定的规则，这样一来，对现世和未来苦难的恐惧促使他们过上公正而高尚的生活。因为担心来生受到惩罚，因为希望建立一个更幸福的国家，因为害怕统治者的不悦和国家的严刑峻法，所以一定要控制自己的情感，就算不能亲自实践美德，至少也要赞赏美德。因为祭司不仅具有崇高的道德，更具有卓越的才能，所以更加受到迷信的埃及人的尊敬，祭司下达的命令都会得到恭敬的执行。

祭司采取这些策略，似乎是要增加自己所掌握的知识与技能的价值，进而在迷信的埃及人的思想中获得更多优势。但如果我们了解“约定俗成”这种力量会让人们长期适应既有的统治形式，我们就必须意识到一些制度应该是深受爱戴的，否则到不了改革完全推行不下去的地步——不仅托勒密王朝做不到，就连罗马人也做不到。我们可以得到结论，埃及祭司所指定的规章制度都是很有智慧的，都是为了百姓的福祉。如果立法者拥有卓越的才能，即使采取绝对的手段，也常常能给社会带来很大的好处，比使用武力强制统治有效得多。

当然，肯定也会有人对此表示质疑。我们已经看到，古希腊人、古罗马人和其他民族，宗教会因为对神秘现象和被隐藏起来的真理的胡乱解释而遭到歪曲，最后反而对社会道德有害。宗教大分裂一直是宗教投机现象导致的，是对最原始状态下纯洁的宗教的玷污。过了一段时间，人人都被允许沉迷于迷信而非真正的宗教，埃及社会就开始因各种疯狂、异想天开的思想而迅速腐化与堕落。后来，基督教的纯洁性也因此被一度玷污。从沃皮斯库斯（Vopiscus）作品中可以看出，罗马帝国皇帝奥勒留（Aurelian）认为自己在祭司的学问、预言和医学上其实根本无足轻重。祭司的歌谣总是要换新花样，结果祭司们都把自己的聪明才智用在写对抗政府的歌词上，从而捍卫其实根本不存在的、只有表面的自由这个方面。所以，我们其实没有理由谴责埃及祭司。如果对埃及宗教稍做了解，就会认识到这种宗教比因盲目信奉而虚构出来的多神教对人更有益，因为多神教与他们自己宣称的宗教精神相悖，却试图让信众相信这些信条。利用多神神话作为伪装，将祭司的神性和知识隐藏起来是不公正且残忍的[①]。反过来，贬低神的本质，让神跟人一样粗鄙也是不公正的。实际上，应该在人们有能力提升自己思维水平的时候让他们多少能够洞察到一些真理，这些真理被称为“埃及人的智慧”。神性统一理论本来是所有阶层都能学习的，“以霍亚”[②]（Îhôah）的无形力量和永恒存在这样的

① 笔者指早期的埃及祭司，不是罗马统治埃及时期的祭司。——原注

② 这是神性统一的至高神名字的希伯来语写法，意思是“存在之存在”（The

概念高度，比任何能描述出来的属性或浮雕中刻画的神像，更能提供一种更高的、关于存在的原因和统治一切造物主的概念。因此，不管是“三位一体”（trinity）的特殊性质，还是真理和创造力之间的神秘联系（古代雕像中也有所刻画），在此处其实没有必要详述，否则就可能把简单的符号和深奥的科学理论混淆了。

埃及祭司不仅努力在品质上展现出博学和虔诚的特点，在行为举止上也尽量树立谦虚、克制的好榜样，至少表现出两个特点——简朴和禁欲。埃及人从不暴饮暴食，餐桌上没有特别的珍馐美味，进食和饮酒的量也有细致的规定①。祭司们很担心自己饮食过量从而变得肥胖，就连在照顾阿匹斯神牛的时候也是如此。如果普鲁塔克的记载可信，阿匹斯神牛不能饮尼罗河水，因为人们相信喝了就会发胖。

祭司们对食物的数量和质量都很讲究——猪肉尤其让他们感到讨厌，鱼一般也被认为是不准吃的，虽然除了第一阶层，大部分埃及人都吃从尼罗河里和海中捞出来的鱼②。在每年第一个月的第九日③，要做一种宗教仪式，就是所有人要在家门口吃一条炸鱼，但人们不希望祭司参加该仪式，祭司只需在规定时间内把一条炸鱼烧掉就可以。埃及祭司很厌恶豆子，希罗多德这么断言：

Being of Beings）或“是及曾是之人”（who is and was），也就是耶和华（Jehovah 或 Yehouah）。在英语文化中，有时将 G 的力量赋予 J，进一步改变了这些词语的意思。其他例子如“Jacob”“Judah”和“jot”等。——原注

① 根据普鲁塔克的记载，埃及常常要举行斋戒仪式，祭司在仪式期间完全不喝酒。犹太人的祭司在进入教堂时也是不能饮酒的。——原注

② 毕达哥拉斯就是在埃及养成了不喜欢鱼的习惯。——原注

③ 在被罗马征服时，埃及历法中的 1 月 1 日和罗马历法中的 8 月 29 日是同一天。——原注

“埃及人是不种豆子的，就算豆子自己长起来或者有人把豆子煮熟，也没有人吃。”

据说古埃及人不吃豆子是由于卫生，而毕达哥拉斯近乎偏执地继承了这种厌恶，笔者则偶然发现在埃及[①]“并没有人阻止种植豆子”。狄奥多罗斯明确指出，有的人就是不吃豆子，就像埃及生产多种蔬菜，而古埃及人不喜欢吃，并且最讨厌扁豆、豌豆、大蒜、韭菜和洋葱——祭司是绝对不吃这几种蔬菜的。不过，从古代学者文献中能读到，对蔬菜和某些肉类的禁令仅限于宗教仪式进行期间。如果普鲁塔克的记载可信[②]，非祭司阶层的埃及人养猪其实不被禁止。每年有一次，埃及人要在满月时杀一头猪献给泰丰（Typho或Typhon）神，献祭仪式结束后把猪肉吃掉。

有一点值得注意：洋葱及初熟的小扁豆[③]和葫芦、蛋糕、牛肉、鹅或野禽、葡萄、无花果、酒及牺牲的头一起作为祭品摆放在祭坛上。祭品被排列成空心圆形，放在桌子或祭坛上，并用包裹住或盖子盖住。虽然也有例外，但一般来说，这种仪式都由穿豹皮[④]服装的祭司来执行。

总体上，可以用普鲁塔克的一段话总结：

“美食的诱惑是必须被祭司排除的，如果要举行净化仪式，

① 见《埃及和底比斯》第216页。——原注
② 希罗多德：“满月之日，献给神的祭品会被奉献者吃掉一部分，这是一年中埃及人唯一吃猪肉的场合。”——原注
③ 在埃及历法中的每年8月奉献。——原注
④ 豹皮有斑点，常被误认为是鹿皮。——原注

●1 洋葱被捆绑在各种果菜的顶端，用于祭祀，旁边的埃及光头祭司身穿豹皮衣服；2 和 3 一捆捆洋葱被摆在架子上

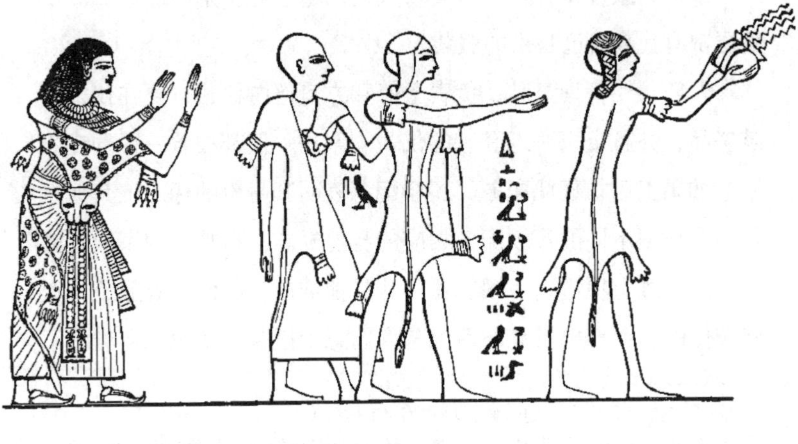

●四位穿豹皮衣服的祭司，左一：作敬拜状的祭司；左二：普塔（Ptah）祭司；右一和右二：献祭中的祭司

伙食中甚至不能有盐。”

不过，有一些蔬菜还是可以吃的，因为很健康，所以受到祭司的欢迎。古埃及雕像中常常可以看到豆类和果蔬的图案，老普林尼等学者意识到埃及的果蔬生产情况可以用“量大质优”来概括[①]。

祭司阶层的沐浴和饮食规定都很严格，宗教习俗都被遵守，每日白天沐浴一次，晚上两次[②]——当然，也有人是假装的，用鹮喝过的水洗了两次澡，结果被认为是洁净的水，然后蒙混过关。这些人每隔三天剃一次头和全身毛发，以这种方式而不是沉迷于奢侈的沐浴来保持清洁。在斋戒之前，要举行盛大的净化仪式[③]，许多斋戒会持续7天到42天不等，有的持续5天甚至更长时间：在此期间，他们完全不吃动物性食物、草药和蔬菜，最重要的是，一定不能纵欲。

祭司的服装很朴素，只有仪式用的袍子才特别绚丽。每一个阶层都有代表自己身份的服装。

大祭司要管理祭品、负责圣船和方舟巡游仪式，要在仪式上献祭品，并且负责法老登基的仪式。祭司一般都披着一件豹皮衣服，如果王后担任此职务，还会配备表明其身份的标志，其他祭司也会根据不同的等级配备相应的身份标志。在神庙的宗教仪式上，人们戴上项链、手镯、花环和其他饰品。他们的衣服是用亚麻布做的，用普鲁塔克的话说是人们急于摆脱一切源于自然的不

① 阿美尔占领亚历山大的时候，城里有4000名菜贩子。——原注

② 波菲利（Porphyry）认为是一天三次，只有在特别的场合才要求晚上必须洗一次。——原注

③ 盲诗人荷马提到这一点时，特别指出朱庇特祭司，并且说他们只有脚没洗。——原注

●穿豹皮衣服的祭司

●负责葬礼的祭司及书记。祭司正在往木乃伊身上泼水

●宗教仪式上祭拜的官员（右）及旁边的祭司（左）

洁之物。普鲁塔克还表示，对于那些煞费苦心地从身体上清除毛发和其他多余东西的人来说，穿着用羊毛或其他动物毛发制成的衣服肯定是荒谬的事情。①

埃及人似乎对羊毛织物作为裙袍（Under robes）有一种偏见，一般只披一件羊毛披风。如果老普林尼②的记载可信，埃及人也穿棉织物。但因为“（羊毛上的）虫子会伤害身体”这样的看法，死去的祭司穿羊毛织物下葬被禁止了。祭司在进入神庙之前，也被要求必须松开裙子的一部分。祭司穿凉鞋，凉鞋由纸莎草和棕榈叶制成。埃及祭司的简朴习惯在他们的寝具上同样也有体现，很多

① 宗教阶层人士很注重身体的清洁，通过剃发刮须、清除体毛和沐浴的事例就能看出来，并且施加严格规定强制执行。后来，希罗多德提到埃及人行割礼，很可能也是出于同样的动机。“爱干净”的群体不只祭司——木乃伊等事例告诉我们，割礼是可以被埃及人用来区分敌我的明显标志。后来，埃及来了很多外国人定居，是否行过割礼更是成为区分正统埃及人和异乡人或不墨守成规者的一个独特标志。割礼几乎是和古埃及文明相生并行的，至少在公元前 2400 年就已经存在，真实的起源可能更早。埃及祭司如果出国或在神庙中主持宗教仪式，被允许穿一件或多件衣物。如果主持殡葬仪式，即“Sem-style”，祭司会穿一件亚麻衣服打底，外面罩一张豹皮。可能加上古印度的宗教祭司，世界上只有三种古代宗教的祭司是穿亚麻布袍子的，另外两种是古埃及宗教和犹太宗教的祭司。在亚麻纺织物中，古埃及的可以说质量最好：祭司常穿一件长袍，长袍有袖子，遮住全身直到脚踝的部位，透气性很好。除了长袍，里面还要套一件及膝的短裙。有的祭司会穿覆盖从脖子到脚踝的亚麻布袍子，有的祭司作法的时候只穿一件短裙，露出手臂和腿，有的会穿一件薄长裙，这种长裙很像宽松的衬衫，有袖，也能遮住脚踝。外面是亚麻布外衣，包住下半身，在人体前方遮住及膝的部位。被称为“hieraphoros”、配备宗教标志的祭司常穿一种长围裙，靠肩膀支撑不滑下来，具体可参见本书插图《各种祭司》图 4。埃及祭司通常没有头发，有时戴帽子或假发，胡须等都被清理得很干净。从 19 世纪已出土的古花瓶和雕像来看，米底奈特哈布的祭司和古希腊祭司常常也是秃头。埃及祭司的亚麻裙子穿在身上会形成一种独特的褶皱，这都拜一种独特的工具所赐，本节专门给出了插图，其中一件被保存在佛罗伦萨博物馆。——G.W.

② 希罗多德认为埃及人只穿亚麻织物。——原注

●各种祭司：1 坐着的祭司；2 作祈祷姿势的祭司；3 作敬拜姿势的祭司；4 点圣火和泼洒圣水的祭司；5 被包裹起来的祭司；6 作敬拜姿势的祭司；7 手持扇子的祭司；8 木乃伊的看护人（karheb 或 cholchytes），正在进行宗教仪式；9 穿戴羽毛的祭司，正在进行宗教仪式

时候只要有一张皮铺在地上就可以当作床来睡觉了。有时，睡觉的时候也会使用棕榈树枝搭的床①，上面铺上垫子或树枝。根据波菲利的记载，埃及祭司的“枕头”实际上就是半截圆木，这是埃及人通用的一种枕头。

所有埃及人都采用同样的头部支撑方式，在底比斯的墓中发现了相当数量的这种枕头：一般为梧桐木、刺槐木、柽柳木或

① 应该是 19 世纪埃及的“caffass”。——原注

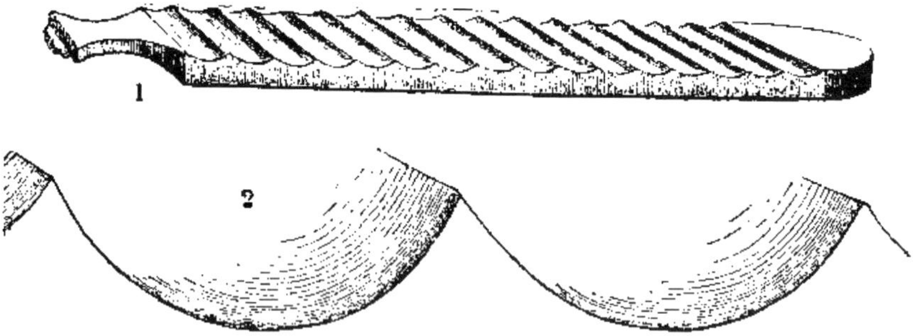

● 1 为衣服制作褶皱的工具；2 为连衣裙的裙边

雪花石膏，造型别致，常有彩色象形文字作为装饰。在阿比西尼亚（Abyssinia）和上埃塞俄比亚（Upper Ethiopia）的部分地区，那里的古代先民也用类似的枕头，材质主要是木头、石头或陶土。这种形状的枕头不是阿比西尼亚和尼罗河流域特有的，日本、中国[①]和阿散蒂（Ashantee），甚至在奥塔希特岛（Otaheite），都发现了木制的同类产品，但比非洲款式的枕头长一些，并且没有凹陷。尽管祭司们尽量以自己的方式避免奢侈的生活和炫富，阶层之间的巨大区别及他们庞大的财富还是很显眼的——从他们别墅的规模和他们拥有的财富来看，恐怕前面给祭司们的大部分荣誉都得被收回了。除了宗教职责，祭司们还担任法官、立法者及法老顾问等重要职务；与东方其他许多国家一样，法律都被作为宗教典籍的一部分，只能由宗教教团的成员来执行——对法官这一职业的探讨暂时到此为止，因为我们在后文将专门讨论。

所以，从这里开始讨论埃及的军人阶层。狄奥多罗斯说：

① 古代中国和日本的木枕还会加配一个小垫子。——原注

作为地主，如果发现国家获得更多土地对自己有好处，将士们打仗就会更加卖力。把国家交给没有土地的人保护是很荒谬的。

生活变得舒适后，埃及人口就呈现快速增加的趋势，军人阶层的人数也就变得越来越多，国家慢慢不再需要聘请外国雇佣兵，军人阶层老一辈的后代继承了父辈的特权，也就被鼓励模仿先辈的英雄事迹，通过学习自己的父辈，进而掌握军事技能、增加战胜的信心，从而真的在战场上所向披靡。同时，军人阶层也必须服从其他阶层要服从的规定，即除了从军，不得再从事其他任何职业。①

埃及军人必须自备武器装备，几个主要的驻军地分别是培琉喜阿姆、马里阿、埃莱西亚斯②（Eilethyas）、希拉科波利斯③（Hieraconopolis）、锡尼和阿斯旺象岛等城镇，大部分军队常被好战的埃及统治者用于入侵外国，偶尔也被用于镇压当地的暴乱。

希罗多德表示，士兵们无论是否服役，都可以分到12阿罗安④（arouræ）免交一切税赋的土地，狄奥多罗斯所提到的可能也是

① 在较早期的历史阶段，军人阶层的年轻人被安排到军校或训练营去学习，19世纪至少已经掌握了拉美西斯二世时期的作者们所记载的年轻人受训的艰难情形。还有战车上的武士和骑兵，去的时候，他们的身边一般都跟着五个奴隶，他们主要学习战车拆卸、调整及驾驶的技能。见1872年发表于巴黎的《古埃及书信体》（*Genre épistolaire chez les anciens Egyptiens*）第41—42页。——S.B.

② 笔者认为，埃莱西亚斯的一堵围墙的遗迹应该属于埃及军营而非城市的城墙。——原注

③ 埃莱西亚斯就在希拉科波利斯附近，处于高点，能控制当地的河谷通道。——原注

④ 一种面积单位，相当于10000平方肘。——原注

类似的土地分配方式，军人阶层内部的每个人根据自己级别的高低分到对应数量的土地[1]——这是一种在东方王朝中很流行的土地分配制度。

军人阶层成员享受一项很重要的特权，就是不会因债务问题而被关进监狱。尽管每个埃及人都适用该规则，但军人在这方面得到特别的照顾，这是因为军人一旦被逮捕，就会产生巨大的危险，毕竟他们是国家的主要保卫者。

古埃及军队共有41万人[2]，分为两部分，即卡拉西里军团（Calasiries corps）和赫莫提比军团（Hermotybies corps）。军队会提供专门用于王室警卫的人手，每年出1000人。军人服役期间享受津贴，即包括5米奈[3]面包、2米奈[4]牛肉和4阿鲁斯特[5]（aruster）酒，这是他们每日的口粮。

卡拉西里军团[6]的数量最多，在埃及人口最多时达到25万人。军团驻地有底比斯、布巴斯提斯、阿普提斯、坦尼斯、门德斯、塞本尼图斯、阿特里比斯（Athribis）、法尔卜瑟提斯（Pharbsethis）、忒姆伊斯（Thmuis）、奥努菲斯（Onuphis）、奥尼西斯及布巴斯提斯对面的麦克法利斯岛等。赫莫提比军团的驻地有布西里斯（Busiris）、赛斯、彻米斯（Chemmis）、帕普利米斯（Papremis）和

① 阿巴那（Abana）之子军官阿梅斯一世曾因为军功得到了60阿罗安的土地，见《过去的记录》（*Records of the Past*）第6卷第5页。——原注

② 辛努赛尔特法老的军队被认为由60万名步兵、24000名骑兵和27000名车兵组成，这肯定把外籍支援部队计算在内了。——原注

③ 约合5磅4盎司1英担。——原注

④ 约合2磅2盎司8格令。——原注

⑤ 可能少于2品脱。——原注

⑥ 出现在罗马时期纸莎草文献上的象形文字“”（Koläsher 或 Calasiris）。见布申（Bunsen）的《埃及地》（*Egypt's Place*）第5卷第410页。关于“Hermothbios”这个词，同时代的文献中还没有被识别出的同类词。——S.B.

普洛斯普提斯岛（Prosopitis），以及那索（Natho）的部分地区，共有16万人。军人退役以后就生活在驻地，他们所分到的土地的一部分可能也在这里。土地分配可以当作军饷来支付①，还可以鼓励军人养成劳动的习惯，并培养他们对农村生活的兴趣。因为埃及人有理由认为，农耕可以使身体强壮，就像城市生活的闲散反过来对身体和道德有害一样。士兵们接受教导，把各种辅助器械的使用看成不体面和可鄙的，事实上，他们被绝对禁止以此为业。在斯巴达，斯巴达人以战争为业，并认为战争是慷慨、自由的灵魂最值得的追求。不过，斯巴达人只允许奴隶从商，埃及人可不是这样，因为在埃及这样一个人口稠密的国家，只需要一个专门的阶层就足以提供满足防御目的的人口，但埃及人对劳动时使用机械的偏见，就士兵们而言，与斯巴达人同样强烈。

野外运动和体操有益于增强他们的体力，特别适合士兵习惯的娱乐活动，如军事演习、摔跤、跳跃、击剑及许多锻炼力量和提高敏捷性的活动，是经常要做的②。

埃及人还另外招募一些雇佣兵，雇佣兵要么来自和埃及人结盟的民族，要么来自被征服的民族。这些外籍支援部队分为好几个部分，有时会采用与埃及部队相同的方式进行训练，但和本国军队的地位毕竟不一样——不会给这些花钱雇来的士兵（hired soldiers）分土地，所以斯特拉波用“雇佣兵”（mercenaries）这个词指

① 军队将领也会像法老一样租地给佃农耕种。——原注

② 根据狄奥多罗斯记载，辛努赛尔特还是个小男孩的时候，也要接受严格的军事训练，比如每天早饭前跑180斯塔迪亚（22英里到23英里之间）。埃及的酷热一定会对这样的锻炼带来不适。——原注

●埃及军队的外籍士兵（S.B.）。左一：撒丁人；左二：米底奈特哈布；右二：奥西人（Osci）；右一：达奈人（Danai 或 Dauni）

称这些被雇来的士兵，雇佣兵能拿到的只有军饷。[①]斯特拉波提到埃及有100万人的军队，肯定包括外籍支援部队；外籍支援部队正式加入时，会被视为埃及军队的一部分；埃及军队得胜的时候，外籍支援部队随同凯旋。不过，也有这么一种可能，外籍支援部队会帮助埃及军队防守新夺取的行省。[②]

弓手是古埃及军队的主力，似乎是其百战百胜的“成功密

① 斯特拉波指出，埃及法老很早就开始雇外籍支援部队了。——G.W.

② 在历史的各个时期，古埃及都招募雇佣兵，如第六王朝时期从努比亚人或黑人中征兵，拉美西斯二世时期，他拥有撒丁人、米底奈特哈布和奥斯坎人（Oscan）等民族的特遣队，还有佩拉斯吉（Pelasgic）人种，如道尼人（Dauni）或图克里人（Teucri），利比亚人种的马克叙埃斯人及在19世纪尚不为人知的西方民族卡哈卡人，都在为他服务。在“dodecarchy”，也就是十二法老统治时期，生活在亚洲的希腊人、爱奥尼亚人和加利亚人加入了埃及军队的战斗序列。后来，雅典和斯巴达都曾为埃及及其敌对势力的统治者提供过援助，以补贴的形式支付。见夏巴斯的《古代史研究》第295页及之后的内容。——S.B.

码”，就像英军长弓在古代大破法军一样。说起埃及军队的阵型，位于两翼的埃及士兵步行或乘车作战，所以可能和传统的步兵和骑兵都有差异。阵型的中央是重装步兵，分成几个阵列（Groups），分别配置独特的武器装备。为步兵提供支援的是数量众多的骑兵。

古代雕像中很少呈现埃及骑兵，但各种非宗教或宗教历史作品都很关注他们，所以我们可以合理地猜测埃及的骑兵都是雇来的，同样可以认为埃及人指挥骑兵的能力很高。上埃及的古代神庙中有刻画埃及军队作战的场景，其中就有五六个骑兵的形象。这些骑兵都是敌军，可能是当时的艺术家想表明，敌人的骑兵比

●秩序井然的埃及军队。上半部分：弓箭兵；下半部分：长矛兵、号手（最右侧）和军官，军官位于最左侧，手持一根棒状物

己方骑兵数量更多。

关于古代埃及人骑马战斗的形象，19世纪的时候只找到两

个，一个是埃斯奈（Esneh）柱廊的象形文字的一个图案，但这已经是罗马统治时期的事情了，和我们谈的这一段历史似乎没有很大关系。①

在希波战争前，希腊人的骑兵不多，因为阿提卡和伯罗奔尼撒的地形不适合养马。对于骑兵这个兵种强大的通用性，在被迫遇到波斯人这样的对手之前，希腊人完全没有意识到。在这个方面，埃及人和希腊人类似：直到他们常常远征进入亚细亚并遇上敌人的骑兵，这就必须组建自己的骑兵来应对。其实，埃及出好马，甚至被其他地区引进。

在雅各的葬礼上，约瑟身后跟着大量战车和骑兵。以色列人离开埃及时，身后的埃及追兵也是骑兵。米里亚姆歌谣中提到法老的军队中有“马和骑手”，希罗多德还描述了阿玛西斯使者和

●骑马的埃及人

① 埃富拱门另有一个，二者高度相近，形状也几乎完全一样，应该是对前文那个形象的复制品。——G.W.

阿普利斯使者见面时骑马的情景。根据狄奥多罗斯的记载，辛努赛尔特军中有24000名骑兵和27000辆战车。埃及的示撒攻打耶路撒冷时有6万名骑兵，骑兵作战的内容在各种宗教或非宗教文献中还有提及，象形文字中也没有忽略与骑兵有关的内容，我们从中得知“骑兵指挥官”是光荣、重要的职位，通常由法老最杰出的王子担任。

普鲁塔克观察到，埃及军队被分成很多不同的部队，即希腊的“taxeis”和“lochoi”，相当于现代（19世纪）军队中的“团”[①]（regiment）。不同的团往往根据这支部队所装备的独特武器而得名[②]，如执弓团、执矛团、执剑团、执棒团、投掷兵团等。这些部队依据具体装备使用时的战术而设置[③]，一个“团”下面可能还设置了“营”和“连”之类的单位。埃及军队中有不同级别的军官，分别负责相应级别的指挥，这很像希腊人的千夫长、百夫长、十夫长或者犹太人在每一（几）千人、每一（几）百人、每五十人、每十人的队伍之中设置的长官。重装步兵手持各种武器，进军时会排列成方阵。有时，这种紧密的方阵会分散开来形成长条形的纵队和小分队，弓兵和轻装步兵应该排成一排，或者根据实际情况灵活处置。

---

① 与赫梯人作战时，拉美西斯二世把自己的军队分为四个部分，每个部分相当于19世纪的一个“旅”，分别以神的名字命名。我们按照19世纪的习惯，可以称为“阿蒙旅”“拉旅”“普塔旅”和“塞特旅”。——原注

② 在象形文字中，“”（masa）即“archer”，意思是“弓兵”，他们配备弓、箭和战斧，是最基本的步兵单位。“”（nefer）即“young troops 或 conscripts”，意思是“征召兵”。征召兵应召入伍，具有几种不同的等级——“menh”相当于19世纪的“尉官”，“aten 或 adonai 或 mer”相当于19世纪的“上尉”，而“haut”相当于19世纪的“校官”或“将官”。——S.B.

③ 见上文插图《秩序井然的埃及军队》。——原注

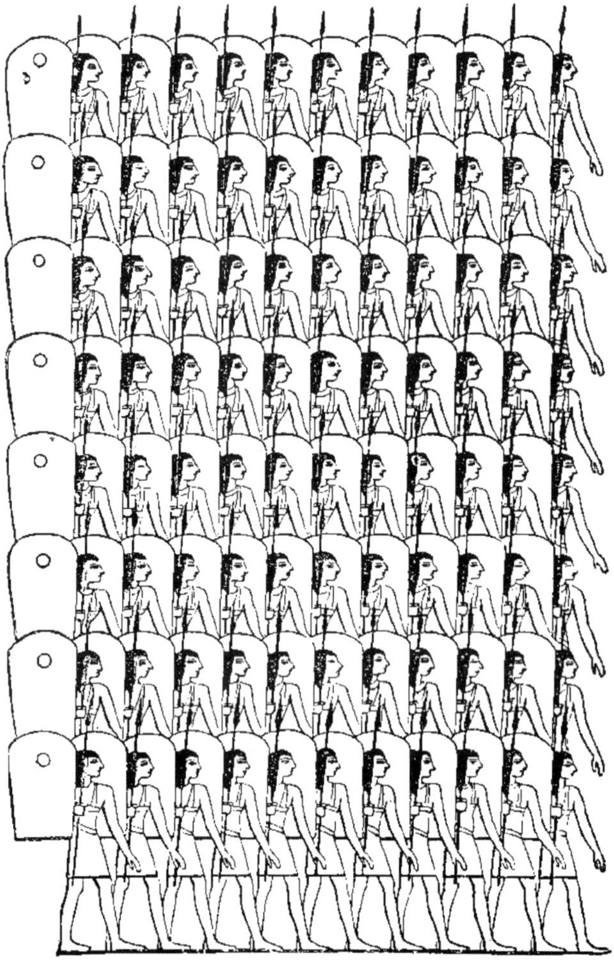

●埃及重装步兵方阵①

① 国王克里萨斯指挥的军队就是采用埃及方阵，还在10000人的兵力中抽出100人作为首先冲锋的突击队。不过，他其实希望军队在战场上把攻击面拉长一些。尽管主力战败了，百人突击队还是挡住了波斯人，并且得到了体面的战后对待，被允许以拉里萨和锡林（Cyllene）这两座城市作为住所。直到色诺芬时代，当地生活的还是这些突击队士兵的后代。——G.W.

古埃及军队中的“营”和“连”都配备了军旗，军旗的制式往往是一种具体的宗教元素，如法老的名字、方舟、动物或某种其他象征①。行军时军旗在前还是在后，由军人根据自己的具体任务和实际情况而定②。军旗是迷信的产物，得到相关部队的崇拜，我们认为这对其取得胜利很有帮助，因为士兵们都愿意站在军旗旁边战斗③。不仅在罗马历史中如此，古埃及军旗也能唤醒士兵们的勇气，在促使士兵们冒险奋战等方面有奇效——将领常常下令把军旗扔到对方军队中以刺激自己的士兵们奋战克敌，每个时代都有鲜活的例子。

狄奥多罗斯认为，一名军官会举起类似长矛或法杖之类的棍棒状器具，顶端插着军旗的图案，这样的军旗作为标志，能为士兵们有效地标记出战场上自己部队的位置，帮助士兵们保持阵型和冲锋，并且在混战之际提供清楚、明显的集结点。普鲁塔克的观点是，对动物的崇拜起源于奥西里斯将部队分成多种单位的时候，给予不同的部队不同种类的动物作为标志。这个结论虽然有待商榷，但埃及人确实很早就采取了这种崇拜法，普鲁塔克也承认这一点。

军旗的旗手在任何时候都是军中的要职，不仅必须是一名军官，也必须是一名勇士。在埃及军队中，有时为了彰显身份，旗

① 跟雅典的猫头鹰旗和底比斯的斯芬克司旗等希腊军旗很像。——原注

② 埃及军队中相当于 19 世纪“师”一级部队的番号可以使用以下元素制造军旗：哈塔苏女法老的名字、表示方向的“西”（west）、王室人物、羚羊和羽毛、阿蒙–拉（Amen Ra）神的羽毛、神的头像和羽毛、荷鲁斯、瑟巴克和门图–拉头像。——原注

③ 所罗门王就曾留下“展开旌旗的军队是威武的”（Terrible as an army with banners）这样的话。犹太人同样使用军旗。——原注

手会在脖子上套一个独特的徽章，徽章的主体图案是两只象征勇气的狮子，另外两个明显代表苍蝇①的图案被盲诗人荷马诗意地描述为“勇敢无畏的英雄”——虽然常常被打退，但每次都会更猛烈地打回来。

除了一般军旗，王室及其成员乃至法老本人也有属于自己的独特旗帜，持有这些专用旗帜的贵胄子弟构成了法老的“参谋团”，个个在军饷上相当于19世纪的“将军”，或为一“师”之长，或留在法老身边，或在王座之后拿着旗帜，或共同把法老的轿子抬到神庙，或给法老持圣扇，担任什么职责由这些贵胄子弟的出身决定，出身的高低甚至能决定站在法老的左边还是右边。持圣扇的人更适合放到讨论埃及各种仪式的环节讨论，这里先不多说。

埃及军队闻号角声而动，号角和长鼓是最古老的埃及乐器，我们可以从埃及古雕像中深入了解它们。在底比斯神庙的壁画和雕像中，经常看到号手的形象——时而站立不动召集士兵们集合，时而指挥士兵们发动快速冲锋。②

古埃及陆军的主要进攻性武器有如下几种：弓（箭）、长矛、标枪（两类）、投掷类武器、直短剑、匕首、刀③、各种斧头、狼牙棒，以及直到19世纪埃及人和阿巴卜德人（Ababdeh）仍然使用的一种叫“lissán”④的曲棍。

---

① 法老也会授予一些象征军事勇气的嘉奖标志，如“”（nub），即“金箍”（gold collar），还有“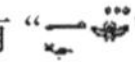”（āf），里面有苍蝇（队列）、臂镯、匕首和战斧图案。——S.B.

② 克莱门斯（Clemens）说埃及士兵们是靠听鼓声行军的，这一点可以从古代雕像中得到充分的证实，但引导他们在战斗中冲锋陷阵的还是号角。——G.W.

③ 有一种弯刀在文献中写作“falchion”或“ensis falcatus”或“Khepsh”，因为形似动物的下颚或臀部而得名。——S.B.

④ 之所以写成这个形式，是因为它的发音很像其所代表的武器在阿拉伯语中单词的发音。——原注

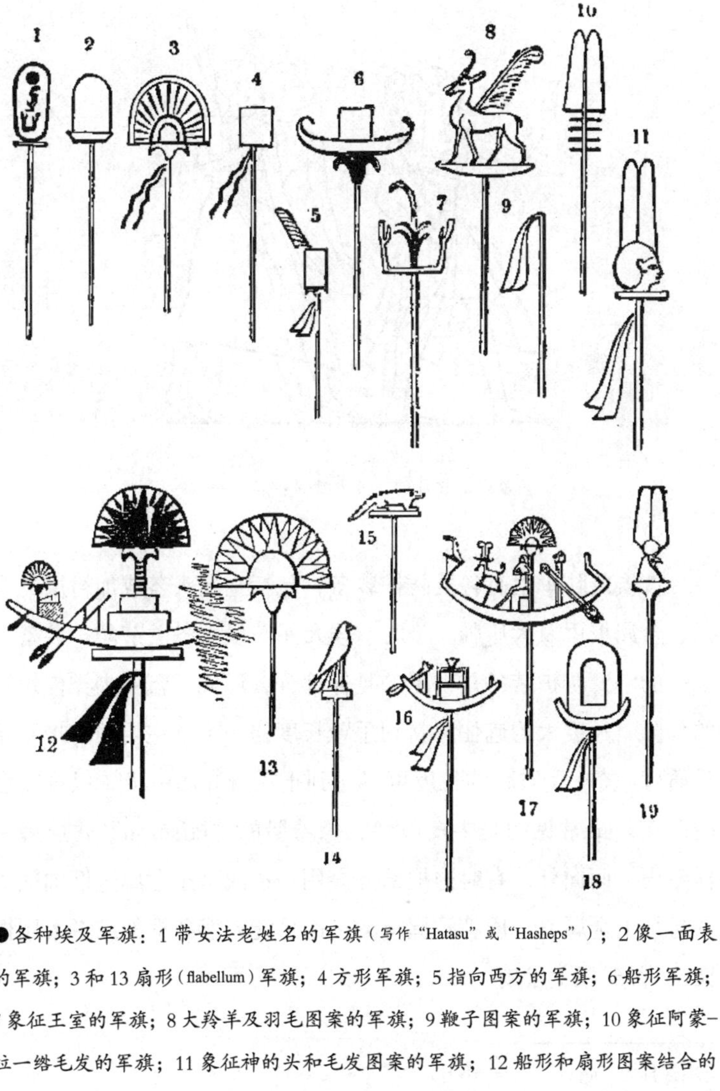

●各种埃及军旗：1 带女法老姓名的军旗（写作“Hatasu”或“Hasheps”）；2 像一面表的军旗；3 和 13 扇形（flabellum）军旗；4 方形军旗；5 指向西方的军旗；6 船形军旗；7 象征王室的军旗；8 大羚羊及羽毛图案的军旗；9 鞭子图案的军旗；10 象征阿蒙-拉一绺毛发的军旗；11 象征神的头和毛发图案的军旗；12 船形和扇形图案结合的军旗；14 鹰图案的军旗；15 象征瑟巴克神的鳄鱼图案的军旗；16 某种船舶或方舟图案的军旗；17 皇家船舶图案的军旗；18 新月和表形图案结合的军旗；19 门图-拉头像的军旗

●内廷官员们，最左边是一位王子

古埃及陆军也有各类防护装备，包括金属头盔或加衬层的头盔、金属板甲及大盾牌。当时，埃及军队没配备关节防护装备，唯一的手臂防护装备是铁甲的延伸部分，形成了盔甲中类似短袖的部分，长度大约遮住肩膀到手臂长度的一半。主要的防护装备是盾牌[①]，一面盾牌的长度可以达到士兵身高的一半，以及宽度的两倍。最常见的是牛皮盾牌，像希腊的“laisēion”式盾牌一样毛皮一面向外，有时边框部分会用一条或多条金属边框加固，并且加上金属钉。盾牌被握持的一面可能有柳条框架或者木制框架[②]，同时蒙上兽皮[③]。

① 被称为“aqam”。——S.B.

② 埃及军队的敌人所用盾牌的内侧虽然大多有柳条框架，但没有任何蒙皮。——原注

③ 阿贾克斯（Ajax）的盾牌有7层牛皮，阿喀琉斯（Achilles）的盾牌有9层。——原注

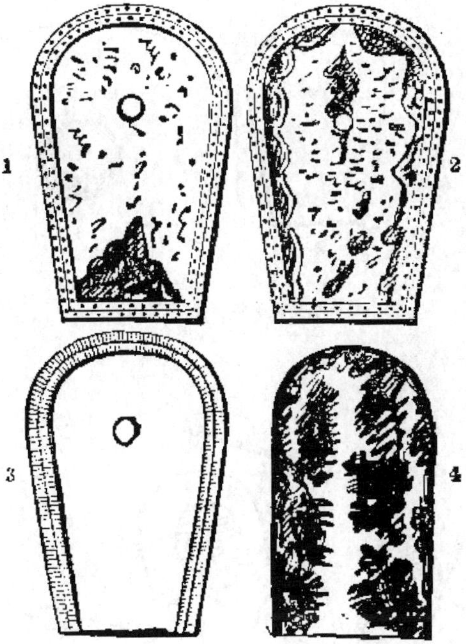

●埃及牛皮盾。注意1、3和4的边框都镶嵌了金属

埃及古墓中发现的石表（tablets）上雕刻着盾牌的图案，这些图案和实际类似，都是顶部圆形、底部方形，通常还会有轻微的弯曲。盾牌向外的一面有一个圆形凹洞[①]，只从外观来看很难判断其用途。盾牌内侧有一条皮带[②]，可以用它把盾牌背在肩膀上。古代埃及艺术家在表现这一幕的时候居然用了透视手法：我们有

① 登汉（Denham）和克拉普顿（Clapperton）刻了一幅非洲卡尼布黑人（Kanemboo Negro）的盾牌图案，形似插图《站在埃及战船船头作战的士兵》2中士兵所拿的盾牌。——原注

② 希腊语中写作“τελαμών”。（色诺芬说，埃及人就是用这条带子把盾牌挂在肩膀上的。——G.W.）——原注

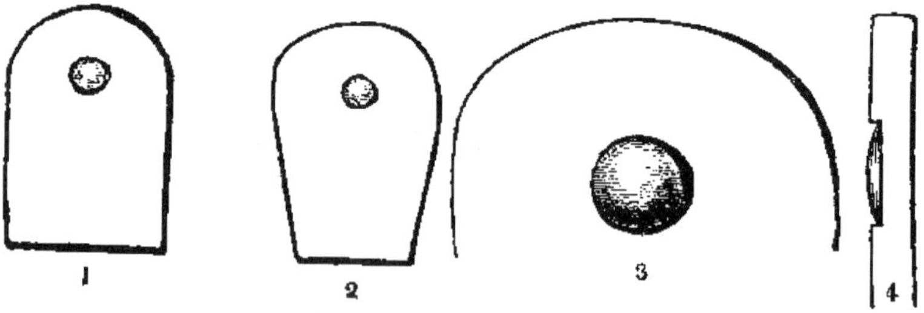

●一面埃及盾牌，上有圆形凹洞

●站在埃及战船船头作战的士兵：1 注意士兵身上的带状图案，那是用来背盾牌的；2 手持盾牌的埃及士兵

时可以看到人像的手臂部分“穿”过盾牌把手抓一只长矛。这可能是另一种携带盾牌方式，也可能是另一种表示他们把盾牌挂在背后的方式，因为把手通常被固定的位置意味着，拿着盾牌是没法同时持矛的。虽然横向把手和垂直把手都出现了，但似乎还是垂直把手更常见。

部分较轻的盾牌上有一根木条制成的把手，使用盾牌时用手握住把手即可，这和让手臂穿过的希腊圆盾的把手有所不同，《各种异形盾牌》中4表现的就是这一种。但这种盾牌的图案很少出现。

●用背带背着一面盾牌的士兵

有些埃及式盾牌的尺寸特别大，和一般盾牌的形状不同，更像是哥特式的拱形。因为19世纪发现这种盾牌的实例比较少，所

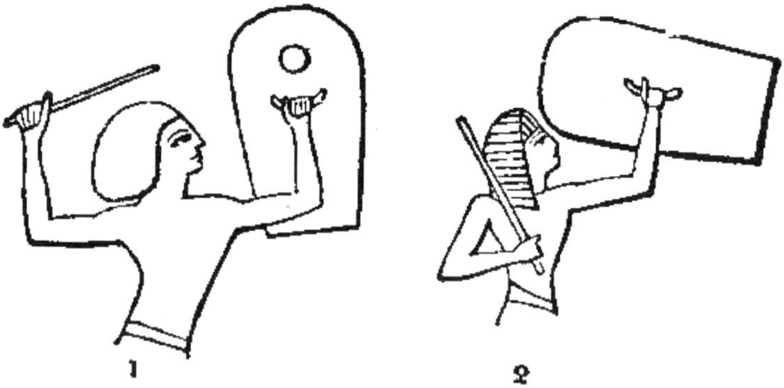

●古埃及盾牌的两种把手

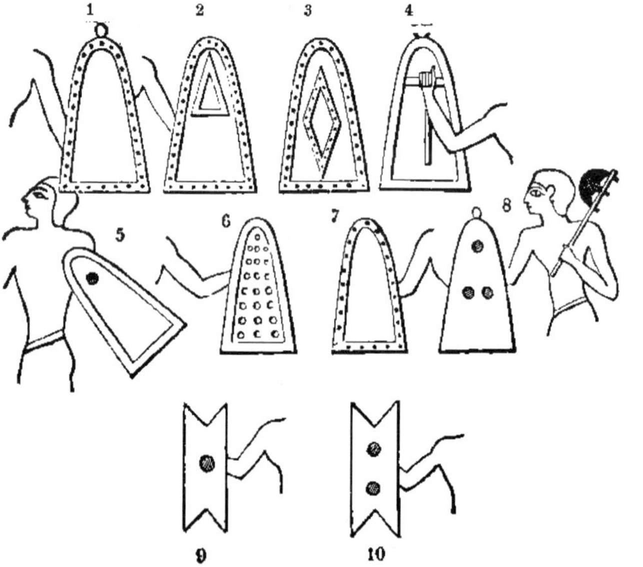

●各种异形盾牌：1 锥形盾牌；2 带三角形标志的盾牌；3 带菱形标志的盾牌；4 有金属杆作为把手的盾牌；5 有一处凹陷作为标志的盾牌；6 有铜制凸起的盾牌；7 有铜边框的盾牌；8 手持战斧和盾牌的士兵，盾牌上有三处圆形凸起；9 和 10 边缘呈锯齿状的盾牌，上有圆形凸起

以可以得出如下结论，就是埃及盾牌中尺寸大而笨重的还是比较少的。[①]事实上，常见的埃及盾牌应该是坚固、轻便的——如果不用较轻的材料制造盾牌，在长途行军和野战时盾牌就会成为累赘。基于此，我们也怀疑古代埃及盾牌是否使用金属制造。

埃及弓和后来的欧洲弓不太一样，弓弦要么固定在一个凸出的角上，要么插入木头的凹槽或缺口中——这和腓尼基弓和另外一些亚洲弓也有不同，这些弓通过把弦穿过一个小螺母，从弓的圆头部分突出来。

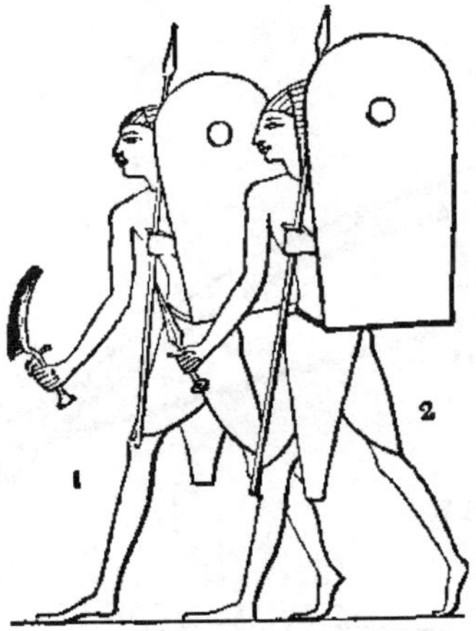

●背着盾牌的两个埃及士兵：1拿着剑和长矛作为武器；2拿着匕首和长矛作为武器

●一面大盾牌（图案是孤例）

① 在色诺芬的描述中，虽然国王克里萨斯麾下军队里的埃及人使用的盾牌可以“从头遮住脚”，但一个一万人的方阵中每一面只有百人配备这样的防护装备，这样的盾牌就是通过一根皮带挂在肩膀上的。［符合在厄西乌特（E'Sioot），即吕高波利斯（Lycopolis）发现的古老盾牌的情况。此处泰尔泰乌斯（Tyrtæus）和维吉尔（Virgil）的作品中也有相应的描写，同样符合本书提到的情况。］——G.W.

埃塞俄比亚人和利比亚人都以高超的射术闻名，系弦方法及弓的形状和尺寸都和以灵巧著称的埃及弓类似，在象形文字中对这种武器也有记载。

埃及弓是木弓，其长度在5英尺到5.5英尺不等，其弓体呈现几乎完全平直的状态（在底比斯有实物出土，浮雕上也有体现），要么即使不上弦也呈现从中间往两边向内弯曲的形态，就像在法老陵的壁画中呈现的那样。有时弓体上还会另附皮革层或木层。

在系弦的时候，埃及人会采用站姿或坐姿把弓的下端固定在地面上，膝盖抵住弓的内侧，他们用一只手把弓弯曲，然后穿弓

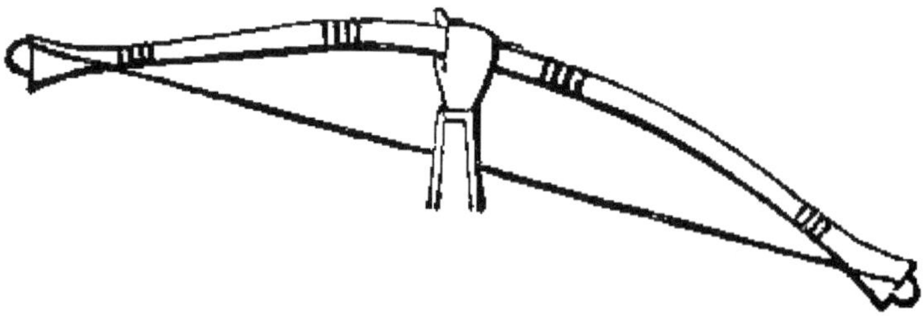

●腓尼基弓

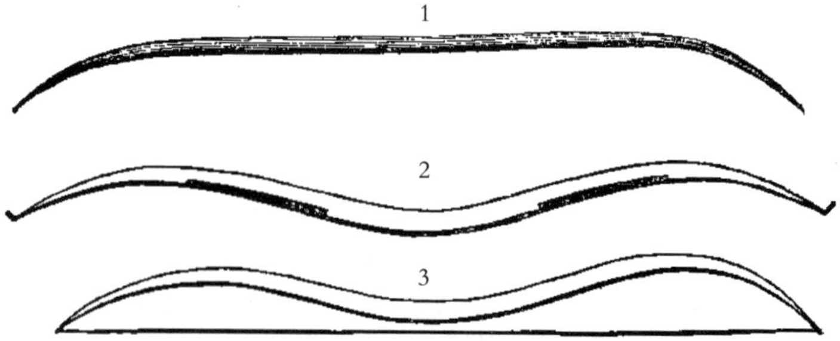

●1在底比斯发现的5英尺大弓，藏于大英博物馆；2古墓雕像上呈现的弓图案；3上弦弓

弦，有的人会把弓搭在自己肩上摆这样的姿势。在射击时，他们经常在左臂上（还有手肘上）戴护腕以防受伤。有时还会在前指关节上戴一枚金属扳指，这样可以控制射箭的方向。猎用弓[①]的威力似乎不如军用弓大，所以猎人在使用猎用弓的时候，手还有余力多拿几支箭[②]。

埃及人使用食指和中指而非拇指和食指拉弓，尽管在运动战中他们不会用太大的力气拉弓，只会拉到胸前。不过，在实战中，埃及人拉弓的力度多数情况下还是很大的，就像古代英国弓箭手一样，是把箭拉到耳朵处，箭矢几乎与眼睛成一条平齐的

●（左边两人）两种系弦方法；（右边一人）为弓上弦

① 底比斯的一处墓葬中就发现了相应的例子，但遗憾的是，本书没有相关的插图。——原注

② 相当罕见，笔者只见过两次。——原注

●拉弓的埃及军人

●拉弓时手持多余箭矢

直线。

希腊人拉弓的方法是，把弓摆到身体正前方，把弓弦拉到贴近身体的位置；据说亚马逊女战士为了更充分地实践这种射法，不惜割掉自己的一个乳房。如果希腊人后来改用埃及式射法，这说明他们在长时间内都不重视弓箭，只有少数神射手。当然，克里特岛是个例外，并且因为岛民射术高超，有人甚至认为弓箭是

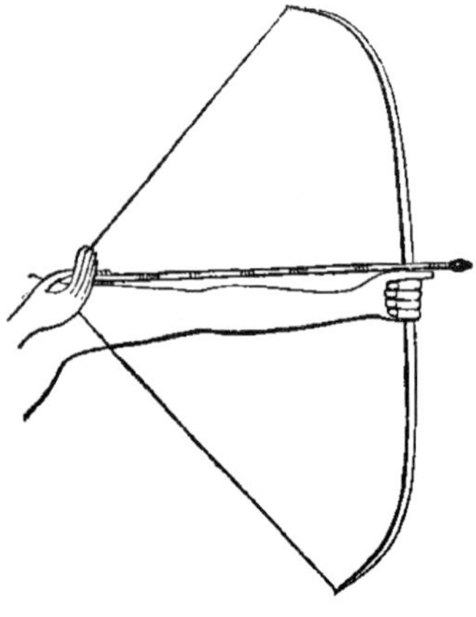

●芦苇箭杆

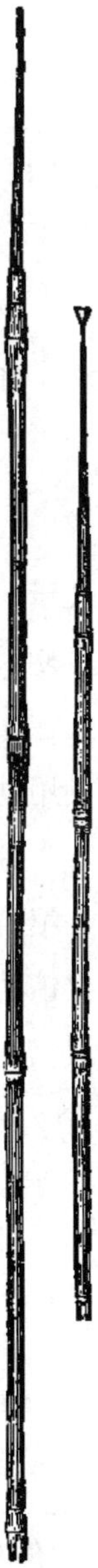

●芦苇箭杆、木箭头的箭（左图），长34英寸和芦苇箭杆、石箭头的箭（右图），长22英寸

他们发明的。斯堪的纳维亚半岛的民族、波斯人及其他东方民族也以弓箭作为主要武器，它让希腊和罗马纪律严明的部队都能感受到巨大的破坏力。我们作为英国人，在自己的历史中也体会到了弓在战争中确实是带来很大优势的装备。

埃及弓主要是用兽皮和弓弦制成的，埃及弓手对自己武器的力量很有信心，以至于一种杀人方法是，在用弓弦让对手窒息的同时用剑将对手扎死。

埃及箭的长度从22英寸到34英寸长不等，有的是木杆箭，有的是芦苇杆箭。箭的杀伤部位常用金属，尾翼用三根羽毛，和现代一样在箭杆的另一端以相同的距离纵向粘住。有时杀伤部位不用金属，而用一块硬木代替金属头插入芦苇中，最后形成一个长长的锥形箭头，但这种轻箭杀伤力不足，只能用于狩猎①。在其他例子中，箭的杀伤部位是燧石等尖锐的石头，用黑色胶状物②固定在箭头一段；它们虽然偶尔被用于军事用途，更多情况下还是猎用箭。一般来说，箭配有铜箭头，有的箭头有倒钩，有的是三角形，有的有三片或四片刃，每片刃按照合适的角度组合起来，并相

① 薛西斯大帝指挥的军队中就有发射苇秆铁头箭的弓兵。——G.W.

② 夏巴斯的作品中收录的一些燧石箭头插图（如上，S.B.）。——原注

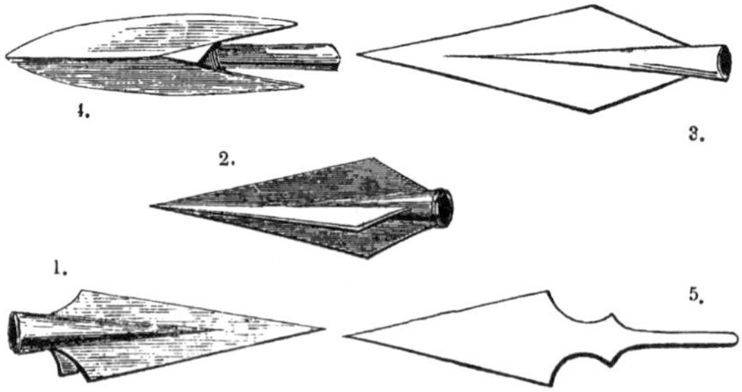

●各种金属箭头：1和2三刃空心杆箭头；3带杆三角刃；4叶形箭头；5扁平状箭头

交于一点。石制箭头并非埃及人的专利，波斯人等东方民族也常常使用，甚至用于军事领域。19世纪的最新考古发现表明，希腊人在与波斯人交战的地方（如马拉松平原等）跟波斯人没到过的地方都使用过石制箭头[①]。

每个弓手都配备了一个直径约4英寸的大容量箭筒，筒上有一根带子支撑，背的时候带子穿过肩部和胸部到另一侧。希腊人携箭的时候把箭筒扛在肩膀上[②]，一些亚洲民族习惯于将箭筒垂

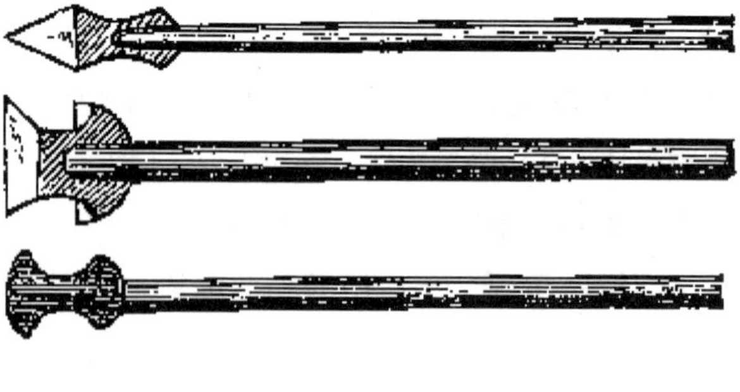

① 在这里，向众所周知的著名作家力克上校（Col.Leake）致谢。——原注
② 如盲诗人荷马笔下的阿波罗。——原注

直背在背上。埃及弓手似乎和他们都不一样，他们射箭的时候习惯于把箭筒平放在地上，然后伸手去抽箭。箭筒在携行的过程中或筒中无箭时才背在背后，这在古代雕像中多有呈现。（在不使用的时候）箭筒会加盖，盖子也很有装饰性，特别是指挥官的盖子（有时会有狮头装饰）；盖子和箭筒不是完全分离的，有时通过一条麻绳连接。

为了防止日光和潮湿带来消极影响，保持弓的弹性，埃及弓手还有保存弓身的盒子①。这种收纳工具总是被装在战车上，战车上还有收纳两根长矛和大量箭的“弹药箱”。除了箭筒，战车上的弓手有时会在自己的车上额外放三支箭。

对于常规的步弓手来说，每个人都配备一个较小的弓鞘，它覆盖在弓的中央，其两端露在外面。这是一种柔韧的物体，可能是皮革，供弓手在携行的时候握持。步弓手和骑射兵一样配备了各种近战武器，如狼牙棒、匕首、曲棍、弯刀和战斧等，配备头盔和铠甲等防护装备。但弓手不配备盾牌，因为他们担心盾牌会影响灵活性。

埃及长矛（spear）是木制的，长度在5英尺到6英尺之间，配备金属枪头，用钉子固定。柏林博物馆②收藏了一根古代长矛，和古代壁画中的长矛非常接近。矛头的材质是青铜或铁，有时很大，通常是希腊式的双刃，长矛的另一端没有金属尖头。这种长矛被盲诗人荷马称为“σαυρωτήρ”，而有金属尖头的长矛直到19世纪仍然被（奥斯曼）土耳其长矛、现代埃及长矛及其他现代长矛使用。使用这样的枪头，便于将长矛插在地上，就像扫罗睡觉的时

① 希腊人有时也配备这样的盒子，盒子顶部是盖子。——原注

② 长5.5英尺，配重部分的青铜柄比常见的同款产品长很多。——原注

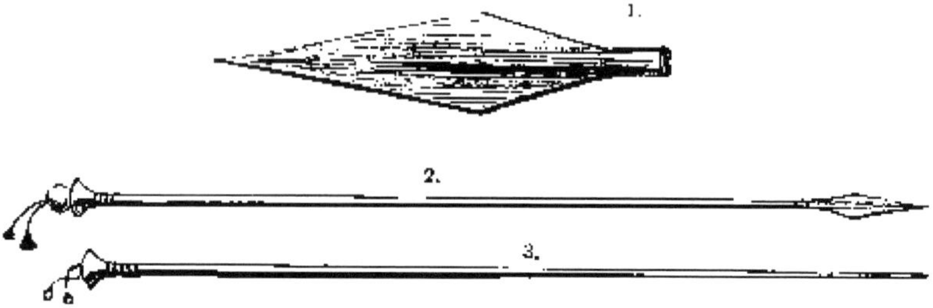

● 阿尼克博物馆收藏的标枪和矛头（spear-head）：1 矛头；2 使用 1 中矛头的长矛，底部有配重球和流苏；3 标枪，枪头缺失，应该是尖头（pointed）

● 1 古墓中出土的叶片形矛头；2 古墓中出土鼓槌形矛柄

候可以把长矛插在旁边的地上。我们或许该把这种长矛归入“标枪”的范畴，金属的使用可能是为了帮助标枪在飞行中保持平衡。不过，对重装步兵来说，给他们的长矛增加这种配重就显得没有必要且不便利了。

和长矛相比，标枪（javelin）更轻且更短，也是木杆的，同样配备坚固的双刃金属枪头。枪头一般为菱形，可以是扁平的，有的中心处更厚重。标枪底部有一个青铜钮，双面挂着细绳和流苏，起到装饰和配重的双重作用[①]。有时，这种标枪被用于刺杀，可以单手或双手握持。当敌人距离很近的时候投出标枪，枪杆会穿

① 如帕提亚标枪一样。——原注

过敌人的身体，但没有完全离手，持枪人的手直到撞上敌人的身体才会停下来，或者只能握住枪尾。还有一种标枪无金属头，只是把木杆一端削尖当作枪头。另一种标枪重量更轻，配备小型铜枪头，枪头常常是四面三刃或呈扁平状，形似达尔富尔（Darfoor）和非洲其他部落19世纪仍在使用的飞镖——这些部落的成员不了解任何关于射弹或抛物线（curve of a parabola）的科学知识，他们只是巧妙地用这种飞镖的落点打击敌人。

还有一种质量没那么好的标枪是用苇秆制成的，使用金属枪头，但只能说是优秀的猎用武器，埃及骑兵也不太喜欢，几乎不能用于军事领域。最引人注目的是一种捕鱼的渔具，它是用手推动的，有一根细绳（amentum）穿过它的缺口顶部，并延伸到轴上——这种应该不是士兵携带的兵器，在这里就不用过多的篇幅赘述了。

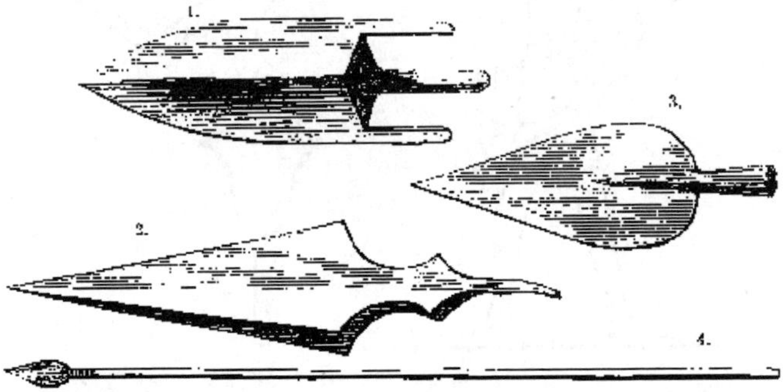

● 阿尼克博物馆收藏的轻型标枪和枪头：1 枪头，也可能是箭头；2 三角形枪头；3 和 4 三角形枪头及配备这种枪头的标枪

说到古埃及人的投掷类武器，是由皮革①和绳子②编织而成的，呈现丁字形结构，中间很宽，一端有一个环（套着石头之类的“弹药”），使用的时候用手固定并且抓牢。另一端是绳索，抛出石弹时绳索会从手指上脱落。投掷兵在发射的时候会先把武器举过头顶甩个两三圈，稳定武器状态的同时增加推动力。供投掷的石头一般都是圆形，埃及兵有一个口袋，口袋上有可以挂在肩膀上的皮带，这就是装石头的“弹药袋”。

古埃及剑是直而短的，长度在2.5英尺到3英尺之间，双刃结构，很锐利。希罗多德对西里西亚剑和古埃及剑做过比较研究。一般来说，剑用于刺或劈，有时像用匕首一样，其刃往下用力扎。普通剑的把手“中间空，两边重”，有时镶嵌着昂贵的宝石

● 胸前挂着一包石头（左）的投掷兵和埃及战船上（右）的投掷兵

① 也有羊绒制的。——原注
② 直到19世纪，在耕作时，埃及人仍然使用这类“武器”作为赶鸟的工具。——原注

● 用匕首猛扎敌人

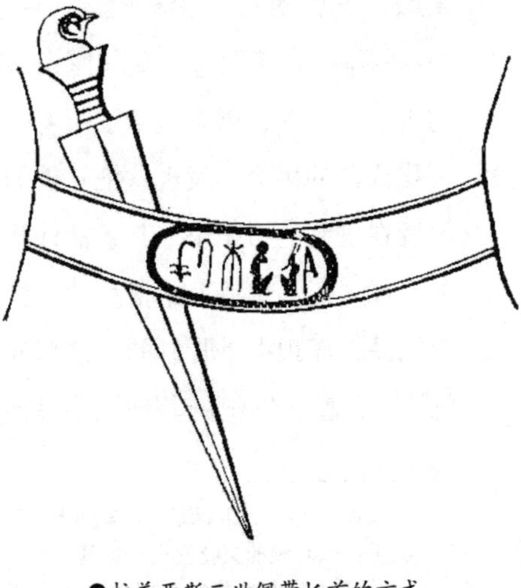

●拉美西斯二世佩带匕首的方式

● 壁画上收在鞘子里的匕首，刀柄上有不一样的镶嵌饰品

或使用贵重的木材与金属。法老佩带在腰间的剑柄上经常有一个或两个鹰头，这是太阳神的象征，是法老时代尼罗河流域君主能得到的、由神册封的称号。严格来说，这种短剑应该属于匕首，也是一种常见的埃及武器，可以通过底比斯遗迹中出土的文物证明——在尺寸上比一般的剑短很多。金属刀刃部分长7英寸到10英寸不等，宽度从底部到刃尖逐渐减小，从1英寸到三分之二英寸不等。算上刀柄，一共长1英尺，或16英寸。刀柄和刀刃部分一样，都有嵌饰。刀刃是青铜材质，中间部分比边缘厚，并且刻有凹槽。埃及剑做工十分精良，笔者有幸摸过一些，它们经过千年时光的洗礼，仍然保持着韧性和锋利，其弹性和人类后来锻造的钢类似。柏林收藏了一把帕萨拉夸（Passalacqua）在考察底比斯一座古墓的时候发现的古埃及匕首，感谢他给了笔者一个介绍这一古代武器的机会。发现这把匕首的时候，它被放置在皮制的刀鞘里，其手柄外侧覆有金属，并且像《荷马史诗》中描写的一样装饰着金针等饰品，而顶端是骨制的，这部分没有任何装饰①，比起19世纪的其他同类发现②，这是比

① 后文虽然还有不加装饰的匕首插图，但笔者并不确定它是什么时候的文物。——原注

② 大英博物馆中收藏的一把匕首在手柄上还有孔，可

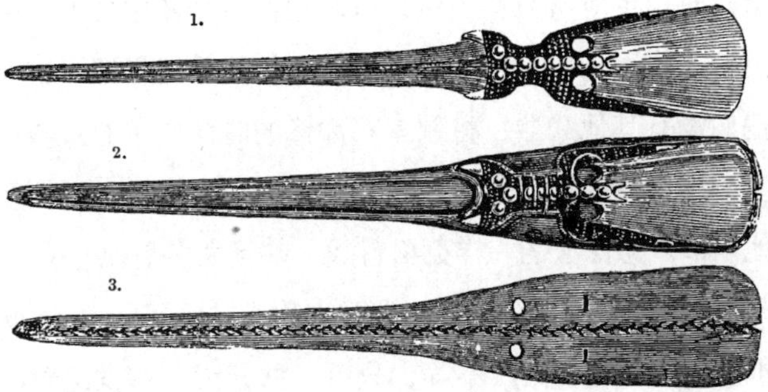

●配有刀鞘的匕首：1 出鞘的匕首；
2 收在鞘里的匕首；3 刀鞘的背面

较独特的①。

埃及刀比埃及剑短，只有一面是刀刃，算是一种弯刀②，另有“Shopsh”或“Khopsh”等名字，这得名于希腊人的“Kopis”，表明希腊人在埃及的阿尔戈（Argos）殖民地主要就使用这种刀。不论轻装步兵，还是重装步兵，都大量使用弯刀，虽然只能用于劈砍，但被击中一定会受重伤，这一点从刀刃的大小和形状及它因背部的厚度而获得的巨大重量就可以看出，刀背有时用黄铜包裹，而刀刃本身是铜或铁的③。

不管是将领，还是士兵，都配备弯刀；当法老本人要和敌人

以伸入手指以便在刺击时避免武器脱手。埃及人对匕首的称呼改写成英语为“baqusu”或“maquasu”。——S.B.

① 有一把匕首是以燧石为刀刃的，有麻布制成的刀鞘，藏于大英博物馆。见夏巴斯《杂谈》（*Mélanges*）。——原注

② 参见夏巴斯《古代史研究》第 93 页中一幅造型独特的插图。——原注

③ 在法老陵中发现的古刀可能是铁（iron）或钢（steel）材质的，判断标准是它们的颜色。——原注

近身搏斗时也带着弯刀；当然，有时他们也会使用各种斧头或狼牙棒。作为步兵指挥官，一般都配有一根简单的指挥棒，但这不代表他们没有其他武器，将领率军冲锋的时候使用的武器和法老亲自参战时使用的武器其实差不多。如果登上战车，将领就会射箭，他们都乐意像法老一样英勇善战，并且大多是神射手。

又小又简单的埃及斧（axe）有时也称为“手斧”（hatchet），长度一般在2英尺到2.5英尺不等，只有一面斧刃，19世纪暂时没发现埃及人使用罗马人那种双面斧（被称为“aha”或“ahas”）的例子。埃及木匠使用的手斧和军用款外形上完全一样，这不仅是士兵们近身搏斗的好武器，而且是在攻城时破门或为就地取材制造攻城器而伐木的“帮手”。除了固定斧刃的铜销，斧柄部分还用皮筋捆绑，以防木质斧柄裂开露出金属斧刃——工匠们采取了同样的预防措施。

与其他种类的武器装备相比，埃及斧被装饰的成分更少，都是在刃上画一些动物、船舶或其他花哨的图案。斧柄底部常常被做成羚羊脚的形状，并且有圆环和对角线形状的图案，以及和罗马束棒（fasces）类似的绳结。携行时，士兵要么把斧头拿在手中，要么刃朝下背在背后，但我们从古代雕像中看不到斧头是否有鞘。有一种携带方法跟佩带匕首很像，就是斧柄朝右挂在腰间，这不是佩剑的方式。

埃及战斧（battle-axe）在形状上多少有点像帕提亚盾牌，材质为青铜，呈现类似圆环的形状，背部分为两小段，用三片金属插销固定在斧柄上——如果从底比斯壁画中使用的色泽来判断，应该是用钢制成的。战斧斧柄的长度一般为（或超过）斧刃长度的两倍。大英博物馆购买了一部分萨特（Salt）的藏品，其中一把青铜

●各种埃及斧头：1 一种埃及斧头的样式；2 有装饰的斧头（上有驳船图案）；3 有装饰的斧头（上有羚羊图案）；4 注意斧头上刻有铭文，是图特摩斯三世的姓名

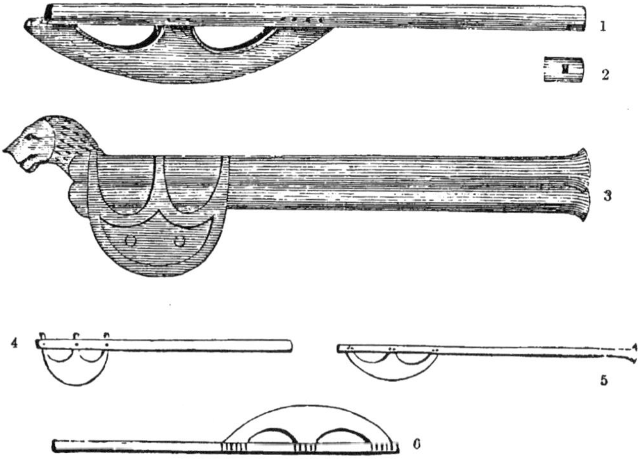

●埃及战斧：1 银把手，铜斧刃；2 斧柄末端部分及连接孔；3 加粗的狮头斧柄；4、5 与 6 壁画上的埃及战斧

战斧刃长13.5英寸，宽2.5英寸，后部管子的材质为银，用同样的插销固定。和底比斯战斧相比，它的斧柄长一些，顶部还有狮头等饰品，另外，斧柄安装的位置还能避免影响砍杀时的威力。一柄战斧全长可达3英尺到4英尺，某些战斧斧柄很短，可能没有银管长。银管下方的小孔同样可以容纳插销，无论这些插销是露出管外还是只是填入管中。

埃及长柄战斧（pole-axe）长约3英尺，但因为斧刃被固定在一个金属球上，所以明显更重、更难挥舞。如果使更重的质量带来更大的破坏力，使用者就需要有技巧丰富、力量强大的手臂，这样他的发挥才能稳定。

一般来说，长柄战斧这样的武器不会在军团这样的大单位成建制配发，只有厄西乌特一个孤例，士兵们不仅配备战斧，还配

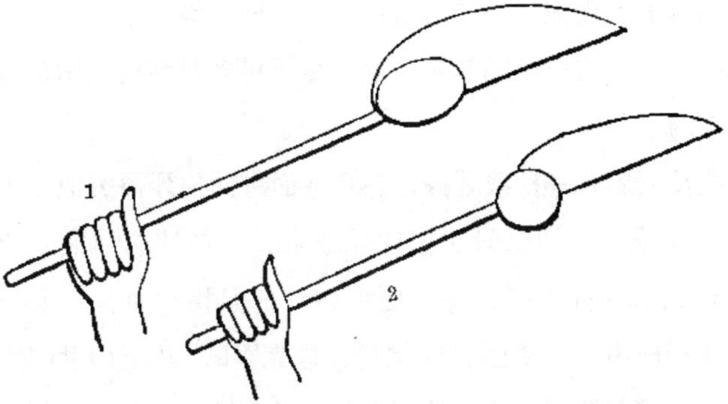

●古雕像上的长柄战斧

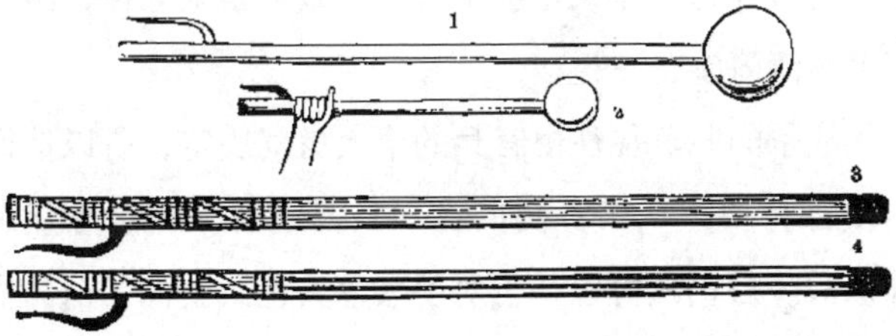

●埃及狼牙棒：1和2底部有球形配重；3和4底部无配重

备了同时使用反而有点累赘的盾牌[①]。因此我们判定，战斧这种装备只会为某些特定的单位和将领所独有。像这样的战斧斧柄一般长约3英尺，部分情况下更长。金属球体最大直径为4英寸，刃口尺寸10英寸到14英寸不等，宽度为2英寸到3英寸。

狼牙棒是一种类似长柄战斧的武器，无刃，它似乎对应希腊人的“koryne”。不过，希腊同类装备通常用铁制成，埃及狼牙棒以连接着铜制杀伤部的木棒形象出现，长约2.5英尺。一般来

① 也有人认为是扁平的圆形金属片，我却认为应该是球体，球上有交叉打结的麻绳，以保持整体牢固。——S.B.

说，壁画上呈现狼牙棒的时候还会在手柄处画一个类似有棱角金属片的图案，这可能画的是护手，尽管更多时候这表示拿着狼牙棒砸人的手。

埃及人还有一种狼牙棒，它和前面讲的狼牙棒类似，但没有金属球体设计。如果只从古代雕像来看，估计这种狼牙棒使用范围要比前一种更广，并且更易维护。但相对而言，上一段中的狼牙棒破甲能力更强，就像马穆鲁克军队①乃至19世纪库奇人（Cutch）的同款武器，只要使用者的力量足够大，就可以打破任何盾牌、头盔或铠甲的防护并造成伤害。某些古埃及步兵“团”成建制地装备狼牙棒，车兵也会配备一根或多根狼牙棒，狼牙棒通常和车上的箭筒放在一起。

古代战争的胜负往往由官兵的个人勇气决定，所以他们的武器显得更加重要。一个英勇的将领只要还有一队意志坚定的老兵，冲入敌阵后仍然可以杀得对手大惊失色，就像《荷马史诗》中的阿瑞托俄斯②（Areithous）一样。随着火炮和火枪③（musket）进入战场，战法、军械也现代化了，但士兵体能和个人勇气仍然被认

① 他们被称为“dabóss”或“dabbóos”。——原注

② 最后死于阿喀琉斯之手。——译者注

③ “musket”指16世纪出现的带枪管、前膛装弹的滑膛武器，作为最原始的枪械，其装弹速度慢，射击精度不高，比起冷兵器，虽然其威力确实更大，攻击距离上的优势更明显，但一旦对方近身（至少冲到弓箭射程之内的位置），后果不堪设想。作者身处的时期正值威力、精度及射速都更优越的后膛枪初登历史舞台，欧洲军界对其尚未形成统一的看法，支持前膛火枪的保守势力仍然强大。然而，第二次鸦片战争的八里桥战役（1860年）中，僧格林沁指挥的是中国（乃至全世界）战斗力最强的冷兵器骑兵，却被后膛枪和线膛火炮几乎全歼。第一次世界大战的索姆河战役中，德军凭借更加先进的机枪和火炮组成的防御体系，在堡垒的保护下，开战第一天就打死打伤英军数万人，靠血肉之躯和匹夫之勇就能赢得战争胜利的时代一去不复返了！——译者注

为是近距离作战至关重要的因素。所以，虽然埃及人主要依靠弓箭手作战，但很重视重装步兵的进攻与防御，对于各部队的职责和为完成任务所必须使用的武器，相关安排也很到位，这说明埃及人在当时已经深谙用兵之道了。

古埃及军队还使用另一种粗细与大小整体上比较均匀（有时顶端会宽一些）的狼牙棒，上面没有金属球体也没有护手。支援埃及军队作战的民族有时会配备一种粗重的棒子，这种棒子不是古埃及武器，古埃及军队也没有装备。

前面已经谈过“lissán”，在阿拉伯语中，它是“舌头”（tongue）的意思，在武器的语境中是指一种曲棍。轻装步兵、重装步兵甚至弓手都装备了这种武器。看上去，曲棍不像很厉害的武器，但近现代有不少战例都能体现其重要的作用。对比沙利人来说，曲棍就是剑；阿巴卜德人把这种曲棍当作自己的长矛和盾牌，有了它就不怕马奇人（Maazy），并且可以常常打败他们，尽管他们配备了火绳枪（matchlock）和被阿拉伯人称为“甘贝”（gembéeh，指“自卫武器”）的“阿塔甘”（atagan，一种长刀，一说是直剑）。

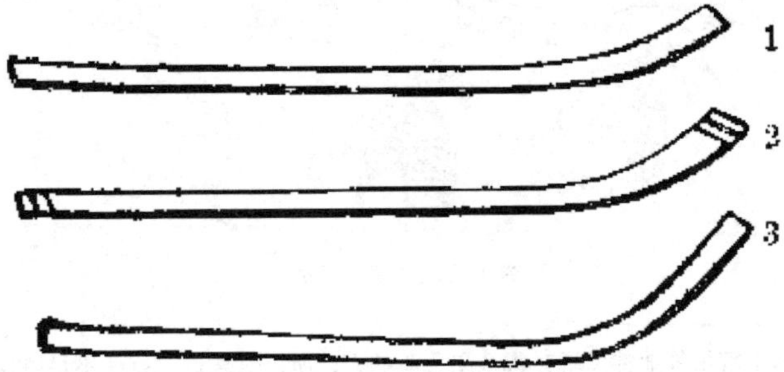

●古代的曲棍

在长度上，古埃及人使用的曲棍和19世纪的产品一样，都是约2.5英尺，材质是坚硬的荆棘木——荆棘木不仅被用于制造曲棍，还被用于制造阿巴卜德长枪的枪杆。

笔者注意到埃及人的主要防护装备是盾牌。金属头盔比较少，比较常见的是棉布制成的布盔。虽然古埃及人被认为配搭青铜头盔，但我们根据古代雕像来判断，埃及人应该还是更喜欢布盔，因为比起金属产品，布盔比较厚且有衬垫，对头部有很好的保护作用，而在如此炎热的气候下又没有金属带来的不适①。有些人的头盔后摆一直垂到肩上，有的只到耳朵下面不远的地方；顶端呈一个钝角，上面有两个流苏，是绿色、红色或黑色的；长头盔不那么紧贴头顶，下缘有宽大的边框，有些情况下由两部分组成，换句话说是上折和下折。另一种头盔则是长矛兵和许多步兵和战车兵戴的，虽然在许多方面很像，但又略有不同——前面提到的头盔是加衬垫的，流苏垂到肩部；但现在所谈的这种头盔

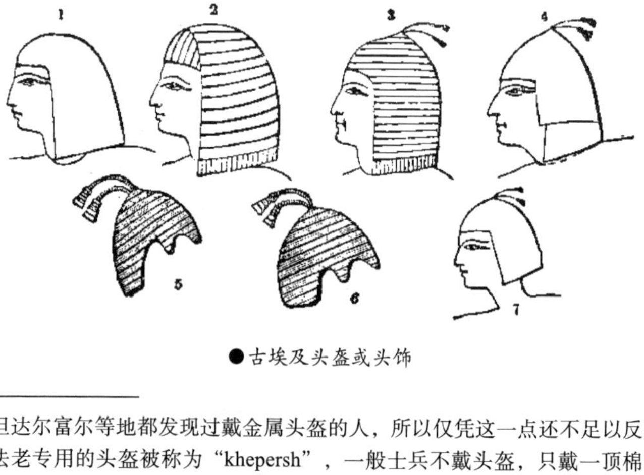

●古埃及头盔或头饰

① 但达尔富尔等地都发现过戴金属头盔的人，所以仅凭这一点还不足以反驳。法老专用的头盔被称为“khepersh”，一般士兵不戴头盔，只戴一顶棉帽，写作“namms”。——S.B.

没有流苏，并且紧贴头顶，越往底部越宽。在正面，头盔遮住额头，护额是单独的，和头盔的其他部分连在一起。

埃及头盔的纹饰没有展现出来，这不奇怪，因为即使是古希腊人，也不总是采用这种纹饰。曾经是法老的敌人、后来成为法老的盟友的夏瑞塔纳人的头盔却特别有趣，因为它表明早在特洛伊战争前两百年就存在一种习俗，即用角来装饰头盔，后来被希腊人接受。因此，有时用“角”（keras 或 horn）这个词来表示头盔①。

铠甲的外表面由大约11块横排的金属板组成，由青铜销固定；喉部有一个凹陷处，凹陷处有一块较窄的金属板，这块金属

●有彩绘的铠甲

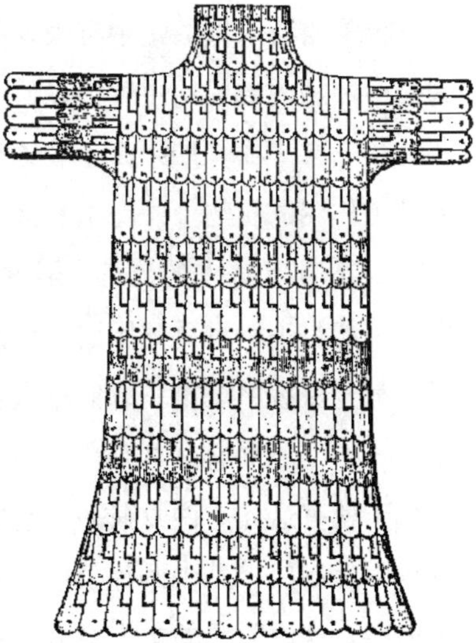

●配金属甲片的铠甲

① 根据苏伊达斯（Suidas）记载，英语中的“crest”和希腊语中类似的表述酷似。——原注

板上面还有两块，它们共同形成对颈部的防护。每块板（甲片）的宽度都不超过1英寸，12块就能遮住整个身体。铠甲的袖子有时很短，只能遮住不到手肘一半的位置，也覆盖了两块类似的装甲板。大部分铠甲都缺乏保护颈部的领子，有的铠甲袖子比较长，几乎遮住手肘，重装步兵和弓手都使用。普通的胸甲可能不超过2.5英尺，有时能超过大腿，几乎遮住膝盖。为了防止铠甲压迫肩膀，造成肩膀不舒服，士兵们都绑腰带，并且将其束紧。不过，大腿和腰带以下的身体部分通常由短裙[①]或其他长袍遮盖，和铠甲是分开的；许多步兵都穿上了与铠甲外套形式相同的棉背心，它是用来替代铠甲的。有的胸甲只能遮住腰部和前胸的上半身，用肩带支撑着，从雕像来看材质似乎是金属板。

拉美西斯三世的陵中有很多关于武器装备的壁画，其中有一副铠甲。从内部留给手臂活动的空间来看，这似乎是一种外套，装饰得非常华丽。如果少了装饰品，它就可能会被误认为是起到束腰带作用的衣物。外套上有狮子和其他多种动物的形象，边缘整齐，下方有宽大的流苏，这种铠甲从材料来看不像是金属板甲，可能是一种沉重铠甲的替代品，毕竟步兵和战车兵不是什么场合都全身披甲沉重。有的军人会穿防护腰部及其以上部位的体甲（corslet），这种体甲由肩带支撑，其材质主要是青铜甲片。艾伯特博士就有这样一件收藏品，它由一片片缝在亚麻布连衣裙上的青铜甲片制成，其中两片上面刻着“示撒”（Sheshanqa 或 Shiskah）这个名字。这说明它的主人要么是示撒本人，要么是宫内的某位重臣。希腊人以类似的工艺打造了一些皮（胸）甲，材料主要有皮、

① 希腊人称为“zoma”或“zoster”。——原注

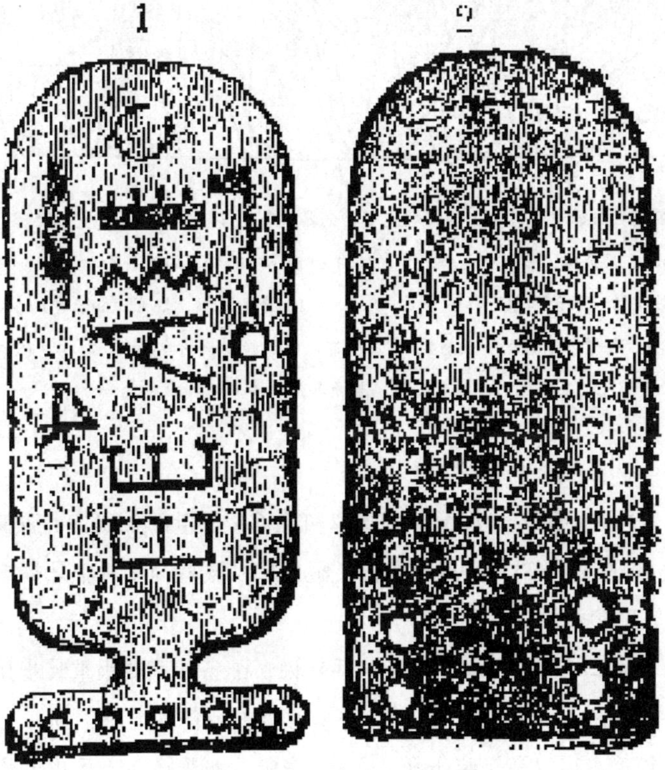

●两块甲片：1 写有“示撒”（Sheshanqa 或 Shishak）名字的甲片；2 普通甲片，上面没有任何符号

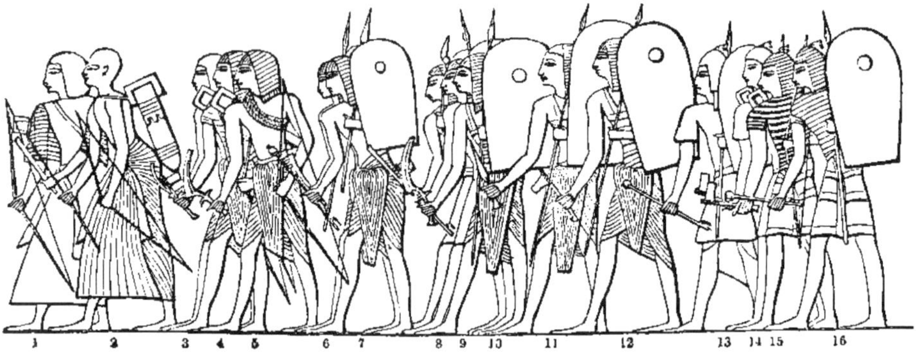

●不同兵种的埃及官兵，他们的铠甲和武器装备也各不相同：1 王室书记官（royal scribe）；2 祭司，可能也是书记官；3、4 和 5 携带短弯刀的步兵（scimitars）；6 和 7 携带盾牌、长矛和狼牙棒的步兵；8、9 和 10 携带盾牌、短弯刀和长矛的步兵；11 携带匕首和长矛的步兵；12 携带盾牌、长矛和斧头的步兵；13、14、15 和 16 携带盾牌、长矛和狼牙棒的步兵

麻、亚麻和捻线等。

古埃及重装步兵配备了盾牌和长矛，少量部队配备了盾牌、（长柄）战斧、剑、镰刀、曲棍、狼牙棒及某些简易版狼牙棒或斧头等副武器。

对非弓手的古埃及轻装步兵来说，配备的武器跟重装步兵几乎一样，有的（如投掷兵）不装备作为防护装备的盾牌，所以行动更灵活。和罗马轻装步兵（velites）一样，埃及轻装步兵也要承担多样化的任务，并且要以灵活分散的小单位作战 。弓手的武器装备已经提过了。至于古埃及骑兵，19世纪尚未有任何令人满意的发现。我们要把注意力转移到埃及军队中占很大比例的战车兵部队。

每辆战车上的乘员都是两人，和古希腊人的“diphros”一样[1]。有时，乘员会增加至三人，即一名车夫和两名将领，但这种情况很少。还有一种特殊情况，就是在凯旋的时候，两个王子或者贵族与法老同乘一车，带着权杖和圣扇，另需一人把住缰绳。出游或访友的时候，地位比较高的埃及人甚至法老都会独自上马并且驾车，而脚夫和其他随从在车前车后跑步跟随，就像现代埃及和印度的马夫一样，马车停下来时，他们就要接过缰绳，然后等到他们的主人回来。但这些侍者继续步行，不敢登上马车。在重大国事活动中，那些希望向法老表达敬意的人同样遵守这一习俗。

即便在战时，法老（将领）的身边也会带大量随从。每当这些有身份的人走下战车，带领部队越过战车无法到达的丘陵和险峻的高地，去攻打一个坚固的城镇，或者为了任何其他目的，他们

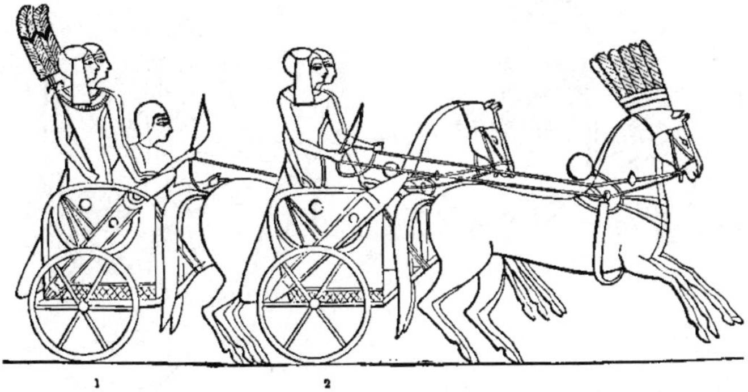

●战车上的埃及王室成员们：1 两个王子和车夫；2 一个王子和车夫

① “diphros”意味着可以携带两个人，罗马的战车上有两个人，车兵（bellator）和车夫（auriga）各一人。“bellator”有“men riding on horses”（骑马的人）的意思。而“Fares”在阿拉伯语有“骑士”（horsemen）或“波斯人”（Persian）的意思。“fáras”同“mare”（母马），也有“好（par excellence）马”的意思。——原注

就负责看管马，并把它们放在某个安全的地方等他回来，或者就跟在不远处。旁边还会配备此前没有奔跑过、准备随时替换的马以防不测。

在埃及神庙墙壁上雕刻的战斗场景中，埃及法老独自①坐在战车中，旁边就搭着缰绳，亲自弯弓搭箭，但可能只是没有画出车夫，以免人们把视角从“主角”那里离开，这是埃及人惯用的方法。

一辆战车上搭乘两个级别相当的士兵②，他们在参战中立的功劳完全一样。如果将领所乘战车上的车夫的等级和将领的等级实际上不一样，就可能把车夫提升到和将领一样的等级。壁画上表现出一个车夫和拉美西斯二世的王子交谈甚欢的场景，我们可以据此断定担任将领或者法老的专属车夫的一定是有身份的人。

无论是在希腊，还是在埃及，车夫都不是卑贱的工作，赫克

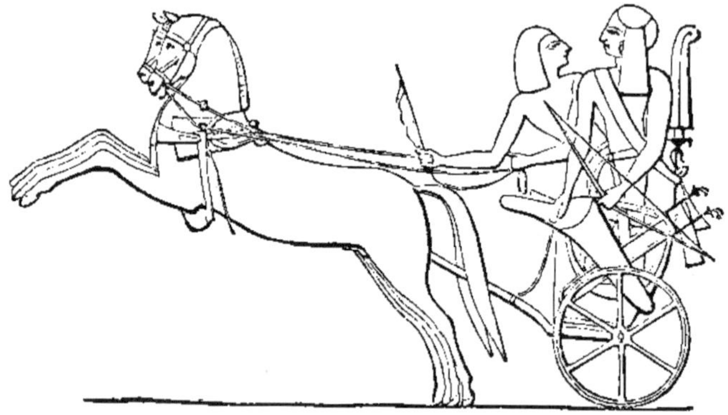

●一个车夫和拉美西斯二世的王子交谈甚欢

① 盲诗人荷马形容“神”（god）和“英雄”（heroes）时用“passim”，战车兵（charioteer）被称为“gatse”。——S.B.

② 在和拉美西斯二世的战争中，赫梯人战车的乘员为三人，分别是车夫、盾兵和武士。——S.B.

托耳[①]、内斯特[②]（Nestor）、尤利西斯（Ulysses）等人都不以为耻，埃及官员也不会，甚至为自己的车技感到自豪，就像他们使用武器的本领一样。但古埃及是否有战车驾驶大赛在19世纪仍然是一个未解之谜，至少雕像中没有体现，早期古埃及城镇的考古工作也没有发现相应的赛车场。在马其顿人征服埃及之前，埃及没有举办过类似希腊的运动会。19世纪已知的赛马场只出现在亚历山大城及哈德良皇帝在上埃及修建的罗马城安提诺厄（Antinoe）。

埃及人用的鞭子就像《荷马史诗》中的英雄和车夫用的一样。这种鞭子（有时是一根短棍）一般都是缠绕的或编成辫子形状的，在下端系上一个环，于是，把鞭子悬挂在手腕上时，射手就能弯弓射箭了。

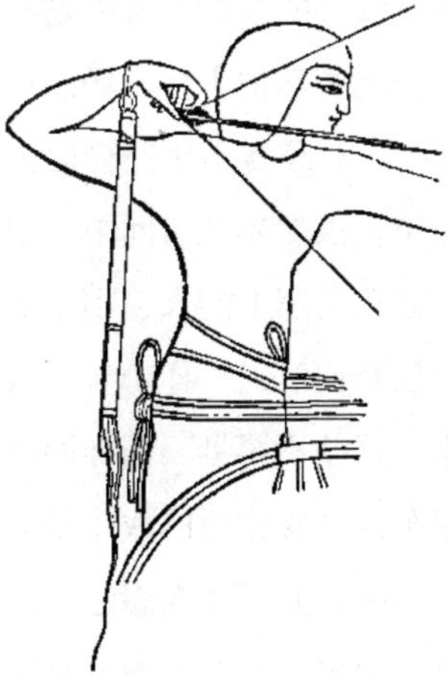

●拉弓的时候，弓手的手上挂着鞭子

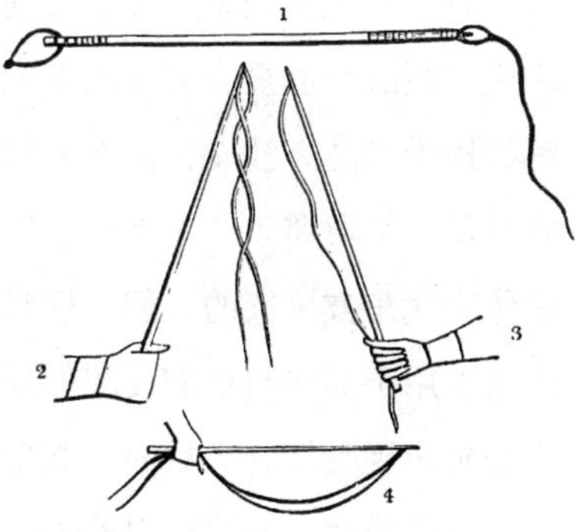

●埃及皮鞭：1 单股式皮鞭，把手另一端有一个环；3 单股长鞭；2 和 4 双股式皮鞭

① 常常担任车夫。——原注
② 在狄俄墨得斯（Diomede）的战车上为他驾车。——原注

假如英雄遇到了敌人的大将，有时会从战车上下来像史诗中的希腊人和特洛伊人那样用长矛、斧头或镰刀代替弓箭作战。敌人的尸体被留在战场上，武器被同伴们捡走。有时，一个受伤的对手无力进一步抵抗，恳求胜利者的怜悯后就被抬上战车离开战场[①]；而那些放下武器向埃及人屈服的普通士兵则被视为战俘，被捆绑着送到后方，在战斗彻底结束后被献给法老，为法老的凯旋助兴，然后当着法老的面清点被杀死敌人的手的数量，然后登记造册，以纪念统治者的成功和荣耀，这一主题的画不止一次出现在神庙的墙壁上。米底奈特哈布神庙墙上雕刻的壮观壁画，表现了拉美西斯二世坐在车里，捏着拇指，拿起这些手，然后在面前摆堆，并由书记官负责清点数量。

从这幅壁画中法老所在的位置来看，埃及的战车上似乎是有座位的；但从底比斯雕像中普遍表现的情况及其他古代车辆的性质来看，法老更可能是坐在侧面或前面[②]。对经常不用座椅的人来说，在战车上没有必要给他们设置座位。虽然埃及房间中一般都有椅子和高脚沙发，但在屋里的人，甚至马车上的人，不论等级高低，都习惯于“席地而坐”，或者像努比亚人一样蹲着，或者像现代东方民族的人们一样盘腿而坐，这并不罕见。同样的说法也适用于那些与他们交战的敌人的战车：在底比斯的战斗场面中经常出现受伤的士兵向后跌出车外的情况，并且让人想起盲诗人荷马的描述——这可以作为一个额外的论据来证明车内没有安

① 卡尔纳克神庙中塞提一世的壁画形象是一只手臂夹着两个被征服的敌酋，后面等着上车的还有很多低级战俘，都被用绳索绑在一起。——原注

② 但确实存在埃及法老坐在战车上的例子。希腊花瓶上的彩绘表现了一种有座位和脚踏的马车。——G.W.

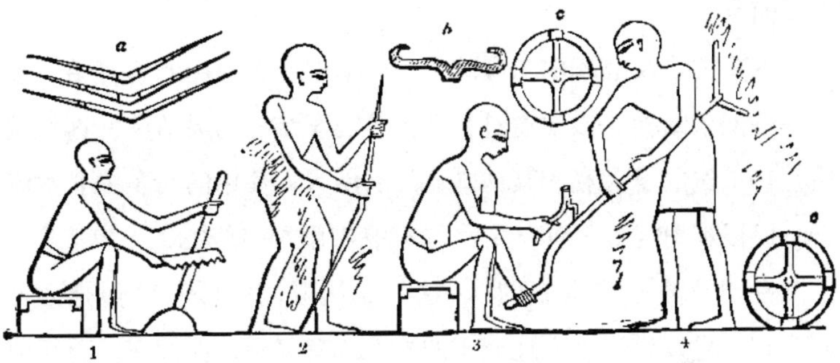

●战车制造的工序：1 锯木头；2 制作曲边；3 木材切削；4 拿着一根木杆；a、b 和 c 战车的零部件

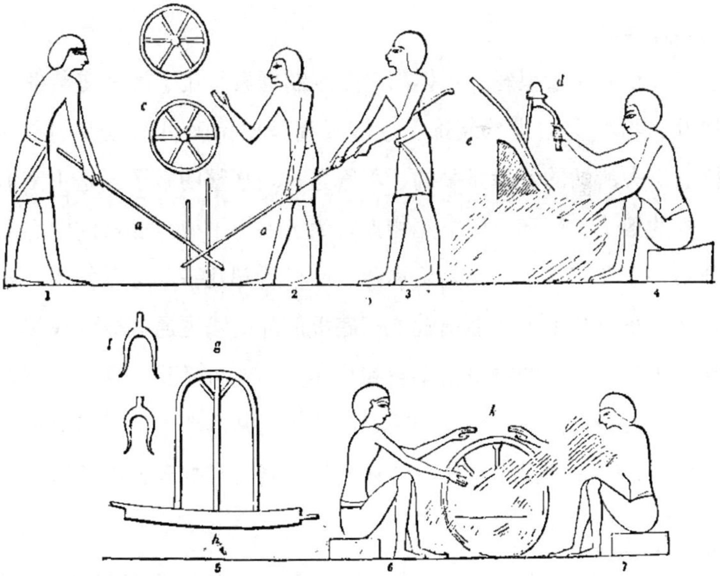

●战车制造的过程：1、2 和 3 准备和处理木料；c 车轮；4 刨杆；e 切削；5 f 车軛；g 战车前部零件；h 车轴；k 车轮；6 和 7 制造车轮

装任何座位。

一些古埃及战车中的底部是一个框架，上面用绳索打结，形成一种网状结构，以便通过弹性提升马车结构的灵活性，这种做法在19世纪的意大利和其他国家的底层人们使用的马车中非常流行；但很难确定是否所有埃及马车都采用这种做法。

古埃及战车是木制的①，这一点从雕像中可以得到充分证明。到处可以看到工人造战车的雕像或者壁画，他们在一千年前就发明了一种车轴②，大约在一百年前的18世纪才传入英国，也验证了所罗门王“太阳底下没有新鲜事”这句断言，体现了他们掌握的非凡工艺及在那个遥远的时代所取得的技术进步。我们从车轴的制作中需要斧头等工序可以说明，车轴的材质应该是木头而非金属。

战车的质量很轻，主体部分是木制框架，用金属和皮革捆绑加固，再在上面进行装饰，就和《荷马史诗》里的很多例子一样。车夫所站的底板是平的，不管是一块平整的板子还是丁字形结构的板子，都和车轴下端相连。为了保持平衡，底板的中心部分不是靠在车轴上，而是更靠前；底板后部几乎不会延伸到车轮中部，车身基本上压在前轴上；底板前部上缘也通过绳索或带子与之相连，车身的重量由车轮和马匹分担。考虑到一辆战车可以由一个人轻松扛起，我们能断定即使车上站两个人，战马也不容易疲惫，车夫的操纵也比较轻松自如。当马与战车分离的时候，

---

① 《圣经·约书亚记》中记载迦南人有六辆铁车，所罗门王用黎巴嫩的木材造了一辆战车。——原注

② 希腊战车的车轴通常是直的，不过，在埃及的战车之中，车轴也有弯的。——原注

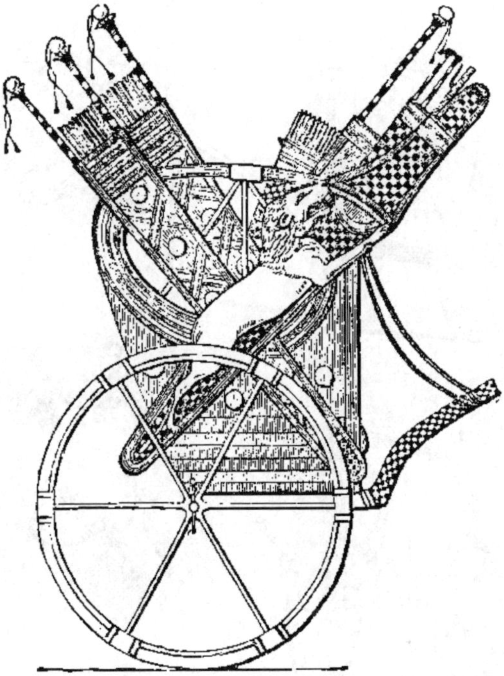

●配备齐全的埃及战车（含弓套）

除非增加支撑物，否则车轴容易掉到地上。有时，这种支撑物会被做成人形，这是对俘虏和敌人形象的丑化和羞辱。

战车侧面的大部分和后面的全部是开放的，上面没有任何边缘或框架；侧面框架的后半部分几乎与车轮的中心成一条直线，从车底垂直上升，或略微向后倾斜，以一个曲线延伸到前面，高度约为2.5英尺，既是对车夫的保护，也能托住他的箭筒和弓盒。同时，两边另外设有三根皮筋，一根木头的立柱把它和紧靠杆子的前部底座连接起来，前面提到的带子就系在那里，都起到加强结构的作用——从笔者已经给出的壁画和雕像插图中，以及

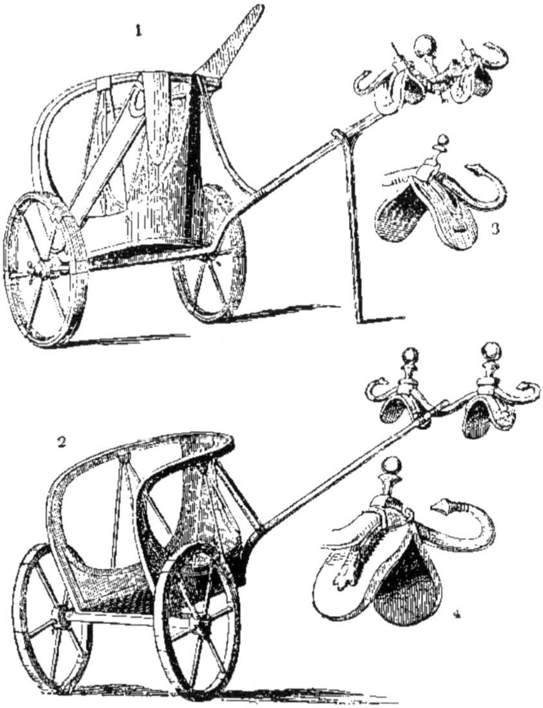

●埃及战车：1 和 2 战车；3 和 4 车轭和鞍座

从所附的按照欧洲绘画方式表现的简单车体的插图中都可以看出。不过，实际的古代战车可能跟这些图案中呈现的战车也会略有不同，与双轮农用马车（plaustrum）[①]和另一种城市中使用的马车（curricle）应该也有区别，这两种车的上面最多放一张弓，除此之外不会有任何武器，比起战车的侧面，其防护也很差。希腊式马

① 罗马式农用马车一般为双轮或四轮，埃及法老送给雅各的马车在希伯来语中写作“עֲגָלוֹת”（wheeled carriages），即“轮式马车”。战车一般写作“מֶרְכָּבָה”或“רֶכֶב”（une monture）。我们在这里用了“plaustrum”，指一种牛拉双轮车。——原注

车除了后部，结构上是完全封闭的。

弓盒上常有如狮子等各种图案的装饰，摆放在车身前侧；弓盒上缘挨着皮套，通常与战车框架的顶点持平。因此，当弓被抽出时，皮套向下掉落。在战斗中，皮套掉不掉无关紧要，但皮套被认为是战车的一种美丽的装饰，埃及人对此给予了一定的关注。如笔者在其他地方指出的那样，埃及社会的文明状态要求所有武器只有在战争中才能使用。箭筒和长矛盒被悬挂在相反的方向，指向后方；有时，弓盒的附近还有一个额外盛放矛和其他武器的容器，每辆载有两个人的战车配备的弓的数量是相同的。

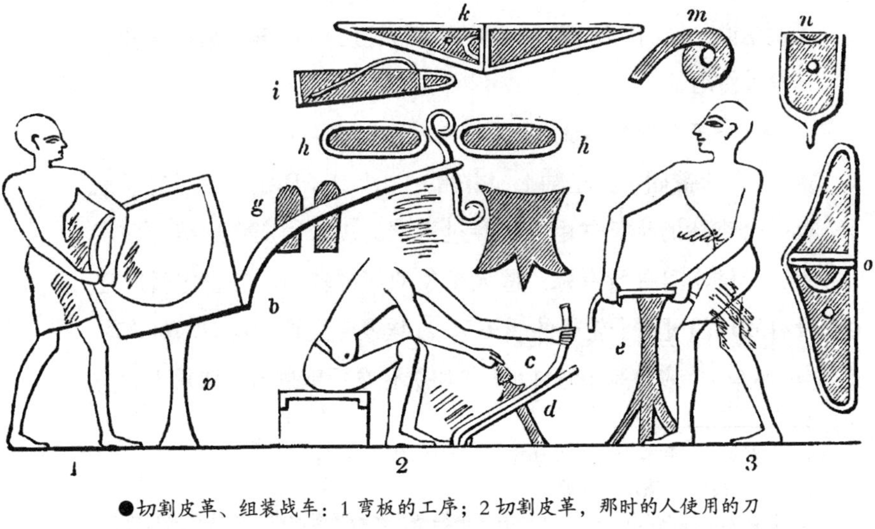

●切割皮革、组装战车：1 弯板的工序；2 切割皮革，那时的人使用的刀具（见c）已经和我们19世纪使用的刀具相似；3 弯曲一块木料；a 架子；b 车身；d 工作台和架子（供切削作业用）；e 弯曲皮革用的工作台；g 凉鞋鞋底；l 一块皮革，这样的皮革是做生意的时候标准的商品单位；h 马项圈；i、k及o 箭筒和弓套；m 马用腹带；n 项圈的一部分

战车的所有部件几乎都是木制的，为了制造弯曲的零件，埃及人开发出了专门用于弯曲木材的工具。在战车框架和箱子的装饰物、悬挂物和捆绑物方面，古埃及人主要使用皮革，染成各种颜色，然后根据工人或购买者的审美品位，用金属边缘和钉子进行装饰；车轮用青铜带子或黄铜带子加固，用金属箍捆绑。车身和框架、杆子、轭和轮子主要由工匠安装，而弓和其他武器的盒子、马鞍和马具、框架的捆绑和车身的覆盖物由制革匠完成。为了让人们看出图中的工人是在为这一目的而切割和弯曲皮革，画图的艺术家通过描绘一整张皮和一双鞋或凉鞋的鞋底，清楚地指出了他们所使用的物品的特点。欧洲人看这个主题时都会注意到，埃及人用来切割皮革的半圆形刀①与我们的半圆形刀很像，也就是说，他们比我们19世纪的欧洲人至少早1450年就把这种工具投入使用了。

战车车轮有6根辐条②，而在城中，多数私家车只有4根辐条③；车轮被固定在车轴上，并由一个小钉子固定，有时钉子上有一个奇特的头，并由一根穿过下端的皮带固定：这清楚地表明，车轴本身并没有像一些人想象的那样转动。19世纪暂时还没有发现超过两个轮子的战车④。在埃及，所谓“镰刀（战）车”（currus faleati）应该是不存在的⑤，和所有在军事战术上取得重大进

① 很常见，就和希腊人的“arbēlon”刀具类似。——S.B.

② 一种普遍的状况。——原注

③ 盲诗人荷马说朱诺马车的车轮有 8 根辐条，在希腊雕像中，这是常见的数字，当然也有 4 根辐条、6 根辐条和 12 根辐条的例子。——原注

④ 19 世纪唯一发现的埃及四轮车实例见下文插图《四轮灵车》。——原注

⑤ 镰刀战车主要是居鲁士大帝在使用，配备朝下的镰刀，准备随时对倒下的敌人补刀，车上的防御塔甚至可以保护车夫的肘部。战车乘员全副武装，只露出眼睛；战车轮轴做得很低，以防倾覆。——G.W.

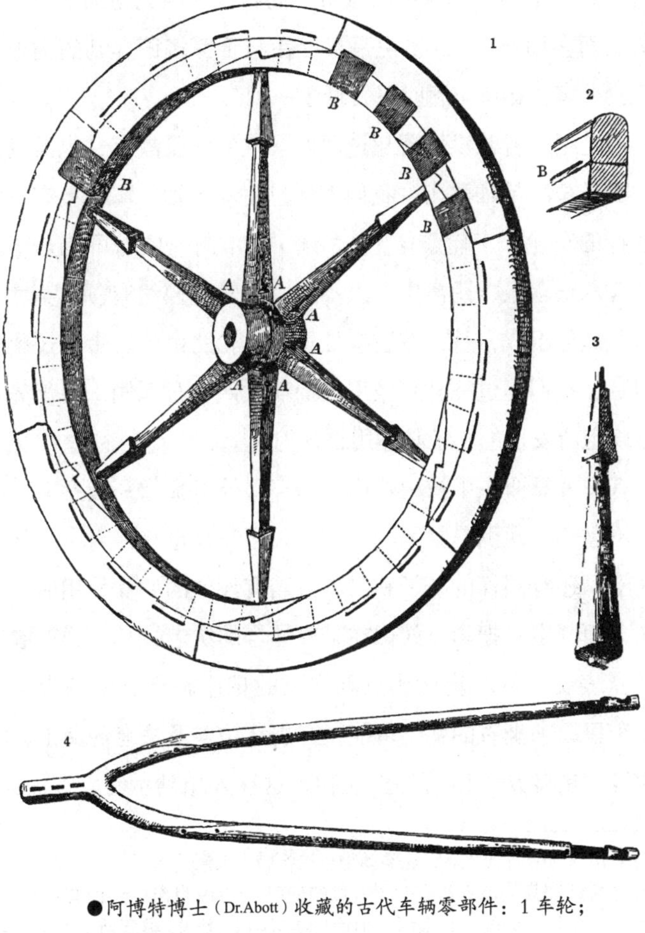

●阿博特博士（Dr.Abott）收藏的古代车辆零部件：1 车轮；

A 制轮楔；B 车轮内圈部分细节；2、3 外轮；4 辕

展的古代国家一样，埃及人对这种武器装备的态度是轻蔑的。古印度人等民族在战争中惯用骆驼或大象[①]，古埃及人不怎么用；骆驼可能只是埃及军队中的驮畜，而到了水源充足的地方，埃及军队反而多用驴子[②]。要说是否存在与希罗多德提到的类似的埃及四轮马车，19世纪暂时只发现了一种[③]。

19世纪，暂时没发现超过两匹马拉的埃及战车，也没发现过由一匹马拉的带轴马车。我们发现过一堆车轴，车轴上有一种比较独特的车轮，车轮整体上（含外轮）为木制，内轮可能是金属制品，有六根辐条，距离中心点不远。车轮直径约3英尺1英寸，外轮由六部分组成，彼此在连接处重合，轮胎由生皮带穿过狭长的孔固定。我们提过一种宗教用途的埃及四轮车孤例，但仅凭这个没法确定所发现的轮子具体用在几轮车上。

有一种靠两头牛拉的普通民用车，外形很像一般意义上的战车，不过车身两侧是封闭的。这种民用车辆也有一对有六根辐条的轮子，还有同样的杆子和马具。当有地位的妇女使用时，有时会在上面固定一把伞，就像在某些场合的法老战车一样；装着弓的弓盒表明，从埃塞俄比亚到埃及的长途旅行需要携带自卫武器。车里原来坐着的女士可能正在去拜访埃及法老的路上，跟着规模庞大的随从，带着许多礼物，这让人想到示巴女王（Queen of

① 亚历山大大帝时代之后，这类动物也被希腊人频繁使用了。——原注

② 在底比斯和其他地方都有驴子驮货的记载，但19世纪，还没有在雕像或象形文字中见过骆驼，甚至阿拉伯历史学家阿卜杜-艾-阿齐斯（Abd-el-Azees）也说过这样的话。笔者解释不了这是为什么，毕竟在亚伯拉罕时代埃及就有骆驼了。［不过，我手上有一个奇怪的例子，在努比亚（Nubia）塔菲斯（Taphis）的印章上有两头骆驼，中间有一个花瓶。它被手法粗糙地刻在一个长1.5英寸、宽0.5英寸以上的切面上。——G.W.］——原注

③ 阿特纳奥斯也提到过一种古代四轮车。——原注

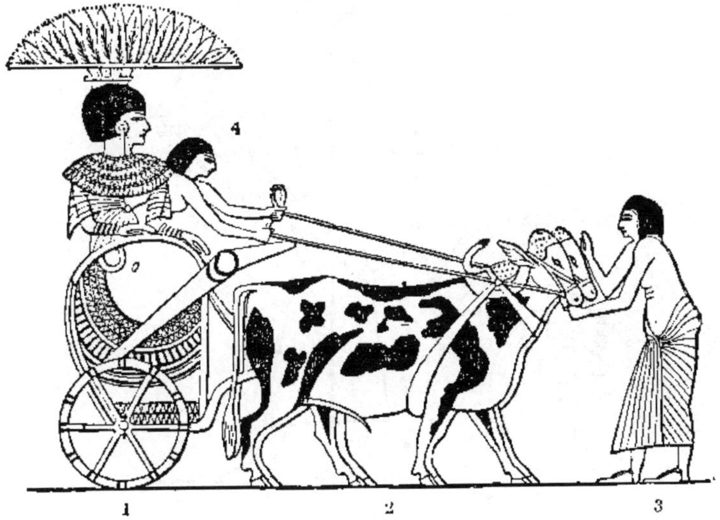

●埃塞俄比亚公主乘坐两头牛拉的双轮车（plaustrum）出行：

2为牛拉车；3为侍从；4为车夫

Sheba）对所罗门王的访问。

古埃及和古希腊战车一般配备两名乘员，而与他们为敌的同时代东方国家使用的战车一般配备3名乘员，这可以从叙利亚人献给埃及法老的战车和出土于埃及、现在藏于佛罗伦萨博物馆的一辆古战车外形上看出。佛罗伦萨博物馆收藏的古战车被认为缴获自斯基泰人，但我们似乎可以将其判断为一种交付给埃及法老的贡品，因为它明显是无法实用的“微缩版”产品。

在所罗门王时代，埃及是战车和马匹的出口国，犹太人和赫梯人都是买家，但因为截至19世纪最早发现记载马和战车的古代纪念碑是第十八王朝的，所以埃及文明在早期应该没有使用它们。在埃及文字中，马被称为“hthor”，希伯来语中的“母马”

●叙利亚人的马车

●佛罗伦萨博物馆收藏的赫梯人马车

（mare）被称为“sus”，复数形式是“susim”[①]，这说明这个单词应该是从闪语系（Semitic）的“fáras”一词来的。对于来自阿拉伯的马，一般统称为“mare”；但如果阿拉伯马的进入是因为牧羊人王朝入侵，那么这次入侵对埃及法老来说反而有好处——这个国家产生了在一个法老统治下联合起来的效果。

有时，埃及人在城乡使用的普通民用车辆不用马牵引，而是用骡子，大英博物馆中收藏着一幅画，表现的就是这个情景。

根据希罗多德的记载，本书插图《四轮灵车》描绘的是一种采用船形车身、用于运送小神龛的车辆。在亚他纳西（Athanasi）的木乃伊的绷带上，发现了一个类似的车辆图案。虽然图形相似，但绷带上车辆的车身可不是“小棺材”，而是一座神龛；和希罗多德记载中躺着的人物形象不同，“小棺材”神龛内的人物形象

●四轮灵车

① “Htar”特指拉一辆战车的“一对”（a pair）马。——S.B.

●两头驴拉的无轮车

是站立的，这是神的象征。[①]

马车和战车所使用的马具几乎是完全一样的，其中车轴在这两种情况下都被固定在一个弯曲的轭上，轭的末端用一个坚固的销子固定，并用带子或皮条捆绑。轭靠在一个小的软垫马鞍上，被牢固地安装在一个金属凹槽里；马鞍放在马的肩部，并配有腰带和胸带，上面有一个装饰性的旋钮；在它前面有一个小钩子固

① 在大英博物馆埃及区收藏的墓穴壁画表现了两头白骡子拉车的情景，这是第十八王朝时期的作品。壁画中最先映入眼帘的应该是一种两马拉的战车，被称为“urr，akaruba”，这是阿美诺菲思三世时期的作品。19世纪暂时还未发现在牧羊人王朝入侵埃及之前埃及对马和战车的记载。第四王朝时期和第五王朝时期，埃及人似乎只用驴子。当时，埃及车轮可能还没有被发明出来，于是就发明了插图《两头驴拉的无轮车》中的那种“替代品”，看起来更像是在坐轿子。第十八王朝时期，整体为木制、镀金银且有彩绘的马车通过进贡的形式，由叙利亚人、其他亚洲国家或民族传入埃及。——S.B.

定承重缰绳。其他缰绳穿过马鞍边上的丁字形物或环状物，然后穿过轭的突出部分；同样的丁字形物固定了马的腰带，甚至在某些情况下还与腰带相连。战车上有一个大球体，放在一个轴上，凸出于马鞍之上，一般认为它与缰绳相连，目的是给车夫提供助力①，方便他将缰绳拉过中心的凹槽，但也有理由相信这只是装饰品，就像马用花式头饰一样，被固定在紧靠马鞍中心的轭上，或固定在连接轭和车轴的针头上。同样的装饰品虽然具体形式不同，但在波斯马车上也能见到。在埃及马车甚至一些战车上，都有很多没有球体的例子，这说明它很可能不是马具的必要组成部分。

每匹马内侧有绳索，共两根，固定在车轴的下部，一直延伸到马鞍上，当时的人们认为没有必要在外侧设置绳索，也没有规定要把它固定在车上。事实上，车轭能够满足牵引和支撑战车等目的；由于固定在马鞍上，它使马保持相同的距离和相对的位置，并防止它们脱缰。盲诗人荷马对希腊同类车辆的描述与埃及人使用的车辆非常接近。详见插图《根据不同版本的雕像复原的埃及式马车》，绘制时省略了马的头饰等不必要的部分，读者应该能看懂。

埃及马在正式场合会用花哨的饰品装饰，如条纹或格子外衣，外衣用宽的边条和大的下垂流苏修饰，覆盖整个身体。有时还会用狮子鬃毛或一些黄金饰品在马笼头的顶端做一个装饰品，就像小徽章一样，但这是法老或主将专属战车的饰品，在其他军民车辆的马具上用花环来装饰辔头便足够了，这些花环令人想起

① 笔者的个人观点。经过进一步研究，现在笔者倾向于认为这应该是立在轭或车轴之上的。——原注

●根据不同版本的雕像复原的埃及式马车①

英国19世纪的同款产品，事实上颇形似。

在19世纪的很多欧洲国家，马用眼罩都被认为是没有必要的，但被古埃及人及其他很多古代民族严格沿用②。不过，从古代艺术品的表现方式来看，我们更倾向于认为古代艺术品展现的是一种套圈，而不是一种缰绳。

马头部和颈部的上半部分经常被包裹在精美的覆盖物下，并以皮制流苏进行修饰；辔头由两块面颊带、一根喉带、一根额头带和一根马鼻带组成，虽然简单，却也实用。

① 车轮的辐条一般是圆的，此处是方的。——原注
② 从图案中马嘴部的刻画判断出。——原注

●凯·波特爵士收藏的古代畜力车图案①

盲诗人荷马会偶尔提到四马拉的车，让人感觉它与拉丁人使用的同类车辆（出现在各种古币和古代雕像上）相呼应，但19世纪几乎没有发现古埃及有这样的车，这在前面已经提到过。②

从波斯波利斯古迹中的波斯战车壁画来看，驾驭这样的载具和驾驭埃及同款载具一样简单。我们可以从比较研究的角度介绍

① 见大英博物馆藏品或前文插图《根据不同版本的雕像复原的埃及式马车》。波斯式车辆使用的马具同样比较简单，通过各种插图对不同古代民族之间的风俗习惯进行比较是很重要的，所以特此呈现这幅插图。——原注

② 如今在19世纪，我们发现没有关于第二十王朝之后埃及马和马车的表现形式，所以我们不知道埃及人什么时候完成了从二马拉车到四马拉车的过渡。在第二十王朝之后的神庙或墓葬中，没有战车出现在重要的战斗的场景，这就很难确定四马拉车首次使用的具体时间。不过，在希腊出现四马拉车很久之后，托勒密王朝的纪念碑上也出现了四马拉车的图案。每两匹马被编为一对，给予一个称号，不存在被单独命名的马。一般来说，每一个具体的图案旁边都有名称以示区别，唯独没发现“chariot”的名称。——S.B.

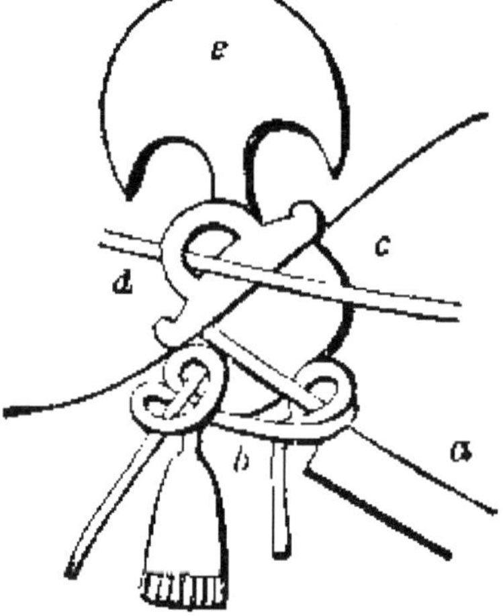

●波斯马车和鞍座的连接部分，藏于大英博物馆：a 马车上的木杆；b 绳索和流苏；c 缰绳从这里穿过；d 缰绳；e 装饰部分

凯·波特爵士（Sir Ker Porter）的相关藏品。读者可对照本节有标注的相应插图及另一幅题为《波斯马车和鞍座的连接部分，藏于大英博物馆》的插图作为参考。

埃及战车兵和步兵一样，分成轻型和重型两种，都配有弓箭。轻型战车兵部队用各种投射类武器袭扰敌人，或者进行快速机动冲在大部队前面；在密集的箭雨杀伤敌人步兵后，紧跟在后面的重型战车兵部队寄希望于突破敌人的防线。重型战车兵加配了盾牌（其他骑兵部队不配盾牌），并且都使用长矛而不是弓箭。轻型战车兵也配置了各类近身作战的武器，只是不配备长矛或盾牌，长矛和盾牌只有部分特定的部队才配备。攻城的时候无论轻装部队还是重装部队一律使用盾牌，在盾牌的保护下逐渐缩小包围圈——“围城战”这种战术概念的出现就和“盾牌”这种防具密

●攻打堡垒的战术（一）：a用龟甲阵战术作为掩护；b和c在弓箭手掩护下攻城

切相关，以至于有时会出现“埃及法老一马当先，举着盾牌冲锋”形象的雕像。出现这种造型的雕像，说明埃及军队靠发动突袭占领了一座城镇。

攻城时，在弓箭的掩护下，埃及步兵要么直接爬梯攻城，要么进入围城战的状态。如果打围城战，他们自己会建造围墙，在围墙的掩护下用撞锤摧毁敌人的掩体。如果通过在敌人内部策反、爬梯攻城或攻城器都不能攻克，埃及军队就可能派出工兵挖掘地道，并且在作业现场部署龟甲阵作为掩护①。在所有古代民族中，埃及人恐怕是最有可能选择挖地道进攻敌人的民族，因为他们在地下挖掘和在坚固的岩石中开凿竖井方面有着丰富的经验②。

希腊人和罗马人使用的带掩护的攻城锤（testudo arietaria）及他们使用攻城锤时的掩护物（vinea），可能都是从埃及学来的，因为它们的原理几乎是一样的。

① 维特鲁威（Vitruvius）笔下的“龟甲阵掘进”（testudo ad fodiendum），希腊人称为“oryx”。还有另外一种战法，目的都是“对付狭窄的战壕”（quae ad congestionem fossarum paratur）。——原注

② 详见插图《攻打堡垒的战术（二），表现了龟甲阵和云梯》。——原注

埃及人有时会试图强行破门，或用大斧将其砍开。如果敌人把堡垒建在岩石上，埃及人就用铁钉或金属短钉爬上陡峭的部分，把它们强行卡进石头的缝隙中，然后把梯子搭在城墙上。

虽然雕像上表现的攻城器只有这些，我们有理由推定埃及人的攻城战肯定还使用了其他没有表现出来的攻城器①。犹太人在前往迦南之地的过程中，无疑也使用了埃及式堡垒。在建立国家前，埃及就是犹太人生活、获取知识的地方。犹太人因为被围困才就地伐木建造堡垒，似乎与希腊人在后来的时代所使用的一些土墩式工事或塔楼相似。只是犹太人认为砍伐果树来建造战争机器是不合法的，他们也不允许使用任何其他生长在野外或未开垦的地方的果树。

除了堡垒或可移动的塔楼，我们还可以推测埃及人使用火箭来烧毁被围一方的房屋和工事，就像希腊人的“火球”（fire-balls 或者 pyroboloi）和“scytalabia”（带有可燃物的木杆铁枪）一样。反过来，埃及人也会用火箭守城。

与埃及人交战的北部部落和东部部落，在许多情况下都配备了与法老纪律严明的部队相同的武器，如弓和矛。除了长剑，他们还装备了粗棍和刀，使用的甲、盔和盾的形式根据每个民族的习俗而不同。这些部落的人们使用石头，在保卫被围困城镇的城墙时，他们用手投掷石头砸敌人。但除了抛甩投掷类武器外，埃及人或他们的敌人投掷石头的次数其实很少，毕竟只有军事能力还很原始的地方才会把石头作为主要武器②。同样的论断也适用

① 云梯是更常见的攻城器。——原注

② 昆图斯·贺拉斯·弗拉库斯和路克里提乌斯（Lucretius）都曾提到，人类最早的武器分别有手、指甲、牙齿和树枝等。——原注

●攻打堡垒的战术（二），表现了龟甲阵和云梯：

1、2、3、4 拉美西斯大帝的四位王子，每一位王子都在指挥龟甲阵的一部分发动进攻（即 a、b、c、d）；5 撒丁人，埃及人的盟友，正在攀登城墙，他使用的工具是可以凿入石缝中的尖桩；6 手持圆盾的撒丁人；7、8、9 埃及轻装步兵和弓箭手；10 两个王室成员正在攀登城墙，梯子快被掀翻了，其中有一个人正明显地往下掉——这也许真是历史上发生过的事情；11、12 特使被放下城池，准备和埃及人谈判；i、k 和 m 堡垒的望楼；l 升旗台；n 旗帜被箭射穿，寓意“败局已定”

于围攻特洛伊的希腊人，盲诗人荷马介绍说他们中的一些人用这些很差的武器作战，而那个时代的希腊人的战争行为和军事技巧确实刚开始走出蒙昧状态。

古埃及人一部分外敌的主要特点是他们的头饰和盾牌的款式，其中海洋民族[①]夏瑞塔纳人[②]的头盔是圆顶的，两边伸出两支角，头顶上经常有一个由小轴上凸起的球组成的顶饰，根据笔者的观察应该是最原始的顶饰样式，这也证明了希罗多德将顶饰的出处归于亚洲的准确性——他认为这是加利亚人的发明，希腊人从他们那里学到这项技术，同时还有在盾牌外部编上数字并且加固内侧把手的习俗，因为以前那些有使用盾牌习惯的人都不带把手，而是用穿过脖子和左肩的麻绳来支撑盾牌。[③]

夏瑞塔纳人的独特之处还在于使用圆盾[④]、长矛、标枪和很尖的剑。他们身穿短衣，常罩一件外套——或者说就是铠甲，由宽大的金属板相互覆盖组成，非常贴身，并在腰部用腰带固定。有些人允许蓄须，普遍保留了佩戴大耳环[⑤]等大多数古代先民常见的习俗。

夏瑞塔纳人的五官通常比较大，鼻子是凸出的鹰钩鼻。他们

---

① 或位于如湖泊等水域附近的国家。那些住在河边或湖边的人不会在词汇上进行具体的区分，谢塔人（Sheta）是个例外。——原注

② 拉美西斯二世时期就为埃及人作战了。——S.B.

③ 希罗多德还提到薛西斯大帝麾下的比提尼亚人军队，他们的主要武器装备有标枪、匕首和轻型盾牌等。——G.W.

④ 埃及人通常使用圆盾（希腊语“aspis”或罗马语“clypeus”），也使用亚马逊人的“peltè”式盾牌，以及一种长方形的底比斯式凹面盾牌（“thyreos”，罗马人称为“scutum”）。——原注

⑤ 撒丁人和夏瑞塔纳人的身份问题见夏巴斯的《古代史研究》第186—300页。——原注（在本文其他地方，夏瑞塔纳人和撒丁人被认为是同一民族。这可能是当时埃及学术语不统一且考据欠充分造成的。译者对相关名词的翻译，均遵照原文。——译者注）

●埃及人的盟友们：1 撒丁人；2 塔卡里人（Takkari 或 Teukroi）；3 肖人（Sha 或 Shasu 或 Shos）；4 利比亚人（Rebu 或 Lebu 或 Libyan）；a 可能是被刺青或烫过烙印，自我烙印的习俗可以追溯到亚述王国时期；5 索马里人（Pount 或 Somali）；6 北巴勒斯坦人（Shari 或 people of N.Palestine）；7 带女人的叙利亚人（Rut-en-nu 或 Syrians with their women）

的肤色和头发颜色都比埃及人的浅得多，他们时而是法老的敌人，时而变成法老的盟友，后面有机会再次提到。

塔卡里人①的头盔在形式上、外观上与波斯波利斯雕像中的头盔非常像，其中一些已经被带到了英国并藏于大英博物馆。他们还配备了圆盾和短衣，经常穿着与邻居夏瑞塔纳人相似的盔甲。塔卡里人的攻击性武器主要有长矛、大尖刀或直剑。他们有时（尽管很少）蓄须，酋长这么做就更罕见了。塔卡里人的五官很规

① 佩拉斯吉人的一支，与达达尼亚人（Dardani），莱卡人（Leka）或莱西人（Lycian），以及马苏人（Maasu）或迈西亚人（Mysian）都是盟友。——原注

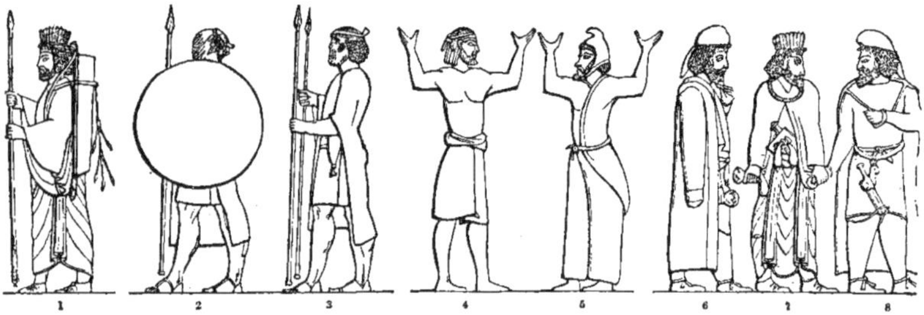

●波斯波利斯人的形象：1 和 7 的头饰和塔卡里人的头饰很像；2 配备圆盾的人，埃及雕像中常出现这样的形象，就像其他同类亚细亚民族一样；3 拿着两杆长枪的持矛手（doryphoros）；4 穿短褶裙（kilt）的人，这种服装形象在底比斯的很多雕像中都很常见；5 穿“希达里斯”（cidaris）的人；6 穿有袖衣服的人；8 戴着波斯式帽子的叙利亚人（Rut-en-nu 或 Syrians with their women）

整，略微呈现出鹰钩鼻；每当埃及艺术家表现他们的时候，塔卡里人的脸部会被画得比一般情况下更好看。塔卡里人和埃及人一样用战车作战；有马车或牛车，一种牛车使用实心车轮（与罗马人的实心车轮类似），由两头牛拉，似乎像斯基泰人和鞑靼人的军队一样被安排在队伍后方。这种牛车及战败时随军妇女会把孩子抱走的情况，让我们认为塔卡里人是一个不在城镇居住的游牧民族。他们被拉美西斯三世击溃时躲到夏

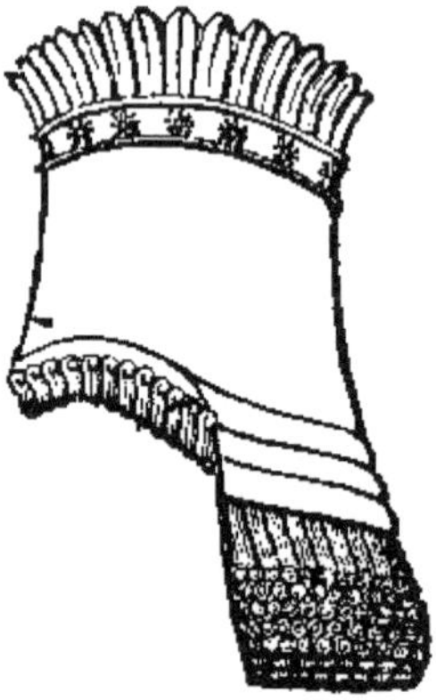

●凯·波特爵士收藏的波斯式头饰

●跟随军队行进的塔卡里人车辆，一旦打了败仗，就会装载女人和孩子。斯基泰人和鞑靼人（Tartar）也使用同样的车辆

瑞塔纳人的船上避难进一步证明了这一点。但从外观上看，他们不像游牧民族，似乎是更高级的种族。塔卡里人也曾一度是法老的盟友，并在与雷布人[①]（Rebu）的长期战争中帮助埃及人。

还有另外一个民族，虽然其名字已经不可考[②]，但一身穿戴透露出浓厚的东方气息。他们常戴一顶高高的毛皮帽子，有点像波斯人在古代戴的那种，如今的鞑靼人和德里土耳其人（Dellee Turks）也这么戴。这个民族的成员常穿一件配腰带的紧身衣，以及许多亚细亚民族常见的短裙，脖子上挂的圆形大护身符与东方苦行僧佩戴的玛瑙护身符非常像，同时让他们看起来非常像埃及人描绘的特哈加时代的亚述战俘——虽然在不同的雕像中他们有的蓄须，有的不蓄须，但鲜明的面部轮廓和高鼻梁还是让他们的形象显得很突出，显然这是当时的艺术家故意为之。

① 雷布人其实就是利比亚人，而塔玛胡人（Tamhu 或 Tahennu）也是利比亚人种的一个民族，其四个脸部形象都出现在塞提一世法老的底比斯陵中。——原注

② 经考证，其名字写作“Shasu”或“Shôs”，该民族是阿拉伯人的一支。——原注

这个民族的士兵使用的武器包括两根标枪、一根棍棒、一把手斧和一面埃及式圆顶盾牌。在拉美西斯三世时期，他们与埃及人结好，并且帮助拉美西斯三世讨伐雷布人。虽然这个民族最早也是被埃及人用武力征服的，但和很多其他亚细亚部落不一样，埃及人对他们不存在那种因为多次冲突而引起的敌意。同样的描述适用于另一个名字已经不可考、对埃及人友好的民族，由于保存下来的相关雕像残缺不全，截至19世纪，我们只知道这个民族的服饰是紧身短衣，配备棍棒、盾牌和弓箭等武器。

埃及在亚细亚遇到的最可怕敌人之一是雷布人，这可以从两个民族之间经常出现的激烈争斗的描述中得到证明。双方常常调动大量军队进入战场，一打起来就旷日持久，从一个非常遥远的时代开始，一直持续到第十九王朝之后。

作为“大帝”，拉美西斯二世在位期间立下的主要功绩是对外用兵成功。约一百年后，拉美西斯三世在埃及三次战胜雷布人后又对他们进行了一次大屠杀，在雷布人失败的基础上焕发了自己胜利的光彩，夺取了大量战利品，并且扩大了自己国家的势力范围①。根据埃及人的战报，数千敌人被杀。埃及军队本身战斗力就很顽强，而雷布人比起对手也表现出坚定的纪律性和顽强的抵抗意志，这都证明雷布人在当时是强大、尚武的民族。虽然雷布人在战场上被打败了，但不代表他们被完全征服了，他们始终不愿意成为埃及人的盟友。不论是从战争旷日持久的时间、历代

① 拉美西斯三世分别于在位的第五年和第十一年发动了对利比亚人种的雷布人、马克叙埃斯人和塔玛胡人的战争，在战场上杀死了 2175 名马克叙埃斯人，俘虏 2052 人，此外还缴获 239 把马刀、603 张弓、93 辆车、2310 个箭筒、92 根长矛、马和驴共 185 头及 139 头公牛。——S.B.

法老的征服尝试、遭遇的抵抗及他们对于铭记每次胜利的狂热，都体现出埃及人本身在冲突中受到的重创。底比斯神庙中雕刻的当然只有胜利的情形，但如果能看到雷布人（可能记录的）战斗情形，他们打败过埃及人也是不奇怪的。

从雷布人的服装风格和他们的肤色来看，很明显他们居住在离埃及很远的北部地区[①]，那里气候比较温和。雷布人的服饰包括一件配有常见短裙的下装和一件长且颜色鲜艳的外袍，通常配有花哨的装饰或宽大丰富的边框图案。长袍一直遮住脚踝，用一个大蝴蝶结在脖子处固定，或在肩上系带子，下半部分在正前方也呈现开放结构。这种袍子没有腰带的束缚，如果系腰带就要系在袍子里边；尽管埃及艺术家们偶尔会把腰带画在外面，或者将袍子透明处理以便让人看到，雷布人的袍子通常是很厚的（动物皮毛制品），现实中是不能透过它看到里边穿的是什么的。雷布人的腰带装饰性很强，腰带前有一个大流苏[②]；他们本身也非常喜欢装饰自己的身体，除了亚洲和其他部落常见的耳环、项链和饰品，酋长们还用羽毛做头饰，有些人还在胳膊和腿上涂抹或刺青。

如果说在埃及雕像中看到的几个外国民族的服装让人想起波斯和帕提亚的服装，那么这应该说的就是利比亚人或叙利亚人[③]——他们对头发的打扮并不亚于他们对服饰的注重：他们把

---

① 在捆绑战俘的时候，埃及人为了加以区别，会在捆绑他们的带子末端系一朵花，纸莎草象征着生活在埃及北部的民族，一种开三叶花的水草象征着非洲或埃及南部的部落。见下文插图《埃及人的各种敌人》中的6和10。——原注

② 见上文插图《波斯波利斯人的形象》。——原注

③ 叙利亚北部或美索不达米亚（Mesopotamia）的居民，他们呈上动物作为贡品。据说，他们的势力扩张到了印度。——S.B.

头发分成不同的部分，其中一部分在前额上打圈，另一部分在后脑勺上；还有一绺长长的头发一直垂到胸部，最后变成一个卷曲的点。埃及人对他们的其他外观特征同样印象深刻，如蓝眼睛、鹰钩鼻和小红胡子。他们的武器主要包括弓箭和一把锋利无比的长直剑；很可能由于他们熟练地使用弓箭，所以才能和埃及人打这么久的仗。

阿梅内姆哈二世（Amenemha II）在位期间（约公元前1680年），埃及人和东方民族庞特人爆发了战争；到图特摩斯三世时期，庞特人被迫向埃及人纳贡称臣。不过，庞特人是一个自由、勇武的民族，以自己拥有的自由为荣，只要一有机会就试图摆脱统治者强加给他们的束缚，为此埃及法老不得不多次进攻庞特人的地盘，这从侧面体现了他们的独立精神及对抗入侵的勇气。

埃及人描绘的庞特人东方特征并不明显，他们没有胡须，把头发包在一个大帽子里，用丝带捆住，就像非洲内地的许多部落及与埃及接壤的叙利亚人一样。他们的服装主要是短裙，用普通的腰带固定；虽然他们的肤色比埃及人浅，但他们似乎居住在比叙利亚人或腓尼基人更靠南的地区，他们也是在同一时期臣服图特摩斯三世的民族。在他们带给埃及君主的礼物中，有山羊、豹子、狒狒、猿猴、鸵鸟蛋和羽毛、干果和皮毛；还有外来的灌木、乌木和象牙，这似乎证明他们生活在一个气候温暖的农业国度。

沙里人①（Shari 或 Kharu）是另一个生活在东方或北方的民族，埃及人对他们发动了一场成功的战争，时间主要是塞提一世及其子

① 生活在巴勒斯坦北部及巴勒斯坦及小亚细亚南部沿海地区。——S.B.

拉美西斯二世在位时期。笔者倾向于认为所谓的“沙里人”要么是亚述部落（更有可能），要么是阿拉伯某个地区的居民——当然，阿拉伯湾被埃及人称为“沙里海”（Sea of Shari），这可能会佐证后一种观点。沙里人的特征是凸出的水滴形鼻子和高颧骨，他们留着大胡子，使用的头饰包括像庞特式的帽子，或者用带子固定的宽大帽子，帽子后面有一个球或流苏。沙里人的衣服包括一件长（到脚踝）而宽松的袍子，袍子用腰带固定，上半部分配有宽大的袖子。腰带上有时会有很多装饰。沙里人无论男女，都戴着耳环，常把一个小十字架挂在项链上或衣服的领口上。十字架并不是他们特有的装扮，它也会挂在叙利亚人的长袍上，或者作为图案出现，雷布人的装饰品中也可以看到它的踪迹——这说明，早在耶稣基督诞生之前一千多年，十字架（图案）就已经被使用了。

沙里人主要使用弓、矛、两杆标枪、棍棒或剑作为武器，建造了坚固的城堡来保卫国家。他们很勇敢，甚至敢在开阔的平原和埃及军队硬碰硬，一番血战后才退到据点，然后继续苦战坚守。有的沙里人会系一种双肩带，戴尖顶帽子，看上去类似特哈加时代的亚述战俘[①]的服装，这让我们想到了亚述人，他们的名字和沙里人的名字很像。

商博良认为，“Rut-en-nu”其

●亚述王西拿基立战败后被埃及人抓住的亚述战俘

① 19世纪初，在庞贝（Pompeii）古城发现的、精美的波斯人像也能为此提供确切的证明。——原注

实是吕底亚人[①]，吕底亚人也是长期和埃及人作战的民族，双方早在图特摩斯三世时期就有冲突，之前可能也有。他们的肤色是白色的，穿紧身衣，戴长手套[②]，这说明他们应该是生活在比埃及和叙利亚气候更寒冷地区的人。而从他们后来献给埃及法老的贡品来看，应该是东方民族——贡品包括马，四根辐条轮子的战车[③]（和埃及同款产品很像），稀有的木材，象牙，大象和熊，大量美丽的金银花瓶，戒指，瓷器，以及装满用于制香的精选树胶和树脂的罐子，数量上比其他纳贡的国家给得还多。这个民族的人们五官很整齐，鼻子没有典型的东方特征。肤色很浅，有棕色或红色的头发，蓝色的眼睛。他们的长袍通常有紧身的袖子[④]，用绳索系在脖子上，或者封闭，或者在前面折叠，有时用腰带固定。在长袍下面，他们穿着短裙；一件宽大的斗篷，可能是羊毛的，就像现代巴巴里海岸的“毯子”（herdm）一样披在外面，再戴一顶帽子。妇女穿一件用腰带扎紧的长衣，下半身装饰着三排飘带。她们衣服的袖子有时大而敞开，有时紧紧地扣在手腕上；头发要么用挂着长长流苏的帽子盖着，要么用一个简单的带子扎个环（fillet）。

---

① 类似“Ruten”或“Rut-en-nu”的表述都是从卡诺普斯三语石板（trilingual tablet）那里翻译来的，这块石板是托勒密三世时期的产物（公元前38年），这个民族（可能是亚述人或巴比伦人）被认为是广义上的叙利亚人，在赫梯人崛起之前一直统治叙利亚。在图特摩斯一世、图特摩斯三世及其继承者在位期间，他们和埃及爆发过战争。——S.B.

② 关于手套的其他例子，埃及古代雕像中都有，但罕见。［《圣经·路得记》中提到的“右手的手套”（right-hand glove）并不是手套，应该是和人的手臂形似的银杯。——S.B.］——原注

③ 埃及城镇中的农用马车车轮有4根辐条，而战车车轮一般有六根辐条。——原注

④ 见上文插图《波斯波利斯人的形象》中的6。——原注

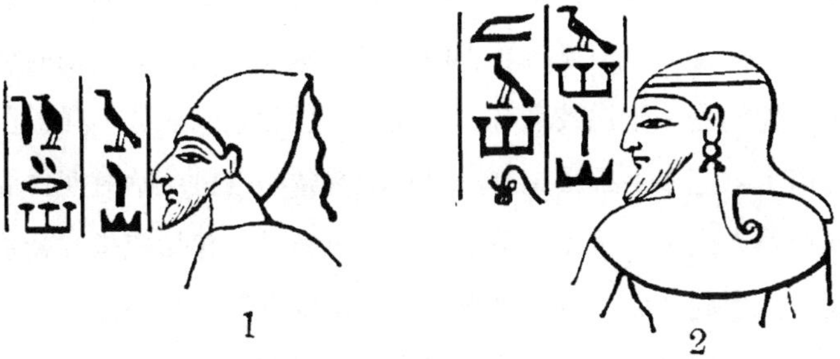

●与埃及人敌对的民族：1 图尔沙人（Tuirsha 或 Tyrseni）；
2 马克叙埃斯人（Mashuasha 或 Maxyes）

埃及的敌人中还包括图尔沙人，图尔沙人是海洋民族①。他们帽子的形状很容易使他们与其他东方部落区分开来。他们没有什么很显著的身体特征，19世纪暂时还没有足够的雕像作为证据来形成任何关于他们与埃及人的战争的观点，尽管他们被认为是在拉美西斯三世时期被埃及征服的民族。同样的情况也适用于马克叙埃斯人②。这些民族的总体特征和胡须的形状与图尔沙人相似，但头饰挂得很低，并且更像前面提到的特哈加的囚犯的头饰。

库法人③（Kufa）似乎是居住在如今亚洲某个比巴勒斯坦纬度更高地区的民族，他们的长发、丰富的服饰和形式与颜色各异的

① 图尔沙人也被称为“海之图尔沙”（Tuirsha of the Sea），被认为实际上是米底奈特哈布，希腊人称为“Tyrse-noi”。在梅涅普塔时代和拉美西斯二世时代，他们和利比亚人联盟，一同对埃及发起进攻。——S.B.

② 实际上是利比亚人的一支，当时从西部入侵埃及。梅涅普塔和希腊人、米底奈特哈布、撒丁人和西西里人结盟，一起抵御入侵者，但被打败。当时有一部分马克叙埃斯人为埃及作战，有12535人被杀。后来，拉美西斯三世在位第五年和第十一年，战端再起。——原注

③ 根据卡诺普斯三语石板，实际上就是腓尼基人。——S.B.

凉鞋使他们在埃及雕像所表现的民族中引人注目。他们的肤色比叙利亚人深得多，但比埃及人白得多。从他们给法老带来的贡品来看，他们是一个比较富有的民族，并且和叙利亚人一样，在生活习俗上、艺术上都很先进。早在图特摩斯三世统治时期，他们就向埃及人进贡，贡品几乎全部是金银制品，包括戒指、金条和花瓶等。说起花瓶，许多是银质的，镶嵌着黄金，装饰精美，形式优雅，与埃及人已经使用的许多产品相似。从几乎只记录所引进的贵金属，而没有动物、木材和其他民族带到埃及的产品这一点来看，我们可以推测艺术家打算传达一种概念，即他们国家拥有丰富的矿藏。库法人偶尔被刻画成携带刀子或匕首、珠子、少量象牙、皮革材质的容器、一些铜杯和瓷杯的形象。从着装上看，库法人主要穿一种简单的短裙，加工考究，颜色多样，在前面叠起来并用腰带束好。库法人穿的便鞋像靴子一样是全封闭的，看上去是用布料或皮革制成，与埃及人的便鞋完全不同，遮住了脚踝。库法人的长发松松垮垮地垂下，超过背部长度的一半。他们的头顶伸出三四根卷发，有的是真发，有的是假发。

赫梯人①（Khita 或 Sheta）是好战的亚洲民族，他们的军事实力和战术水平都很强大，包括机动能力和城防战术。对于部分城镇，他们建造双层围墙，在这种情况下，会有一座桥连接②。这很有趣，作为桥梁最早投入使用的记录，发生在拉美西斯二世在位时期（约公元前1350年）。但古人给我们留下的是“俯视图”，仅从这样的雕像无法判断桥梁是拱桥还是仅用木椽支撑的木桥。库法人的军队似乎是有一定纪律性的；他们的步兵方阵排列紧密，而他们

① 埃及人通常“Kh”和“Sh”混用。——原注

② 即塞提一世在位时期坦尼斯的一座桥。——S.B

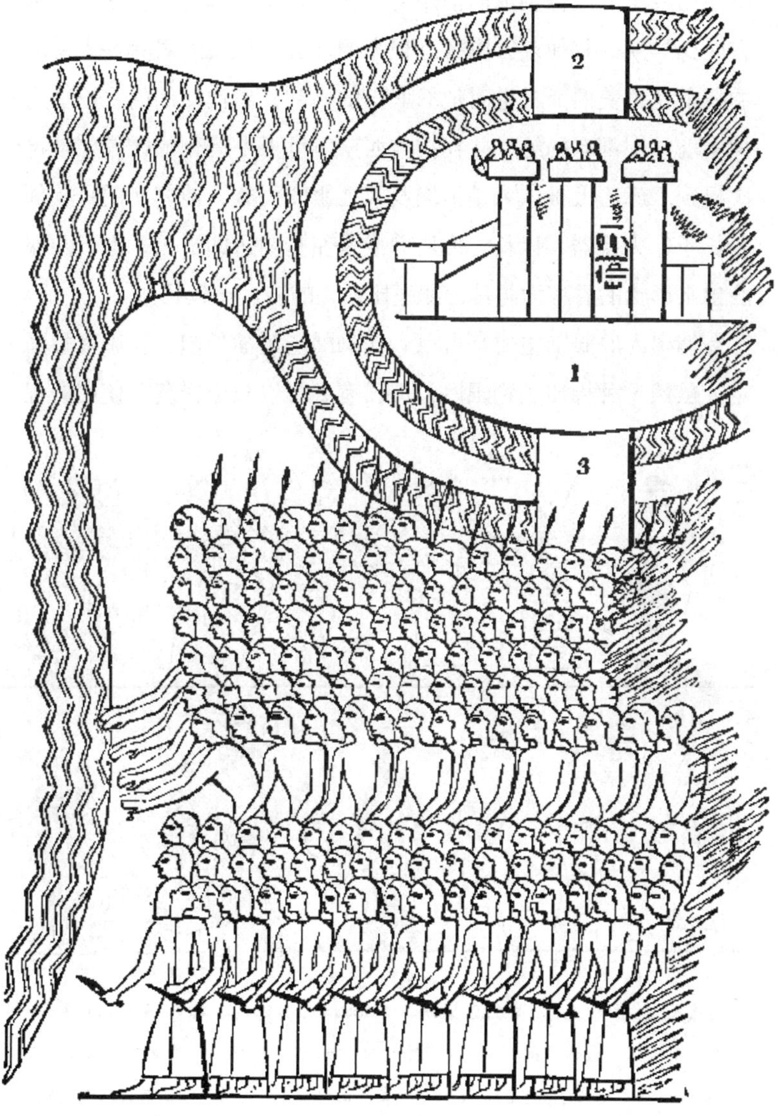

●由赫梯人和叙利亚人组成的方阵，这支部队被用作对抗拉美西斯大帝的预备队：1在奥伦特河（Orontes）畔的卡德什（Kadesh）；2和3指被两道壕沟围住，还架了桥

所使用战车的风格及他们使用的武器都表明，库法人在军事战术方面比早期的其他东方国家有很大的优势。埃及人对赫梯人发动的战争及拉美西斯二世对他们取得的胜利，底比斯的门农尼乌姆神庙墙壁上都有描绘，并在拉美西斯三世下令镌刻的雕像中被再次提到。库法人被认为是被埃及人征服的民族，他们使用弓、剑和长矛作为武器，以长方形盾牌或是左右两边凹下去、上下两端凸出来形状的盾牌为防具，和底比斯人的防具比较相似。

赫梯人的服饰主要是可以遮住脚踝的短袖长袍，要用束腰固定。虽然这种棉质衣物很厚，但没有到可以被当作盔甲使用的程

●埃及人的各种敌人：1 腓尼基人（Kefa 或 Phoenician）；2、3、4、5（即 a、b、c、d）从盾牌阵就能识别出这是赫梯人；6 亚摩利人（Amauru 或 Amorite）；7 可能是亚美尼亚人（Remenen 或 Armenian）；8 迦南人（Kanana 或 Canaanite）；9 黑人，可能来自非洲内陆；10、11 非洲部落；12 名字已佚；13 埃塞俄比亚人；a 皮甲；从头顶的象形文字（见带 p 的标志）来看，c 和 d 都是酋长

度，对长矛或金属箭头也毫无办法。赫梯人戴帽子，有时戴手镯，手镯就像衣服一样有多种颜色。赫梯车辆主要靠两匹马拉动，每车乘员三人，部分车轮是四根辐条而不是六根辐条。赫梯人骑兵数量不多，但有大量步兵和战车兵，人数众多，装备精良。通过赫梯军队安排预备队的方式可以看出，赫梯人是一个善战的民族。赫梯军队的一个“师”约24000人，由三个8000人、排列紧密的方阵组成。

赫梯人的政权似乎是由两个一致挂着“赫梯”这名字的部落组成，可能受到一个统一的政府节制。赫梯人的外貌基本上相同，但不同的人穿着的服装可能有区别：有的人会戴大帽子，像很多亚细亚民族一样穿着宽大的开袖式衣服，有时还有披风。不同部落的赫梯人使用同样的武器和战车作战，甚至可以共同驻扎在一起。

我们不敢妄下定论，说这个民族是斯基泰人的分支或住在幼发拉底河畔的民族，但我们可以从古代学者或拉美西斯二世、拉美西斯三世时代[①]的古代雕像中找到相应的线索。赫梯人军事征服的范围可能比想象中的大，但这和19世纪现存的关于古埃及国力和资源的记录不矛盾。

亚细亚部分地区同时居住着其他一些民族或部落，根据埃及古代纪念碑显示，他们都遭到过埃及法老的武装入侵，之后都向埃及法老称臣。我们通过古代纪念碑上的记录，能够辨认出在19世纪属于叙利亚的一部分地区，如阿毛里[②]（Amauri）、勒马农[③]

① 见《埃及和底比斯》第22页。——原注

② 这里居住着阿摩利人（Amorites）。——原注

③ 亚美尼亚人（Ermenen或Armenia）。——原注

（Lemanon）、卡那那[①]（Kanana）和阿斯加隆（Ascalon）。阿毛里和勒马农的先民都戴一个用丝带扎起来的圆形头饰，卡那那的先民则穿起到盔甲作用的外套，并使用长矛、标枪及类似埃及战斧的武器[②]。

底比斯艺术家们有意在武器装备和服饰上，对自己刻画的外族人物制造比较明显的差异，尽管有时在面孔方面他们没有这么做。传统上，这些艺术家给来自东方的民族使用一种面部风格，给来自北方的民族使用一种风格，再分别给埃塞俄比亚人和来自非洲内陆的黑人使用不同的风格，然后就不关注其他显著特征了，某些尺寸较大、细节刻画比较考究的雕像或绘画除外。

在这些作品中，有的人衣着宽松，有的人衣着紧身，使用的盾牌的形状各种各样。有时盾牌内侧的中间有一个把手，就像19世纪阿巴卜德人和埃塞俄比亚人使用的那样。

根据古埃及工匠绘制的作品，勒马农是多山的地区，战车无法在这里驰骋。山上林木高大茂密，山地民族被埃及军队吓破了胆，连忙砍伐树木阻塞道路试图阻碍对方的进攻。埃及法老占领对方在边境上设防的要塞后，指挥轻装步兵继续进攻，追击躲到林中避难的逃敌；他派一名传令兵以接受投降为条件，试图让敌酋相信自己能得到宽大的对待，从而重新效忠自己。卡那那人当时也是这样，埃及人用同样的方法让他们投降了。

上文的勒马农和卡那那的居民应该就是指古代生活在黎巴嫩山和迦南之地的人，并且可能性相当高，因为上文中提到的战役

① 迦南人（Canaan）。——原注

② 《圣经·约书亚记》中，迦南人被认为拥有“铁战车”（chariots of Iron）这样的武器。——原注

发生在拉美西斯二世的父王塞提一世①登基第一年或之后不久。考虑到阿美诺菲思三世时代发生在埃及的事件及后两位继任者并不好战的性格，可能让这两个地区的人感到，自己虽然距离一个强国很近，但还是要为实现独立而反叛。

第十八王朝和第十九王朝早期的一些君主同样征服了很多黑人民族，如托雷斯人（Toreses）、塔鲁乌人（Taruau）和另一个名字如今已不可考的民族②，还有被称为“古实人”（Cush）的民族，也就是埃塞俄比亚人。这些民族长期和埃及人作战，其中一些在很久远的时代已经每年向埃及纳贡。但19世纪，笔者尚无法确定的一点是，“Cush”③之于埃塞俄比亚，到底是指埃塞俄比亚南部全境还是部分地区？

内陆黑人④和埃塞俄比亚人一样，穿着公牛皮⑤或野兽皮的短围裙，并且短围裙的腰带上经常被埃及人画上尾巴，这是为了展现他们在埃及人眼中的怪异长相。酋长们披着鸵鸟等动物的毛，戴着大的圆形金耳环、项圈和手镯；许多古代埃塞俄比亚的大人物都穿着细亚麻布的衣服，腰带被装饰得很华丽，偶尔肩上还会披豹皮。今人有理由认为亚麻布是从埃及人那里购买的，因为埃及人的武力征服自然会导致亚麻布被引入；而因为亚麻布做工精细且只限于酋长使用，可以体现衣服主人的身份与地位——这个

---

① 他的另一个名字（Osirei）其实是后来宗教革命期间产生的替代品。——S.B.

② 本处及本节中有关内陆黑人部落形象的描绘，可见上文插图《埃及人的各种敌人》。——原注

③ 在古代纪念碑碑文和象形文字中都这么写。——原注

④ “黑人”当时被统称为“那赫西”（Nahsi），即“反贼”（revolters）。——S.B.

⑤ 斯特拉波说，埃塞俄比亚人是穿皮草的，还说埃塞俄比亚的绵羊（sheep）不长一般意义上用于纺织的羊毛（wool），而更像是山羊毛（goat hair），这也是事实。——G.W.

观点真实性更高。

埃塞俄比亚献给埃及的贡品包括金银、宝石、鸵鸟羽毛、兽皮、乌木、象牙、猿猴、19世纪在阿比西尼亚仍然出产的长角牛、狮子、大羚羊、豹子、长颈鹿和猎犬。作为战败者，埃塞俄比亚人不得不向作为战胜者的埃及人提供奴隶。埃塞俄比亚人[①]主要以弓箭、长矛和棍棒为武器，以步兵为主要兵种，他们应该不懂得使用正规军战术作战。

在拉美西斯二世时期的雕像中，我们已经注意到那些作为埃及人外援的民族[②]，比如和他一起远征赫梯人的夏瑞塔纳人——他们在之前被埃及军队打败，然后和法老签订协议，以后埃及军队打仗就要出兵援助。夏瑞塔纳人在很长时间内都信守约定，直到拉美西斯三世时代仍然在攻打雷布人和塔卡里人的时候为埃及人提供援助。在对雷布人[③]的战争中，拉美西斯三世得到了另外一些民族和部落的帮助；就拿其中一个民族来说，他们高高的毛皮帽[④]足以说明他们的东方血统，但其名字已经失传了。

塔卡里人曾经与埃及人联合对抗雷布人，并且为拉美西斯三世的成功做了贡献。但可能是一部分塔卡里人仍然仇视埃及人，也可能是争吵导致彼此之间疏远，不久，塔卡里人又和埃及人开战。很多夏瑞塔纳人出手帮助塔卡里人，塔卡里人在战败后还躲到夏瑞塔纳人[⑤]那里避难，并且希望凭借其船队继续抵抗。但这个联盟是无效的，再次被击败，大量俘虏和战利品落入埃及人手

① 埃塞俄比亚人的服饰详见希罗多德的作品。——G.W.
② 欧瑟特森一世时代可能就已经有了。——原注
③ 即利比亚人。——原注
④ 可能是阿拉伯人的一支。——原注
⑤ 即撒丁人。——原注

中。拉美西斯三世在战胜这两个对手后，被其他忠诚的盟友及仍然忠于自己的夏瑞塔纳人和塔卡里人卫队护送着回到埃及。

如果埃及人决定远征外国，全国上下都被动员起来，进行必要的战备，每个行省都要为远征出人出力。在这种情况下，各地的军人阶层都会被召集起来，为法老提供一定数量的军队，法老会发布他认为必要的军队数量。一般来说，法老亲自统率埃及全部军队，但有时也会任命一位将军全权指挥部队作战。最早时期，埃及军队都把底比斯、孟菲斯或培琉喜阿姆等地作为固定的集结点[①]。先到的部队就地集结，等待主帅赶到，主帅一到，马上进行必要的准备：行军命令发布后，用号角声发出信号。然后全军列队，每个士兵都向主帅深深地鞠躬致敬，表示自己已经做好了接受他的命令、跟随他上战场的准备。接着，全军开始行军[②]，战车在前，辎重车紧随其后。主帅在中间，有自己专用的战车，他身后跟着持圣扇的军官[③]，他周围就是根据具体番号手持不同武器装备的步兵部队。

在开阔的地带发动进攻的时候，埃及人还是用号角发出进攻的信号。首先，弓箭手排成一排射箭，攻击敌人的正面，与此同时，战车部队开始冲锋。重装步兵以盾牌护身，也排成密集的队形向敌人逼近；他们位于阵型的中央，两侧是战车兵和骑兵，往敌人阵型的中央和两侧齐头并进[④]。弓箭手持续射击敌人，以便

---

① 阿普利斯派兵讨伐昔兰尼人时就使用这个阵型。——原注

② 米底奈特哈布遗址就有相关壁画。有朝一日，如果当地神庙后面被清理干净，可能会有更多的发现。——原注

③ 这是很光荣的工作。如果法老的王子们合适，这项工作就都由他们代劳。——原注

④ 古代雕像上只有战车，骑兵是笔者自己的推测。——原注

●一线排开射箭的弓手

在其阵型中制造混乱。

埃及人的作战方式与鸿蒙初开的蛮族或仍在茹毛饮血的部落迥异，只要投降都会被放过。有些记录显示埃及人会追赶敌人，追上了就进行血腥的屠杀。这不是炫耀某种血腥的残忍情感，而是暗示双方发生了激战。从拉美西斯三世时期的海战记录来看，埃及人会尽力抢救落水的残敌。这体现了埃及人作为一个民族具有的宝贵人性，古埃及艺术家也认为仁慈是应该被铭记的光荣美德。

与亚述人等其他征服过亚细亚的民族相比，埃及人的地位高一些，原因是其对待俘虏比较宽大。尼尼微的雕像中呈现了一系列对战俘的酷刑及对活战俘剥皮的折磨，都说明亚述人即使在埃及人过上文明体面的生活很久之后，仍然保持着野蛮的状态。

我们通过研究亚述人绑俘虏的姿势就能做这样的推测，从俘虏被抓住的那一刻，同时在被转运的过程中都要忍受各种虐待。

亚述人蔑视一切外族，指责他们都是“不纯洁的外国人”，这种意识形态可能会让军队的行为过激，比如用最不舒服的姿势将战俘的手绑在背后或头上，用一根绳子绕过他们的脖子，将他们彼此固定在一起；有些人将他们的手锁在一个细长的木制镣铐里①，由两段相对的木头制成，两端钉在一起，这种方式在19世纪的埃及仍然用于固定囚犯。在攻占一个城镇后，部分战俘会被用棍子殴打②，目的是逼问财宝藏在什么地方。许多战俘都沦为强制劳动力，有的战俘则成为被侮辱、殴打的对象。可就算我们是文明的19世纪欧洲人，生活在比14世纪要开明得多的时代，也经常发生战俘受到虐待的恶劣情形。如此一来，就算埃及士兵偶尔无礼，也是可以得到理解甚至原谅的。笔者倾向于赞同古代雕像作品中关于战俘的记载，俘虏会被捆绑在征服者得胜归来的战车下面——正如爱德华·吉本指出的那样，每个时代的崇高都孕育自恐怖，这是真理。所以笔者不认为当时文明程度相当高的埃及人会像亚述人一样虐俘，更不相信埃及神庙外墙上“战俘被反绑着送到国王脚边，又被国王抓着头发像是要烧死”的情况指的是人牲③。这被认为是一种宗教寓言，指的是埃及国王是在神明帮助之下取胜的承认——直观说，也可以就认为是对国王功绩的一种记录，这也可以从托勒密王朝和之后罗马人政权竖立的相应纪念碑上表现的相关主题得到证实④。放下武器乞求投降的人都

① 关于刑具的内容，见第4章相关插图。——原注

② 在东方，想要一个人招供，通常就采用这种方式。——原注

③ 希罗多德曾经批评希腊人对埃及人的特点一无所知，把虚假的人牲传闻当真。——原注

④ 比如登德拉（Dendera）的埃斯内（E’sné）附近的埃答伊尔（E’Dayr）和其他各地。——原注

会被放过，并被带离战场。至于杀死敌人数量的清点，前面也谈过，根据杀敌数量在军中分配奖赏。如果活捉战俘，可能可以得到更高数额的报酬。

各种战利品都会被登记造册，然后交给法老。有时会腾出一块空地专门堆放战利品——从雕像来看，埃及人首先用盾牌围成一堵墙，然后用柳条搭一扇门，专门安排两拨人马看守，一批在门外，另一批在门内。这部分体现了古埃及军队的扎营方式——如果胜券在握，至少在战场上已经站稳脚跟，就没有必要建造坚固阵地来固守[①]。在建造永备工事（castra stativa）的时候，罗马人会比埃及人更多考虑防御因素，所以特别配置了壕沟和坚固的围墙。从艾卡布（El Kab）、希拉康（Hieracon）和尼罗河流域其他有防御工事的地方来看，与城镇不同的是，古埃及军队的永备工事被巨大而高耸的砖墙包围，其宽阔的城墙有一个宽大的楼梯，或倾斜的道路[②]，并配有护墙以保护士兵。尽管由于地形因素或其他偶然的原因，古埃及人并不会纠结于一定要把城墙建成正方形，但始终将正方形的城墙设为首选，至少在19世纪还没发现他们学习斯巴达人建造圆形阵地的证据。斯巴达士兵在站岗时被禁止携带盾牌，他们认为士兵失去了防具作为保障，可以更加谨慎、避免睡着，埃及人似乎也这么做，因为我们发现在营地门口站岗的古埃及士兵虽然隶属于重装部队，但只配备剑和马刀，在其他场合却携带盾牌。

埃及军队的野外营地呈正方形或平行四边形，在其中一面有一个主要入口；靠近营地中心的是主帅的帐篷和主要部将的帐

① 相关案例取自底比斯的门农尼乌姆神庙的东北塔。——原注

② “inclined way”，即坡道（ramp）。——原注

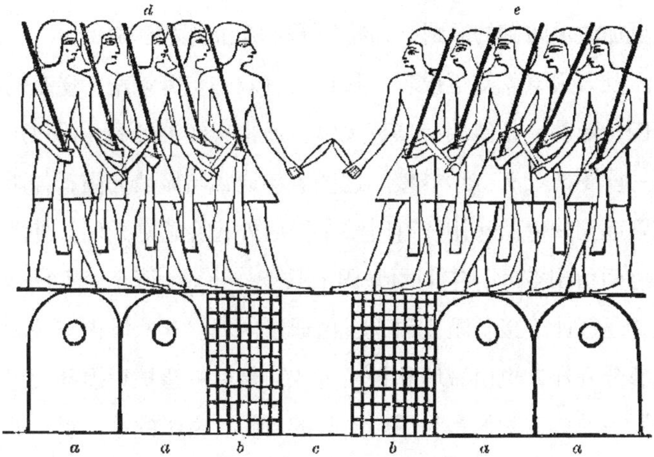

●军营外的一队卫兵：a一排盾牌，暗示城墙；b表示营门

篷。从形式上看，埃及军队的营地其实类似于罗马军队的营地；但将军帐篷的位置与盲诗人荷马提到的希腊习俗一致；并且与罗马人的习俗不同，罗马人将营地放在离敌人最远或最不容易受到攻击的一侧。主帅的帐篷有时为一个双重的城墙或围墙所包围。围墙包围着两个不同的区域，外面的那个区域有三个帐篷，可能是下级指挥官或参谋人员的帐篷；而卫兵就像罗马的卫兵一样露天睡觉或执行守备任务，其他帐篷在围墙之外。营地外围附近，有一块地用来喂养马和牲畜，还有一块地用来放置战车和辎重。可能是在主帅帐篷附近的同一区域，还摆放着神的祭坛，或与宗教事务有关的任何东西与旗帜等物品。有这么一个例子：在一处类似于帐篷所在的围栏内，人们跪在某些宗教标志跟前，这就是军队的便携式宗教场所，就像犹太教同类功能的帐篷一样。底比斯的门农尼乌姆神庙中的雕像显示了埃及军人在战胜后于战场上

安营扎寨的方式，虽然不再担心受到攻击，但永备工事在建造时还是更加注重防御的原则，并配备了战壕和坚固的城墙。

埃及人很早就知道设置一种行之有效的防御策略：堡垒的形式是四角形的，粗砖墙有15英尺厚，通常有50英尺高，沿每个面每隔一段距离设有方形塔楼。这些塔楼通常与城墙同高，如果矮一些则起到扶壁的作用。有时整个城墙外还会建造外墙，外墙和内墙之间留出空间，空间由坚固的扶壁（buttress）填充，不仅增加强度，还彼此连接，阻止敌人自由通过内墙。这些塔楼与城墙的其他部分一样，也由城墙和护栏组成，最后一道护栏顶部设置普通的圆头垛口，就像是为围墙支起的盾牌。奇怪的是，拐角处的塔楼不被建在拐角上，而是建在拐角的侧面。堡垒尽可能被建成方形，有一个或两个（很少）入口，如果靠近河边，还有水门。如果在地势起伏较大的地方作战，埃及人就随机应变。

设计大型堡垒的一个重要原则是，在最容易受到攻击的一侧设计一道长墙，与主墙成直角，并与主墙同高，被围困者可以在上面冲出去，用我们19世纪人所说的“侧翼火力”对敌人“扫射”。要做到这一点，需要在一个宽阔的平台或地下室上建起围墙，或者在围墙外侧建起一道与主墙平行的低墙，并在每一侧与主墙保持13英尺至20英尺的距离；在入口的两边各建一座塔，而入口则位于最不容易暴露的一面的一个角落。这道低矮的城墙起到了第二道城墙和沟渠的作用。这能使进攻方的移动式塔楼和撞锤与主墙保持一定的距离，他们必须先攻克这一外防御圈，才能试图突破或攻击堡垒的主体部分，同时要冒被防御方的投射武器攻击的风险。

另一种更有效的防御策略是使用一条带有外侧护墙的沟

渠，战壕中心有一道石墙，石墙与周围的工事共同形成凹角堡（tenaille），然后是平台的护栏，堡垒就立在上面。沟渠上有一座木桥，如果遭到敌人围攻，此桥会被拆除。

偶尔会像在塞姆讷（Semneh）那样，出现类似一道石壁从沟渠的底坡向平坦地带倾斜的地形。埃及人就地设防，工事在很多方面呈现出19世纪现代防御工事的特点。第十八王朝建立后，一些城镇被保留了下来，但似乎没有新建的城市，除了在沙漠边缘和需要大量驻军的边境地区，当时不存在有城墙的城市和军事堡垒。神庙配备了高大的金字塔式石塔，这些石塔凸出于城墙之外，防御方据此进行抵抗，而城门处的护墙则为保卫城镇入口的士兵提供了保护。当时的人们计划建造大型的粗砖围墙，把神庙也围起来。因此，每座神庙都相当于一个独立的堡垒，并被认为足以自保和保护城市，就像城墙一样，同时也需要大量驻军来保卫。底比斯和孟菲斯这两个首都都不是有围墙的城市。

战争结束后，埃及军队遵守与他们进军时相同的秩序，按照安排，成建制踏上归途。盟友在埃及军队后方行军，并由一支强大的埃及部队伴随。然后就要论功行赏，得胜之师的游行队伍中有战车，车上绑着战俘。

在穿越被埃及征服的地区或与埃及结盟的国家时，埃及法老得到了友好地区居民的爱戴，他们欢呼着献上礼物，赞美法老取得的胜利。军队踏上埃及的国土，每个主要城市都有一群人由祭司和当地的首领带领，带着花束和棕榈树枝等前来迎接，用响亮的欢呼声欢迎他们回来[①]。然后，祭司们向法老致意，赞美并列

① 见伯顿的《文摘》（*Excerpta*）。——原注

举了法老通过征服外敌而给埃及带来的许多好处，肯定法老的权力在世界范围内就像天上的太阳一样高高在上，他的仁慈只有神才能媲美[①]。

返回首都后，埃及人开始准备在主要的神庙里向神明还愿进行普遍的感恩活动，并向城市的守护者，也就是主神献上祭品，大家相信这次胜利是靠主神的特别恩惠和帮助取得的。俘虏和从敌人手中夺取的战利品都献给了主神；埃及法老承认主神的全能保护之手具有强大的力量，由于上天眷顾自己和国家，他表达了感激之情。这些呈现在神庙墙壁上的主题，不仅是胜利的记录，而且使人们对法老为他们树立榜样、鼓励大家都要尊敬神产生了宗教上的崇敬。在举行规定的仪式时，军人们也奉命出席，并为他们取得的胜利及个人受到的保护表示感谢；一位祭司在他们面前献上香、肉和酒[②]。每个士兵手里都拿着一根树枝（可能是橄榄枝）并带着武器，在号角声和鼓声中向神庙行进。

不仅是轻装部队，甚至重装部队在这个场合都不用盾牌；我们可以从象征和平或胜利的橄榄枝被使用的情况来推断，艺术家打算传达一种观念，即埃及人感到安全，因为他们在神的身边。很难确定这是橄榄枝，还是埃及人自己的某种象征和平或胜利的特殊树枝，但即便当时月桂树在埃及有种植，也不能直接就说它具有与在希腊那样相同的象征意义[③]。

班克斯（Bankes）已经就橄榄枝是否被当时的埃及人作为和平

① 罗塞塔石碑把埃及法老比作荷鲁斯神，荷鲁斯是伊西斯和奥西里斯之子，被认为是“仁慈的神”（beneficent deity）。——原注

② 底比斯的阿萨瑟夫（Assaseef）小神庙墙壁上描绘的景象就是这样的。——原注

③ 有人认为，底比斯的花环显然是月桂树叶，但月桂树虽然在底比斯有种植，却不代表它是埃及本土植物。——原注

的象征发表了一番很高明的评论：一个国家因敌人入侵而遭到破坏后，随之而来的是对其文化的忽视，同时也没有什么种植园比橄榄树种植园需要更长的时间来恢复。因此，橄榄树可能会因为这种原因而被选为和平的象征。然而，我们也有理由认为，橄榄树的象征属性并非源于当时的希腊，而是源于一个更古老的时期，橄榄枝早在诺亚方舟上就发挥这样的作用了①。

埃及士兵只有在侍奉君主、服役或驻防时才带武器，一般百姓也不是任何时候都随身携带攻击性武器。这说明比起世界上其他地区，埃及文明当时确实已经很先进了。

俘虏被带到埃及后成为法老在建造神庙②、开凿运河、筑堤和其他公共工程中的劳动力，马穆鲁克贵族也用类似的方式购置自己需要的劳动力。当时的女奴和19世纪埃及和奥斯曼土耳其帝国其他地区的希腊人和切尔克斯人（Circassians）一样从事各种家政服务。从底比斯的雕像中发现，类似女奴的形象与向埃及法老进贡的、来自同一民族的男子形象在一起。从中可以得出结论，每年有一定数量的女奴从埃及北方和东方被征服的省份及埃塞俄比亚送往埃及。很明显，不仅黑人被当作奴隶使用，白人也被当作奴隶使用。不是只有在战场上才能设法俘获奴隶，我们可以根据

① 阿拉伯人有一个关于鸽子的有趣传说：大洪水事件末期，放出鸽子观察情况，第一次它带着橄榄枝回来了，这不能说明地球本身的情况。第二次放出方舟后，鸽子返回时，其脚上是红泥，说明它飞到了某个水已经退去的地方。为牢记此事，诺亚祈祷这些鸟的脚能永远保持这种颜色，直到今天红泥仍然是鸽子这种鸟的标志（亚述的旗帜以鸽子作为图案。——G.W.）。希伯来语中的“adoomy”［即“红色”（red）］、“admeh”［即“土地”（earth）］和“Admy”“Adam”这几个词酷似。在土耳其语中，“A’man”仍被称为“A’dam”。——原注

② 希罗多德和狄奥多罗斯说，辛努赛尔特抓获的俘虏被判处在他返回埃及时完成一切被要求执行的劳动任务，其中包括一些来自巴比伦的俘虏。——原注

●被抓去埃及的叙利亚女人，很可能是奴隶身份：1 叙利亚女人；2 孩子；3、4、5、6、7 和 8 叙利亚囚犯；9 负责算数的书记官

主人的身份判断出具体的奴隶是如何得到的。当家里来了客人，奴隶就会帮忙招待客人。埃及人是允许开展奴隶贸易的，直到现在[①]，可能仍然有许多人从事将奴隶带到埃及公开出售的工作。这种作为“商品”被贩卖的奴隶和进贡者献上的奴隶不是同一类，被进贡者献上的奴隶是君主的财产。在购买约瑟作为奴隶的过程中，以及在他到达埃及后被卖给波提乏（Potiphar）的过程中，以实玛利人（Ishmaelites）实际上没有遇到任何困难。

① 即使世界比 19 世纪已经文明不少，奴隶制也从未远离，十分值得警惕。《光明日报》2007 年 3 月 27 日发文《英国仍有大量变相奴隶》，指出 1997 年到 2007 年，“约有 10000 个女人作为性奴被带到英国。英国内政部 2003 年估计，4000 名外国女人被走私到英国受性剥削，另有 5000 名儿童沦为性奴”。近年来，随着欧洲涌入大量移民和因战乱导致的难民，人口被作为奴隶进行贸易的现象同样愈演愈烈。——译者注

●带着妇女与儿童的黑奴：1负责登记的书记官；2黑奴；
3和5儿童；4和6带孩子的妇女，孩子被装在篮子里

根据狄奥多罗斯的说法，埃及人在实施惩罚时并不是出于任何复仇的精神，而只是希望能够挽救罪犯，并防止他今后再犯。基于此，他们不愿直接处死开小差和不服从命令的军人，而是降职后给他戴上一些明显的耻辱标志，使他成为战友们责备的对象，不会明确告诉他什么时候被释放，所以他注定要承受这种痛苦，直到他的忏悔和随后的良好行为使他的人格恢复了，然后上级就会宽恕他。狄奥多罗斯认为，立法者希望通过使污名成为比死亡本身更可憎的耻辱，使其成为比死刑更严厉的惩罚。另一个好处就是，这种惩罚不会因为杀人而剥夺罪犯对国家所做的贡献。埃及人认为，每个被降职的人都会自然地希望恢复自己失去的一切，反过来其他人也希望他最终会改过，成为社会中值得信赖的一员。可以推测，对于轻微的罪行，他们会施加通常用于惩罚仆人和其他人的杖责刑[①]（bastinado）。但对于背信弃义的通敌者，

① 一种古代常见的刑罚。——原注

他们的舌头会被割掉。[①]

埃及王室的水手也是军人阶层的一部分，尽管所有人因为经常在尼罗河上练习划桨获得了驾驭大帆船的能力，其中一些人更是受过专门的航海训练。因此，希罗多德说：

“在希波战争中，波斯人雇用的埃及人全是水手。”

那个年代，战船发挥战斗力的关键就是船员驾船的技术，所以请埃及水手驾船也就不奇怪了。当时，尼罗河上也停泊着很多专门建造的战船，并被用于法老远征埃塞俄比亚的战争，指挥战船的官员经常在纪念碑上被提及。“船长”在当时是一个常见的头衔。

前面提到过辛努赛尔特在阿拉伯湾的“长船”[②]船队，或者说战船船队。船队共有400艘船，我们有充分的理由相信至少在

① 虽然埃及人在战场上部署了许多士兵，但人们可能会怀疑他们是否真的非常好战——这一点似乎可以从他们的军队在最早的时期经常雇用在南方长大的黑人作为士兵，并在军官的领导下转移到北方和东方来证明。后来，夏瑞塔纳人（要么是撒丁人，要么是意大利人和希腊人的统称）也开始为埃及人打仗，并与利比亚人一起入伍，在埃及将领的指挥下冲在队伍最前面。希腊人在埃及军队中的作用最大，他们受埃及王室的节制，但可以根据自己的习惯制定并服从纪律。埃及军队似乎是通过征兵制组建的，除了君主的特殊恩惠或法令，连神庙中的人也不能获得完全豁免。一篇文学作品［见夏巴斯的《埃及人的远征》（*Voyage d'un Egyptien*，1866 年在巴黎发表）第 4 页及以后的内容。］中详细描述了第十九王朝时期一位军官或英雄的冒险经历及他在巴勒斯坦的功绩，并生动地描述了他的生活、他的住所、所受的伤、行军和痛苦、在叙利亚的战役及功绩。军人的艰苦生活与一个书记官更安静、充满智慧的生活形成了鲜明的对比，这表明古埃及人并不看好选择戎马生涯作为一种营生。见马斯佩罗的《书信体研究》（*Genre épistolaire*）第 41—43 页。——S.B.

② “ua”，即“长”（long）船。运输船被称为“usch”，划桨战船（galley）被称为“mensh”。——S.B.

●一艘战船，它的帆在战斗中都被收起来了：a 升起方便弓箭手作战的平台；b 翘起的冲角（ram）；c 弓箭手和领航员站的位置；d 保护划桨手的掩体；f 站在全船最高处的投掷兵

第十二王朝（公元前2000年左右），当地就有用海船进行贸易，以及用战船保护贸易的做法。

埃及军队对外作战时使用的战船和尼罗河上的船不一样——船头和船尾都没有那么高，两侧都有一个木制的防波堤，高于战斗堡垒，为坐在后面的划船者提供庇护，使他们免受敌人的投射武器攻击。船桨的手柄穿过船身下部的一个孔洞。

在底比斯发现的关于海战船舶的描述，完全证实了希罗多德关于埃及士兵在船上工作的说法，因为他们的武器和服饰与军中的重装步兵和弓手完全相同，桨手的棉盔似乎也表明他们和埃及其他军人是一样的。除了在船头和前甲板上的弓手，还有一队投掷兵驻守在船头，在那里他们可以更方便地用手中武器有效地打击敌人。

战船航行时一直使用帆，到达和敌人一定距离后作战信号或命令会发出。这时，帆就通过滑轮上的绳索或环形绳索被收在船台上。这些绳索的末端通常有四股，在帆升起时将其折为五折，然后下降并连接到桅杆的下部，以便在风大或其他情况下需要立即拉起帆时随时操作。在这个方面，由于没有下桁，战船的帆与在尼罗河上航行的船的帆存在很大不同。桨手在船做好攻击准备后（他们此前一直在保留体力）划桨，船头朝向敌船。战船前进时，大量武器从前甲板和船顶射出——一定要重点打击敌船的舷侧，然后接近敌船时，只要舵手操作得当，就可以直接撞沉敌船，至少可以通过撞断船桨而获得相当大的优势。

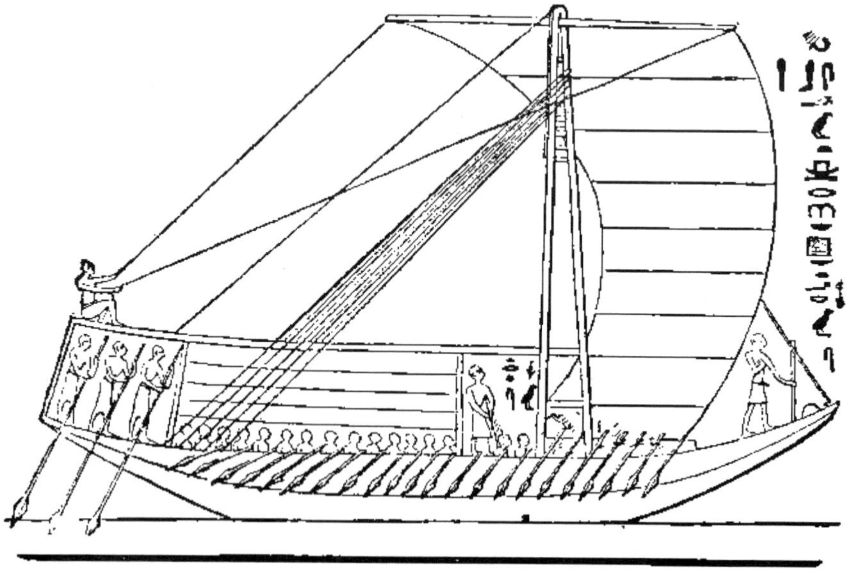

●使用纸莎草船帆的大船，设置双桅杆和许多划桨手，

发现于米尼耶（Minieh）附近的科姆阿马尔

埃及的小战船似乎没有像罗马人那样配备青铜制尖头（有时还藏在水面以下，往往能直接撞沉敌船）冲角，但固定在船头的狮子头装饰如果去掉，就能为此腾出空间，而一艘帆船使用16桨或20桨作为动力再加上金属冲角的话，能够让冲角发挥巨大的作用。埃及战船的船艏偶尔使用各种不同造型，这也许是为了表示指挥官的级别、船的名称或其守护神。还有另一种说法，那就是埃及战船的船艏确实经常使用狮子头，而公羊、大羚羊和其他动物的造型只与宗教相关。

尼罗河上的一些战船配备了44桨，其中一边有22桨；考虑到舵和船艏，总长可达120英尺。与其他船舶一样，战船也配备了一张大的方帆，但不是只有一根桅杆，而是由两根等长的木杆组成，顶部充分打开，以便承载中间的桁。桅杆由几根结实的缆绳固定，其中一根缆绳延伸到船头，其他缆绳延伸到船上的驾驶室。桅杆顶部有一根轻绳，可能是用来收帆的，从上面的横线来看，帆应该是纸莎草制成的，令人叹为观止。

双桅设计在第四王朝和其他早期王朝是很常见的，但后来完全被单桅设计取代——这种设计的桅杆在顶部设有杆子或滚筒，它们起到滑轮的作用，绳索在上面通过，有时桅杆上还设有吊环。

和其他埃及船舶一样，支架被固定在战船桁的末端；坐在驾驶室或船舱上的人靠它操纵帆的转向。所有船都有这样的装置，而在帆的下端（这些船没有桁）是固定在船舷内的帆片。操舵的方式与埃及古代壁画中通常描述的不同：船尾中央或两侧没有舵，而是在同一侧配备了3个舵：这种特殊性与双桅杆和折叠帆一样，后来因为笨重和不完善而被抛弃。这种船清晰地展现了埃及人在顺风时不需要的船桨是怎样被设置的——它们被拉起来，穿过它们在使用时被固定的位置，然后收好。尼罗河上的普通船舶只是结构完全不一样，我们在后文提到船匠时再谈，船匠是埃及社会第四阶层的成员之一。

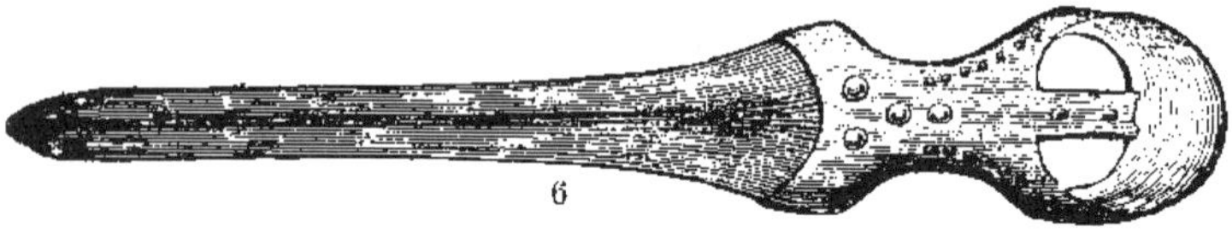

●11.5 英寸长的埃及匕首

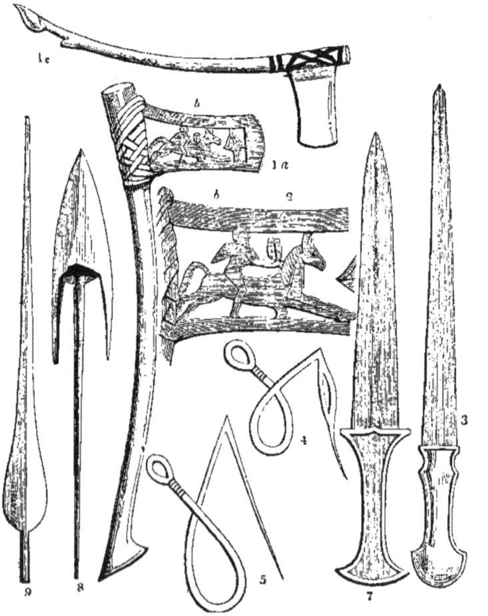

●在底比斯发现的各种埃及武器，藏于大英博物馆

1 中，a 和 c 是埃及斧，b 是铜制杀伤部；2 战斧的细节；3 和 7 匕首；4 和 5 吊索；8 投枪杀伤部；9 标枪枪头

第4章

其他阶层及其成员—农民、猎人和船夫—耕地—灌溉—商贩、工匠、公共称重员和公证人—货币—书写—神职人员、渔夫和普通人—国王的立法权—法官—法律—古代护照—杖刑—惩罚—婚姻—民事管理—希腊式管理和罗马式管理

● 19 世纪，上埃及和下埃及的汲水吊杆（shadoof）

由于军人的地位远远高于第二阶层的其他所有分支，请大家原谅笔者几乎用了整个章节讨论军人。下文将用一些篇幅对第二阶层的其他成员进行讨论，主要包括农民、种植园业者（园丁）、猎人和船夫（水手）。

狄奥多罗斯认为农民是被雇来为法老、祭司和士兵种地的群体，《圣经》中关于约瑟在发生饥荒时将所有土地财产（landed property）划归国有的记载，有力地证实了这一点，因此我们不得不得出结论，农民没有地权。比较富裕的农民可以从地主那里买地来种，较穷的农民则被微薄的薪水雇来开荒。所以可以推断，农民是以比较合理的条件获得土地的。地主似乎也占有拴在苜蓿地里的牛群、羊群或其他畜群，但那些用于耕作和其他农业用途的牛、羊等牲畜通常是农民的财产。在广阔的土地上，农民经常充当牧民的监督者，并有义务向管家说明庄园里牛的数量和状况。苜蓿（地）也像19世纪的今天一样，被租给任何养牛的人。这些牛在秋天结束时被拴在草地上。在一年中的其他季节（特别是在尼罗河泛滥期），在村庄和农田里用干草喂养牛，而干草在之前就已经被晒干并保存下来。

即便农民没有地权，我们仍然认为他们有决定具体作物种植的权利。正如埃及和其他国家的习俗一样，不能因为连续耕种伤害土地肥力。事实上，从狄奥多罗斯的话中可以看出，农民不仅被允许选择他们打算种植的作物，而且被认为是唯一有足够经验可以在这个问题上形成明智看法的人。在这个问题上，农民被认为驾轻就熟，他们从年轻时就在研究这些问题，以至远超其他国家的农业学家。埃及农民仔细考虑了土壤的性质、适当的种植法则①及耕地和灌溉的方式。通过不断的观察和从先辈那里继承的经验，埃及农民熟悉了播种和收割的确切季节及每种农产品的所有特点。

园丁受雇于富人，在他们房屋附属的花坛里植树和种花卉，也参与或监督葡萄园、果园和用于装饰和灌溉的水箱的运营。在埃及，花园和土地都是由汲水吊杆或肩扛水桶来灌溉的，但没有迹象表明埃及人使用过任何类似于19世纪东方非常普遍的波斯式机械进行灌溉，古代雕像也没有表现出斐洛（Philo）提到的脚踏式机械，脚踏式机械被认为是在宗教文献中有所提及的。但值得注意的是，阿拉伯人仍然保留着法老时代使用汲水吊杆情况的记录②。笔者自己在底比斯的一座古墓中发现了部分汲水吊杆的遗

① 马凯尔（Macaire）通过实验证明，种植一茬蔬菜的时候，其根部挥发的物质使土壤不利于下一茬同类蔬菜继续生长，尽管这种物质可能对另一种植物有益。——原注

② 更有可能是指通过改变河道流向进行引水的方式，截至19世纪，埃及人仍然采用该方式。——原注

●汲水吊杆及灌溉

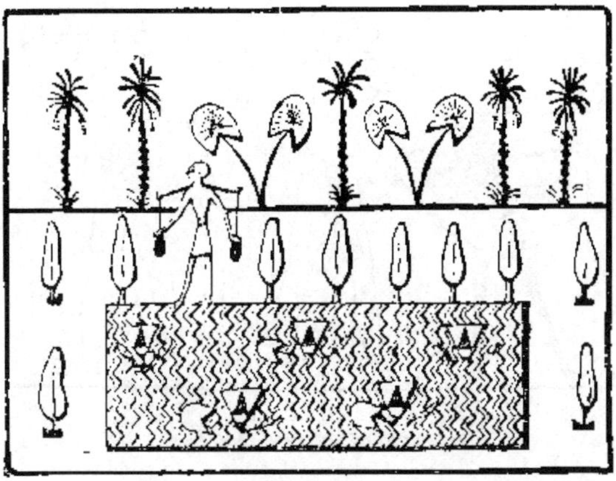

●担水灌溉

迹，包括一块有棱角的木头，可以活动的木杆，还有将它固定在横杆上的绳子。

很多埃及猎人都被上埃及沙漠中的部落酋长雇用，帮助他们捕猎野生动物。他们喂养并使用猎犬，把它们放出去狩猎。他们抓住猎物，并把猎物带回家。通过捕猎稀有食材或消灭有害动物，他们为自己赢得了可观的利润，比如，鸵鸟因其羽毛和蛋①而受到高度重视，埃及富人竞相购买。

船夫（水手）作为第二阶层中的一个重要群体，其内部和祭司一样也是等级分明的。专门为大人物开船的属于一类，驾驶货船的属于另一类，所属类别不同，其身份、地位也会随之变化。舵手似乎是船夫中等级最高的群体，但我们同时有理由认为，埃及的海上远征使水手这一群体的地位不断提高，而驾驶战船的群体又变成船夫中等级最高者。埃及船队的指挥官可能是在（陆）军中

① 鸵鸟蛋非常珍贵，可以作为贡品，献给法老。——原注

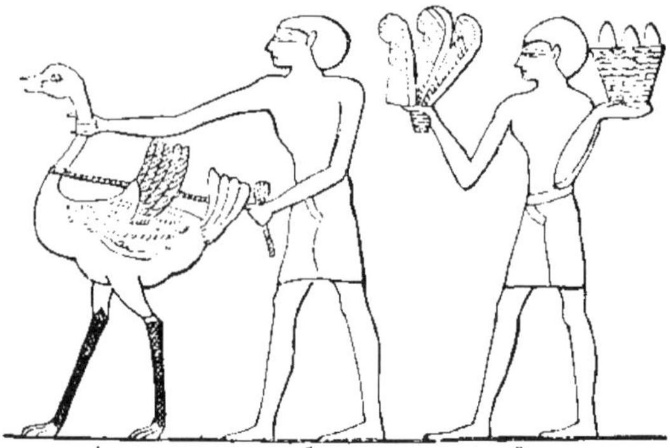

●猎取鸵鸟，获得大量鸵鸟蛋

被选拔的[1]，船上的作战士兵，也就是在我们19世纪所称的“海军陆战队员”，可能也都是军人。

第三阶层包括各类工匠（artificiers）、大小商贩、乐师、建筑商、泥瓦匠、木匠、橱柜制造商、陶工、公共称重员和低级公证人。

“工匠”实际上包括一切类型的手工业者。大部分居住在底比斯的梅姆诺尼亚[2]（Memnonia）的皮革切割工匠无疑是工匠群体中的一个分支。埃及皮革切割工匠冲压皮革的技术非常出色，很多薄而精致的作品流传下来，上面有数字等各种图案，这显示出他们在制革艺术及其装饰实践上的高深造诣。

工匠群体内部有着多样化的分工，但一个具体工种绝不能干涉另一个工种从事的工作。事实上，这些群体分别居住在埃及城市中的不同区位，这说明这些区位很可能是专门安排给这些群体

① 有一位将领叫阿梅斯-佩尼舍（Aahmes-Pennishem），大约是埃及第十七王朝和第十八王朝之间的人，既能进行水战，也擅长陆战。——S.B.

② 见格雷（Grey）收藏的纸莎草文献。——原注

的，毕竟已经流传着“梅姆诺尼亚皮革切割工匠”这样的短语，并且19世纪的开罗城[①]在规划方面很大程度上还是这样。

狄奥多罗斯认为，所有工匠都致力于不断完善自己所属行业的工艺，法律也规定“不得改行”，从而为这个目标提供保障[②]——埃及人预料到，工匠家庭中出了不从事家族职业的人，如果不用法律加以约束，家族的事业就会一再中断，正当的事业会被一再忽视，大家都会慕虚名而不做实事。此外，埃及人还认为，（如果不用法律加以规范）人们可能养成不良的习惯，也就是想从事一种以上的职业，这对于有想法的人及整个社会都是有害的。如果人们因贪婪而改行，其结果就是不管改行干什么都干不好。狄奥多罗斯还补充说，有的国家中的艺术家还种地，投机做生意，甚至兼做两三行。埃及存在一些这样的社区，治理社区时遵从最早期的民主原则（democratical principles）；很多成员也养成了在参加公民大会（popular assemblies）的时代，只考虑自己的利益，还接受贿赂的习惯，结果产生了很严重的后果。总之，在埃及人看来，基于上述理由，工匠只要被发现改行，就会受到重罚，针对这一点，埃及立法者很早就出台了相应的规定进行规范。

我们没必要把第三阶层的工商业者细分下来的每一种职业都进行详细的介绍，后文在讨论其他内容时也不会回避。这里只对公共称重员和公证人（notary）的职责进行简要的介绍。公共称重员

① 比如“Seroogëéh”指马具商居住的区域，“Harrateen”指车工居住的区域，“Warakeen”指纸商居住的区域，等等，这些都是19世纪的埃及街道名。——原注

② 虽然道理很好，但执行起来存在很大问题。（在文明早期就能这么做？这更值得怀疑。——S.B.）——原注

●负责测量的官吏及公证人：1 正在做记录的公证人；2 称重量；a 装有公证人物品的袋子；b 篮子；c 架子；d 放在天平上的金戒指；e 等待上秤的金戒指；f 天平；g 天平横梁；h 猿猴形象的人像；i 和 k 托盘及待称的货物

的职责主要是确定大街和市场①上交给他们测量的物品的确切重量。他们会临时竖起秤，并以最严格的公正态度调整每件商品的销售，不偏袒买方或卖方。所有按重量算价钱的物品都要被这样检测②，就连交易时使用的货币③也要依此法被确定。据说，正是

---

① 本来这些工作都是由祭司来做，但罗马人不许他们这么做了。（当时的语言写作“mer masha”，英语写作“superintendent of the weight”，指“监督质量的人”；为称重员抄录数据的官员被称为“hebs”，译作“书记官”或“公证人”。——S.B.）——原注

② 只有争议发生的时候，小宗交易才被交给公共称重员处理。如果物品的体型较大，就用天平（masha）进行测量，在阿拉伯语中，“masha”的发音与“qabbáneh”相同。——原注

③ 犹太人也会称货币，用石头作为砝码（weight），“weight”这个词的希伯来语是“אבן”，也有“石头”（stone）的意思。在称重过程中，使用专门的石头砝码，如神庙中的“shekel”。研究古代雕像的时候，我们经常能发现埃及人称量和记账的内容。——原注

因为这个习俗，雅各的儿子们购买粮食所付的钱会被原封不动地退回，并且这些钱被认为是“足斤足两”。就连金银货币可能也要接受“火的考验”①以判定其纯度的高低②。

埃及人会把金和银铸成环当作货币。19世纪，这种货币仍然在森纳尔（Sennár）和邻近国家使用，致使我们无法判断这种作为货币的环有没有政府的标志来背书，或者有没有经过任何纯度测试。更奇怪的是，金银环虽然作为货币，但底比斯的埃及遗迹和坟墓中没有发现任何这样的实体古币。

不管交易的商品是什么，称出的重量数据都会被记录下来，告知买卖双方，然后交易完成，记录被留存下来，作为处置争议时的证据。直到19世纪，大城镇中经过类似的称量（指“qabbáneh”）而得到的数据不能被任何人推翻，买卖双方可以申请测量结束后得到测量数据，包括肉类、蔬菜、蜂蜜、黄油、奶酪、木材、木炭等商品的重量。所谓“公证人”或“书记官”在19世纪的意大利和阿拉伯都有“同类”，收取少量费用后，他们替没文化的人或者没时间的雇主写书信、结算账目甚至上书法老的条陈等。当然，第三阶层的“公证人”或“书记官”与王室或祭司阶层中的“公证人”或“书记官”不是同一个群体③，虽然二者有时很难

① 19世纪的埃及人仍在沿袭这种方法。[古埃及人把黄金分为若干品相，即“nub nefer”（好的黄金）、“nub her tu f”（自然金）、“nub sep snau”（品相二流的金）和“nub hut”（人造白金，指一种金、镍、铜、锌的合金。或是金和银的合金，或是金、银和铜的合金）。——S.B.]——原注

② 金的熔点不高，但化学稳定性很高，不易与其他物质发生化学反应，所以即使是在熔融状态下，它也不会氧化变色。——译者注

③ 所谓“书记官”相当于现代各国政府中的基层文官，如会计和登记员等。军队中也有这样的文职人员，他们都是古埃及官僚体系的组成部分。文官还会记录埃及的历史，并且撰写法律年鉴（law annals）。19世纪，已知流传下来的所有古埃及文字作品都是书记官的手笔。——S.B.

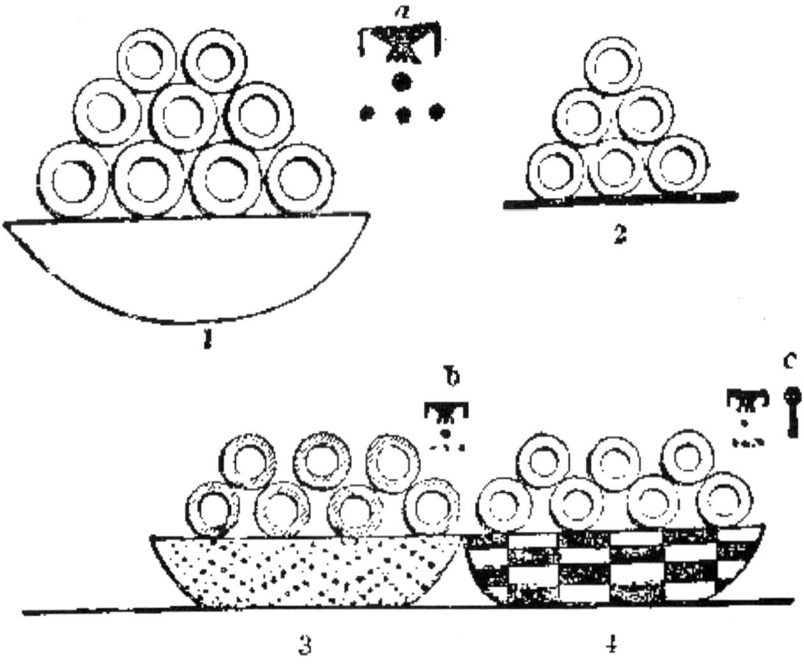

●各种金银环: 1和3 一篮子金环; a和b 古文字，意思是“金”（gold）; 2 金环; 4 一篮子银环; c 古文字，意思是“银”（silver）

被分开。商贩肯定能读能写，工匠只懂得从父母那里传承的知识，而一般百姓完全不懂读写。

本卷第216页脚注①中介绍了埃及人使用的三种不同文字，其中象形文字[①]和通俗体只有受过良好教育的人才懂，祭司几乎是懂得祭司体[②]的唯一群体。我们有理由相信，通俗体文字存在的时间并没有那么长[③]，可能是从祭司体衍生出来的，而祭司体又是从象形文字中产生的。象形文字在埃及文明最早的时候可能就是埃及人使用的唯一文字了。我们可以确定的是，祭司体出现的时间比通俗体早很多[④]。

亚历山大的克莱门特说，受过良好教育的埃及人三种古代文字都通，虽然波菲利在《毕达哥拉斯传》（*Life of Pythagoras*）中用“象征体”（symbolic）来称呼祭司体——他表示毕达哥拉斯在埃及时也学习了埃及的三种古代文字。希罗多德主要谈到了埃及有祭司体和通俗体两种古代文字，同时认为书写方式是从右往左。对于此事，一个比较可能的解释是，希罗多德可能见过埃及文字，但没有深入辨析每种文字之间存在什么不同。

这些负责称重的官员每天过手大量财产，而对不老实的商人来说，作弊造假又是家常便饭，所以不论官民，在称重时被发现作假都要受重罚。文官如果做假账、伪造公文、签章或未经当事

---

① 纪念碑上和纸莎草文献都会使用象形文字，象形文字也可以在通俗体和祭司体适用的所有场合出现。它的历史在19世纪就已经可以被追溯到埃及第二王朝时期了。——S.B.

② 第五王朝时期就已经出现，直到第二十五王朝时期作为手写文字使用，到了2世纪，仍然被用于宗教目的。——S.B.

③ 首次出现应该是特哈加（Taharak或Tirhakah）掌权的公元前691年。——S.B.

④ 著名的埃及图书馆及其藏书都被认为是献给神的东西。——G.W.

人同意擅自修改协议，会被砍掉双手——狄奥多罗斯将这里包含的原则归纳为“杀一儆百”。

埃及的第四阶层由牧人、养禽人、捕鸟人、劳工、仆人和普通民众组成。

牧人内部按照所喂养动物的不同被划分成若干层级，主要是为富人在对应的季节照顾牧场里的畜群，并且为牲畜准备度过尼罗河泛滥期的食料。牧人整体上被其他同胞看作不洁的下等阶层，犹太人也曾被埃及法老当作牧人对待。在兄弟们到达埃及时，约瑟警告过他们这一点——埃及人憎恨所有牧人！①约瑟请求把自己的兄弟们安排在歌珊地居住，这是尽量让犹太人都居住在适合放牧的地区②。歌珊地肯定还有很多法老养的牛，并且法老应该下了令，如果犹太人有任何突出的牧牛技巧，就要安排他们在歌珊地定居下来后帮自己放牛。埃及人不喜欢牧人群体，恐怕不只因为看不起这份职业，可能还因为“牧羊人王朝”对自己的统治。希伯来人到达埃及时，这种种族偏见已经存在，这表明了埃及人对这份职业及其具体从业者的巨大敌意。上埃及与下埃及的艺术家们不亦乐乎地把牧人刻画得邋遢不堪、不修边幅。在贝尼-哈桑和吉萨金字塔附近的古墓中，我们总结到的信息是，埃及人把牧人讽刺为“畸形的、不体面的种族”，其中，猪倌是最无耻的，并且据说是所有埃及人中唯一不被允许进入神庙的人。就算这种说法实际上夸张了，也应该是希罗多德倾向于表现自己感受到的埃及人的轻慢。牧人的职业也是世代传承、不得随

① 希罗多德认为，在门德斯，养山羊的牧民很受尊敬。——原注

② 直到 19 世纪，尼罗河三角洲和尼罗河的支流——达米埃塔河（Damietta）以东的土地仍然是放牧的首选。——原注

意改变的。

狄奥多罗斯认为，牧人的技能都是传自上一辈，然后在传承的基础上，随着实践经验，技能不断提高，取得的成果在当时冠绝全世界。当时，埃及人养的绵羊一年可以取毛和产羔各两次[①]，虽然我们知道气候才是决定因素，但生产还是很考验牧人的技能。只是一味靠天吃饭，动物的生产力不会这么强。

狄奥多罗斯认为，埃及人最让人钦佩的莫过于他们养鸡和养鹅[②]的方式。埃及人擅长人工孵化鸡蛋，所以不必靠母鸡孵化鸡蛋，他们就能生产大量鸡。

有的人饲养家禽，这样的人生活在农村；有的人在市场上出售禽鸟，这样的人生活在集镇。他们的成果会被端上人们的餐桌，但除此之外也会专门喂养供神庙使用的禽鸟——既被用于宗教，也被用于祭司和军人的口粮。柏林博物馆收藏了埃及渔网，19世纪的埃及人仍在沿用几千年前的方式捕鸟[③]。

埃及人养的鹅是一种生活在尼罗河畔的“狐狸鹅”（vulpanser），19世纪在尼罗河畔经常还能看见。在古代，见到野生的鹅都要用大网捕捉，并被带到贩卖禽鸟的贩子那里用盐腌制后装入陶瓶，其他被捕禽鸟则会摆上货架立刻出售。如果能找到鸟蛋，也会小心翼翼收起来找人孵化，以后就能扩大养殖规模。埃

① 只要绵羊的饲料有保证，它们得到妥善的照料，即便在19世纪的今天也可以做到。——原注

② 19世纪的现代埃及人（尤其是科普特人）沿袭了这一习俗，上埃及和下埃及每年都要人工孵化大量鸡蛋。（古埃及一度没有家鸡，拉美西斯三世时期的纸莎草文献提到了鹅、水禽、家禽和鸽子等，都是作为食物献给神庙的。在更早的时期，鹭鸶和鹤都作为食物被神庙接受，但家禽从没有作为食物被神庙接受。——S.B.）——原注

③ 参见大英博物馆5507a号藏品。——原注

●捕鹅：1和a连接网的塞子；b撒网的地方；c网；d高高的纸莎草；2负责释放信号的观察手；3下达命令的捕鹅头子；4拖网的捕鹅人；5用一根杆子挑着猎物的人；6把鹅送去拔毛；7给猎物拔毛；8用盐腌制猎物；9把猎物放入双耳罐

及人使用同样的措施保护瞪羚和其他沙漠野生动物的幼崽，这些动物的肉被看作餐桌上的美味佳肴，埃及贵族养的相当一部分牲畜就是羚羊。为了让人们了解他们在饲养这些胆小的动物方面所付出的努力，并显示死者生前拥有的财产是多么庞大，当时的人会在墓穴的雕像中把它们和牛放在一起展示。

渔民主要靠渔网捕鱼，埃及渔网很长，就像普通的拖网一样，上面有木质的浮子，下面有引线；尽管有时会从船上放下渔线抓鱼，那些拉网的渔民一般还是站在岸上，把抓到的鱼放在岸上。鱼线有时是细长的，挂在网的外绳或边框上，但它们通常是扁平的。在柏

●渔网局部，留意铅坠

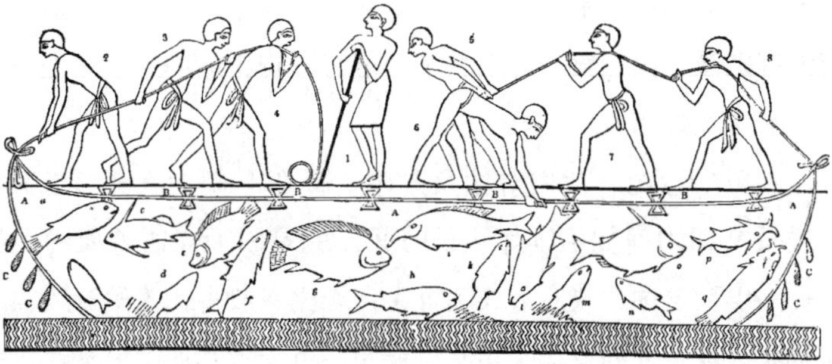

●古代的捕鱼拖网（出自金字塔附近古墓中的壁画）：1 渔夫中的领头者；2、3、4、5、7 和 8 拖绳；6 在岸上举起网的渔夫；A 渔网；B 浮标；C 铅坠；a、b、c、d、e、f、g、h、i、j、k、l、m、n、o、p 和 q 各种鱼

林博物馆保存的古代渔网中有一件非常好，说明19世纪的埃及人仍然在使用几千年前的方法捕鱼。

埃及不允许养鱼，想要弄到鱼就只能找鱼贩子买，而鱼贩子往往就是那些抓鱼的人①。但劳工又根据不同工种被细分为主要跟泥巴与稻草打交道的劳工、烧砖匠人②，以及在乡村和城市干苦力的人③，这些在后文都要详述。接下来主要讨论埃及的立法。法老拥有立法权及对宗教的管理权和对国家事务的管理权。立法权和后面两种权力之间联系相当紧密，当时的人都认为后一种权力尤其重要——东方国家一直很重视这种观念，我们发现坎

① 在古埃及，不是所有阶层都吃鱼，拉美西斯三世确实送过一些鱼给神庙，而埃塞俄比亚国王皮安奇不允许吃鱼的王室成员出现在自己身边。——S.B.

② 这类劳工很多都是外国奴隶（犹太等民族），至少他们都承担这类劳务中最艰巨的部分。在底比斯的雕像中，我们见过这样的奴隶形象，而 19 世纪，我们尚未发现犹太人在底比斯居住的证据。——原注

③ 马斯佩罗的《书信体研究》第 48 页及之后：这些不同条件下的艰苦生活在第 2 号萨利尔（Sallier）莎草纸文献（或成文于第十二王朝时期）中有所描述。——S.B.

德米尔（Khandemir）和其他穆斯林（Moslem）学者都认为一个国家不能没有宗教，国家灭亡对宗教不一定有影响，但如果宗教先被颠覆，国家就必然灭亡。

截至19世纪，我们对埃及法律了解都不多，但我们至少知道埃及文明为何能延续那么长时间，就是因为立法方面的优越性——埃及王国的政府形式和世系传承比一般古代王国持续的时间更久。埃及人的智慧确实有口皆碑，也受到其他国家推崇。犹太人愿意把自己民族的优秀文明成果和埃及的文明成果相提并论，如摩西“精通所有埃及人的智慧”，这样才算是为履行立法者的职责打下了基础。

除了立法权，埃及法老也会直接为民审案，替他们主持公道，在管理国家事务的时候会得到最能干、最杰出的祭司团成员的建议。法老会就一切大事与祭司团成员商量，其中包括是否应该接受并且相信约瑟这样的事。

法老诏书①采用和所有东方王朝一样的范式发出，而从约瑟在接受法老所赋予的权力时的表现来看，我们可以推断约瑟与所有东方人②面临这样的处境时一样，首先承认对法老的服从和尊重。同时我们也可以相信，除了亲吻这些文件并在上面签名，他们还要向法老下跪③。

一般案件由法官负责裁决。担任法官的人所展现出的谨慎态

① 同君士坦丁堡的苏丹命令（order of the soltans）。——原注

② 希伯来语翻译过来就是“被统治的百姓都要吻（你）”，换言之，就是亲吻国王诏书。——原注

③ “אַבְרֵךְ”（abrek）是很重要的表述，时至今日仍被阿拉伯人用来表述骆驼单膝跪地卸货的姿态。——原注

度有力地证明了埃及人对社会公平与正义的重视[①]及为此所做的努力。只有最正直、最有学问的人才有资格担任法官，并且为了方便挑选名人，通常只在底比斯、孟菲斯、赫利奥波利斯各选10人。狄奥多罗斯说，法官的整体水平不会低于雅典最高法院法官（Areopagites）和斯巴达元老院。

30位[②]埃及法官被选出后，在第一次会议上，他们会选出集体里最杰出的人担任领导，给他一个“大法官”（Arch-judge）的头衔。因为大法官是领导职务，所以他领取的俸禄比另外29个人高得多，他出生的城市也因他获得了可以额外多选出一名法官的特权。所有法官的待遇都很不错。这种高水平的生活能确保他们不受诱惑，不受贿赂。埃及人觉得最重要的一点是所有司法程序都应该受到最严格的监管。法庭宣布的判决总是对生活中的普通事务产生决定性的影响，结果可能有益也可能有害。埃及人认为，如果案件审判的先例已经确立，许多弊端往往由于早期的错误，而这种错误又可能得到某些有影响力的人的认可；为了避免这种问题，不仅要考虑法官的才能，也要考虑法官的性格。为此，埃及形成了一些司法原则。

一个原则是，罪犯应该被发现并受到惩罚，而那些受到伤害的人应该通过法律的干预而受益，因为对受害者最基本的补偿

---

① 法官（judge）称“satem en”和“en kat en ma”，即“真理法庭原告的审查者”（auditors of plaints of the tribunal of Truth），书记官被称为“书籍和文字的守护者”（keepers of the books or writings），等等。罗马法官都是巡回审案的。古埃及除了法官，还有行政官员（tá 或 ten），持圣扇者（tai seri em sem）也有管理司法事务的职责，权力来自法老。除此之外，还有一种钦差也有案件的审判权，尤其在叛国罪方面。——S.B.

② 在远征的过程中，埃及法老的身边也有一个30人的顾问团，类似于枢密院。——S.B.

和对罪犯最有效的预防就是迅速发现和揭露犯罪。再说了，审判时，如果笼罩在罪犯头上的“恐怖”可以通过贿赂来规避，那么社会各阶层就会充斥着不信任和混乱。埃及法律的精神不只是提出奖惩的遥远前景，或只是威胁作恶者在未来可能遭受神的报复，而是使用“现世报”（present retribution）这一更有说服力的说法。他们除了注意根据案件的实际情况来判案、不许偏袒，还采取了另一个非常重要的规定：法院的判决应该无偿执行，这样一来，无论穷富，都能得到法律保护。埃及法律的精神是保护和帮助被压迫者，一切有助于促进不偏不倚判决的做法都受到埃及圣贤的特别赞扬。

当案件被提交审判时，习惯上，大法官会在脖子上戴一条金链子，链子上悬挂着一个用宝石装饰的小真理女神[①]（Truth）像。事实上，这个女神拥有真理和正义的双重角色，她的名字“玛”（Ma）似乎是希伯来语“Thummim”[②]的起源——根据《圣经》，这个词意味着“真理”。更值得注意的是，犹太人的祭司长在参选国王之前也是国家的法官，只有他才有资格佩戴这个有着荣誉标志意义的神像。埃及人和犹太人的“Thummim”一样，都镶有各种颜色的宝石。女神的形象是“闭着眼睛”的，这意味着法官的职责是，遵从神的要求，根据自己听到的证据来判案，而不是相信自己看到的表象。这种象征性的概念让人想起底比斯没有手的法官雕像，他们中地位最高者的眼睛朝下看，这意味着正义既不应该因贿赂而腐化，也不应该被恩惠和感情误导。

---

① 正义女神或真理女神的埃及名字或科普特名字是“Thmei”。——原注

② 女神经常以双重身份出现在雕像中，被塑造成两个长相极像的女性形象。——原注

●真理（Truth）女神和正义（Justice）女神，真理女神的双目紧闭（右图同）

我们不能认为上述30名法官及首席大法官组成该国唯一的司法机构——每个城市或地区的首府无疑都有自己的法院，主要负责审判地方的轻微罪行。三个主要城市选出的法官驻地很可能在王室法庭附近，王室法庭履行许多与古代元老院相同的职责。从狄奥多罗斯①的叙述中可以看出情况确实如此，他提到了在底比斯的奥西曼提斯墓的雕像所表现的30名法官及其庭长的模样。

大法官出现了，胸前是真理女神像，那么审判立刻开始。包含埃及人所有法律的八卷书放在他身边作为指导，帮助他通过参考法典、先例或一些有学问的前辈的意见来处理疑难案件。原告的案情陈述以书面形式②进行，内容包括案情细节、被告的犯罪方式及对遭受的损害或伤害程度的估计等。

然后，被告拿起原告的书面文件，对原告的每项陈述写下答

① 用青金石制作的女神的形象。这种神像并不罕见，可能被法官戴在颈部。——S.B.
② 可能被认错了，其实是四十二个死者在来生世界的守护精灵。——S.B.

复，要么否认指控，要么努力证明罪行的性质并不严重。就算不得不承认自己有罪，也会暗示自己受到的损失很大，与罪行不相称。原告以书面形式作出答复，而被告在提出要为自己辩护的所有内容后，将文件交给了法官。如果双方都不能提供证人，就根据双方的证词作出裁决。他们的意见只需要得到庭长的认可，然后大法官就会凭借其职权对案件进行宣判——想要胜诉，当然只能“拿事实说话”。埃及人认为，这种诉讼方式比法官听取辩护人的陈述更能促进审判公平。雄辩往往具有迷惑人心的效果，并倾向于歪曲事实。因此，不管是劝诱、调动法官情绪还是激发其同情心的手段都被避免，这些东西现在都无法削弱法律的公正性。虽然控辩双方都有充足的时间来提出或反驳指控，但被告没有得到任何利用对手的机会，穷人和富人、无知的人和博学的人、诚实的人和不诚实的人都被放在平等的位置上。审判的依据应该是案件本身，而不是人。

埃及人的法律流传了很长时间，并受到最崇高的尊重。这些法律由众神亲口传授，是为了人类的利益而专门制定的①。

许多为完成法典做出贡献的早期法老和圣人的名字都被记录下来，并受到众人的敬仰；在各个时期，无论谁补充了法典，都被作为国家的恩人而以充满感激的口吻被提到。

真理或正义被视为埃及人的基本美德，人与人的关系因此变得更加密切。个人只有拥有谨慎、节制和坚忍及其他良好品质，才能得到直接的好处。因此，埃及人大力宣传这些良好品质。为人虚伪不仅被认为是可耻的，而且蒙骗他人对他们造成伤害时还

① 制定此法的埃及神托特等同于赫尔墨斯或墨丘利。——原注

会受到法律的惩罚。诽谤死者的人会受到严厉的惩罚，诬陷他人者也要受到同样的惩罚。如果罪行被坐实，被指控的人也会被判处同样的刑罚。通过赌咒、发誓让人相信自己谎言的行为被认为是最重之罪，只能判死刑——埃及人认为，这种罪隐藏着两条大罪，一是对神的蔑视，二是对人类信仰的违背。“蔑视众神”是一切罪恶的直接推动者，而对人类信仰的违背则破坏了对社会福利所有最重要的纽带。

为了更有效地惩恶扬善，埃及法律规定每个人都应该在固定的时间到地方官或省长面前上报姓名、居住地、职业及谋生方式[①]，相关情况都被专员登记造册。前来上报情况的人都要像希罗多德记载的一样向这些官员深深鞠躬，手要垂到膝盖，在包括向官员申诉、受审或辩白等一切场合中，这是一种向官员表示尊

●排队登记造册

① 希罗多德认为这是阿玛西斯首创，狄奥多罗斯只是将其作为古埃及的一条法律提及。——原注

敬的方式。

无论是从雕像中，还是从古代作家的作品等记录中，19世纪，我们都还没发现他们是否从地方法官那里获得了一种护照（passport），或者只是接受了单纯的登记，但这种方式和19世纪欧洲的护照办公室的工作方法很相似。

在克里奥帕特拉七世和托勒密十世时期的一份希腊语写成的契约中，这样形容契约中的甲方与乙方：帕蒙瑟斯（Pamonthes），大约45岁[①]，中等身材，肤色黝黑，身材英伟，秃头，圆脸，直鼻梁。斯纳乔梅乌斯（Snachomneus），大约20岁，中等身材，肤色黧黑，圆脸，直鼻梁。瑟姆西斯·佩尔西奈（Semmuthis Persinei），大约22岁，中等身材，肤色黧黑，圆脸，平鼻梁，举止安静。塔赫里特·佩尔西奈（Tathlyt Persinei），大约30岁，中等身材，肤色黧黑，圆脸，直鼻梁——这四个人是梅姆诺尼亚的工匠佩特普赛斯（Petepsais）的孩子。还有阿索斯（Asos）之子小内胡特司（Nechutes the less），大约40岁，中等身材，肤色黧黑，神采飞扬，长脸，直鼻梁，额头中间有一道疤。实际上，狄奥多罗斯留意到古埃及人进行姓名登记的现象，底比斯的雕像上也记录了姓名登记活动，但这些都不是指发放护照（passport）。不过，埃及人的意图可能真的跟发放护照相似，对现代旅行者来说，发放护照是一种非常不愉快的习俗。

如果发现被检查者因生活方式不检点而有任何过激的行为，被检查者就会被判处杖责刑罚；但如果被检查者撒谎[②]或其从事

① 只是一种估计。埃及人不会登记一个人具体的生卒年。——G.W.

② 解读相关的象形文字记录时发现了这样的文字：“王室书记官塔纳尼（Tanani）。”——原注

非法活动得到证明，他们就会被判死刑。

故意谋杀自由人或奴隶都会被判处死刑，这是因为人们相信打击犯罪行为不能考虑人与人之间的地位差别，犯罪就是应该被惩罚的行为。这也表明，如果谋杀奴隶是应该受到严厉惩罚的罪行，那么杀比奴隶地位更高的同胞就更要重判了。

这条法律体现出埃及人对正义和人性的关注，无疑也证明了埃及文明的长足进步，所以他们能得到积极、正面的评价。无论是希腊[①]还是罗马[②]，尽管这些文明都因其优越性和法学方面的发展感到自豪，它们都不具有这样的善法[③]。埃及人认为剥夺一个人的生命是一种令人发指的罪行，意外目击谋杀行为的发生却不去阻止，也是要判死刑的大罪，只能通过提出无行为能力的证据来减轻罪行。本着同样的精神，埃及人认为，任何人在对他人造成人身伤害时在场而不加干涉就等于同犯，并根据对当事人造成伤害的程度而受罚。每个目击抢劫的人都有义务出力将犯人逮捕，如果他觉得这不在自己能力范围内，就应该控告真正的犯罪者。一旦被定罪，犯人将被判处接受规定数量的鞭打，并被禁食整整三天。

尽管埃及法律使用严刑峻法惩罚谋杀犯，但王室成员可能会帮助犯人，并且有时确实会根据法老的授权而减免惩罚。在萨巴

---

① 这里要给希腊人说两句辩白的话，他们承认埃及人卓越的法治精神，养成了访问埃及，研究埃及人的制度和直接咨询埃及人的习惯。——原注

② 主人对奴隶拥有生杀予夺的大权，奴隶如果犯了大错，会被钉死在十字架上，这种刑罚后来被君士坦丁大帝废除。——原注

③ 然而，根据德摩斯提尼（Demosthenes）的说法，雅典的立法者确实造就了良好的习俗，即奴隶的葬礼应该由行政长官（demarchs）以适当的方式主持。奴隶们在雅典的待遇比在斯巴达好得多。——原注

科埃及统治的50年间，无论犯人犯了什么罪，都不会被判死刑，但根据罪行的严重程度，会被判处在他们所属的城镇周围挖地的刑罚，导致埃及各大城市土堤坝高于洪水淹没区，甚至比辛努赛尔特时代的洪水淹没区还要高。不管是因为犯罪率更高还是其他什么原因，布巴斯提斯的土堤坝比其他城市的土堆高出很多[①]。

埃及人严禁弃婴，父亲对婴孩没有生杀予夺大权。埃及人认为谋杀儿童是一种可憎的罪行，需要法律直接介入。但弃婴的行为罪不至死，因为夺走给予孩子生命的人的生命这一罪行，似乎与他给予孩子生命的行为不对等，惩罚弃婴者的目的是激发他们的悲伤和悔恨。有鉴于此，法律规定将死婴的尸体挂在其父母的脖子上，在警卫的监视下度过整整三天三夜。弑君者会受到最残酷的惩罚。埃及人认为，谋杀父母是最大逆不道的罪行，因此努力通过明显的严厉惩罚来制止这种可能性发生。谋杀父母的罪犯都会被判处用削尖的芦苇割伤，接着被扔到荆棘上烧死的刑罚。

如果一个女人犯了死罪，并且对她做出了死刑判决，埃及人会特别小心地确定被判刑者是否处于怀孕状态。如果这个女人是孕妇，对她的惩罚会推迟到孩子出生之后，以便无辜的人（婴儿[②]）不会被剥夺生命，父亲不会失去孩子[③]。

但埃及人关于女性的一些法律残酷而不合理。即便在一种现实中不太可能的场景下，埃及人成功地保证了妇女的贞操，并有效地制止了通奸行为，但其惩罚让我们想起蛮族的法律，而不是

① 布巴斯提斯的“Tel Basta”土丘，从相当远的地方就能看到。——原注

② 雅典人也有一条类似的法律。——原注

③ 从都灵（Turin）收藏的、关于司法的纸莎草文献中可以看出，妇女受到的惩罚与男人一样。甚至在某些情况下，以自伤作为惩罚似乎是被允许的。——S.B.

文明民族的法律。一个犯了通奸罪的女人被判处割掉鼻子[①]，理由是她的鼻子是最迷人的特征，是面部主要的、至少是不可缺少的装饰品。失去鼻子让人感觉最糟，对她的个人魅力是最大的损害。而奸夫则被判处杖打千下的刑罚。但如果证据表明某人胁迫、强奸清白妇女，他就注定要受到最严酷的惩罚；如果是犹太人，就会被直接判处死刑。

埃及法律的目标也包括保护生命和恢复罪犯的权利。死亡带走了一切悔改的机会，并且通过匆匆杀死犯人，剥夺了他为国家做贡献的机会——反过来说，犯人可能宁愿选择严厉的惩罚。除了谋杀和一些似乎对社会有很大危害的犯罪案件，人们认为没有必要牺牲罪犯的生命。

●女性犯人被男性官员杖责

① 拉美西斯三世时期，叛国者也会被判处割去耳鼻的刑罚。——S.B.

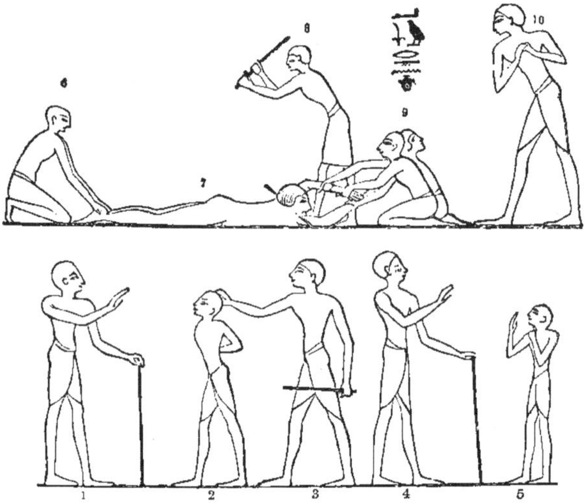

●杖责刑罚：1 官员；2 犯人；3 执行人，手拿专用棍棒“巴塔那”；4 官员；5 犯人求饶；6 和 9 按住 7（犯人）的官员；8 行刑者；10 负责监管的官员

笔者已经注意到埃及军中的一些法律和惩罚措施：在各种军民案件中，轻微的罪行一般都会判处犯人杖责的刑罚①。直到19世纪，在尼罗河流域的现代居民中，这种惩罚方式仍然大行其道——他们相信它的效力（或许这种惩罚方式真的具有神力），认为这是“神赐给人的好东西②”。

19世纪，如果一个埃及人需要归还政府债务或纳税，他就会顽固地坚持自己没钱，直到最后由于各种原因不得不拿出钱。埃及居民（不被本族统治者管理）至少在罗马皇帝掌权的时代，同样以外

① 根据夏巴斯的《杂谈》记载，作为刑具的棍棒被称为“巴塔那”（batana），它有刑讯逼供的作用。——S.B.

② 穆斯林谚语说，“棍棒挥动，即安拉降福”（Nézel min e`semma e`nebóot, báraka min Allah）。——原注

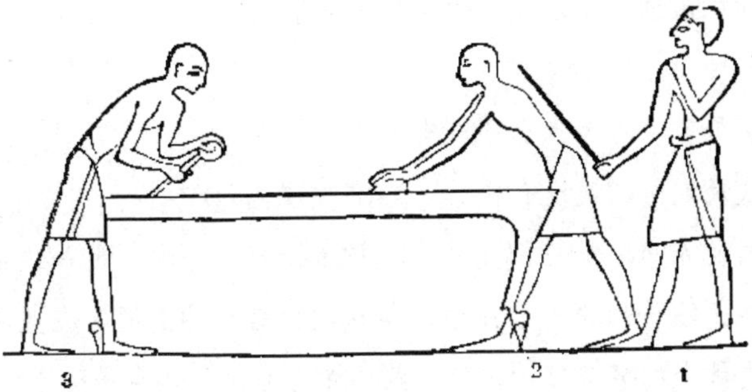

●工人挨打

族统治者在自己这里碰钉子为荣；因此，阿米阿努斯·马尔切利努斯告诉我们，一个埃及人如果身上没有许多因为逃税被打而留下的伤疤，就会难为情地脸红。

埃及人和犹太人一样，男犯和女犯都有被判处杖刑的可能。男人和男孩匍匐在地上，受罚时通常被人抓住手脚；但妇女挨打时主要是坐在地上被打背部，执行的人也是男性。另一种常见的情况，就是通过棍棒强迫一个人从事各种劳动。男孩有时不需要先经过跪下的仪式就会被直接执行杖责，在实施惩罚时双手被反绑在背后。这种惩罚方法不太尊重人，也不太常见。

笔者在前面说过，19世纪的埃及人向政府缴税的时候表现出能拖则拖的态度，笔者要在这里特别举一个例子。1822年，一个住在开罗的科普特人基督教徒因不缴税而被奥斯曼土耳其政府逮捕，被带到帕夏[①]（Pasha）跟前受审。官员是一个愤怒的土耳其

① 一种敬语，在奥斯曼土耳其政府中相当于总督一级的高官。1822年的埃及"总督"是穆罕默德·阿里·本·易卜拉欣，史称"穆罕默德·阿里帕夏"；他出生在今天希腊的卡瓦拉，被称为"现代埃及的奠基人"。1805年，穆罕默德·阿里帕夏通过战争打败了奥斯曼土耳其军队，迫使苏丹立自己为帕夏。结果，虽

人，他和被逮捕者之间发生了如下对话：

官员：“你为什么还没有缴税？”

埃及人：“我没有钱。”（表情中带着伤感）

埃及人马上被推倒在地上，被棍子打了一通，他一边祈祷一边求饶，不停地说自己没钱，但这次，官员的态度实在坚决。终于，肉体上的痛苦超过了他赖账的意志力，他实在是受不了啦。

埃及人：“放了我吧！我马上给你钱！”

官员：“想清楚了？还不快滚！”

埃及人被赶回家，身后还跟着一个士兵；士兵拿着税款走了，埃及人跟自己的妻子说了这个不幸的消息，没想到反而还要挨一顿骂。

妻子：“你啊，真是又怂又蠢，怎么不干脆一开始就把钱交了！我估计，你肯定是挨了五六棍子，然后开始说‘别打了别打了，我给钱，放了我吧’这样的话。都是因为你，明年咱家肯定会被加倍收税了，真可耻！”

埃及人：“亲爱的，不会的，我真的是到最后一刻扛不住了才求饶的，你骂我之前好歹也看看我被揍成什么德行了。别看我给的是钱，他们给自己找的可是麻烦——只有打很长时间，才能逼一个人给钱的大麻烦！[①]”

这样一说，妻子心里才好过了一些，然后表现出对丈夫的同

然他看上去仍然是奥斯曼土耳其的官员，但实际上他在埃及建立了独立的穆罕默德·阿里王朝，并且一直统治到1848年逊位为止。——译者注

① 埃里安（Ælian）：“埃及人最不怕的就是严刑拷打，那真是宁可死也不开口招供。印度女人也是这样，她们宁可自己和丈夫的遗体一起被活活烧掉。”——G.W.

情和安抚。此时得到安抚的或许不只有她丈夫这个人，还有之前从他口袋里掏出来交给士兵的税款。

一般来说，绞刑是常用的死刑处决方式。不管一个人最后被判什么刑罚，不管这种刑罚是由法官的判决决定，还是由统治者的意志决定，被告都要被收押在监狱之中，接受警察机关长官的直接监管。①

埃及的部分法律体现出原始社会的一些特点，这主要体现在对违法个人的惩罚之中，如前面提到的“剁手”的刑罚。不过，埃及法律好像不认可以暴尸②作为一种刑罚。前文提到的暴尸不是一种刑罚，而是一种策略③，用意是借此逮捕偷窃法老财宝的同党。

盗窃、失信和欺诈都会挨杖责，抢劫和私闯住宅是应该被判处死刑的重罪。当然，前文也记载了不判处死刑而只割掉犯人鼻子，并且放逐他们、让他们自己建城生活的君主④。老普林尼说这是一种特殊的刑罚，坏人被赶出存在公众生活的社会以防他们腐化好人，同时被迫在荒凉的环境中自食其力，这是在不剥夺罪

① 在对埃及冥界（Kar-neter）的相关描写中，出现了诸如斩首和绞刑之类的刑罚。我们在一些地方甚至发现了被斩首的木乃伊。都灵收藏的纸莎草文献中也提到拉美西斯三世在位时期发生了一些事情，阴谋造反者和其他罪犯存在自杀或被赐死的状况。——S.B.

② 阿美诺菲思二世曾经处死敌国的首领，把他的尸体吊在战船的船头上，后来又吊在被攻克的埃塞俄比亚堡垒的墙上。——S.B.

③ 其他君主可能也做过类似的事。——原注

④ 我们可以做出假设，那段时期，无论是犯了轻罪，还是重罪，都会被判刑，统治者的用意是让犯罪分子作为一种反面教材不能再在社会上出现，从而预防犯罪。——原注

犯生命前提下进行的社会改造活动。

埃及的盗贼有一种有意思的风俗：小蠢贼会向贼首[①]报上自己的名字，不管偷了什么东西，都会向他报告。丢了东西的货主会通过信函询问贼首是不是他（的手下）偷了自己的东西，如果经过核对确实是其偷的，就支付相当于物品价值四分之一的货币作为赎金，被偷的物品将被归还，而贼首会保证被偷的物品完好如初。

埃及人深信，偷窃、抢劫无法根治；既然如此，与其在利用法律维权的情况下遭受更大的损失，不如破财免灾保住大部分财产，这样“更有利于”社会的发展。作为19世纪的尼罗河现代居民[②]，埃及人和印度人一样，一直以来，那里的小偷臭名昭著[③]，关于他们偷东西的高超技术频繁出现在史书中。有人可能会关心，如果有的小蠢贼瞒报偷窃的物品会怎样。这种明显的投机行为会让全行业的信誉受损，他们也会因贪婪而被列为重点清剿目标，然后其他人跟着被殃及。同时，除了小蠢贼交纳投名状的钱，货主的赎金乃至警察长官支付的费用也是贼首的重要收入来源——当然，干这个行当始终是不光彩的，即使在这个行当混成

① 直到19世纪，君士坦丁堡和埃及都存在同样的人，被称为“盗贼谢赫”（Sheikh of the robbers 或 Sheikh el Haraméëh）。——原注

② 在打击埃及农民偷窃行为的时候，穆罕默德·阿里帕夏麾下的优秀警察发挥了重要作用。现在，治安状况已经大为改善。在英国人已经介入统治的情况下，印度人在光天化日之下当着很多英国人的面直接偷走一匹马，一个埃及人在马穆鲁克的营地中也有类似的“壮举”。——原注

③ 给两个民族标记一种可以被认识的具体特征，这是一种本质主义（essentialism）的观点。但如今，这种方法被用于社会科学研究中，其缺点是“以偏概全”，忽视群体中的个性，甚至带有种族歧视的倾向，所以已经过时了。——译者注

●小蟊贼因偷窃而受杖责：1 书记官正在登记粮食的情况；2 和 3 称粮食的官员；4 拿笤帚的人；5 一个人拿着一个袋子；6 负责执行杖刑的官员；7 被打的犯人；8 拿着专用行刑杖和棍棒的官员；9 拿着一双便鞋的人

了“首”，也不代表他一定是正直、有荣誉感的人[①]。

和其他民族（文明）一样，社会不断发展，金钱交易越来越复杂，埃及人针对债务关系和高利贷的法律也发生了一些变化。智者伯克利斯在位的时候（约公元前821年），对债务纠纷产生的原因进行了归纳，同时意识到其中存在很多涉及暴力虐待的案件，于是颁布了法律。法律规定，任何协议除非具有书面形式，否则不应具有约束力[②]。同时，为了让所有人都重视誓言（oath）的意义，规定一个人如果宣誓自己没有向他人借债，那么债务关系就不会得到承认，原告的起诉行为必须立刻终止。由于同时出台了与书面契约相关的法律，人们不用一天到晚诉诸赌咒发誓，从而保证了誓词的“含金量”。

埃及法律不保护高利贷，将利率提升到超过200%的程度更是绝对不允许的事情，这一点和罗马文明发展到一定程度后一样。即便是债权人也不能完全控制债务人的人身自由[③]，他们最多只能索要属于且仅属于债务人合法持有的物品。每个埃及人的身体

---

① 见脚注②对应的、由伯克利斯制定的法律。——译者注

② 伯克利斯推行。——G.W.

③ 曾于拿破仑三世时期在教育部门出任要职的法国著名学者维克多·杜卢伊在他的《罗马与罗马人史》开篇中这样介绍罗马城建立之初（公元前754年左右）罗马债权人给予债务人的“待遇”——这与伯克利斯的时代相去不远，特此摘录，方便读者对比参考：“……虽然拥有少量土地的人没能富起来，但足以谋生，不必求助于富人（其实就是借高利贷，放得起高利贷的人一般都是贵族，因为贵族本身有丰厚的土地收入，加上自己还会把海洋贸易赚取的利润据为己有）……债务人哪怕资不抵债也不会受到同情，罗马法对动产和不动产的保护都很严格，‘借钱不还的人应该被带上法庭受审。如果此人因为生病或者年老还钱不便，就给他一匹马，但不要给他一窝小马。既然欠债就要还钱……要是逾期未还清，债主可以用15磅的绳子或者链子把不还钱的人锁住。再过30天，到第60天时，可以把他卖到台伯河以外的外地。一个奴隶可以有几个买主，由他们对奴隶的身体进行分配。买家可以肢解奴隶的身体，切多切少都没有关系’……”——译者注

都被视为国家的宝物，随时都要为国家的事业献出来。对债权人施加这一限制的另外的考虑是，埃及人担心债务人被债权人任性支配——这就像国家被少数人的贪欲支配时一样，都是不公正且危险的。

后来，梭伦把这条法律从埃及介绍到雅典，正如狄奥多罗斯指出的那样，比起因欠债就剥夺债务人的生存手段，这条法律更符合维护公平正义的要求与尝试，只因为欠债就剥夺债务人的生存手段是不合理的，而为此把债务人关进监狱就更不合理了。

为了防止债务越积越多，同时保护债权人的利益，第五王朝（S.B.）时期的一条埃及法律规定，任何人如果不以其父亲或关系最近的亲属①的尸体做抵押而借钱都是非法的，如果未能偿还②通过如此神圣的方式借来的钱，就会被认为是可耻的，并且在他死后，举行惯常的葬礼的权利将被剥夺，既不能享有在祖先的坟墓中或在其他任何地方埋葬的权利，他的孩子或他的任何家人也不能安葬于祖先的坟墓中或其他任何地方，因为只要债务未付，债权人就会实际占有他的家族坟墓。这表明埃及人怀念父母及重视宗教仪式，他们在立法中考虑这方面的因素，从而努力防止违法事件发生③。

---

① 希罗多德只提到可以用父亲的遗体作为抵押。不过，在埃及，有的父亲走后，其遗体保存的状况恐怕让后代子嗣没有那么容易借款，详见笔者提出的说法。（见琉善的“父母遗体（抵押）借款说”。——G.W.）——原注

② 也就是说，逾期超过一段时间，债权人就可以挖开债务人的坟墓，去处置他亲属尸体的木乃伊。同时，“可以做”也不代表每一个债务人都会把债务人亲属的尸体挖出来后在自己的家里放一段时间，这可能会产生诸多不便。所以，只需要控制债务人的家族墓地，就足够了。因为尸体被埋葬是光荣的，而丧失这一权利则是一种耻辱，与因犯罪而被判刑没有区别。——原注

③ 狄奥多罗斯说：“大家一定很爱戴这个立法者。”——G.W.

埃及大城市中有追求奢华的风俗，所以在房屋装修等方面，埃及人花掉了许多钱。珠宝和艺术品在各行省首府的居民和底比斯、孟菲斯的居民中都很受欢迎——他们需要华丽的生活用品、优雅而便利的船舶、众多的随从、马、狗和其他打猎时使用的必需品，还要把大笔钱用在房屋、别墅和花园的布置上。尽管这些地方的埃及富人靠着农业能获得大量收入，足以支撑庞大的开销，但他们的享受让更多不那么富有的人忍受着因羡慕而生的嫉妒。在虚荣心和模仿欲望的驱使下，这些不那么富有的人很快就因攀比而债台高筑，这就要求有关方面进行干预。可能在当时的埃及人看来，针对债务采取的措施虽然严厉，却是一项刹住日益严重的罪恶风气所必须采取的措施①。

与其他古代民族相比，埃及平民日常、必需的开支很少。人的食物最便宜、最简单，且由于气候温暖所需的衣服很少，年幼的孩子有不穿鞋的习惯，身上也很少或根本不穿衣服。根据狄奥多罗斯记载，养育一个孩子的费用很少，在他成人前，父母的开销不会超过20德拉克马②。因此，埃及的民风是被奢侈和欲望破坏的，所以法律有必要进行约束。我们可以得出结论，这样的法律主要针对那些为满足欲望而负债的人或者有预谋地欺骗债权人并令其上当的不法之徒。③

① 拉美西斯二世时期，很多人都因债务问题被收监。拉美西斯二世觉得，在释放这些人的问题上，自己有必要出手干预。——原注

② 可以认为，其面值相当于我们19世纪的13先令，但购买力比39先令还多。——S.B.

③ 19世纪，已知最早的埃及契约出现于大约公元前7世纪，这证实了狄奥多罗斯的说法，即契约可能是由伯克利斯引入埃及的。如果果真如此，书面契约可能是以信件的形式存在的，提到土地或其他物品的所有权已经被转让。但后来不动产的转让需要办理烦琐的手续。不过，在希腊人统治埃及之前，没有人了解

埃及人特别注重在执行契约、转让和其他民事合同的方式上的细节，有意思的特征就是签署协议时会有大量的旁证。在托勒密王朝时代，与地产买卖相关的契约以序言开始，其中包含了国王在位时的日期，以及标明了法院大法官的名字与撰写契约的书记员的名字。随后是契约的正文：它写明了出售土地的人的名字，对他本人的描述，对他的出身、职业和居住地的说明，土地的范围和性质，土地的情况和地界，最后写明了购买者的名字，还补充了他的出身和描述，以及购买土地所花的金额。在后面的章节，卖方随后保证自己对土地的所有权不受干扰。为了防止有人对他的所有权提出异议，还加入另一方的名字表示他已经接受了土地，并承认购买。然后加上证人的名字，法院院长亲自签署，之后契约就生效了。有时，卖方以下列方式正式承认买卖：

“我把这些东西都卖给你了：现在它们是你的，我从你那里得到了和商品价格对等的金钱，从今天起不再向你索要它们；如果有人干扰你对它们的占有，我将抵制这种行为。如果我不能阻止，我将使用强制手段，或者另外补偿你。”

然而，为了对这些土地的形式有一个更准确的概念，我将介绍扬博士（Dr.Young）收藏的其中一份古埃及土地的全部副本，并请读者参考他在同一作品中列举的其他土地。对巴黎收藏的通俗体文字莎草纸文献进行翻译后，发现其中包含与木乃伊有关的古代

这些存在的信，它们在埃及被征服时期及罗马帝国时期消失了。它们是用通俗体埃及文字或希腊文书写的，我们保存着托勒密王朝时期分别以这两种语言撰写的契约副本。——S.B.

契约：

本契约成文于我们的君主托勒密及其姐姐克里奥帕特拉在位第36年的阿提尔月（Athyr）20日。

以神托勒密和克里奥帕特拉的名义，以辉煌的诸神的名义，以仁慈的诸神的名义，以热爱父亲的诸神的名义，以父亲般的神的名义，以热爱母亲的诸神的名义。以贝勒奈西祭司的名义，以阿尔西诺祭司的名义，他们都是在大城市（亚历山大）获得任命的。以底比斯爱父的托勒密一世神祭司、爱兄的托勒密神祭司、爱子的托勒密神祭司、仁慈的托勒密神祭司、王后克里奥帕特拉祭司、公主克里奥帕特拉女祭司，以及爱兄弟的阿尔西诺祭司的名义特此宣布：

兹有神庙中女神的梳妆人、荷鲁斯及斯波图斯（Spotus，存疑）之女森伯埃里斯（Senpoeris）之子奥诺弗里斯（Onnophris），大约40岁，活泼高挑，肤色黧黑，眼睛凹陷，秃头。在荷鲁斯神庙里，奥诺弗里斯向他同为荷鲁斯及森伯埃里斯之子的兄弟以一笔钱转让了一些收藏品的三分之一，这是已故奥西里斯祭司留下的遗体数量一半的三分之一，它们都被埋在蒂纳本（Thynabunun）……位于利比亚的底比斯郊区，在梅姆诺尼亚……同样卖出一半的三分之一。他们的名字包括斯波图斯（Spotus）之子姆瑟斯（Muthes）及其家小，内科瑟蒙提思（Nechthmonthes）之子查波克拉底（Chapocrates）及其家小，内科瑟蒙提思之子阿尔西耶西斯（Arsiesis）及其家小，内科瑟蒙提思之子佩特梅斯图斯（Petemestus），兹米尼斯（Zminis）之子阿尔西耶西斯及其家小，荷鲁斯之子奥索罗里斯（Osoroeris）及其家小，夏普孔西斯（Chapochonsis）之子斯波图斯及其家小——他姓

（存疑）佐格里弗斯（Zoglyphus，一个雕像家的姓氏）。对于荷鲁斯及森伯埃里斯之子阿索斯（Asos），他们同样将拥有死者遗体数量三分之一的一半……在永生的国王统治时期的阿提尔月20日将它们全部出售，以（完成）第三部分。同样与佩特特梅斯（Peteutemis）和他的家人有关的遗体总数的三分之一的一半……同样，运牛奶的佩特孔西斯（Petechonsis）及靠近亚细亚、被称为弗里卡奇斯（Phrecages）的地方的尸体总数三分之一的一半……的尸体；有一半属于阿索斯：他在……月把躺在蒂纳本的奥西里斯祭司和他们的孩子及家人的遗体的三分之一的一半卖给了他……我已经收到了他们给的银币……和金币；从今天起，我不再要求你在……如果有人影响你对它们的占有，我将抵制他。如果不成功，我将赔偿你……已执行并确认。由法比斯（Phabis）之子荷鲁斯执笔，荷鲁斯是阿蒙拉索瑟尔（Amonrasonther）的祭司长、仁慈之神、热爱父亲的诸神、父亲般的神和热爱母亲的诸神的祭司的书记官。阿门（Amen）！

以下为证人署名：

厄奇乌斯（Ekieus），凡雷斯·厄里库斯（Phanres Ericus）之子

皮特卡特里斯（Peteaktres），佩特特梅斯（Peteutemis）之子

佩特波克拉底（Petearpocrates），荷鲁斯之子

沙克梅努斯（Sxachomneus），佩特乌里斯（Peteuris）之子

斯纳乔姆斯（Snachomes），普森孔西斯（Psenchonsis）之子

托托斯（Totoes），菲比斯（Phibis）之子

波提斯（Portis），阿波罗纽斯（Apollonius）之子

兹明特斯（Zmints），佩特梅斯图斯之子

佩特特梅斯，阿尔西耶西斯之子

阿莫诺里提乌斯（Amonorytius），帕斯米斯（Pacemis）之子
荷鲁斯，奇姆那鲁斯（Chimnaraus）之子
亚美尼斯（Armenis，确切地应该写作"Arbais"），兹瑟奈提斯（Zthenaetis）之子
每西斯（Maesis），米尔西斯（Mirsis）之子
安提马库斯（Antimachus），安提吉尼斯（Antigenes）之子
佩妥福伊斯（Petophois），菲比斯（Phibis）之子
潘拿斯（Panas），佩妥西里斯（Petosiris）之子

16个证人被认为这份契约成立所必需的要素，但契约涉及的款项一共只有400块黄铜钱币，并且每个人的名字都是以真正的东方风格书写的，即与他父亲的名字一起写出。我们也可以认为在法老们掌权的时期，类似的交易中也遵守了同样的预防措施和详细的程序。当然，后来托勒密王朝和罗马人大大改变了埃及的法律和地方管理方式。

在如今的19世纪，我们完全不了解埃及人的婚约，甚至在他们的墓葬壁画中也没有发现结婚仪式的场景①。然而，可以得出结论，埃及人受到文明国家各种常见习俗的约束②，并且如果狄奥多罗斯记录可信，那么与其他任何国家的妇女相比，埃及妇女

① 对犹太人来说，结婚仪式比较简单。结婚要举办婚宴，婚宴持续 7 天，有时持续 14 天。——原注

② 虽然暂时还没有发现关于婚姻的表述，但在拉美西斯二世时期的碑文中两次提到了“婚姻”的单词，一次出现在阿波辛贝尔碑文上，里面有关于赫梯公主的内容，另一次出现在卡尔纳克神庙中，里面有关于拉美西斯十世的内容，见德·罗格（De Rougé）1858 年于巴黎出版的《古埃及石碑研究》（*Stèle Égyptienne*）第 53 页。（表示婚姻的短语写作“hetp”。最近，研究者发现了几处托勒密王朝时期的婚姻协议，都是用通俗体文字书写的。其中一个条件是，如果丈夫娶二房妻子，他应该为此给大房一笔钱，大房生下的长子将成为财产的继承人。——S.B.）——原注

享有更多权利——他甚至肯定，在结婚时达成的协议的一部分是，妻子的地位高于丈夫，丈夫必须服从妻子的指示。尽管我们有足够的证据证明埃及妇女的待遇确实很好，但是否好到前文所提到的程度或丈夫服从妻子指示的范围是否不超过“家务事”则值得怀疑。

但至少埃及妇女确实有机会掌握王权，就像现代欧洲那些没有引入萨利克法（Salic law）的国家一样；我们不仅在埃及历史上找到了王后继承王位的例子，而且根据曼涅托记载，早在第二王朝的第三位君主在位时期，“妇女可以继承王位”一事就已经被写入了法律。

在历史最早的时期，妇女的职责比起后来更文明的时期有很大的不同，当然每个民族之间也有不同。在游牧部落中，妇女负责打水，饲养并看管畜（羊）群①——就像19世纪阿拉伯妇女一样做家具和制作帐篷的毛料，就像希腊妇女一样在家从事编织、纺纱和其他固定职业。针线活和刺绣是希腊妇女最喜欢的娱乐活动，埃及妇女也很可能在这方面花费了很多时间，从雕像中可以看出，许多古代女性都从事纺织和与使用纺锤有关的工作。不过，埃及妇女的生活方式和希腊妇女不太一样②：她们被限制在一间屋子（常在建筑物最顶层）的“女房”③（gymeconitis），这是距离

① 根据《圣经》记载，拉结（Rachel）、西波拉（Zipporah）和她的六个姐妹都是为父亲放羊。安多玛殊（Andromache）喂养赫克托耳的马。——原注

② 从《两兄弟的罗曼史》（*Romance of the Two Brothers*）中可以看出，他们准备了食物，带来了洗脸盆，配置了各种用具，并准备好了灯之类的照明工具。[《过去的记录》（*Record of the Past*）第2卷第139页。——S.B]——原注

③ 在埃及不太可能出现这种情况，这从波提乏的妻子经常与约瑟见面，以及她召集到家里的人的情况可以看出。——原注

●摇纺锤纺织的妇女：1 和 3 纺织；2 织机；3 放入纬线，梭子不是用手抛出；4 男性监管者；5 整理线头；6 捻制双线的经纱；7、8 和 9 用纺锤纺线；a 和 f 纺织（weaving 或 sχet 或 sitqa）；b “管理织机”（mer sχet 或 chief of loom）；c 面层（m sna 或 facing）；d 拉出动作（sta 或 pulling out）；f 操纵纺锤（χes 或 spinning）

入口最远的地方，甚至在不戴面纱[①]的前提下，她们不被允许出门，就像今天许多东方国家一样。新婚妇女几乎和处女一样受到严格的保护。根据梭伦的法律，任何女性夜间外出，如果她的车辆前没有点燃火把，就不能出去。无论在国内，还是在国外，女性都会得到陪护，有时还有老人和宦官。她们隐居般的生活与现代穆斯林对女性的要求很像。亚历山大的克莱门斯（Clemens of Alexandria）说，除了在家里，妇女总是要蒙着面，并高度评价了埃

① 妇女的脸被遮住了，但面纱很薄，可以通过面纱看到脸庞，因此和现代埃及只通过两个洞露出眼睛的“boorko”不同，更像是瓦哈比人（Wahabees）遮住头和脸的那种面纱。犹太妇女也戴着面纱，在《所罗门之歌》（*Solomon's Song*）中就有人抱怨说自己的面纱被夺走了。——原注

涅阿斯（Æneas）妻子的谦逊——特洛伊陷落时，她虽然非常惊慌，但也不会不穿衣服就在公众跟前出现。但埃及人对待妇女的方式非常不同，似乎更加“文明”；在这个方面，如果古代作者的描述有时不尽如人意甚至相互矛盾，那么古代雕像上的图案将有助于我们下结论。妇女应该与她们的丈夫或亲属（而不像如今穆斯林女性单独出席）一起参加一些公共庆典，祭司的妻子和王后一起参加神庙的仪式，这两类妇女都有资格担任侍奉神灵的职务。约瑟夫斯说：“（在这种场合）当妇女有去参加公共庆典的习惯时，波提乏的妻子以健康状况不佳为由试图待在家里，最终得到允许，并利用她丈夫不在的机会与约瑟交谈。”

狄奥多罗斯说，在娶妻方面，埃及人没有数量限制，除了祭司阶层，因为法律规定祭司必须执行一夫一妻制①。不过，即便如此，19世纪，我们也没有发现有多少埃及男性真的利用这条规则“大干一场”，希罗多德更是很肯定地说，在埃及家庭中，有一夫一妻是普遍的习俗。这两种说法被结合起来就很好理解了：一个埃及男人虽然被允许拥有多个妻子，但在实践中，这种事情其实很少发生②。

穆斯林男性也被允许拥有多个女性伴侣，但正妻只能有一个，并且无正当原因不允许休掉正妻。当然，如果两人没有生儿育女组成家庭，当真要休妻的时候，旁人也没有什么反对的理

① 犹太教的祭司长只允许有一个妻子，这个妻子必须是处女。每个科普特祭司都被禁止在其妻子去世后再婚。参见爱德华·吉本关于早期基督教神父对二婚行为的看法。——原注

② 古代碑文和铭文很少显示男性同时有一个以上的妻子——当然，法老肯定有很多后妃。有一定地位和级别的人都有自己的后宫，晚至托勒密王朝都是这样。——S.B.

由，即便如此，也要征询女方父母的意愿。当时的很多婚约规定，（男方）不得给（正）妻子在家里安排“伙伴”（partner）。对于古埃及社会的高等人来说，这种规定应该同样适用，所以截至19世纪，我们暂时还没发现一个人妻妾成群的古埃及雕像。

但一条当时的法律读起来还是令人感到不适，也就是兄娶妹的近亲结婚。狄奥多罗斯已经注意到这个内容，上埃及和下埃及的古代雕像也可以作为物证。19世纪，我们暂时搞不清楚这条法律出现的历史根源和具体政策。根据狄奥多罗斯的记载，因为当年伊西斯和奥西里斯就是这么结婚的①，所以近亲结婚能得到神的认可。但神毕竟不是世俗世界的存在，所以这种解释不足以让人信服②。

追溯到人类在古代的始祖时期，如亚伯拉罕和撒拉（Sarah），这一对就是近亲结婚的例子。对于在埃及殖民的雅典人来说，与父亲一方的姐妹结婚是合法的，但如果是同母所生，则不合法。土生土长的埃及人不遵守这个规定，这可以参见历史上托勒密王朝的几个例子。

一般来说，埃及人确实严守着一夫一妻的“规矩”③，但他们确实也体现出犹太人和东方民族的一项重要特征，就是不准外人进入自己住所中女眷的房间。古埃及男人如果有很多女眷，那

① 希腊神话中也有类似的婚姻，如朱庇特和朱诺（即宙斯和赫拉），此处应该混用了罗马神话中神的名字。——译者注

② 埃塞俄比亚人中的血统靠女性传承，遗产主要也由女性继承，因为这比男性传承更可靠，因为男性分支的血统可能被侵蚀。对王室传承的情况来说，这能保证王室的合法和神圣血统不被破坏。——S.B.

③ 犹太人一般也只娶一个妻子，虽然他们的法律也允许多妻。像其他东方民族一样，埃及人实行夫妻合葬。——原注

么其中大部分都不是埃及本土人，要么就是战争中抓获的俘虏，要么就是在市场上花钱买来的奴隶[①]。可能和19世纪一样，这些女眷在家庭中的地位仅次于主人、正妻及其子女，在主人去世之后，她们很有可能分到一部分财产。在属性上，她们都是女奴隶，按照肤色被分为白奴、黑奴等不同种类。黑奴一般只负责做家务和照料家中女成员及其女性友人的起居。同为奴隶，白奴的地位比黑奴高一些，古代雕像显示她们可以侍奉法老。当然，侍奉并不意味着成为法老的妃嫔[②]。

埃及人和其他东方民族的习俗相同，对妻子或其他女人的后代不加区分，所有后代都平等地享有继承权——他们认为，孩子的存在是父亲的责任，而母亲只不过是一个把孩子带大的“护工”[③]而已，剥夺后代的平等权利似乎是不公正的。事实上，如果狄奥多罗斯的说法正确（事实上，这个记录的真实性很成问题），埃及人将这一原则贯彻到了极致，以至于在雌雄同体的植物中，那些结实的植物被他们称为“雄性”，因为它们主要负责物种的生产和延续。

在有关子女义务的法律中，希罗多德只记录了一条看上去比较有意思却很不公正的法律：如果儿子不愿意赡养父母，他可以自由地拒绝，但女儿不得拒绝，一旦拒绝就要受到法律的制裁。

---

① 笔者认为，无论是古代埃及人，还是现代埃及人，都采用这种东方习俗。根据穆斯林教法，孩子出生后，他的母亲就有权要求获得公民权。生下孩子就获得公民权，这实际上是这个母亲应享受的权利。——原注

② 这些古代作品颇具深意地表现了拉美西斯三世在上埃及和下埃及玩飞镖及和女奴调情的场景。——S.B.

③ 跟狄奥多罗斯的看法恰好相反。［古人认为埃及妇女很能生，斯特拉波引用科鲁迈拉（Columella）资料认为，埃及妇女一般都能生双胞胎。——G.W.］——原注

然而，我们怀疑希罗多德记录的真实性。此外，从埃及人明显严厉的孝道义务（见底比斯的古雕像）推断[①]，我们可以得出结论：埃及人对儿子的期望比当今任何文明国家的人们都高得多，从社会底层到社会顶层都是如此。如果持圣扇人是最光荣的职位，并且法老的王子们更愿意担任这个职位，那么他们就不需要像平时一样谦卑，在纪念法老胜利的凯旋队伍中及在法老主持的宗教仪式中，他们在法老的战车后面步行，为他们的父亲佩戴某些标志。

在欧洲，儿子尊敬父母在历史早期同样是一种习俗。起初，王子不被允许与父亲同桌而坐，只有因英勇而被赋予武器、得到相应特权后才可以，就像阿尔博因诺（Alboin）在继承父亲的伦巴第王位之前的情况一样。站在19世纪往前看，欧洲国家改变早期习惯的时间并不长，它们很快就把早期习惯抛弃了。而对古代制度的尊重，以及拒绝一切变化的观念在东方如此盛行，使埃及人没有抛弃他们祖先的习惯；我们发现，即使在他们文明最昌盛的时期，这种习俗和许多其他原始习俗也得到了保留。

埃及人对青年的教育尤其严格。柏拉图在《法律篇》（*Laws*）第二卷中表示，他们（埃及人）认为儿童应该尽早习惯于做体面、适当的手势、表情和动作。除了那些可以激发他们的美德的诗句和歌曲，别的内容都不该听闻。因此，埃及人在宴会或祭祀中引入的每一种舞蹈和颂歌都应该遵守某些规定。埃及人特别强调对老年人的尊重，要求对陌生人这样做的事实必然说明古埃及人尊重长辈——像斯巴达人一样，埃及人要求每个年轻人给年长者

① 笔者注意到，在19世纪的埃及人中，儿子未经允许在父亲面前坐下来是非常不雅的，更不要说在父亲面前抽烟了，这是想都不敢想的大不敬行为。住在沙漠中的阿拉伯人认为，在岳父的陪伴下坐着说话，也是一种不敬的行为。——原注

让位。就算不让位，如果坐着看到老人接近时就要站起来[①]。当然，如果只是期望年轻人尊重老人的年龄，那么他们对自己的父母该有多大的尊重，毕竟父母对子女有养育之恩。

长辈不仅生前得到尊重，作为父辈和祖先，他们留下的记忆也将一直受到尊重，他们的坟墓会得到最大的尊重，他们的葬礼由子女[②]完成或者由祭司们出资完成——在前文，我们已经看到与之相关的内容。

在同样的原则指导下，埃及人无比尊重法老[③]，把他看作万民之父。人们必须恭敬地服从法老的命令，法老的意志等同于法律。人们相信法老的判断力，认定法老不会犯错[④]。法老是神在人世间的代表[⑤]，传达神的旨意，他的权力由神赋予。人们对法老为国家所做的贡献怀有强烈的感激之情。一个为臣民造福的法老驾崩后会受到最隆重的纪念[⑥]——狄奥多罗斯表示，在所有民族中，埃及人最了解自己得到过什么恩惠，他们觉得应该报恩；他们认为报恩才是人一生中展现出的最大魅力。考虑到这一点，我们不能否认埃及人完全有能力从这种文明的行为中受益，

---

① 《圣经・利维坦》：“在白发的人面前，你要站起来，也要尊敬老人，又要敬畏你的神。”——原注

② 指祭司的子女。——原注

③ 在早期，人们除非得到恩赐的特权，否则不被允许穿着凉鞋进入王宫。在第五王朝时期，功勋卓著的官员会得到一些恩惠，有时女法老接见他们，他们也要站着。——S.B.

④ 每次法老犯错，都由大臣承担责任，这在其他民族也一样。但我们在前文中提到过，埃及法老驾崩后，其荣誉可能被剥夺。——原注

⑤ 法老被认为是拉和阿蒙的代表，就连身体的构成也和神一模一样。——S.B.

⑥ 在负责法老的葬礼时，祭司往往会融入自己信奉的生命的元素，给他诸如象征“像太阳一样统治着南方和北方”的“Haremakhu 或 Harmachis”（“旭日”）之类的头衔。——S.B.

并且他们也把这种报恩视作最重要的社交事件之一。狄奥多罗斯补充说："为了回报法老的恩情，必须非常真诚，完全不能有丝毫虚伪的色彩。每个人感受到这种真挚的情感，都会觉得既感且佩。"

表达感情也不只是做样子给人看：哀悼活动持续72天，在此期间，每个人都放弃了生活中的舒适和奢侈。他们不仅自愿放弃了肉类、小麦、面包、酒和所有美味佳肴，而且放弃了涂抹香料、洗澡及其他任何形式的享乐活动。

埃及人的另一个显著特点是深沉的爱国主义，他们视埃及为众神的居所（因此受到神的重点保护），众神认为埃及是一个比其他地方更好的福地，这种感觉让既有的法律变得更加神圣——这些法律被认为与埃及的宗教联系紧密[①]，可能根本就是神直接赐予的。既然这样，修改法律就是无用的、渎神的。除非万不得已，埃及法老确实极少修改法律。截至19世纪，现代学者还没有发现埃及人改变或抵制法律的尝试，也未见统治者建设更加专制的统治系统的尝试[②]。

不过，社会是一直进步的，对法律来说，改革也是必要的；要么变革旧法，要么引入新法。姆尼维斯、萨西奇、辛努赛尔特、伯克利斯、阿西吉斯、阿玛西斯，乃至大流士一世都是统治者中的重要立法者。在这个方面，姆尼维斯最重大的贡献似乎是促使人们遵守据他所说是从赫尔墨斯（埃及的墨丘利）[③]那里得到的制

① 犹太人的法律和穆斯林教法也一样。——原注

② 希罗多德描述了切普斯在建造金字塔时的暴政，但这偏离了事实与真相。——原注

③ 也就是说，法律的文本被认为是受了神的启示才写下来的。——S.B.

度。狄奥多罗斯说："很多其他古代立法者也玩过这一招，这样一来，人们都因敬畏神而尊重自己的立法成果。"

萨西奇的主要立法贡献在于宗教事务方面，辛努赛尔特除了在军事方面立法的贡献，据说还进行了农业制度改革，把军队和祭司阶层掌握的土地以外的所有土地全部划分为若干面积相等的方块地①，把自己控制的那部分按照一定的面积分给农民②耕种，每年向他们定额收租③。除此之外，他每年还派出官员进行考察，对土地面积由于各种原因造成的减损都要登记造册，并且据此减租。伯克利斯和阿西吉斯的贡献前面已经列举过。据说，伯克利斯另外提出了很多与王室事务有关的法律及与民事、商业事务有关的法律，相当于在埃及法学界开了几个重要的先例。

阿玛西斯作为埃及法老，以智慧和对立法的贡献而闻名。他重塑了行省一级地方政府的管理制度，并且精确划定了君主的权责范围。虽然他没有王族血统④，但他的管理得到了百姓的高度认可，对他的尊重不亚于其他有王族血统的法老。大流士一世虽然是波斯国王（波斯人的存在被埃及人恨之入骨），但因为对待埃及人态度

① 这里的辛努赛尔特应该不是指拉美西斯二世，因为这种土地分配的方法明显出现在约瑟来到埃及之后或者欧瑟特森一世在位时期。或者根据笔者的观察，所分配的土地只限于法老自己名下的土地。——原注

② 前文提到的"aroura"相当于一万平方肘，也就是100肘 ×100肘的方地。古埃及文字中的"ar或art"的意思是"犁地"（ploughing）或"耕种"（tillage），拉丁语中的"aratum"的意思是"一把犁"（a plough），"arvum"的意思是"一块地"（a field），阿拉伯语中"hart"的意思是"ploughing"（犁地），看得出来，这也和古埃及文字有关系。——原注

③ 土地的产权仍归法老所有。——原注

④ 希罗多德说阿玛西斯是平民出身，狄奥多罗斯虽然认为阿玛西斯没有王室血统，但仍然肯定他是一个有地位的人，和笔者的看法一样，此人可能出身于军人阶层，也符合象形文字作品留下的证据——古代文字表明，阿玛西斯娶了一位国王的女儿。——原注

温和，并且颁布了很多善法，所以得到了埃及人的爱戴及他们献上的“神”的称号，这就意味着埃及人已经把他接纳为埃及土生土长的法老①。后来，尽管托勒密王朝在修缮神庙和建筑营造方面颇有成绩，有几位君主或真心或假意地极力向埃及人示好，但他们废除了部分受欢迎的法律，所以埃及人不喜欢他们，马可罗比乌斯（Macrobius）甚至骂托勒密王朝实行“暴政”。

法老及其大臣之下就是法官及首都各级官员②，再往下就是各行省的总督③。埃及的行政区“诺姆”在英语中写作“nome”。辛努赛尔特时期，埃及的诺姆总数为36个，根据唐维尔（D’Anville）的说法，后来增加到了53个④。

---

① 从象形文字把他的头衔写作“Divus bonus”，以及他的头衔写在两个圈（象征土生土长的埃及人）里就可以看出。——原注

② 古埃及文明最早期似乎法政合一，如“*suten reχ*”是“议员”（councillors），“sabu mer 或 smer 或 sakhmer ua”可以直译为“亲密的”（intimate）或“唯一的朋友”（sole friend），类似今天的首相（prime minister）。“her shta”是“超越秘密”（over the secrets），大概是某种枢密使（privy councillor）。此外，王室还有很多御用书记官担任各种文职。稍晚些时候，出现了“suten sχai 或 an”（御用书记官）、“*rex-χet* 或 magi”（博士，指法律、药学和天文学方面的学者）和“suten tai seri ter serni 或 flabellifer”（站在法老的右手边，行使司法权）等官职。前文还提及法老的 30 位法官。——S.B.

③ 埃及总督是世袭的，贵族（erpa 或 nobility）也是。除了这些官员，还有“mer tama 或 mer bak”，也就是市长，以及“ta 或 teny”，也就是地方的法务官。对于外国土地，埃及人会派出专门官员（mer）负责管理。——原注

④ 古埃及行政区划的英语写法和埃及文字拼音转写（加粗部分）参见此处，这里再补充一些：努比亚（Nubia 或 **Ta-kens**）、阿波罗尼波利特斯（Aphrodopolites 或 **Tes hor**）、拉脱波利特斯（Latopolites 或 **T’en**）、帕提里特斯（Pathyrites 或 **Tsam**）、科普提斯（Coptietes 或 **Horti**）、腾提里特斯（Tentyrites 或 **Emsuh**）、迪奥斯波利特斯（Diospolites 或 **Sess**）、提尼特（Thinites 或 **Abut**）、潘诺波利特斯（Panopolites 或 **Sechem**）、阿芙洛多波利特斯（Aphrodopolites 或 **Tet**）、安泰奥波利特斯（Antæopolites 或 **Shes-hetep**）、西普斯里特斯（Hypselites 或 **Tuf**）、近吕高波利特斯或远吕高波利特斯［（anterior 或 posterior）Lycopolites 或 **Chesf**（**chent** 或 **pehu**）］、南赫尔莫波利特斯或北赫尔莫波利特斯［（S. 或 N.）Hermopolites 或（**Un** 或 **Sah**）］、奇诺波利特斯（Cynopolites 或 **Anup**）、奥克西林奇特斯（Oxyrhynchites 或 **Sep**）、阿芙洛狄忒波利特斯（Aphroditopolites

埃及北临地中海①，南临锡尼河②或大瀑布，包括尼罗河以东和以西的土地，换句话说就是北纬31° 37'和北纬24° 3'之间的区域。它们全部是法老的原始领土，尽管毛累提斯、绿洲和尼特里奥提斯（Nitriotis）都服从他的号令③。

在前文，我们习惯把埃及划分为上下两个区域，这是自古至今一直使用的划分方法，并且这种划分还可以用不同语言甚至方言进行表达④。底比斯和孟菲斯作为埃及的两个首都享有同等的地位；每一位法老加冕时都要冠上“两个地区”⑤或“两个世界”⑥的领主这一头衔。但后来国家的行政区划发生了变化，北部地区被细分为哈普坦密斯和下埃及两个行省。下埃及从海岸延伸到尼罗河三角洲的头部，接着延伸到低地的自然边界，该边界在19世纪以莫库图姆（Mokuttum）山脊为明显的标志，赫利奥波利斯也包括在内。

哈普坦密斯即中埃及，一直延伸至底比斯城城堡（Theban castle）。

或 **Tebt**）、上阿尔西诺或下阿尔西诺［（upper 或 lower）Arsinoe 或 **Neha** （**chent** 或 **pehu**）］、赫拉克里奥波利特斯（Heracleopolites 或 **Seft**）。北方行政区：孟非特斯（Menmphites 或 **Sebt-het**）、拉脱波利斯（Latopolis 或 **Aa**）、利比亚（Libya 或 **Ament**）、南赛特斯或北赛特斯（Sai res 或 **meh**）、阿特里赫特斯（Athrihites 或 **Ka**）、东厄阿或西厄阿［（E. 或 W.）Ua 或 **Ua** （**semi** 或 **abt**）］、哈克（Haq 或 **Ka se** 或 **Ament** 或 **Ati** 或 **Kahebs** 或 **Kakhem**）、东肯特（Eastern Khent 或 **Chun Abid**）、塔阿乌特（Taaut）、萨普特哈尔（Kheb 或 **Sam-hut** 或 **Chrut chen** 或 **Ghrut pehu** 或 **Sapt Har**）及孟（Men）。——S.B.

① 参见前文中阿蒙神谕关于埃及人的定义。——S.B.

② 一开始不是这样，经过一段时间后逐渐扩展到这里。——S.B.

③ 正如阿米阿努斯·马尔切利努斯指出的那样，利比亚可能在其历史的某个时期被埃及管辖，但不属于埃及的领土。——原注

④ 根据希罗多德的说法，在毛累提斯湖靠近利比亚的一侧，马里阿（Marea）和阿匹斯（Apis）的居民的语言与埃及人的语言不同。——原注

⑤ 这个词和《古兰经》中的“rob el álemayn”（两个世界的主人）很像。——原注

⑥ 也作“suten–khep”，即“南埃及和北埃及之王”。这是拉神或太阳神的一个头衔，埃及人认为法老是光芒四射的。——S.B.

从地图上看，该城堡距离坦尼斯几英里，充当着“边界”的作用，似乎是19世纪的达赫罗特[①]（Dahroot）的位置。“Heptanomis”[②]这个名字来自它包含的七个地区，详见注释本卷第2章中有关埃及行政区“诺姆”的介绍与相关表格。

底比斯的行政区划似乎没有发生改变，仍然包括锡尼附近的瀑布地区，但似乎不包括绿洲，绿洲都属于哈普坦密斯。埃及三个行省的主要城镇是底比斯、孟菲斯[③]和赫利奥波利斯，它们是选出法官的地方。

狄奥多罗斯[④]认为，辛努赛尔特是第一个在埃及推行行政区划制度[⑤]的人，但更合理的假设是，早在他的时代之前，或者至少在拉美西斯二世时代之前，最早的行政区划安排已经做好了，这是最早的国家治理计划的一部分。

“总督”作为封疆大吏，是最重要的官职——他负责管理土地及辖区内的一切管理事务，包括税收的评估和征收、土地的测量、运河的开辟及其他所有农业事务，但在早期，这些事务都由

① 位于巴尔优素福（Bahr Yoósef）河口。参见《埃及和底比斯》第386页的相关论述。——原注

② 托勒密说，两个绿洲都是安提诺厄的，尽管在法老掌权的时代，这个地方还不叫安提诺厄。当然，阿蒙绿洲不在埃及。他所说的两个绿洲可能是指艾哈尔盖绿洲和厄达克雷赫（e'Dakhleh）绿洲，即大（great）绿洲和西（western）绿洲，而不是指大绿洲和小（little）绿洲。——原注

③ 底比斯及其附近的土地由两个诺姆组成，一个在东岸（特巴鲁姆诺姆），另一个在西岸（帕提里特斯诺姆）。帕提里特斯可能得名自阿提尔，被认为是河另一边的主宰者。——原注

④ 像往常一样，这涉及与拉美西斯二世有关的问题——我们不知道此处的辛努赛尔特是第十九王朝的这位君主，还是第十八王朝的另一位君主。——原注

⑤ 第一王朝的“Onsaptais”在象形文字中写作“Hesep”（写成英语就是“nome”），这说明行政区制度的诞生可能比正文中设想的更早。——S.B.

祭司团指定的成员直接管理①。总督常驻行省的主城②，所以关于土地财产及其他意外的纠纷都交给他处理。埃及36个行省的格局一直被保持到法老时代后期。到了斯特拉波时代，埃及仍然是36个行省，底比斯有10个行省，尼罗河三角洲有10个行省，其他共16个行省③，尽管行省的具体名称产生了一些变化。一个行省被分为若干“toparchiæ”，toparchiæ还可以细分，对应19世纪的“bey”“kashef”和“qýmaqám”三种区划。至少在法老时代后期，每个行省的称谓都得名于总督居住的主城，而总督的地位高低则取决于其辖区的大小。④

但由于周围的民族未开化，由于访问埃及的希腊人的冷漠，由于埃及古代著作的失传或未找到，尤其是由于埃及人对外国人的提防，所以19世纪，我们对古埃及早期的中央官制和地方官制没有任何了解。

古埃及人和古中国人一样，希望阻止一切外来人进入自己国

---

① 奥斯曼土耳其统治下的埃及由24个区（bey）组成，每区设总督一人，总督下辖各种属官。如今（19世纪）就像在马穆鲁克时代一样，埃及已经不止24个区了。——原注

② 这与亚历山大的圣西里尔（St. Cyril of Alexandria）给出的定义一致：“一个诺姆（nome）包括主城、其周围地区和当地的村庄。”——原注

③ 根据老普林尼记载，也就是迷宫中雕像所呈现的16个地区。——原注

④ 在托勒密王朝时期，王国主要按照军事功能被建立起来，地方行政管理由行政长官（praefects）、将军（strategoi）和副将军（epi-strategoi）负责，他们之下是地方代表（epistatai）或裁判官（praetors），他们召开议事会（council）或在陪审员委员会（committee of assessors）的领导下行使司法权；王室书记官（basilikos grammateus）负责征税，他们之下是乡村书记官（komogrammateis）和地方书记官（topogrammateis），充当收款员和登记员。在罗马帝国时期，埃及由一位总督管辖，他在文献中被写作“eparchos”“hegemon”或“archon”。总督一定从骑士阶层中选出，掌握着一支由3个罗马军团、9个大队和3个骑兵团组成的大军，大军由一位副将（legate或stratarchos）指挥，这种情况一直持续到戴克里先时代。——S.B.

家的腹地。如果希腊人想了解埃及的哲学知识，埃及人还是欢迎他们的；如果想做生意，他们就只能去瑙克拉提斯[①]。随着阿玛西斯在埃及掌权，以及接下来波斯人控制埃及，外国人更加熟悉埃及；埃及本身的古老法律和制度越来越不能引起人们的兴趣；埃及法老能打胜仗，却是暴君，所以埃及人只能为自己哀悼。希罗多德访问埃及期间，有充分的机会考察埃及的状况，但他未能让我们深入了解其法律和制度。除了狄奥多罗斯，我们搜集不到其他学者的任何信息——这就是狄奥多罗斯值得称道的地方，虽然情况可能对自己不利，但他还是搜集到了很多有趣的资料。

斯特拉波曾提及埃及在他所处的时代的一些官职，虽然他声称，与托勒密王朝时代相比，很多官职没有变化，但19世纪的我们没有把握直接附和他的结论。总督（eparch）的地位相当于国王，他之下有大法官（dicæodotes）和财政官[②]各一人，财政官要为他管理辖区内的无主财产——当然，无主财产的主人肯定是当地最高统治者。大法官和财政官都由罗马的恺撒派自己手下的“自由民”甚至奴隶担任，恺撒会将各种大小事务托付给他们……被任命为官员的埃及本地人，担任的一种主要职务是“释法者”（exegétes 或 expounder）：他们身穿紫袍，享受很高的荣誉，负责管理城中的福利事务。还有其他官职，诸如负责撰写评论和注

① 通过给予这座城市表面上的特权，埃及人把所有希腊商人都吸引到这里。奥斯曼土耳其为了保护欧洲的使者，要求他们待在七座塔（Seven Towers）中，不得出去。驻扎在爱奥尼亚和加利亚的古埃及军队在布巴斯提斯有一个军营，后来被阿玛西斯转移到孟菲斯。希罗多德认为希腊商人是首批被允许在埃及定居的外国人。——原注

② 对应 19 世纪埃及的“Bayt el mal”，它是一种财政职务。——原注

脚等内容的注记官、城市大法官（archidicastes）和守夜人长官[①]（captain of the night）等。

简要做个总结：除了法老、议事会及各种大臣，埃及早期设有各种不同的地方官职，相关官员负责管理司法、治安、经济等事务，他们大多是从祭司阶层和军人阶层选出的。

到了托勒密王朝时期，国家的政治机器中出现了很多弊端，党派之争腐蚀了人的思想，诚信不再受到尊重，没人再爱国，对社会利益的呼声都被忽略，大家只重视争夺权力。人们只顾当前，对未来视而不见。政府不再温和，摇身一变，动辄使用严刑峻法。那时的埃及军队基本上是外国雇佣兵，军人阶层已经名存实亡，其特权都消失了。军人阶层和百姓之间曾经和谐相处的关系同样荡然无存。人们慢慢地不再相信祭司阶层的智慧，慢慢地不再尊重古老的法律，只留下狂热的宗教徒在仪式上的迷信。埃及宗教慢慢地被虚无缥缈的教条腐蚀、贬低。如果祭司阶层还保留着什么特权，那就是教育青少年、保管国家档案、监督度量衡、测量土地和平均分配每年的款项。但最重要的一项特权算是失去了，那就是主持政府会议和法庭审案的特权。

埃及的地理区划及其变迁前面已经谈过一些。在狄奥多西大帝（Theodosius the Great）之子阿尔卡迪乌斯（Arcadius）时代，哈普坦密斯改称“阿尔卡迪亚”。大约在4世纪末尼罗河三角洲东部形成了“奥古斯塔姆尼卡”（Augustamnica）行省[②]：它像底比斯一样被分为两部分，其中上底比斯和下底比斯的分界线在潘诺波利斯与托勒

① 对应19世纪埃及的“Bash-agha”，担任此职务的人每晚要在城中巡逻，所以它是一种治安职务。——原注

② 似乎哈普坦密斯也是“奥古斯塔姆尼卡”行省的一部分。——原注

密赫尔米（Ptolemais Hermii）之间[①]。

在罗马帝国统治时期，埃及由土生土长的长官负责管理，有三名本地官员负责协助他，监督司法事务、财税事务和治安事务。每个行省都设置了一个军事总督，在非军事事务上服从埃及长官的节制，但在不得不使用武力征税的时候，军事总督不受埃及长官的节制。民事总督主要管理财政、税收及监察工作，有责任起诉判案不公的法官，同时必须负责征收并且向君士坦丁堡缴税，这种税以粮食形式缴纳。以下内容摘自汉密尔顿的《埃及》（*Ægyptiaca*）第231页，供读者参考：

“写到这里，我们都不觉得埃及政府在结构上存在什么问题。不过，我们主要参考的是狄奥多西法典（Theodosian code），法典中除了给出前述的评价，还提供了亚历山大和埃及其他地区行政机构的更多细节。把这些方面考虑在内，就会觉得整个埃及的制度似乎是建立在错误的基础上，并以一种盲目的顽固态度坚持下去；埃及这样的政体宁愿积累许多恶法和不公正的法律，也不愿废除少数不完善的法律。

亚历山大的基层官员很快就发现，当官虽然光荣，但为此要花掉大量金钱。当官得到的‘回报’根本就只有给居民提供食物、保存各种档案和记录、维护治安，还得为各种游乐活动和赈济大量花钱。当官带来的巨大负担反而让很多富人致贫。等到有一天他们付不了钱，负担就被转嫁到他们的继任者身上，而受害者则想尽办法减轻自己的负担。

① 见唐维尔的《埃及记忆》（*Mémoires sur Egypte*）第32页。——原注

社会面临危机的时候，政府向地方征集钱物，这很快就成为层层摊派的强制捐献，加重了地方官的负担，然后一度出现了可以用钱购买的豁免权资格，结果在买家买下这个资格后，这个资格又被一道行政命令废止。

从狄奥多西法典中的两部法律中可以看出，埃及各地的政府部门没有得到很好的保护，而是被腐败极大地破坏了。一部法律的主要内容是召回放弃职务逃跑的官员以及躲到沙漠中避难的人，另一部法律的主要内容是，为逃避应尽义务而抛弃财产逃跑的人收回财产的权利都被剥夺。

传统的祭司阶层、军人阶层和农民阶层之间的产品分配关系随着希腊人的征服而被破坏，同时一个新的机构被建立起来，在主要负责征税的同时维护地方安全，监管堤坝和运河的维护，这是埃及农村经济的又一重要组成部分。对于堤坝和运河的建设，从一开始就为它设置了一笔固定的专用资金，对这些水利工程的运营也形成了标准化的制度，并且得到了严格的遵守——这就是国家机器实际需要的东西。

在查士丁尼皇帝的诏书中，我们发现了埃及民政管理方面发生了新变化。奥古斯塔姆尼卡似乎已经和埃及、亚历山大合并，但从亚历山大抽出毛累提斯和梅内拉斯（Menelas），使它们并入利比亚，目的是确保利比亚政府开支得以为继。

就像君士坦丁大帝统治之前一样，这一时期，埃及和底比斯的军权与政权再次归一个人。行省或行政区的长官如今被称为‘酋长’（patrarchs），他们管理各村落的长官（pagarchs）。总督可以让治下的官员暂时停职，但免职的正式命令还是由君士坦丁堡下达。

查士丁尼皇帝这么做的（几乎）唯一关切，就是要让粮食更准时地运送到君士坦丁堡，因为他的国家日益积贫积弱，也许再加上官员贪污腐败，粮食、物资供应都出现了长期困难。但罗马政府认为，此时应该通过温和的政策安抚埃及百姓，只用严厉的手段惩罚不服从命令的埃及官员。有时，一些神职人员甚至假装自己奉皇帝的命令去免除赋税，他们将因此被定罪。

与之前相比，罗马人统治时期的埃及在财产方面的状况很像。地主对佃户的要求具有封建性，要从佃户的无偿劳动中索取所有非绝对必要的东西。如果埃及保持独立，完全可以自给自足；但作为一个行省就要为此承受贪腐带来的一切弊端，何况每年向君士坦丁堡供应的粮食没有带来任何回报。粮食供应的量没有减少，产量却下降了，所以君士坦丁堡不得不对还在从事生产的农民提高要求，却发现要求越高，得到的越少。手工业发展处于停滞的状态，受苦的农奴没有办法摆脱农业生产方面的要求，要么逃到另一个农场，要么交钱给大人物当‘保护费’。这种情况是君士坦丁大帝创建的官制带来的必然结果，它对埃及产生了最不利的影响。当靠‘国家需要’已经弄不到钱的时候，有权势的人很快找到了如何将特权转化为金钱的投机手段。地主们纷纷被抛弃，然后陷入贫困，最终不得不把自己的财产交给那些导致佃农逃跑的人。在军队中像这样的不正当交易相当流行，而钱和土地的新主人甚至可以向上级瞒报自己的财产状况，却把拖欠财产的罪名安在被自己驱逐的人身上。

从君士坦丁大帝时代到狄奥多西二世乃至查士丁尼皇帝时代，为了解决这个问题，很多新法律接连颁布，一条比一条严厉，但除了严厉追究官员的责任，苛刻的法律条文解决不了什么问题。对于逃跑的人，留下的人一开始要帮他们补齐应该由他们缴纳的费用，之后逃跑者就要受到重罚，庇护他们的人也要为此缴纳罚款，最后甚至闹到为此没收所有个人财产的程度。狄奥多西二世最终厘清了在恺撒利乌斯（Caesarius）和阿提库斯（Atticus）担任执政官之前发生的一切非法侵占个人财产的行为，并且下令归还被侵吞的财产，而新地主必须重新开始承担一切与自己地产相关的费用，包括因佃农逃走而无人支付的部分。

似乎从很早的时候起，埃及农业的特点因为土壤和其他地理性质的特殊性，产生了因地制宜的生产方法论，所以创新在当时比较缺乏。加之，不到万不得已，埃及人不改革法律，所以19世纪的现代人暂时还无法了解，除了流传至今的耕种方法，埃及人还有什么耕种方法。

埃及一直视农业为根本。如果土地的产出在王室和祭司、军队之间进行分配，王室、祭司和军队相互制衡，这样就不会出现一方乱来的情况。但埃及被外族统治后，外族在埃及榨取利益做得太过分，所以原来管理上的缺陷被严刑峻法‘弥补’。违法犯罪的人会被罚去挖矿或当劳工，甚至被打上烙印流放，比现在的伊斯兰教法有过之而无不及。

当时还制定了促进树木生长的法律，但就像很多其他法律一样，立法方向不对导致法律最后无法有效执行——当时宁愿禁止无花果等果实的出售或使用，也不愿意奖励扩大种植规模的人，与前文宁可没有意义地虐待或抓回逃亡的佃农却不设法改善其处境相比，异曲同工。

狄奥多罗斯·西库鲁斯（Diodorus Siculus）记载，埃及的公共收入相当于6000塔兰特，或相当于19世纪的120万英镑。尽管斯特拉波给出了比这更高的数字，但我们可以把狄奥多罗斯·西库鲁斯给出的数字看作上限。在最后几位埃及法老统治时期，人们已经没有多少油水可榨；到罗马帝国统治埃及时期，就更不用说了，罗马人的首都需要的物资越多，埃及人就越穷。罗马人榨干了西西里岛和撒丁岛，罗马皇帝希望帮助埃及脱离困境，所以干脆让本地人直接负责一切税款的征收，无论货币税还是实物税都是如此。后来，本地征收官慢慢被置于埃及长官（总督）、底比斯总督和军队的控制下；最后，就连基层士兵也要担负监督收税的职责。

罗马政府的代理人会在亚历山大接受各种贡赋。君士坦丁大帝时代之后，往首都运粮的任务似乎由一个当地最有声望的居民团体共同承担。罗马帝国规定，埃及每年向君士坦丁堡供粮一次，但直到查士丁尼皇帝发布诏书规定，运粮所需的费用必须由亚历山大的首席海关官员承担之前，要完成每年一次的供粮任务都要费一番周折。

一个人除了纳税，还要缴其他很多费用。例如，顺尼罗河而下运粮船的运费，而为军队提供住宿、饮食、服装的场合则是敲诈勒索事件的‘高发区’。

19世纪，我们同样很难确定，在查士丁尼皇帝之前埃及缴纳的所有税中粮食税和货币税的精确比例。查士丁尼皇帝的诏书中规定，埃及向君士坦丁堡提供80万阿尔塔布斯（artabse）粮食，约合19世纪的45万夸特。因为工作疏忽导致延误征收者，每延误征收3阿尔塔布斯粮食，会被罚3枚苏勒德斯（solidi）金币，约合19世纪的7先令，即每年运往君士坦丁堡的埃及粮食合19世纪的3000英镑。另一批质量差不多的粮食可能被截留，用于供给官员和军队，以及由戴克里先皇帝和其他皇帝批准执行（甚至在数量上有所增加）的粮食赈济活动。更大一笔税以货币的形式上缴。

引起埃及统治者和被统治者之间纠纷及被统治者被镇压的一个主要原因在于，为了替代五年期税制，君士坦丁大帝将罗马帝国以同一税率连征十五年的方法，不明智地引入了埃及。不过，这个替代方案在其他地方的效果无论多么好，在一个每年都要‘看水吃饭’的地方都玩不转，从而导致埃及长官们发现自己治下的很多土地长期处于贫瘠状态，这样也为他们的贪腐行为打开了大门。

对行省的官员来说，完成运输粮食的任务比监督货币税缴纳到位更紧迫，所以就算延缓缴纳货币税，也要保证百姓足额纳粮，而贪腐犯罪之门从此打开。一般来说，在价值上以食物缴纳的税相当于以货币缴纳的税的三分之二，但查士丁尼皇帝在诏书中抱怨，认为‘货币税经常化为乌有，实际上是被地方巧立名目昧掉了，被征税官员和埃及代理人私吞了’。埃及政府在道德上有什么问题？竟然阻止不了这种贪腐恶行，它明明掌握着军队，只要破坏贪腐的制度基础就可以了，并且表面上几乎不存在任何阻力。而被昧掉的税几乎相当于所有应纳的货币税，这就更夸张了。在查士丁尼皇帝的同一诏书中，我们发现，为了维护水利工程和公共建筑，以及给代理人提供薪水等，每个村庄和地区的居民都有责任纳捐，而这是开支如此庞大的一个原因。

1807年，雷尼尔（Regnier）的论文《罗马统治下的埃及》（*L'Egypte sous les Romains*）参考了上述的很大一部分内容。他指出，为国家工作的古埃及会计师和土耳其的公务员会计师所遵从的办事制度可能是不一样的，他们每年收近3万利弗（livres）的费用，将开罗城的污物和垃圾运到海边，但这项服务中没有投入任何船舶[①]。

进出口税一定是财政收入的重要组成部分。只要埃及继续充当欧洲和印度之间的货物集散地，进出口税就一直由希腊人和罗马人征收，这和红海海岸、卡诺普斯和亚历山大土地税的征收情况相反。地主很多时候都要救济贫困的佃农，帮他们垫付一些费用，最后，这可能给佃农带来了麻烦。正是因为考虑到地主得到的好处，查士丁尼皇帝才在诏书中设置了这样一个主题——让地主承担粮食送到首都的运费。

查士丁尼皇帝减免了亚历山大的一个行会修缮从尼罗河引水的运河的费用，他们被允许从一个专设基金（Dinummium Vectigal）中拿出400个苏勒德斯金币。这笔钱似乎是指船舶关税，行会的成员原本要自掏腰包全额支付这笔钱。除了对各行各业和房屋地产征税，亚历山大还要不时缴纳皇帝加冕的‘登基税’。这本来是一种受到称赞的传统，结果很快就被滥用，成为集资手段。对于穷苦的百姓来说，交钱给统治者制作黄金冠冕本来就很痛苦，而不规则、不定期的突然交钱让他们更加痛苦。”[②]

① 在托勒密王朝和罗马统治时期，埃及的直接税是土地税，即缴纳产物的五分之一。除此之外，还有投票税、劳动税和河流保护税，这些都被约瑟夫斯提及，我们在阿斯旺象岛发现的陶器上发现了用希腊语写成的汇款单，这是卡利古拉皇帝在位期间（38年—39年）成文的。间接税则按照在尼罗河上运输的并被卖出的物品的价值的二十分之一到十分之一进行征收，本国和外国制造的物品都被囊括在内，尤其是苏打。——S.B.

② 见《埃及》第243页，以便了解更多。——原注

第 5 章

房屋—砖匠—别墅—粮仓—花园—

葡萄园—酿酒—葡萄酒—啤酒

● 19世纪开罗局部图，留意其中现代款式的房屋及屋顶招风塔（mulqufs）的设计

一般认为，埃及人会把墓葬做得比他们的世俗住宅更加华丽，但19世纪，我们通过很多当时留下来的建筑平面图，结合其他现存的相关古代雕像，就知道没有任何一种哲学思想能让人放弃世俗生活的奢华与享乐。埃及祭司会教导大家说人生苦短，此身不过是灵魂世俗修行所寄居的小小旅馆，只有死后“入住”的坟墓才是永远生活的地方，墓葬也是宗教义务涉及的一部分。对祭司阶层来说，灌输这样的观念有好处，葬礼办得越风光，祭司的收入就越高。很多收入其实只够勉强维持每日必要开支的人，都会为此从牙缝中抠出一点钱。葬礼是昂贵的，仅尸体防腐就要花1塔兰特[①]（相当于19世纪的250英镑），购买用于建造坟墓的土地也不便宜。更何况要花钱的还不止这两个地方，对于死者的灵魂，还涉及祭司祈祷等多项活动，这对死者生前拥有的财产提出了很高的要求。19世纪，我们认为一个古埃及人只要有钱，虽然不会去否定祭司的智慧，但也会用财富让自己在世俗生活中享受所能得到的一切快乐。祭司们虽然表面上自我克制，也不炫富，但恐怕他们也不会排斥享受生活，只要这种享受不败坏道德就可以。除了和其他阶层之间因财富分配太过不均而存在的鸿沟，以及阶层与阶层之间的隔绝（底层埃及人就是因此腐化堕落的），古埃及祭司会教导大家不要炫富，自己也以严格禁欲等方式以身作则，能批评他们的地方其实不多，他们很值得我

① 尸体防腐耗资最多，但穷人为此付的钱很少，大家都是按照自己财力的多少和意愿的强烈程度来支付防腐费用。——原注

们尊敬。

一座城市中的房屋当然有大小之别，但19世纪的人们根据考古结果，认为古埃及城镇的布局非常有规律，也没有出现东方国家城镇中经常出现的大房子和低矮小屋混在一起的现象。正如在很多气候炎热的地方都会出现的情况一样，古埃及街道多是狭窄的。除了主干道，足以供战车等车辆通过的街道很少。底比斯的街道可能更宽一些，房屋的面积也成比例地增加。其中一些房屋诞生于埃及文明早期，但也有四五层楼高①。

如果城镇被建在山谷口，其主要街道有时可能被湍急的河流当作河道，西班牙和意大利都有这样的例子。埃及气候整体偏干旱，就算下暴雨一般也不会持续很长时间，所以交通一般很少受到阻碍，道路表面也没有受过什么损害。如果埃及是一个常常暴雨倾盆的地方，路面建材就必须比粗砖更耐雨水侵蚀。加之一些峡谷很狭窄，暴雨引发的山洪足以摧毁房屋地基、危害居民安全。尽管尼罗河三角洲近海区域和东部沙漠的内部在冬季都会迎来大量降雨，但上埃及的大雨非常少见。不过，如果底比斯遭遇暴风雨袭击，人们就会认为大灾难要降临了②。

上埃及和下埃及的各种建筑普遍使用粗砖，砖场为全国各地的大量人口提供了就业机会。简单的建材特别适合在炎热的气候下制造，并且制造起来方便、快捷、便宜，更讨人喜欢。除了

① 笔者见过的古埃及房屋大多一两层楼高。屋大维皇帝（Augustus）曾对埃及房屋提出过70英尺的高度限制。——原注

② 希罗多德说：“底比斯从不下雨，唯波斯人入侵之前下了一场大雨。”不过，可以通过观察水道的历史变迁得知，这些水道早在希罗多德时期就已经形成，所以他这方面的记录不真实。古埃及人为防备墓葬和其他纪念物被雨水侵蚀，也采取了很多措施。埃及很少下一天一夜的那种暴雨，底比斯一年只下五六次阵雨。——原注

神庙建筑本体[①]，花园、粮仓围墙、神庙庭院中的道路、城防工事、住宅乃至墓葬，几乎都用粗砖建成。有时会用稻草造粗砖，有时不用。因为对粗砖有大量需求，埃及政府考虑到有人垄断可能造成的弊端，承诺将价格控制在适度水平，以防有人未经授权烧砖，从而扰乱市场。为了更好地达到这个目的，还会在砖块上加盖权威人士或国王姓名的印章。虽然没有古代学者特别提及这一点，我们可以从各种古代建筑中提取的砖块上发现证据。如果砖块上没有这种印章作为标志，就存在另一种可能，即这些砖块是自己烧制的，但同样取得了政府的许可。

大量外国战俘被用来充当奴隶劳作，这有助于政府压低砖块价格，并和雇用工人的场主竞争。久而久之，就算不强制其他人退出这个行业，烧砖也成了一门垄断的营生。除了本地劳工，很多外国人长期在底比斯、埃及的各个砖场工作，包括犹太人。就像那些被扣留在底比斯的俘虏一样，他们在下埃及也被迫做一切苦役，包括且不限于建造粮仓在内的各种建筑等。作为劳工，连建材也要亲手制备。这些人长时间的劳动可以被解释为砖块需求很大，以及政府把砖块当作商品公开销售[②]。

因为古代建筑被毁，我们在19世纪已经不可能发现与希伯来人相关的雕像，只知道其他民族的俘虏也参与烧砖，并且同样受到监工的监管，这和《圣经》里的内容对上了，人们以极大的兴趣去观察底比斯绘画中关于烧砖的工艺流程，浮想联翩。参见

---

① 小村庄的小神庙可能也是用粗砖作为建材。——原注

② 夏巴斯《杂谈》：根据纸莎草文献记录，为了建造一座建筑，有 12 个人用黏土造砖块，然后用来建造房子。为了服从神的旨意，他们每天都以同样的方式制造同样数量的砖块。这大概就是犹太人出埃及时期发生的事情。——S.B.

《在底比斯烧砖的外国战俘》插图。“砖块”（bricks）的古代单词转写成英语可以是“tóbi”，这个词与19世纪阿拉伯语（Tob或toob，指“一块砖”）和科普特语中表示砖块的单词也是相似的，插图中表现的正是为了底比斯的建筑而烧制砖块的活动。

“因为犹太人烧砖，插图中的人烧砖，所以插图中的人是犹太人”——这是一种不合逻辑的说法，古埃及人常常要求俘虏都去烧砖，不管俘虏来自什么地方。从古建筑的数量可以推出古埃及制造并且使用了大量粗砖。值得注意的是，印有图特摩斯三世姓名的粗砖保存下来的比其他任何时代都多。根据笔者自己的估计，这是因为图特摩斯三世是犹太人出埃及时期①的国王，因为雇人烧砖的时候使用的亚细亚民族囚犯远多于希伯来囚犯，所以才会出现这种状况。

雕像中“酷似犹太人”（resembling the Jews）的形象越来越多，我们认为唯一合理的解释就是古埃及人把所有住在叙利亚的民族都塑造成一种形象，就像被希罗多德称为“叙利亚人”的犹太人一样。卡尔纳克等地及贝尔佐尼（Belzoni）墓葬中的一组人物雕像可以看到砖匠的形象，但其面部不像犹太人，甚至没有胡子。但叙利亚人和设申克（Sheshonk）的囚犯在形象特征上被明显表现出来。通过对这些俘虏的名字进行研究，他们明显属于生活在朱迪亚北部的民族。

小型房屋常常彼此相连，形成了街道两侧的建筑面貌。建筑物很少超过两层高，一般都是一层和若干房间组成的二层。研究古代雕像可以发现，古埃及人似乎不喜欢高大的房屋，富人的大

---

① 犹太人出埃及一般被认为是梅涅普塔在位时期发生的事情，因为更符合这位国王在位时的政治局势。图特摩斯三世统治时间很长，他控制着巴勒斯坦。——S.B.

●在底比斯烧砖的外国战俘：1搬完砖后返回的男子；7、9、11、13挖土、制作黏土；15、16从水槽（h）取水；3、6工头；8、14用木制模具造砖（d、k）；e在底比斯烧制的砖头；4、5抬砖头的人

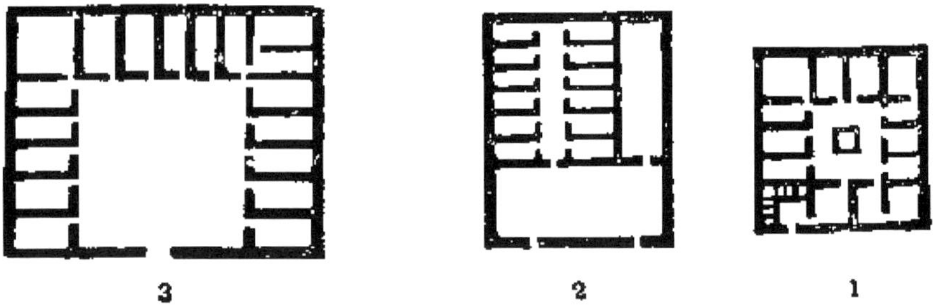

●古埃及房屋平面图：1 无庭院；2 带庭院；3 庭院旁都是房间

屋子很少超过三层高，即使在19世纪也是一样。富人的大房子占地面积相当大[①]，有时一整条街的建筑就是一两个富人的住宅，或者他们住宅庭院的墙壁。比起罗马同类建筑，古埃及庭院大很多。地面可能是用石头铺成的，加上树和水箱[②]，以及中央的一个喷泉作为点缀。一种比较罕见的情况是，入口被一段台阶连接。一座庭院通常被几幢建筑物围拢，也有单独成幢、在不同侧面有若干出入口的建筑物存在。前门处设有一个门廊，也被称为“柱廊”，通常由两根柱子支撑，柱头竖立着带子或旗帜[③]，有时上面还会镌刻屋主的名字。

一行树与房子的正面平行，目的是防止遭牛冲撞或受到其他损害。树干被一堵低矮的墙包围着，上面有方形的孔洞，可以透气。埃及人在城镇房屋周围种植树木的习俗也不是很特别，因为

① 底比斯最大的房屋似乎是在利比亚一侧和卡尔纳克与卢克索之间的迪奥斯波利斯（Diospolis）一带。但那些紧邻大神庙的房屋呈现更加密集的排列格局。以这种方式建造的房屋所呈现的废墟，看上去当然要比那些有开放式庭院、占地面积更大的房屋显大。——原注

② 19 世纪的埃及房屋有时也一样。本段关于房屋的描写可以结合插图《古埃及房屋平面图》来看。——原注

③ 古罗马建筑在某些场合可能也一样。——原注

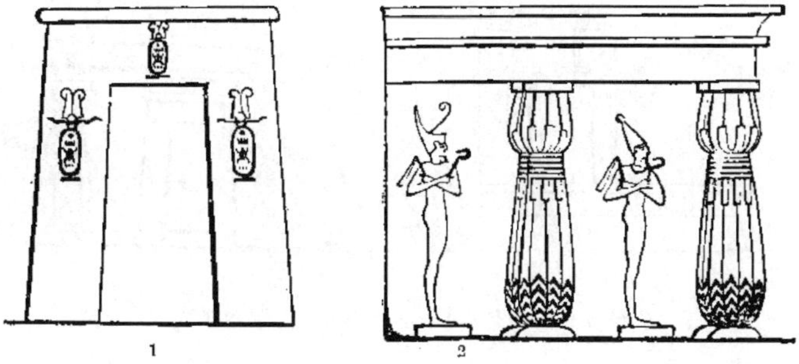

●刻有图特摩斯三世姓名的大门（1）和配有奥西里斯像的柱廊（2）

我们发现拉丁语学者对罗马城也留下了同样的记录。

门廊的高度约为12英尺或15英尺，刚好超过门的檐口，而门的檐口只比地面高了一截。从门廊进入后，就到了一个开放的庭院，相当于罗马建筑中的前厅①，设有供访客使用的会客室。这座建筑由柱子支撑，上面装饰着旗帜。只在下部用柱间板封闭，可以让一股凉爽的空气通过，用遮阳篷遮住②，可以防止烈日暴晒。三个门从这个院子通向另一个更大的院子，院子里装饰着植被，左右两边与房子的内部相通③；这个院子和大多数大院子一样，有一个后门，相当于罗马建筑中的后门（posticum），与中央和侧面的门相连。庭院两边的内部布置基本相同：都是六个或以上数量的房间，房门彼此相对，面对一个区域的左右两边用柱子支撑的走廊打开，走廊被两排树木遮挡。

在其中一个区域的上方有一个起居室，它面对着通往大厅的

① 如果这是一幢罗马建筑，这就是婚宴餐桌被摆放的地方。——原注

② 在图纸中当然看不到遮阳篷，但古埃及人肯定使用这种设计。——原注

③ 这是笔者从古埃及房屋的不同规划、19世纪现代埃及人的习俗及东方人的一般习惯中总结得到的概括性观点。——原注

●房屋的两种入口：1 无柱子；2 带两根柱子

门；在个起居室和其他房间的上方是上层的套间[①]。

插图《一座埃及房屋的立面图和平面图》中包括一个大厅，有常见的、由两排树木遮阴的道路[②]，其中一侧有几个通向走廊的套间，但门前没有任何柱廊。会客室（图中A处）面向大厅，那里有通向私人起居室的通道，旁边有一排柱子，孤立地站在一条通道上，靠近与侧室相通的门。前面有一条走廊，与摩押王（king of Moab）以革伦（Eglon）的“凉楼”（summer parlour）惊人地相似，那是“王独自一人坐在凉楼上。以笏（Ehud）说，我奉神的命报告你一件事。王就从座位上站起来”典故发生的地方。这说明犹太人的一些建筑中的房间设计与古埃及人房屋和别墅中的一些孤立的房间很像。侧室经常被安排在走廊的两边，其他侧室则面向大厅，还有一些侧室和外墙只隔着一条长长的通道。

古埃及住宅有多种不同建筑风格，一般来说较大的宅第和19世纪东方和热带国家的很多建筑都不一样，由庭院、走廊和两边多个房间组成。笔者认为泰尔艾阿玛纳（Tel-el-Amarna）附近的古城

① 俯视视角的平面图展现不出来。——原注

② 写作“amma”或“amm”，象形文字是“”。有时会把这个单词翻译成“果园”（orchard），但其实是指道路。——S.B.

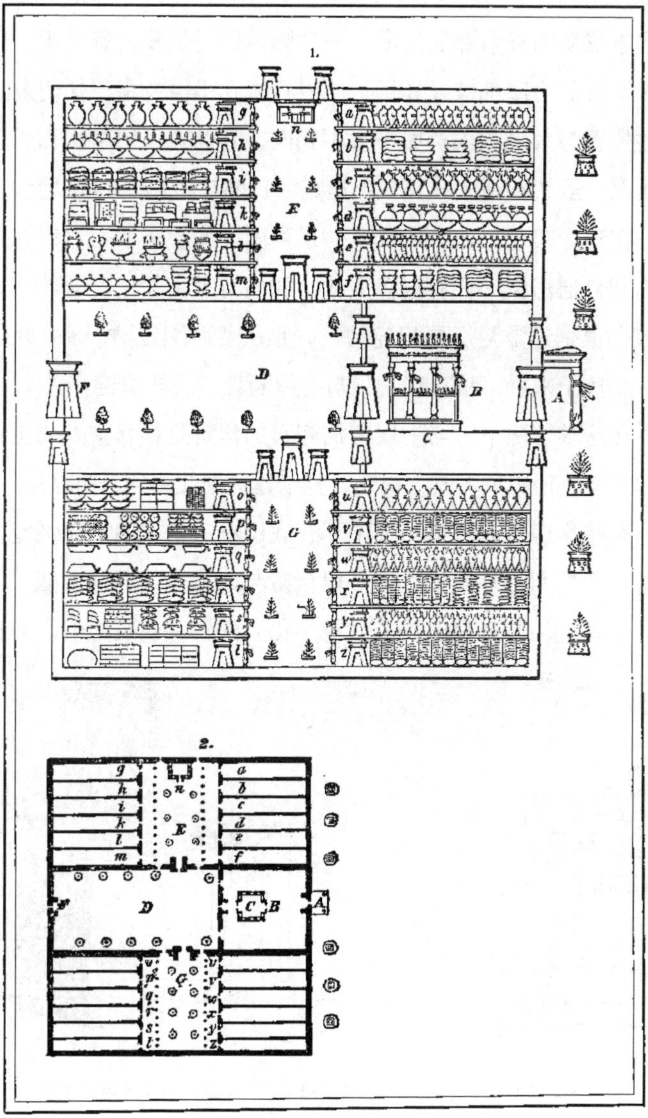

●一座埃及房屋的立面图和平面图

阿拉巴斯特朗[①]——过去，阿拉巴斯特朗被地理学家错误地标记为位于尼罗河谷东部的沙漠——实际上位于尼罗河谷之中。因为许多地方的房屋都被毁坏了，所以古城几乎没有留下任何痕迹。它的位置与大多数埃及城市大不相同，它的宽度很窄，和长度不成比例，虽然不到三分之二英里宽，长度却在2.25英里以上。

在建造粮仓方面，形成了一系列固定的规定，当然粮仓的平面图和普通房屋一样有很多变化。我们有理由相信，即使在城镇中粮仓也是经常与房屋相连的，并且从普西纳拉（Psinaula）雕像中的一个例子来看，粮仓有时只与房屋隔着一条林荫道。

在这种情况下，与上层门洞相对的建筑是粮仓主人或检查员的起居室，他们负责监管粮仓，整个建筑据此被分为两部分。

有些小房子只包括一个院子，底层有三个或四个储藏室，上面有一个单间，从院子里有一段台阶与之相连。但这可能只在乡下才能遇到，与19世纪埃及农村中仍有的一些建筑类似。与这些

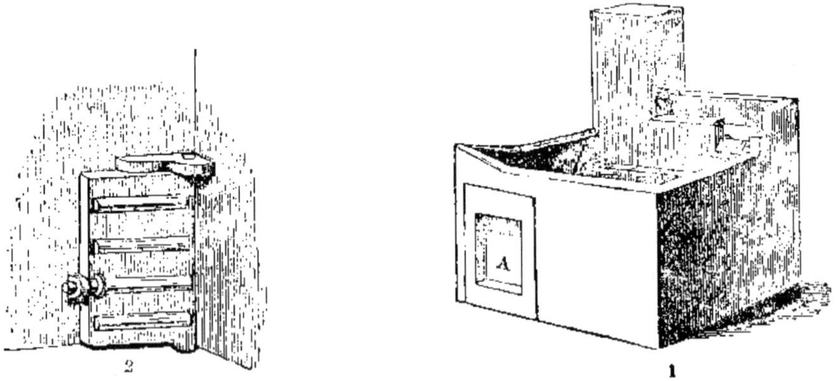

● 1 大英博物馆收藏的埃及小房子模型；2 展现门的开关的小模型

① 过了一段时间，又认为这里是普西纳拉。——G.W.

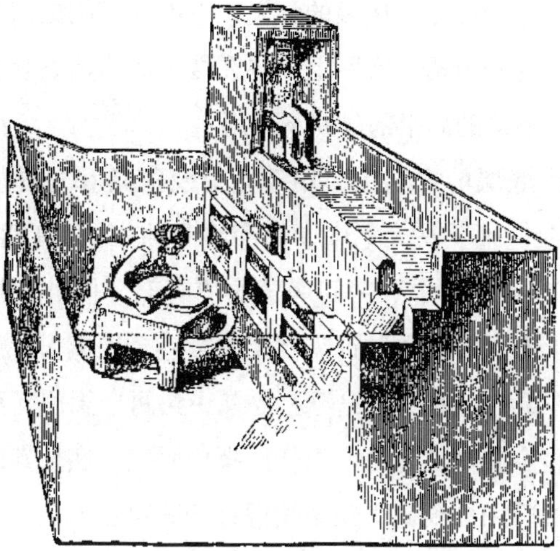

●展示庭院和房间内景的模型

很像的是现存于大英博物馆的一个小房子模型，它仅由一个庭院和底层的三个小储藏室组成，有一个楼梯通向属于仓库管理员的房间，该房间在门对面设有一个狭窄的窗户或孔隙，与其说是为了通风，不如说是为了采光。一个女人正像现在埃及人有时会做的那样露天做饭。当模型被发现时，仓库里不仅装满了谷物，如果能躲过一晚上把一切啃得精光的老鼠，里面的东西就可全部完好无损地保存下来[①]。一个阿拉伯人在得知等待自己的命运时，会发出这样的感叹："一切早就注定了！"

从尺寸上看，无论是在炎热的夏天，还是在寒冷的冬天，房子顶部的房间都不太舒适，但它可能只是为了遮挡白天的阳光而存在，住在里面的恐怕不是农民就是奴隶。这样的房间让我们想

① 至少老鼠还给我们"留"了一些谷物残渣。——S.B.

到《圣经》中“宁可住在房顶的角上，也不在宽阔的房屋与争吵的妇人同住”这句谚语。实际上，住在楼下的埃及妇女安静而勤奋，所以这句谚语的后半部分并不适用。

埃及房屋底层的房间主要用于仓储及家具和各种物品的陈列，而如果在一幢罗马大宅中，储存酒和油[①]的双耳罐[②]便会被安排在药房（apothecæ）中。一间房子的所有部分内外都被涂上灰泥，并在墙上布置了各种装饰。门经常染色，以模仿外族风情或稀有木材[③]的颜色。古埃及的门上常有一到两个阀门，可以依靠金属销转动，金属销内部由一根杆或螺栓固定；底比斯的古代墓穴中就发现过门用的铜销，铜销被铜钉子固定在木头上，钉子的圆头也是一种装饰，后部有一个凸起，以防门撞到墙上。我们还

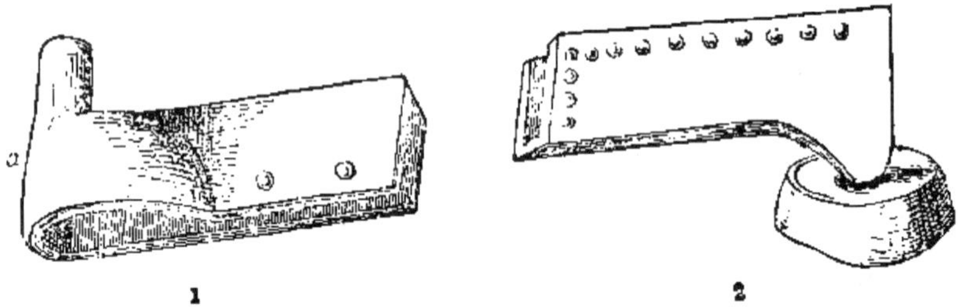

● 1 门插销的上部分；2 门插销的下两部分

① 把油、蜂蜜和不同的点心存放在双耳罐的习俗在古罗马及埃及古今都是很常见的习俗。有的其实并非真正意义上的双耳罐，实际只有一个把手或没有把手。笔者一般用“testœ”或“cadi”来称呼这种容器，意思是“用土制作的桶”（earthen casks）。——原注

② 这类容器盛放油、酒、蜂蜜和其他液体，往往排成一排，最里面的靠在墙上。其中一些储藏室没有任何窗户，只通过门接收光线和空气。有的储藏室则在面向庭院一侧墙壁上开了一个小孔见光。——G.W.

③ 可能棺材也有这样的工艺。——G.W.

在墓穴和神庙门槛后面的石质门楣和地板上发现了用于阀门转动和安装螺栓和杆件的孔，以及用于收纳门打开时阀门的凹槽。折叠门的中间有螺栓，有时上面和下面都有。有时，两面墙之间用一根横杆相连，横杆中间挂一把木锁，木锁可以确保门不从两侧推开。像这样的锁是由钥匙打开还是只像螺栓一样靠滑动打开？不清楚。但如果这些真的是锁，那么埃及人19世纪使用的锁的原理很可能源于此。这些锁是木制的，由一把钥匙打开，钥匙上有几个固定的销子，它们的数量差不多，落在空心、可移动的锁舌上，开锁的时候插入钥匙。为了提高安全性，锁有时会被一团黏土封住①，这也是古埃及人的习惯，我们从底比斯发现的一些封

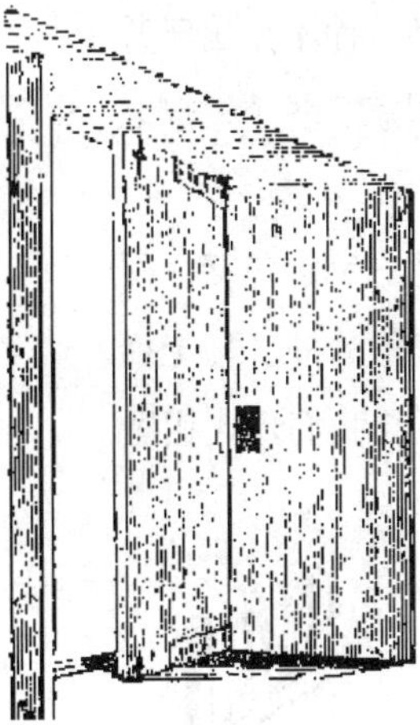

●折叠门

●几种不同款式的门（2是木门，笔者是根据画在图上的颜色推测其材质的）：1一扇门的内侧视图；2带外门闩的门；3锁形像圆圈的门

① 19世纪发现的最早的古埃及钥匙似乎来自罗马人统治时代，我们没有发现当时任何钥匙孔或除螺栓以外其他固定门的装置。如果需要增加安全性，门就会被密封起来。因此，埃塞俄比亚的征服者皮安奇在拔掉门闩后，把赫利奥波利斯的拉神庙的门封上了，并且没有提到锁的信息。有人说古埃及文字中的“key”（钥匙）实际上指“boat”（船）。——原注

闭坟墓和雕像中及希罗多德对兰普西尼图仓库的描述中得到了令人满意的证据。根据学者阿拉图斯（Aratus）的说法，埃及神庙的钥匙上有一个狮子的图案，上面悬挂着链子，链子上有一个心脏图案，他认为这是为了说明河水上涨带来的好处，以及表明河水泛滥开始时太阳在狮子座。不仅钥匙上有这样的图案，而且从神庙屋顶输送水的石嘴末端、花瓶侧面或手柄上突出的凸起①、船艏、葬礼台或椅子和许多其他家具上都装饰着同样的图案，表明这样的图案深受古埃及人的喜爱。每一个神、人物形象乃至符号以前都被古人猜测为与太阳有关。山羊、公牛和蝎子都被天真、简单地称为“黄道十二宫星座的代表”。但我们可以大胆地相信，埃及人只是根据自己的喜好选择好看的饰品，而不是出于某种宗教义务选择星座形象，这样的选择在各个国家、各个民族之中都常见。

后来，铁被普遍使用，于是就出现了铁钥匙。钥匙包括一根长的直柄，大约有5英寸长，还有一根与之成直角的杆，杆上面有三个或更多凸起的齿；直柄的上端有一个环，与我们现代钥匙

●铁钥匙②

① 笔者自己就收藏了一个非常优雅的玻璃浮雕狮子头，可能来自一个花瓶（现藏于哈罗公学博物馆）。——原注

② 以前是本书作者的藏品，后来被捐给由他自己一手创立的哈罗公学博物馆。——S.B.

1

2

●各种各样的门：1有拱顶装饰的大门；2有方形和拱形檐口的门；3矩形门

的功能相同。但我们不知道铁钥匙被使用的确切时间，而真正意义上锁的首次发明时间同样无法确定[①]。笔者也不知道，“公元前1336年”是否就是关于古埃及人使用类似现代钥匙的明确记载出现的时间。据说，这把钥匙被用来开启摩押王以革伦所在“凉楼”的门。

埃及的门一般都设有檐口[②]，但许多门是根据房屋主人自己

① 最早出现在图拉真皇帝在位时期（90年）的底比斯执政官（Archon of Thebes）索特（Soter）棺材上，呈现出被绑在豺狼颈部的袋子上。这组文物被收藏在大英博物馆。——S.B.

② 凯·波特作品中的相关内容，这让我们想到古埃及的门。——原注

的品味来装饰的。有些门檐用一道弧线进行划分，有些则更简单，而许多墓葬中的门檐都有大量装饰，并涂上多种色彩。大门是向内开的，房间的门也是如此。与希腊人的习惯相反，埃及人在打开门之前必须在内侧敲打，以警告路过的人保持距离。罗马人在这方面与埃及人很相似，也被禁止在没有特别许可的情况下向外打开街门[①]。

有时，埃及房屋的门设在中央，有时设在庭院或房屋本身的一侧；但笔者发现在入口前有一段台阶的例子很少，事实上，即便到了19世纪，埃及这种情况也不常见。门廊和走廊的柱子都是彩色的，如果柱子是木头的，就涂上颜色让它看起来像石头。这表明古埃及人喜欢炫耀，他们的文明程度很高，艺术发展也有了长足进步。

有时，房屋的地板是用石材铺成的，也有用石灰或其他材料铺成的。每个房间的屋顶都用枣树木制成的椽子[②]密铺加固，更常见的加固建材则是棕榈树枝或树干，在屋顶铺上若干层[③]。很多建筑采用拱顶造型，这种造型也是用粗砖制成。由拉美西斯三世建造的一些房间很可能是用石头建成的拱顶，这可以从遗迹中墙壁的顶部推断出来。在萨卡拉，仍有一座普撒美提库斯二世时代的石拱门存在，即公元前600年左右的建筑。这说明，埃及人早已习惯建造石拱门了[④]。

① 参见P. 瓦勒里乌斯·波普利克拉（Valerius Poplicola）及其兄弟的案例。——原注

② 《屋顶的椽子》插图是笔者在大金字塔考察的时候发现的使用枣木作为建材的孤例。——原注

③ 我们在考古发掘中有时会发现残留的拱顶以及用来摆放横梁的位置，见《屋顶的椽子》插图。——原注

④ 19世纪发现的石拱门最早来自第六王朝时期。——S.B.

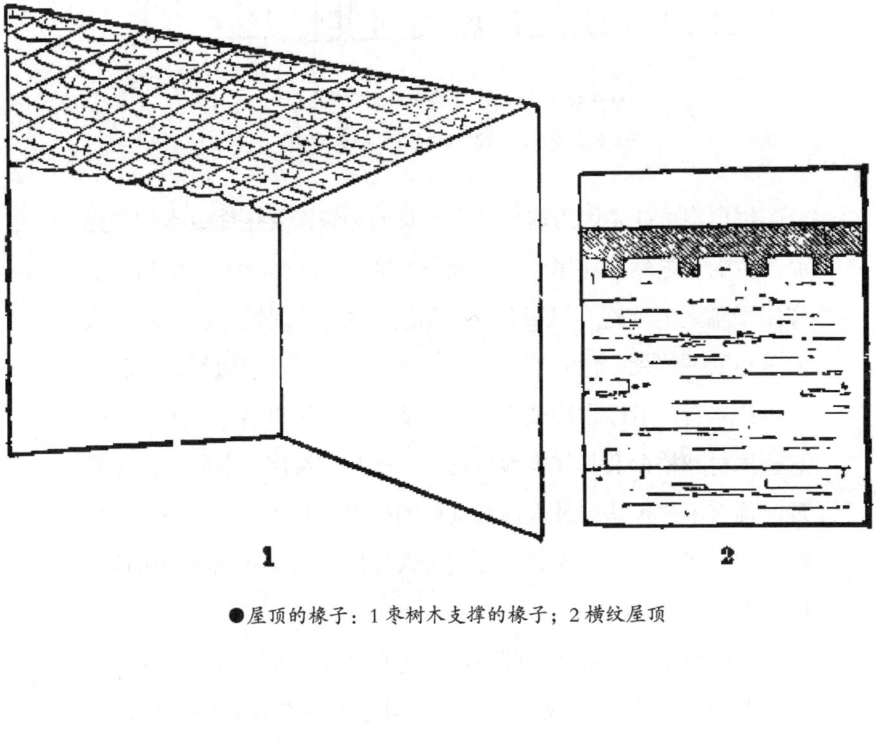

1　　2

●屋顶的椽子：1 枣树木支撑的椽子；2 横纹屋顶

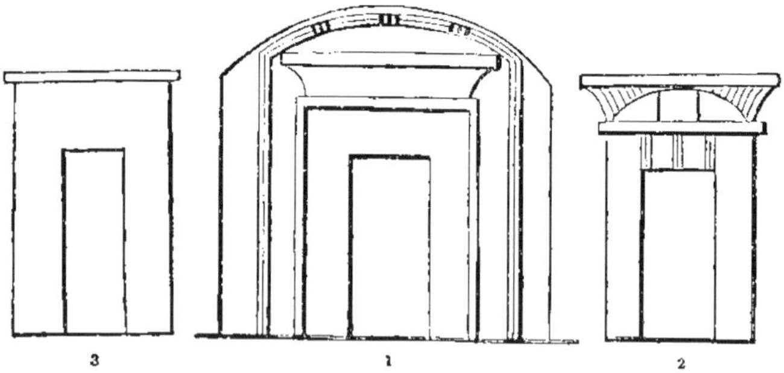

●各种各样的门：1有拱顶装饰的大门；
2有方形和拱形檐口的门；3矩形门

拱顶很可能是因为埃及缺乏木材而导致需要压缩成本的考虑而产生的，显然早在第十八王朝开始时（约公元前1540年）[①]拱顶就被应用于墓穴的建造；从贝尼-哈桑出土的一些图纸来看，埃及人似乎在欧瑟特森一世时期就能建造拱顶了。尼罗河流域确实不怎么出产木材，所以古埃及人不得不从叙利亚进口雪松等木材——这些木材和梧桐及其他本地木材一起被我们在底比斯的墓穴中发现。稀有木材也是埃及人向被征服的外国征收的贡品之一。古代雕像告诉我们，外国人会向古埃及人提供乌木和其他各种用途不同的木材。

一些房屋的底层除了储藏室，还有接待室和起居室；建筑的上层则被用作会客室或者睡房，这里还有供全家共同使用的房间。虽然在古代平面图中没有标明磨坊的位置，但我们可以合理地推断，磨坊要么在一楼的某个房间里，要么在与房屋相连的一

① 笔者在底比斯发现过一个拱顶，一处刻着阿美诺菲思一世的姓名，另一处刻着图特摩斯三世的姓名。［请参见霍斯金斯（Hoskins）的《埃塞俄比亚》。——G.W.］——原注

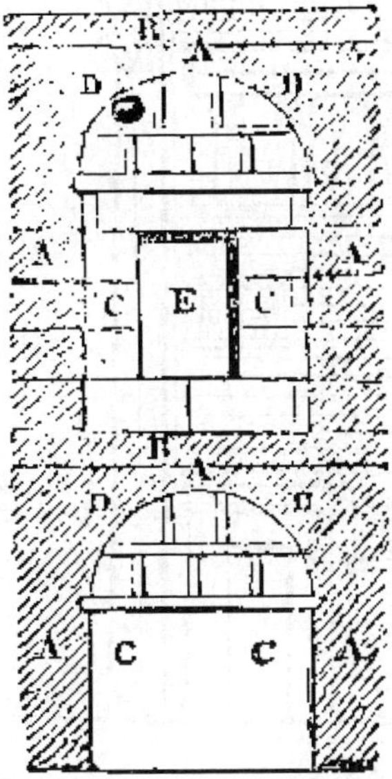

●拱顶房间内景：A 其他墙所靠的部分；B 房间地板；C 房间的内墙；D 表示房间有拱顶的窗口

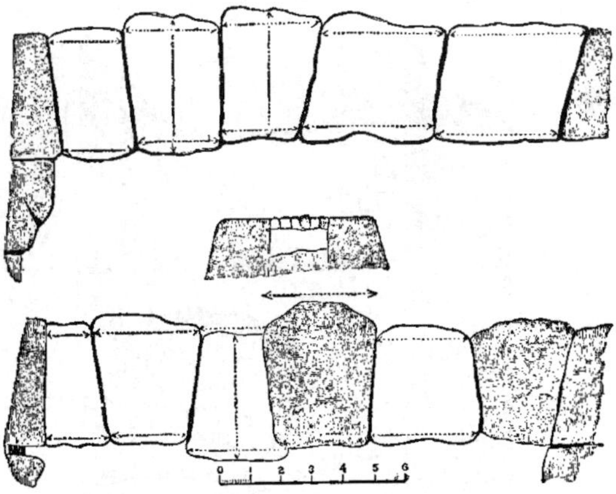

●第五王朝时期最原始的拱顶①

① 由 T. H. 刘易斯（T. H. Lewis）教授首先发现。——原注

●一栋房子的外观

●拱顶房间上部的墙面

个庭院里，就像19世纪开罗和埃及其他城镇的做法一样。我们有理由相信，与早期罗马人一样[①]，古埃及人自己在家烤面包。富人家里会雇一个面包师，如果一家人的房屋面积太小，意味着这家人太穷，就由妇女来烤面包——盲诗人荷马时代的希腊乃至古罗马时代都是如此，就连19世纪尼罗河流域和其他一些东方国家也把这种传统继承下来。《圣经》里的典故也明确指出，在埃及人的家里，女仆有为主人磨粮食的责任。

古埃及的磨十分粗糙，由两块圆石组成，十分扁平。下面的一块圆石是固定的，上面的一块圆石在转轴上转动。谷物从上方紧挨着转轴的一个孔中下来，一边入料，一边磨。19世纪的现代埃及农民采用的手摇磨可能就是对最古老埃及磨的继承[②]，“长相”与之十分相似[③]。古埃及人还有一种原理很像的大磨，但使用的石头要大得多，并且像古罗马人和19世纪的开罗人使用的款式那样只能依靠畜力。手摇磨使用的石头通常是坚硬的石砾材质，根据对赫利奥波利斯遗址的考察，有证据表明开罗附近的莫卡图姆山（Mokattum）后面仍有石床，直到19世纪还因同样的目的而被开采。许多较大的磨石通常是花岗岩材质的，都能在古镇遗址的碎石废墟中发现。

房子的顶部有一个露台，它既是休息的地方，也是炎热时锻炼身体的地方，因为它有一个由柱子支撑的屋顶可以遮阳，还不时得到凉风的吹拂。根据希罗多德的记载，古埃及人用蚊帐保护

① 老普林尼说：“罗马人自己在家做面包，主要是妇女在做。很多其他地方也是这样。”——原注

② 19 世纪时暂时没有发现磨任何谷物的雕像，它可能是用杵和臼为工具，然后就被做成了粗面。——S.B.

③ 这是笔者根据对古老石磨残片进行研究后得出的结论。——原注

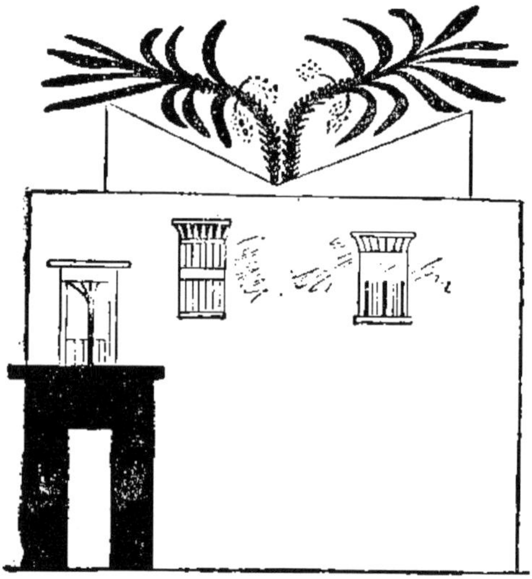

●招风塔

自己不受蚊子侵害，或者他们相信从高处吹过的风足以防止昆虫的骚扰[①]。较高层的房间地面看起来很平整，尽管下方屋顶是拱形或用椽子支撑。直到19世纪，东方城镇仍然常见在屋顶上安装“mulqufs”[②]，也就是招风塔。招风塔总是迎风，通过斜坡把气流送进屋内。古代招风塔是双层的，分别面向两个相反的方向，除此之外，它和19世纪的同类建筑没有什么不同——现代埃及的招风塔只面向西北风的方向[③]。现代招风塔有坚固的框架，上面钉

① 希罗多德说，住在低地的人用的是白天捕鱼的网当纱窗，而上埃及的人则睡在高高的塔上，靠风阻止蚊子飞来。比起渔网，还是专门的蚊帐好些，因为渔网对昆虫的阻止作用很差，毕竟希罗多德也承认，有的昆虫会穿过渔网潜入埃及人的衣服。——原注

② “mulqufs”是阿拉伯语，参见插图《19世纪开罗局部图，留意现代款式的房屋屋顶招风塔设计》。——原注

③ 古埃及墓志铭中记录的一大美事是可以呼吸北风带来的空气。北风的凉爽和清新的气流被认为是“美味的”（delicious）或“甜蜜的”（sweet）。——S.B.

着与框架尺寸相符的木板，或者用覆盖着灰泥的芦苇或垫子代替木板，加上木椽，起到保护和支撑作用。这么做比较便宜，古埃及房屋很可能也采用了类似结构。

有时，房屋的一部分高度超过其他部分，像塔一样矗立在露台之上，这一部分会用柱子或方形的板子进行装饰，就像房子的窗户一样。

其他房屋只是围绕露台建造了围墙，在某些情况下墙上有垛口。虽然类似风格的建筑更多属于坚固的城堡或国王的宫殿，但古埃及人像今天的许多19世纪欧洲人一样，把它装饰得更加宜居。古埃及的垛口是对盾牌形状的模仿，这无疑是最早的城防工事设计思路之一，同时可以凭借掩护用投射武器反击攻击者。建

●带垛口的建筑

1

2

3

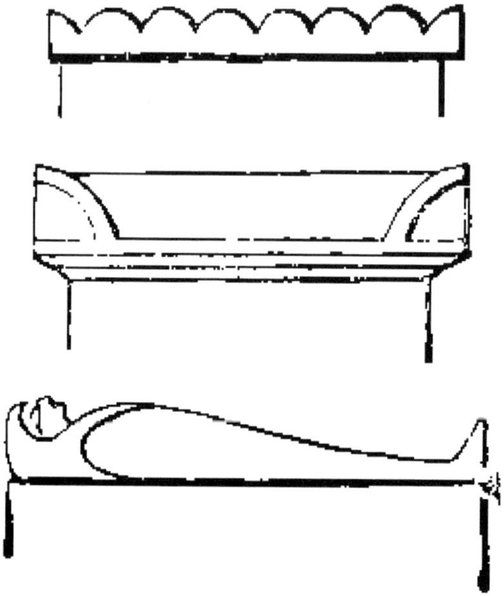

●1 古埃及城垛；2 希腊或罗马石棺顶部；
3 装木乃伊的箱子

筑的四角总是呈现出半盾牌的形状，这可能是古希腊和古罗马墓葬常用装饰品的起源。当然还有另一种情况，即这是对人的身体本身的粗略模仿，埃及木乃伊箱的外箱就是按照棺椁主人的外貌而造的。

除了屋主的姓名，古埃及有时会在房子的入口处刻或写上一句好话求吉利[①]，如“好居所”等，19世纪的现代阿拉伯文献中也有被称为“múnzel mobárak”之类的东西。古埃及王宫[②]的门楣

① 除了神庙中有居所，国王和祭司另有自己的房屋和别墅。——原注

② 19世纪的现代穆斯林会镌刻《古兰经》中的句子，或会镌刻纪念房屋主人到麦加（Mekkeh）朝圣的文字。——原注

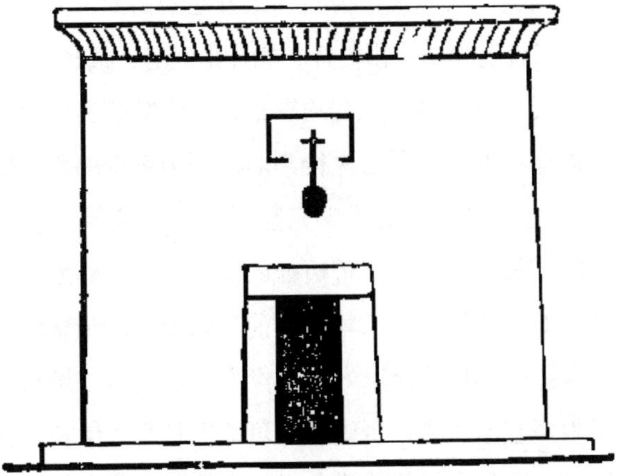

●外墙上写有文字的房屋

和门柱上，经常写有象形文字，内容包含君主的姓名和头衔，用椭圆圈起来。

在房屋中献祭的时候，才可能镌刻或写上这些句子。犹太人早期也有类似的习俗，我们可以推断他们是从古埃及学来的。这一推断有一处有力的佐证，就是我们发现古埃及人的储藏室、葡萄园和花园都被置于守护神①的保护之下。

与门一样，古埃及的窗户（window）或百叶窗（实际上更为准确的说法是“shuttle”）用一种折叠阀关闭，以类似的方式用螺栓或横杆固定，并以雕花板或彩色装置作为装饰。窗户的开口很小，因为只要有少量光线进入，热量就会渗透进来。这种习俗在东方一直很流行，甚至在意大利的温带地区也很流行。这样的窗户的顶部也

① 值得注意的是，古埃及人似乎认为开罗的不同区域都有自己的守护神存在。——原注

有檐口，与门的檐口相似；窗户如果开在沿街的房屋，那么有时会配阳台，或者至少设一排栏杆，栏杆中间有一根柱子。

墙壁和天花板上都有丰富的彩绘，非常精美，但我们只能依托古墓中被保存下来的彩绘进行判断，因为墓中的彩绘保存状况更好，房屋遗迹的彩绘则很少完整保存。天花板分隔成若干区域，每个区域都绘制了一个带边框的图案，这些彩绘的希腊风格大多很重，如果在第十八王朝和之前王朝的早期纪念碑上发现这些图案，我们会感到惊讶。好在已经有可信资料指出希腊人从埃及引进了很多艺术风格，否则我们可能把希腊和伊特鲁里亚花瓶上的圣甲虫、鹰身女妖及希腊和伊特鲁里亚花瓶上的一些装饰性标志归为同一来源。最受欢迎的艺术图案形式是莲花、正方形、菱形、圆形，最重要的是涡卷图形（scrolls）和同心正方形图形，通常称为“托斯卡纳边界”（Tuscan borders）。插图《各种埃及彩绘天花板样式》取自厄西乌特的一座坟墓（约公元前1600年），其中4是在黑色或深色的青铜地面上绘制的，是其中最美、最接近希腊风格的。古罗马人也采用了类似的设计，其中一些在提图斯浴场中被发现，拉斐尔·桑西（Raffaello Santi）看了以后产生了天才的、关于阿拉伯式花纹绘画的想法。我们还可以在庞贝古城的遗迹中看到更多图案款式。

古希腊人和古罗马人在品味上远远超过了古埃及人，这可以通过他们装饰房屋艺术图案组合之多得到佐证，这是鼓励发明创造的自然结果。古埃及由于受到法律和偏见的束缚，人们审美品味的发展被阻碍，艺术家的才干被限制，因此对发明创造的鼓励从未出现。但无论古罗马人的同类产品在效果的丰富和美观上如何超越埃及房屋的天花板，在一般的装饰方式上所使用的艺术风

●各种埃及彩绘天花板样式

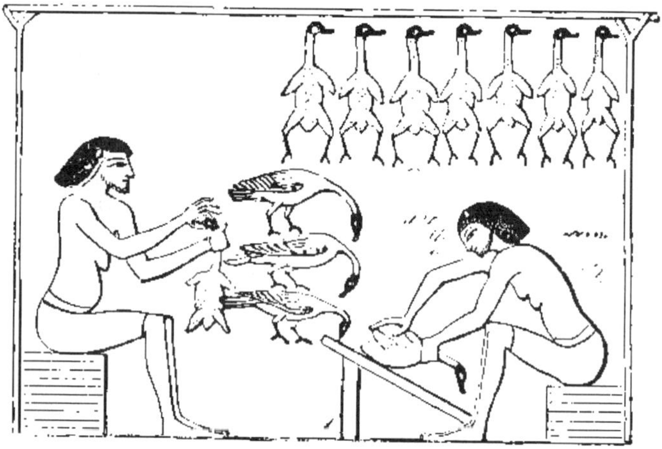

●贩卖禽肉的商店

格，就像灰泥墙一样，与古埃及在底比斯和尼罗河畔其他城市的豪宅都惊人地相似[①]。

商店的形式和特点取决于其店主的意愿或行业的特殊性。毫无疑问，许多人像19世纪的今天一样在街上摆摊叫卖。许多商店像我们19世纪能见到的摊位，前面敞开面对客人，货物被陈列在架子上或挂在内墙上，就像东方城镇集市上的习俗一样。如要深入讨论，似乎还是放在专门的章节更合适。

除了城镇中的房屋，古埃及人还建造了大量别墅。别墅是一种舒适的大宅子，包含了宽敞的花园，花园的植物由与尼罗河相通的水渠浇灌。他们还在花园的不同地方设有水柜。除了起到装

① 土耳其宫殿的天花板由希腊艺术家绘制，通常非常漂亮，并显示出优雅的风格和较高的艺术品味。对于墙面和石柱的彩绘是对古代风格的模仿，但水平不高。——原注

饰作用，当尼罗河水位较低时，水柜也可用于灌溉。水柜被建得非常宽，可以供主人乘坐游船游览，娱人娱己。不过，古埃及人和19世纪的东方人和欧洲大陆居民一样，无法理解我们英国人划船的快乐，他们更喜欢由仆人拖着自己的船在湖上滑行。由于船篷的遮挡，他们发现自己的轻松与仆人的劳动形成对比时，就感到更加愉快。古埃及人以垂钓为乐，他们在院子中的池塘里用鱼叉叉鱼。这些场合一般由朋友或一个或多个家庭成员陪同。房屋和院落的布置方式因情况而异。一些别墅的面积相当大，除了属于它们的可耕土地，花园、办公室和其他附属于房屋的建筑的面积也很大。

一些大宅子似乎像神庙一样装饰着神龛和方尖碑，甚至可能有专门的宗教建筑，就像其他国家的小教堂一样，因为我们发现祭司献祭的情景被保存了下来——如果不是因为里面还有妇女，那么根据花园的形式和门廊的风格，我们可能不会相信这不只是一幢普通别墅，而是一座神庙。

大别墅的入口一般都使用折叠门，折叠门像神庙的门廊一样被高高的塔楼夹在中间。两边各有一个小门。除此之外，有的门柱上设有檐口。别墅有一圈围墙，但房屋的庭院、花园、办公

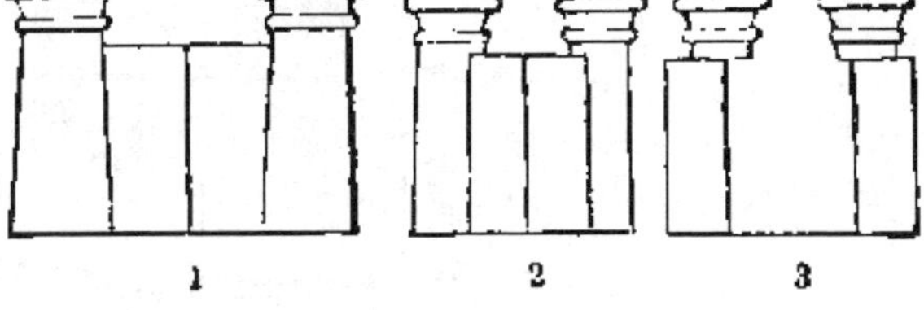

● 1、2 大门紧闭；3 折叠门打开了

室、别墅的所有其他部分都有独立围墙，墙壁通常用粗砖砌成；在容易受潮或会被淹没的地方，围墙的下部用石头作为建材加固。有时，墙体上会加上板状或条纹装饰物，装饰物上一般都涂有灰泥；墙顶上有埃及式的垛口、常见的檐口、一排模仿矛头的钉子或一些其他花哨的装饰物。

属于法老的别墅或城堡矗立在大路旁。在狩猎或远征中，统治者习惯经过别墅或城堡。别墅或城堡很小，也很简单，只是作为行宫短暂接待法老几天，但那些在外族地盘上修建别墅或城堡可能更像是堡垒而不是简单的豪宅。然而，在离埃及本土较远

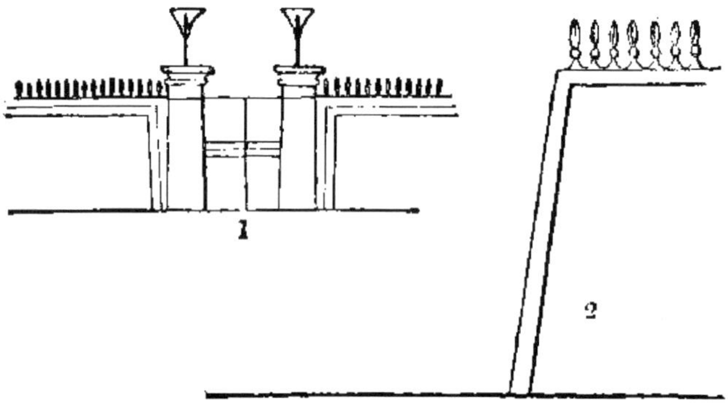

●有尖桩的墙体

●带有粗砖制成的嵌板和拱门的建筑

的行省有许多面积广大的土地，可能具有建设宽敞别墅的所有便利条件，就像后来托勒密王朝在阿比西尼亚的边界上建的别墅一样。

为了让读者了解古埃及人一些别墅的规模，有必要描述一下一座别墅的设施。围墙的中间是主入口，围墙还有两个侧门，侧门通向一条绿树成荫的开阔道路。路旁有宽敞的水柜，水柜正对着房子左右两侧的门，两扇门之间有一条大道从主入口通向马厩，并通向别墅的中心。经过右侧的那扇门，进入一个开放的庭院，庭院里种满了树。庭院围绕着内部住房的核心延伸，还有一个后门通向花园。庭院左右两边有六个或更多的储藏室；庭院其中两个角落有一个小型会客室，庭院另一端是通往上层的楼梯。别墅的两面各有一条走廊，走廊由柱子支撑，还有塔楼和门洞。别墅右侧有十二个房间与三处庭院，两处庭院在墙外，一处庭院在墙内中心位置，彼此通过折叠门相通。别墅右侧两边是通往底层房间的主入口，以及通往上层房间的楼梯。别墅的后面有三个长条形的房间，还有一个通向花园的大门。花园里有各种果树、一个小的避暑屋和一个水柜。

别墅的左侧则不同，前门通向一个开放的庭院，和别墅建筑整体一样宽，庭院内侧有墙壁作为支撑。中门和侧门与另一座庭院相通。庭院三面被一组房间包围，后面是一条走廊，其他几个房间都通向这里。

●建筑物墙顶上耸立的塔楼

庭院与别墅中心的各部分建筑由多条通道彼此相连，那里的房间像前面描述的那样，是围绕着通道和走廊布置的，部分作为起居室，部分作为储藏室。

马厩和马车棚[①]都位于建筑的中心或内部[②]，但牛棚离房子有一段距离（也被围墙围起来了），与罗马人的乡村住宅很像。一条从河里引来的水渠绕着围墙奔流，最后流到别墅后方的空地上。牛棚分为两部分，一部分是棚区，另一部分是可以在白天放牲畜出来晒太阳的畜圈。站在圈外，可以亲手投喂这些牲畜。

粮仓[③]也是独立于住宅的建筑[④]，就像罗马人的粮仓一样；正如我已经注意到的那样，粮仓由专门的围墙隔开，一些存放粮食的房间似乎有拱顶。靠近屋顶有一个装粮食的孔洞，当需要粮食时就从底部的一个门里取。

房屋和场地的监管工作委托给管家执行[⑤]，他们负责管理土地的耕作，收取农产品的销售收入，统计庄园内牛和其他牲畜的

① 被称为“urri”的车是用两匹马拉的，四马车在托勒密王朝时代才出现，两匹为一组的马被称为“Mar”。大英博物馆墓葬藏品（第769号）的侧面，就有一对白色骡子拉的车。直到阿美诺菲思一世时期，车才在各种雕像和绘画上被表现出来。对于不同的车辆，有不同的称呼。如军用马拉战车和马拉车被称作“chariot”，牛车则用“plaustra”指代。如果把埃及语用英语二十六个字母撰写，“waggons”（马车）可以写作“āakaruta”，科普特语可以写作“asjolti”，但它们在相关古代雕像中几乎没有呈现，而被呈现出的人、船和驴子都是用于运输货物。——S.B.

② 维特鲁威（Vitruvius）说：“马厩，特别是别墅的马厩，应该在最隐蔽的地方，并且不能朝向火堆，因为如果马被安排在火堆附近，它们的皮毛很快就会变得粗糙。因此，那些远离厨房、朝东的空地都是安排马厩的良好空位。”——原注

③ 有时，粮仓的容积会用铭文标注。——S.B.

④ 维特鲁威说：“谷仓、干草房、餐室和磨坊不被设置在别墅的边缘地区，这样可以提升消防的安全性。”——原注

⑤ 罗马人用“villicus”称呼这种职业。——原注

●埃及农场平面图：1 中的 c 小牛，d 照料小牛的农民，e 牛棚；2 中的 a、b 草场

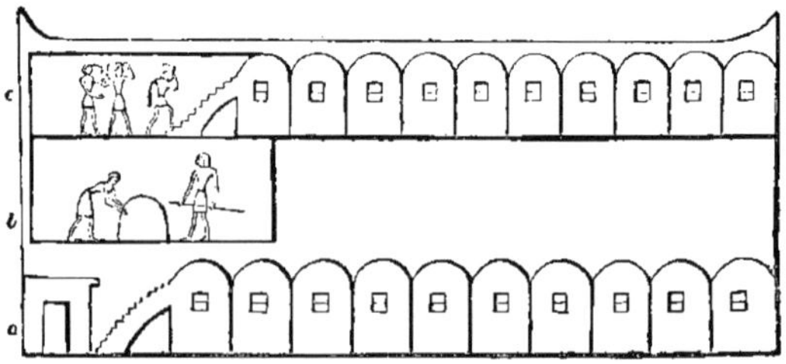

●采用拱顶设计的粮仓：a 带台阶的粮仓入口；b 站在谷堆前的人；c 把粮食搬进仓库里

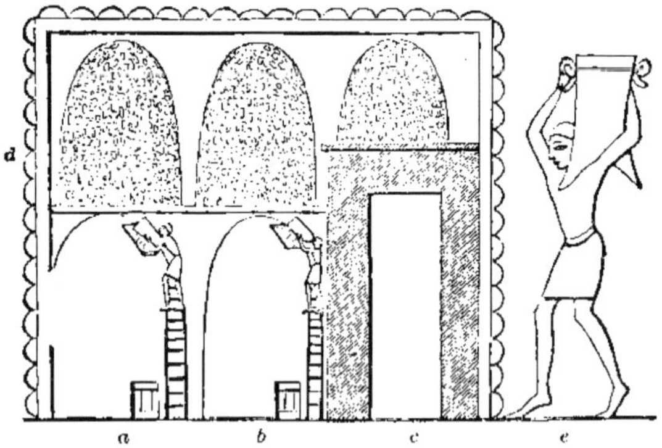

●把粮食搬运入粮仓储藏 a 和 b 出入的门口，人们爬梯子到拱顶的窗口，然后倒入粮食；c 门；d 墙；e 扛着粮食袋子的男人

数量，结算所有账目，违背家规的农民也由他们进行杖责或其他任何应受的惩罚[①]。无论是家事，还是农事，雇多少管家、管家的职权都由土地面积或主人意愿决定。

古埃及人布置房屋的方式有很多，布置花园的方式一样多。但无论怎么布置，他们似乎都特别注意通过水库和运河来获得充

① 负责惩罚的管家在象形文字中写作“”或“”，大约相当于英语中的“superintendent”（主管）。——原注

●正在种地的仆人们：1 仆人；2 马车；3 拿着犁耙的奴隶；4 各种农具；5 播种；6 犁地

足的水源。事实上，没有哪个地区比尼罗河流域更需要人工灌溉；由于不能直接让泛滥的河水进入花园，古埃及人全年都要依靠从水井和水柜或运河附近获得灌溉用水。

古埃及人采用的灌溉方式非常简单，只用汲水吊杆，它在19世纪仍然存在。在许多情况下，古埃及人会雇人担水浇灌。担水的木杆还被用来搬运其他东西，如箱子及装野味和家禽的篮子，或任何被带到市场销售的商品，无论是陶工、砖匠、木匠，还是船匠，每个行业似乎都会使用它。

其中一根担水木杆在底比斯发现，被伯顿带到了英国。这样的木杆（也称为“轭”）长约3英尺7英寸，有双层皮革带子，带子系在杆子的下端和上端，长在15英寸到16英寸之间。木杆底部的小皮带不仅用来连接两端，而且可能用来固定一个钩子，或者如果有需要，充作固定重物的额外带子。这些木杆大多有两条带子，但有些木杆配备了4条或8条带子。带子的形式、数量或排列方式根据具体使用目的而有所不同。

古埃及人似乎没有使用19世纪埃及已经普遍使用的水轮车；奇怪的是，如果不考虑螺旋式抽水机，可以说古埃及人就没有设计出替代人力的器械。据说，螺旋式抽水机是后来才引进的，并且根据狄奥多罗斯的说法，螺旋式抽水机由阿基米德发明并首次

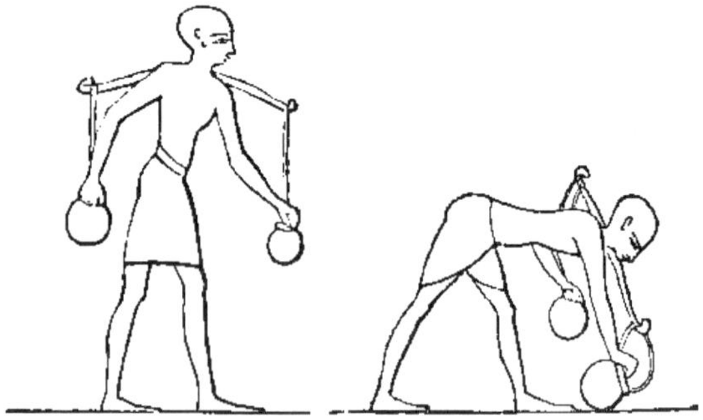

●用罐子挑水然后灌溉土地

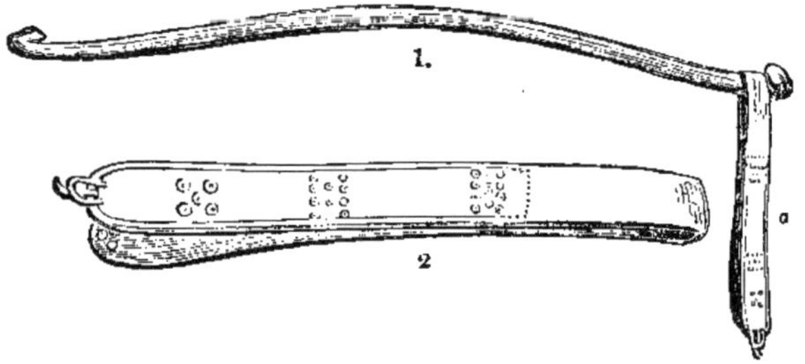

● 1 伯顿在底比斯发现的轭；2 皮带

在埃及使用。事实上，如果斐洛（Philo）提到的脚踏式器械真的是用脚转动的水轮，那么劳动者的效率应该不可能有很大提升。但我们考虑到古埃及技术的伟大，并考虑到建造这些建筑对机械的高要求，我们必须批评古埃及祭司，因为在建造这些建筑时他们没有考虑到民生疾苦。

埃及人忽视对机械的改进，导致费时费力，这种情况在很多方面都有体现，古希腊人和古罗马人也做过类似的事情。古人中的开明人士最关心华丽的装饰品，他们虽然使珠宝和一些家用家具的制造达到了很高的水平，却满足于很多劳动工具保持“原始”状态。对于那些设计出一些新奇的东西增加房屋华丽程度的工人来说，他们肯定会得到直接的经济赞助，因为这么做会带来经济回报，以后他们就会投入更多精力。这些发明迎合了奢华、富裕的人们的喜好，但他们不愿意因工匠提出了提升劳动效率的方法而回报工匠。古代人和19世纪的现代人不一样，不是很重视时间和劳动的价值。一切用来展示给人看的东西都被做得很精致，但门钥匙和锁、嵌板（panels）、把手等部件却显得粗糙且不完善①。对实用性工具来说，如果它们发挥相应的功能就能令人满意，但展示给他人看的奢侈品就不行，必须给主人带来尊敬和面子才可以。同样的说法也适用于罗马磨坊粗糙和原始的结构，这些磨坊可以合理地与古埃及人粗糙的水利灌溉设施比较。19世纪，这种情况也不是没有类似的例子；每一个访问欧洲大陆的人都会对机械的改进感到震惊，尽管这些改进早已为人所知，并且显然能让劳动更省力，但人们仍然对它们漠不关心，而那些助长炫耀和奢侈的发明一出现就普及了。

埃及人还用装水的皮袋②（a'et）来灌溉，以及在大人物（grandee）的房间或座位前洒水。这种皮袋经常被摆在水柜旁边以便使用。

花园③的一部分通常开辟成绿树成荫的小路，树通常是成排种植的，树干下部用圆形的土脊环绕，于是中心比四周低，一方

---

① 希腊神庙中，无论是观众能去的地方，还是不能去的地方，都被精心打造。——原注

② 古希腊（ashos）和古罗马（uter）都有类似的皮袋，19世纪也有类似功能的皮袋。——S.B.

③ “Garden”一词在古埃及语中写作“qami”，常被使用。园丁也被称为“qami”，主要职责之一是为雇主编织花环。马斯佩罗曾经翻译纸莎草文献，这里的园丁被描述为早上种菜，晚上修剪葡萄枝。——S.B.

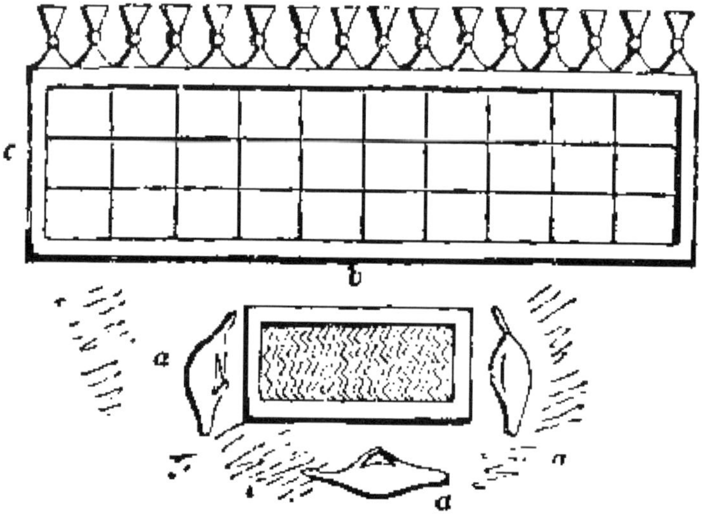

●挂在水箱上的水袋：b 水箱；a 水袋；c 和 19 世纪埃及花园的地面或晒盐池的鸟瞰图很像

面便于储水，另一方面将水更直接地引向根部[1]。很难说树是否被修剪成任何特定的形状，或者古埃及艺术作品中的树木都按一定格式“复制”。但由于石榴和其他一些果树[2]的树枝被画成了不规则形状，我们可以假设梧桐和其他树叶繁茂的树确实以同样的方式栽培。在象形文字中，尽管树都是相同的图形，但可能只是为了表现树的一般特征。

在古罗马，类似的树木裁剪方式只用于桃金娘、月桂、盒子草（box）等种类，而将它们修剪成不同形状的工作则交给经过培训的奴隶，这种技术在古代被称为“opus topiarium”[3]，他们也因此得名“托庇亚力”（topiarii）。

埃及雕像中的棕榈树[4]图案美观，很容易辨认，但其他大多数树木和植物的画法会让19世纪最专业的植物学家感到困惑。除了荷花，很少有植物可以被确定具体属于什么种类。

●在土里扎根的树1，和实际情况2比较像

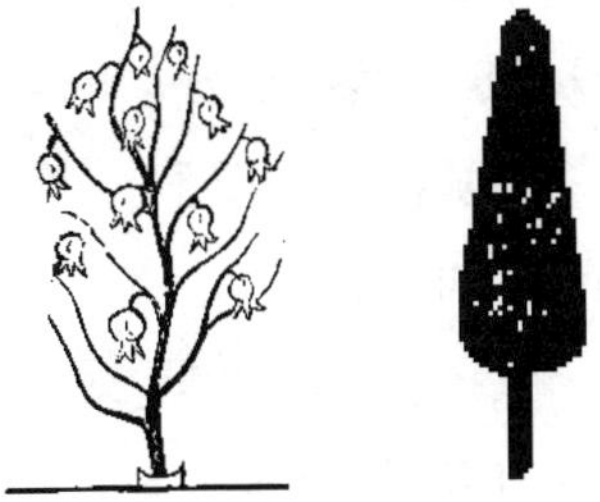

●石榴（左）和象形文字（右）

① 东方常见的做法。——原注
② 意思是“树”（tree）。——原注
③ 见老普林尼关于月桂树的描述。——原注
④ 指“dóms”，也写作“Cucifera thebaica”，意思是“底比斯的棕榈树”。——原注

●古埃及水箱，两边各有一排棕榈树

大花园通常分为不同的部分，主要部分用来种植枣树和梧桐树（这个种植区可以被看作果园）及葡萄，但其他树木也有类似的种植区，也被称为“果园”，所以本书主要只将花园区分为“葡萄种植园”和“果园”。

底比斯和埃及其他地区的墓穴中经常出现绘制花园的图案，其中许多都因规模宏大而引人注目。插图《一个大花园，有葡萄园和水箱及小房子等》展示的花园被一堵墙围住，墙的前面有一条水渠与河相连。在河和城墙之间有一条由各种树组成的林荫道，林荫道与运河及城墙平行。花园的入口大约在插图右侧中间，那里画了一扇高大的门，门楣和门柱上装饰着象形文字的铭文，并刻着主人的名字（插图中花园的主人是法老）。大门旁边有门房和其他园丁的房间，可能还有会客室，不能让客人唐突地出现在建筑中的其他地方。建筑后部有一道门通向葡萄园。葡萄藤经过引导缠绕在一个棚架上，棚架由横向的椽子支撑在柱子上；一堵墙围绕着棚架延伸，将葡萄园与花园的其他部分分开。插图最左侧有三个独立的房间；窗外是绿树，可以吹到凉风，在炎热的夏天乘凉会令人感到心旷神怡。葡萄种植园墙外种植了一排排棕榈树，围绕整个外墙又种植了一些棕榈树；水柜有四个，它们的边上是一块草地，里面养着鹅。园丁帮助水中娇嫩的莲花生长，用水来灌溉地面；被称为“凉楼”的小亭子四周有树遮挡，从这里靠近水面能俯瞰花坛。水柜和花园的相邻部分分别由各自独立的墙围起来。大水柜和小水柜之间的两侧有一小块区域，这里似乎是为特定树的生长而保留的。这些树要么需要特殊的照顾，要么能结出优质的果实①。

果园无论和花园其他部分是分开还是结合，都像花园其他部分一样能获得别墅中蓄水池充足的灌溉水源。蓄水池两旁有一排棕榈树或梧桐树，形成一个林荫大道。有时，果园和葡萄种植园之间没有任何墙壁阻隔，无花果等果树和葡萄一起生长。就算不

---

① 图特摩斯一世在位时期一个叫安纳（Anna）的人在墓中留下了一份种植树木的清单：梧桐树（neha 或 Ficus sycomorus，左为古埃及名词，右为拉丁语学名或英语简称，下同）90 株；橄榄树（suabu 或 Balanites ægyptiaca）31 株；枣树（bener 或 Phoenix dactylifera）170 株，（底比斯）棕榈树（mama 或 Hyphoene cucifera）120 株；无花果树（neha en teb 或 Ficus carica）5 株；金合欢（*χct en sén* 或 Mimosa nilotica）3 株；榅桲（baq 或 Malum cydonium）若干；葡萄藤（areru）12 株；被称为“anhamen”的树 5 株；被称为“keseb”的树 8 株；被称为“netem”或“sas”的树 16 株；无花果树（nebs 或 Sycaminus）5 株；荆棘（*θun*）5 株；另一种棕榈树（*mama en χanacnt* 或 Hyphaene argun）1 株；被称为“*χct sef*”的树两株；被称为“asht”的树若干；杨树（amam 或 poplars）3 株；柳树（tert 或 willows）8 株；柽柳（aser 或 Tamariscus africana）10 株；合计 494 株以上。在给阿美尼南（Amenenan）的信中，作者提到了 60 肘高的大棕榈树，这种棕榈树结果（qaqau），果里有“石头”（*χanana*，即种子），“石头”里有水，即棕榈树果实的种子里有水。有人认为这里所谓的棕榈树其实是椰子树，但古埃及纪念碑上没有关于椰子树或椰果的记载。——S.B.

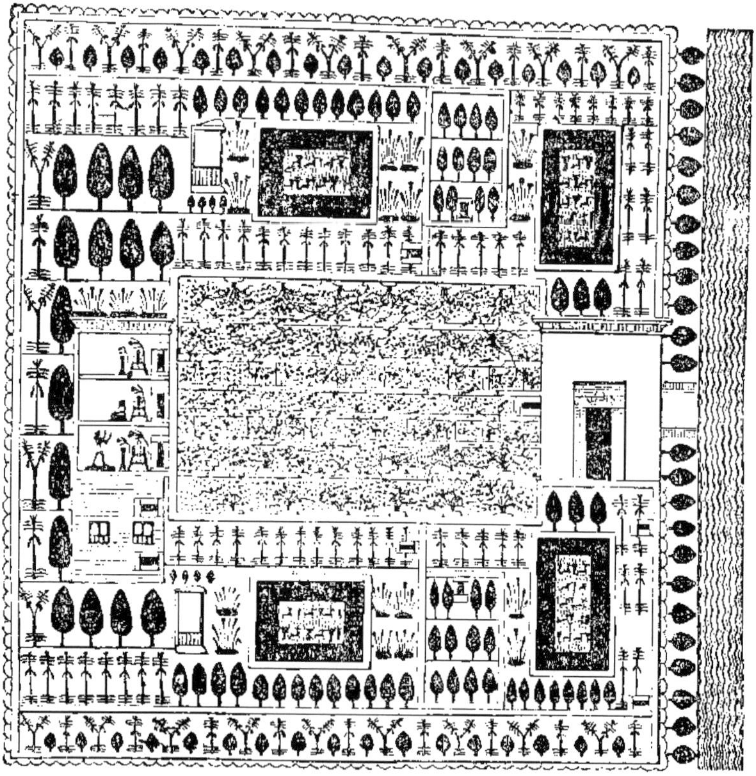

●一个大花园，有葡萄园和水箱及小房子等

是这样，至少葡萄种植园也会紧邻果园。古埃及人很会种葡萄①，他们用几排支撑木椽的石柱将葡萄园分成许多条道路，为从一端走到另一端提供了极大的便利，并且通过良好的采光，他们使葡萄根部保持一定的水分。

●象形文字中的“葡萄种植园”

葡萄园中的石柱是彩色的，兼具观赏性和实用性。不过，很多时候没有石柱，只有简单的木柱，顶上呈“Y”字形分叉。一些葡萄树被允许保持一种低矮的灌木状态生长，也就是不竖立任何藤架供其攀爬，另一些葡萄藤在外观上则呈现弓形。从表示“葡萄种植园”的象形文字图案来看，我们可以得出结论，最常见的葡萄种植方法就是搭建葡萄架或让葡萄藤保持弓形。但与古

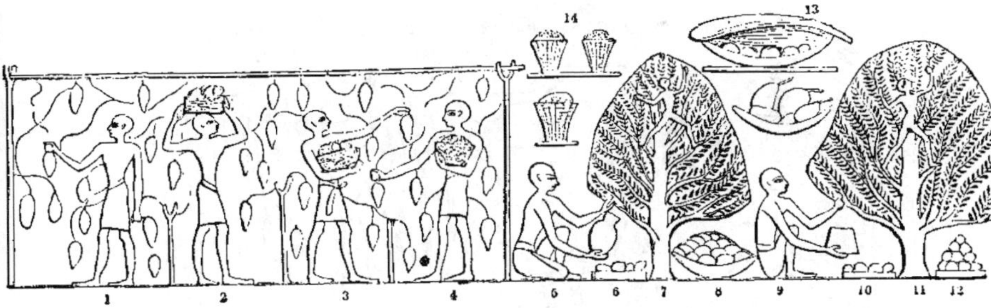

●葡萄种植园及其旁边的果园：1-4 摘葡萄的工人；5、9 采摘无花果的工人；6 装着无花果的篮子；7、11 无花果树；8、10、12、13 装着无花果的篮子，用树叶盖住；14 装葡萄的篮子

① 一处可能是第四王朝切普斯在位时期的古文字显示，切普斯可能赐给他人一个面积达两“arouras”的葡萄种植园。——原注

罗马人[①]和现代意大利人[②]不同的是，无论是古埃及人还是19世纪的现代埃及人，种葡萄都不会采用一种在欧洲常见的方式——让葡萄藤爬树生长。

如果是周围建造围墙、独立布局的葡萄园，那么葡萄园旁边通常会配备专用的蓄水池和榨汁作坊。不过，无论是葡萄园还是花园，规划什么、怎么规划，在很大程度上都看主人的品味。防止飞鸟侵袭是一件大事，屋主人为此会在收获季节专门出钱请少年发出大叫或用投掷类武器赶鸟[③]。

采集葡萄时，葡萄串被小心翼翼地放进很深的柳条篮子里，人们头顶肩挑，把它们运到酒窖里保存。但如果只把葡萄当作水果吃，就像其他水果一样放进平坦的敞口篮子里，一般用棕榈树叶、葡萄树叶或其他树叶盖着。这些扁平的篮子是用柳条编的，

●用投掷类武器赶鸟，上面有两处象形文字铭文，意思分别是：a 祭司姆特·曼（Mut Men）；b 祭司谢斯内弗（Shesnefer）

① 古罗马人经常种植杨树和榆树，甚至可以用芦苇和木杆爬葡萄藤。——原注

② 19 世纪的现代意大利人一般喜欢白桑树。——原注

③ 即便在 19 世纪的现代埃及，赶鸟也是一种职业，只是古埃及人靠敲钟来制造巨大响声，而 19 世纪的人们靠敲大陶罐。——原注

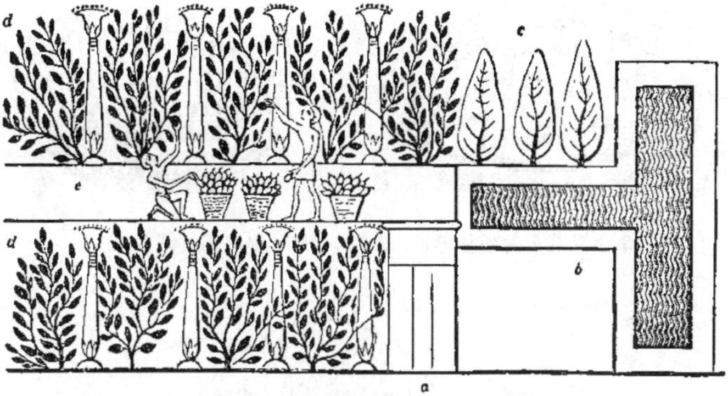

●一个设有水柜的葡萄园或种植园：a 大门；b 水柜；c 各种果树；d 道路两边的柱子上有椽子，葡萄藤可以爬上来生长

●摘葡萄的场景，上面的象形文字的意思是“园丁内特尼科布特”（gardener Neternekbt）

毫无疑问，与19世纪在开罗用于同样目的的篮子类似，不过，这种篮子是用橡树或普通树枝制成的。

古埃及人似乎靠训练猴子来协助自己采摘水果，埃及人在雕像中表现的猴子将无花果从梧桐树上递给下面的园丁。但正如人们预料的那样，动物被训练成为人的苦役，给人带来了高回

●古代装葡萄的篮子（1）和 19 世纪的现代同类产品（2）

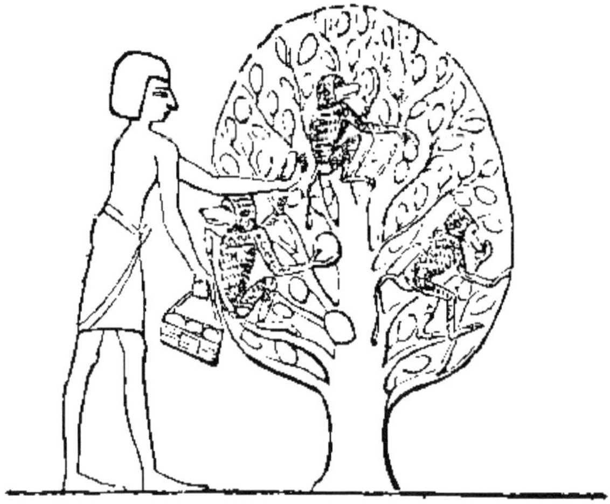

●帮人采水果的猴子

报，艺术家也不失时机地展示了它们对自己工作应该得到回报的要求。

在埃及，许多动物被驯服后用于各种目的，如狮子、豹子、羚羊、狒狒和鳄鱼等。在阿比西尼亚南部的吉姆马（Jimma），19 世纪，猴子仍被教导做一些事，其中之一是在晚宴上扛火把。它们会排成一排，坐在高高的凳子上，直到客人离开，并耐心地等待着自己的晚餐，这是给它们的报酬。有时，如果一只猴子没有履行职责，聚会就会受到干扰；如果猴子把火把扔到毫无戒心的客人中间就更麻烦了。对这样的猴子，等待它们的就是棍棒和饥饿，这是让它们服从命令最有说服力的“证据”。

酿酒工序结束后，古埃及人允许被称为“孩子”（kids）的山羊啃食葡萄藤[①]，此时，葡萄藤就像“站起来的灌木丛”。古埃及每年葡萄成熟是在“埃皮非月”（Epiphi）[②]，也就是公历纪年法中每年6月底或7月初。有些人怀疑葡萄藤在埃及是否普遍种植，甚至怀疑古埃及根本没长过这种植物。但我们在古代雕像中经常提到葡萄藤和埃及出产的葡萄酒，加上古代文献提供的证据[③]，就足以驳斥这些反对意见。犹太人出埃及时对葡萄树表达的遗憾证明，古埃及一定大量出产葡萄，因为即使是奴隶，也能买到这种

●被允许啃食葡萄藤的“孩子”们[④]

① 作为一种喂养牲畜的方式，这被认为能让“孩子”们在餐桌上的肉质更嫩，尽管昆图斯·贺拉斯·弗拉库斯认为情况并不总那么尽如人意。——原注

② 亦作“Epep”，科普特人口中发音听起来像是“Ebib”，一般开始于我们公历纪年的每年6月25日。——原注

③ 阿特纳奥斯引述赫拉尼库斯（Hellanicus）的资料表示，葡萄藤最早在埃及城镇普利提恩（Plinthine）种植。迪翁（Dion）认为，古埃及人从此爱上了葡萄酒。根据斯特拉波的说法，葡萄在毛累提斯（Mareotis）和阿尔西诺大量种植。——原注

④ 按照图片原标题“Kids allowed to browse upon the vines”翻译。作者本身没有对“kids”进行任何解释，但查阅昆图斯·贺拉斯·弗拉库斯的作品可知，“kids”指山羊，而不是人类的孩子。——译者注

●以酿酒为目的榨葡萄汁

水果①。

为了酿酒而榨葡萄汁的工具也有很多种。从表面上看，最简单的工具只是袋子，把葡萄放在里面，通过两根杆子朝相反的方向转动来挤压，再在下面放置一个花瓶来接收掉下来的果汁。古埃及雕像中的艺术表现方式不太容易理解，也不符合我们19世纪欧洲人的透视概念。但直观上看，至少会发现画面上的人正在拉两根杆子以便拉袋子②，这个动作结尾时两根杆子处于水平位置，并且彼此相对。另一种榨汁机几乎基于同样的原理制造，它由一个支撑在框架中的袋子组成，有两个直立的侧面，其顶部由横梁连接。在这个框架中，袋子保持水平状态，一端固定，另一端穿过对面的孔，用手转动杆子，同样在下面摆一个花瓶接果汁。旁边站着一个监督员，他负责调节压力的大小，并适时发出停止的信号。

有时，一种液体在火上加热，经过充分搅拌后，在榨汁过程中被倒入装有葡萄的袋子里。但这是否只是为了通过湿润葡萄皮

① 埃及法老也有专门负责为自己榨葡萄汁的人员。——原注

② 一个人可能会用一只手和一条腿发力推，而另一条腿则作为支撑。——原注

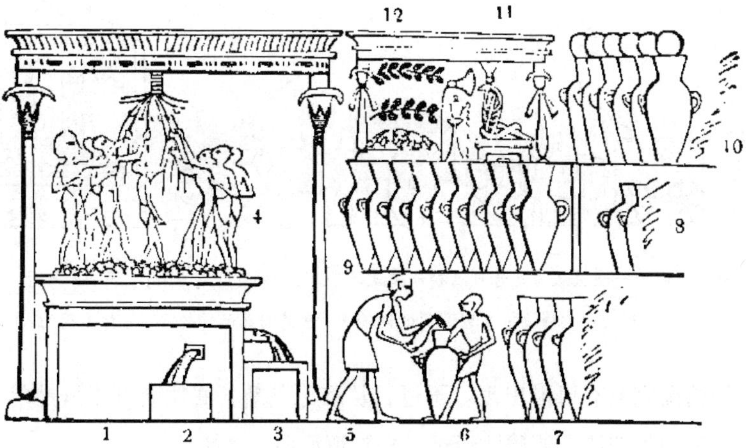

●用脚踩获取葡萄汁的方法、双耳罐（7–10）及守护神小毒蛇（11）：1 大桶；4 踩踏葡萄的工人们；2、3 接葡萄汁的桶；5、6 将酒倒入罐子

来获得更多的果汁或其他目的很难确定，只知道要把这种液体放在火上搅拌，这足以说明它不是普通的水，将其倒在葡萄上的目的可能是提取红葡萄酒的色素。

古罗马把葡萄榨汁设备命名为“torcular”，可能指一种靠扭动、挤压来榨取果汁的设备。不过，在这种设备中，葡萄应该被放在木梁（prelum）下方，所以与埃及人的设备相比，具体的操作程序可能有区别。根据维特鲁威记载，古罗马的榨汁设备有两种操作方式：一种是用螺丝拧，另一种是用杠杆转动。

古埃及榨汁设备在全国各地使用，但主要集中在下埃及。在底比斯，获取葡萄汁一般用脚踩，当然脚踩法也在下埃及使用，我们在一些雕像（如本节插图）中发现脚踩和机械作业两种方式同时出现的场景[①]。所以，葡萄先用脚踩一次后放到设备里再榨一次

① 有时不只是榨葡萄汁，还包括榨其他果汁。——原注

●罗马城中一幢被认为是昔日酒神庙建筑的顶部拼贴画：1 建筑物；a 装酒的罐子；b 压榨过程；c–e 踩葡萄；2 装葡萄的两轮车；3 装葡萄的四轮车；4 背葡萄的人

的情况完全有可能出现。不过，从雕像判断，底比斯可能只是单独使用脚踩法，葡萄汁经过一根管道流向一个罐子。

有的大型榨汁设备的装饰很精美，不仅犹太人使用这样的设备，连维吉尔对此都有所了解。这种大型榨汁设备至少有两个独立部分，分别是下方的大桶和上方可以用双脚踩踏榨汁的槽，工人用悬挂在屋顶上的绳索支撑自己。从雕像上设定的槽高来看，我们认为中间可能还有一个类似过滤器的装置（拉丁语写作“colum”），用来接收杂质更少的葡萄汁。

对古埃及和古罗马的风俗进行比较研究是很有趣的，因此笔者在书中呈现了插图《罗马城中一幢被认为是昔日酒神庙建筑的顶部拼贴画》[①]，它说明古罗马学者笔下描述的压榨机器和古埃及人的同款产品类似。

酒精发酵过程结束后，人们用带长嘴的小瓶取出汁液，倒入酷似罗马双耳罐[②]的陶罐，但我们不清楚发酵程序的前后是否倒

① 有人认为这是君士坦丁大帝时期的作品，参见霍普（Hope）《建筑学》（*Architecture*）第 180 页中对早期基督教徒种葡萄藤的论述。——原注

② 双耳罐有两个把手，古埃及有把的罐子和无把的罐子都很多，因为是陶器，在拉丁语中也写作“tester”。“双耳罐”一词同样适用于两根把手的花瓶，它摆在餐桌上，里面装着酒。——原注

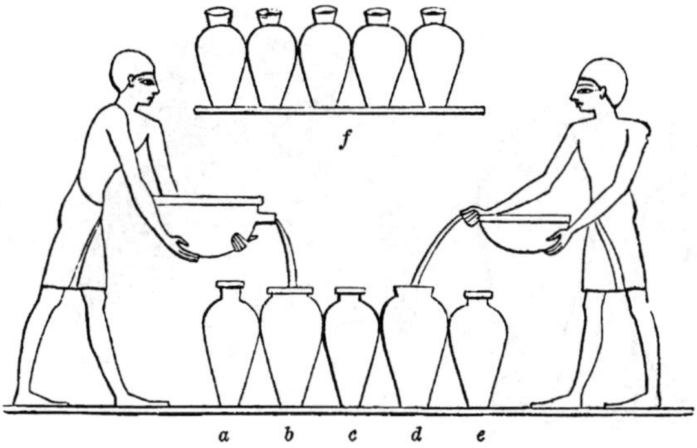

●将酒倒入罐子里：a、b、c、d、e罐子；f被封好的罐子

入某些添加剂，但从雕像的情况来看，又有这种可能，而历史上希腊人确实会往酿造中的酒里兑水甚至加海水。如果认为酿造状态已经足够好，就用一个类似碟子的盖子盖上，然后用沥青、石膏、灰泥或其他成分封口，上面盖上印章，最后把装酒的双耳罐搬到地窖里竖着放好。

在倒入酒之前，古埃及人通常会在双耳罐的底部涂上一定量的树脂或沥青，这是为了保存酒，甚至被认为是为了改善酒的味道。这种观念可能源于古埃及人最初使用的是皮袋[①]而不是罐子，而树脂是保存皮袋所必需的。所以涂抹树脂在漫长的时间变迁中成为一种最受欢迎的习俗，后来被古埃及人采用陶器装酒后继续沿用。这种习俗以前在埃及、意大利和希腊非常普遍，直到19世纪仍然被传承。古埃及用于装酒的双耳罐底部总是有一种树脂或沥青物质。根据老普林尼的说法，古罗马人出于类似的目的使用了布鲁特松脂（Bruttian pitch），或者云杉树脂（Picea pine），而不

① 根据希罗多德的记载，兰普西尼图时期的古埃及人就用皮袋装酒。——原注

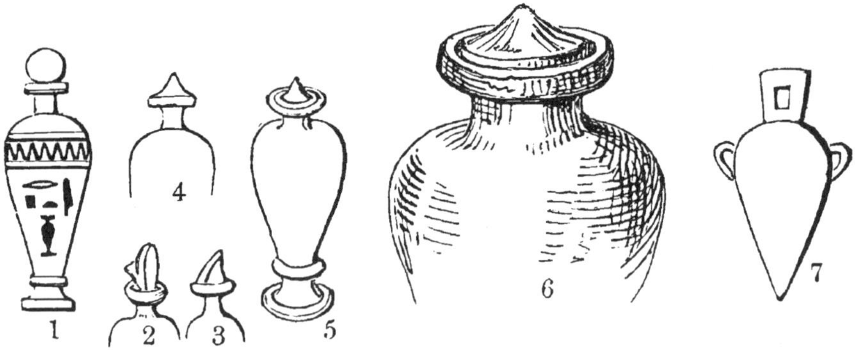

●加盖并且盖子被密封好：1、4、7 雕像图案；

5 现代对 1 的复原图；2、3 不同侧面的盖子视图；

6 利用欧洲方法绘制的盖子视图

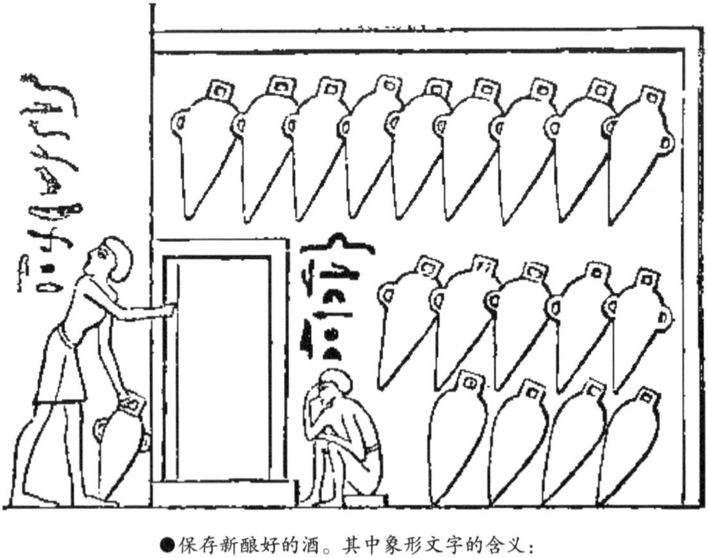

●保存新酿好的酒。其中象形文字的含义：

（左侧）他让我看管好这些酒；（右侧）无与伦比之物

是其他任何东西。如果在西班牙，他们使用了松树的树脂，那也是不受欢迎的，因为它的味道很难闻。“在东方，红脂乳香树（Terebinthus）提供了最好的树脂，甚至比乳香黄连木的还好。而朱迪亚和叙利亚的树脂在质量上仅次于塞浦路斯。这种用于双耳罐内部的树脂涂层被罗马人普遍使用，是他们保存和改善酒味的众多手段之一[①]。除了熏制，他们有时还会煮一部分树脂，这样可以使酒体更加丰满，并提高保存的质量。

古埃及人在地窖里摆放双耳罐的方式跟古希腊人和古罗马人类似[②]，一字排开，排好几排，最里面的罐子靠墙[③]。有时挪罐子，考虑到双耳罐是尖底，底部会托一个铜底座或者木架子。从偶尔能看到的罐子摆放的位置来看[④]，很多双耳罐就像罗马神龛中的那些一样，是被摆放在上层房间里的[⑤]。

古埃及人酿制的若干种葡萄酒[⑥]部分因为质量优良受到古代学者的赞扬。毛累提斯产酒最多，质量也最好[⑦]，其原因在于当地土壤的高质量——除了冲积物，它的主要成分是砾石，这和尼

① 出于这个目的，有时也使用蜂蜜。根据老普林尼记载，当时已经有保存200年的老酒了。——原注

② 如果作为贡品，酒水的单位按照双耳罐（以替代酒桶）的数量来计算，大英博物馆收藏了一些从塞提一世的宫殿遗迹中发现的双耳罐，其容积小于罗马的同类产品。——S.B.

③ 地窖里最里面的一排酒一般是珍藏的最老的酒。这印证了昆图斯·贺拉斯·弗拉库斯的记载——每个双耳罐都会标有储藏酒的年份。——原注

④ 参见插图《用脚踩获取葡萄汁的方法、双耳罐（7–10）及守护神小毒蛇（11）》。——原注

⑤ 这能加速酒的酿造过程。——原注

⑥ “wine”在古埃及语中写作“arp”或“arep”，这个单词早在第四王朝时期就已经使用，当时被饮用的酒已经至少有四种了。——原注

⑦ 阿特纳奥斯则认为安提拉产的酒最好。毛累提斯出产的酒在古埃及纪念碑中写作“Ut”，非常著名，在古代文献中常被提及。——S.B.

●铜底托起的花瓶

罗河流域不适合种植葡萄树的泥浆不同。从阿尔西诺[①]和菲奥姆的西部边界仍然能发现大量葡萄园遗迹，我们从中可以得出结论，古埃及人已经认识到土壤对作物种植的重要意义，他们会有意识地选择适合种植葡萄的地方，然后耕作。根据阿特纳奥斯的记载，毛累提斯的葡萄以甜著称："这样的葡萄酿出的酒是白色的，质量很好，又甜又淡，香气扑鼻；它绝无涩味，喝了不上头。"

斯特拉波认为这种葡萄酿出的酒还有保存时间长的优点。阿特纳奥斯还说："当然，这样的酒不能和特里亚（Tenia）酿造的'特里奥提克'（Teniotic）相比：这种酒味道和香气都令人愉悦，散发出无可挑剔的香气，并具有微涩的特性。尼罗河流域还有许多其他葡萄园，它们的葡萄酿造的葡萄酒声誉很高，颜色和味道各不相同；但在安提拉（Anthylla）附近酿造的葡萄酒比其他地方的葡萄酒都好。"

此处所说的安提拉，石头广布[②]。在底比斯，酿造的部分酒味道很清淡。底比斯的科普特附近酿造的酒不仅有名，而且有益健康。阿特纳奥斯评论道："就连喝不了酒的人也可以大口喝下，即便是在生病发烧的时候。"

赛本尼图斯出产的酒是古埃及产品中质量较高的，我们可

① 位于卡斯尔卡隆（Qasr Kharóon）附近。斯特拉波曾提到，这里大量出产葡萄藤。——原注

② 希罗多德说，在尼罗河泛滥期间，从平原去瑙克拉提斯，必须先经过安提拉。根据阿特纳奥斯的说法，从安提拉得到的收入赐给了埃及的王后们，埃及本土国王和波斯国王时代都是如此。——原注

以下一个结论，就是当地出产的酒在各方面都和前面论述过的产品大不相同。老普林尼认为，当地出产“进口酒中质量最高的”，并且认为这是由塔西亚（Thasian）出产的葡萄、“塞萨洛斯”（sethalos）葡萄和“普斯”（peuce）葡萄混合酿造的。老普林尼认为，塔西亚出产的葡萄是埃及最甜的，并且因为药用价值而闻名。[①]

老普林尼还提到一种叫“埃科布拉达”（ecbolada）的独特葡萄酒，这也是埃及的产品；当时的人们觉得它具有一种独特的力量，所以只有男人能喝，至少严格禁止新娘子喝。考虑到那时的古人已经热衷于通过靠各种药物和物理程序控制酒的品质了[②]，我们认为，这种规定的背后肯定蕴藏着一部分合理性，这就难怪当时的葡萄酒在文献中总是体现出与正常葡萄酒相反的特性了。

古埃及人把葡萄酒广泛用于医疗事业，许多种葡萄酒都被认为是治病的特效药。不过，在开这类药物的处方时，古代医者显得尤其谨慎。在吃下所谓的“药”后，病人会好，这大多是因为自己的“想象力”[③]（imagination），这样反而带火了药物。于是，最差的药物就这样被良医挑来治病，大家都齐声赞誉进口葡萄酒的优点。古埃及曾经以草药闻名，但医生阿波罗多鲁斯（Apollodorus）在给当时埃及法老的一篇论文中推荐了来自本都（Pontus）的葡萄酒，因为他认为这比埃及自产的葡萄酒更好。他还赞扬了爱琴海

① 门德斯是下埃及的另一个产酒地，出产的酒就叫“门德斯酒”。根据克莱门斯记载，这种酒似乎有一种甜味。——G.W.

② 酒中还会掺入药等多种成分。——原注

③ 除了人体自身的“免疫三防线”（皮肤和黏膜、先天免疫系统和后天免疫系统），此处的“想象力”可能是指安慰剂效应，指心理因素可能对治愈疾病起到重要作用。医学上，安慰剂效应可以用于发现（并排除）对治病无效的物质。——译者注

上的佩帕雷西亚岛[①]（Peparethian）出产的葡萄酒，但他倾向于认为这里出产的酒作为药物的价值较低，因为六年以上的陈酿才能充分发挥良好的品质[②]。

葡萄酒是献给埃及神的常见祭品，我们在研究古代宗教雕像时发现，献给神的葡萄酒分为好几种。古埃及很可能有许多不用于祭祀的其他品种的葡萄酒，这可能与古罗马人和其他民族一样，部分品种的葡萄酒被禁止用于祭祀。根据普鲁塔克的记载，赫利奥波利斯神庙完全不准用葡萄酒献祭，其他地方的祭司若以葡萄酒作为祭品，会像古代活人献祭一样，像敌人的血一样把它洒在祭坛上[③]。然而，根据普鲁塔克记载，在赫利奥波利斯，葡萄酒被禁止带入神庙[④]，作为该城市守护神的祭司也不能使用它：

不过，其他神的祭司在这方面的规定没有这么严格。

---

① 佩帕雷西亚岛基克拉泽斯群岛（Cyclades）中的一座岛屿，以葡萄和橄榄闻名于世。阿特纳奥斯引自阿里斯托芬（Aristophanes）作品。——原注

② 从第四王朝和之后王朝的食谱中，可以抄出如下一份酒水菜谱：白葡萄酒（white wine 或 arp hut）、出自埃及北部的葡萄酒（arp meh 或 χeb）、出自埃及南部的葡萄酒（arp ras）及钓鱼用酒，也作“渔夫酒”（fishermen's wine 或 arp hem）。在塞提二世的一个酒窖中就发现了一千六百个双耳罐。叙利亚葡萄酒的材料是外来的。雷克马拉（Rekhmara）墓中有叙利亚人把酒作为贡品的描写，这里也提及了卡鲁（Kharu）或北巴勒斯坦出产的酒。在第十二王朝时期，据说特努（Tennu）一个叫亚阿（Aaa）的地区出产的酒比水多。图特摩斯三世在统计表（Statistical Tablet）中描述萨哈（Tsaha）或北腓尼基的压榨设备中的酒水“多如波浪”。——原注

③ 犹太人有以酒为祭品的习俗。——原注

④ 笔者倾向于相信赫利奥波利斯神庙要用酒献祭，而埃及其他地方的神庙在祭祀时都会向赫利奥波利斯神庙看齐。希罗多德认为这个习俗在全国很普遍。所以我们可以推测，普鲁塔克的真实意思是赫利奥波利斯的祭司被禁止在神庙里饮酒。——原注

即便如此，埃及人对酒的使用仍然非常谨慎。法律对祭司每天饮酒的量做出了严格的规定，严防祭司醉酒，在庄严的宗教仪式执行期间，在必须禁欲的时间段，更是严禁饮酒。普鲁塔克还引用了欧多克索斯的说法，普撒美提库斯之前的埃及法老都被严禁饮酒。当然，这个论断的真实性存疑[①]。赫卡索斯记载[②]，宗教书籍[③]允许法老饮酒，但限制饮酒量。所以这个断言真实性存疑，只是埃及法老在饮酒方面可能和祭司适用同样的规定而已。向不同的对象献祭，适用不同品种的葡萄酒。每种酒都有自己独特的名称，但使用的名称一般不超过三种或四种。笔者在底比斯考察时注意到，北部地区[④]的葡萄酒应该是指毛累提斯、安提拉或赛本尼图斯出产的酒。

古埃及不对个人饮酒做特别的限制，对已婚和单身者都没有，与古罗马人相比，这有很大的不同，因为古罗马女性在早期被禁止饮酒。除了在祭祀活动中，妇女或30岁以下年轻人饮酒是非法的。罗慕路斯时期对饮酒的管理如此严格，以致英格纳提乌斯·梅策尼乌斯（Egnatius Mecennius）的妻子因违反法律而被处死。当时，饮酒相当于犯了重罪。禁酒不仅是一种古俗，甚至成为一种偏见，成了可以泼在女性身上的脏水。有时，罗马人因为对女性亲属起疑，会通过给她们敬酒的方式来“测试”。后来，只能通过健康的理由，对女性亲属开一个喝酒的“渠道”，当时没有比

① 见希罗多德关于麦策里努斯一生最后六年的记载。——原注

② 与第440页脚注2的法老藏酒内容对应。——原注

③ 如麦策里努斯和阿玛西斯这样的法老，在某些场合甚至被允许过量饮酒。——原注

④ “northern country”应该不是指一个国家，所以这里的葡萄酒不是外国进口的酒。——原注

这更好的办法了。

正如笔者已经注意到的，埃及妇女在地位上似乎更高，与其他古代文明中的妇女相比，在任何场合，她们的待遇都更好。有时，她们与男人分开，坐在同一房间的另一侧，她们也会受到与男客人同样的关注。在饮酒和享受其他奢侈品方面，古埃及妇女不受限制[①]，这一点从表现古代宴会的壁画中可以看出。古代画家们在说明这一事实时，有时会施加一点讽刺手法：有的女人在坐着的时候叫仆人来搀扶，有的女人则艰难地防止自己倒在后面的人身上，一个不情愿的仆人端盆子不及时，而一朵褪色的花正要从他手中掉落——这种物件往往能体现主人公自己的心境。

古希腊妇女也可以自由饮酒，因此我们发现瑙西卡（Nausicae）和同伴们不屑沉迷于饮酒。但许多人认为，希腊允许处女和一家

① 不管是什么酒，都被穆斯林称为“khumr”（即 fermented drink，发酵饮料），而一切发酵的东西都被禁止。《古兰经》禁止一切男女饮酒。——原注

●因醉酒而呕吐的女主人和她的用人

●古埃及宴会上的女人

●聚会上醉酒的人被抬回家

的女主人如此自由地饮酒，这种习俗非常不雅观。

古埃及的葡萄酒消费量很大，这一点从雕像和古代学者的记述中可以看出。有的人指责古埃及人过于沉浸在对葡萄酒的喜爱之中，当时仅靠埃及本土的葡萄酒产量完全无法满足需求，结果在希罗多德时代，埃及每年都要从腓尼基[①]和希腊进口大量葡萄酒。酒装在土罐子里，土罐子被倒空后，用于另一个非常不同的目的：它们被集齐后，从埃及各地送到孟菲斯，装满水后运到叙利亚的边界。

① 来自古代的卡鲁（Kharu）和萨哈（Tsaha）。——原注

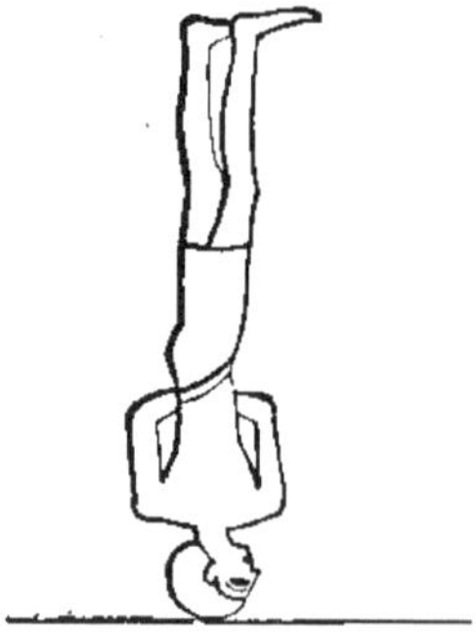

●倒立的人

古埃及祭司提出各种节制的禁令，但放纵的行为无论多少都在古埃及男女身上发生过。有的男人因为在宴会上饮酒过量自己不能回家，必须让仆人抬回家。不过，这些场景中的埃及人的地位并不高，反倒比较低，其中一些人沉浸于观赏滑稽戏表演，喜欢看那些轻浮的可笑舞蹈，并且常常一边玩着，一边就打起来了。

有时，富人在餐前会服用一点感到刺激的东西[①]，以便在饮酒的时候刺激味觉。阿特纳奥斯曾提到，其中一种“刺激物”是卷心菜，他据此并引用迪翁的作品得出结论，即古埃及人根本就是沉迷于饮酒的民族[②]。

罗马人习惯于几种酒混在一块儿喝[③]，有时还会掺入各种香料。我们不知道古埃及人[④]是否这样，但他们很有可能这么做，因为犹太人对这种饮酒法非常推崇，而古埃及人从犹太人[⑤]那里学到了很多东西。

上埃及和下埃及的富人最爱的饮料就是葡萄酒，他们还有一种很好的啤酒（zythus）；虽然狄奥多罗斯也来自饮酒的国度，

① 古罗马人和19世纪的现代意大利人一样，无论是吃饭前，还是饮酒前，都要服用一点开胃的刺激物。——原注

② 约瑟夫斯说，很多人都沉迷于娱乐活动。——原注

③ 古希腊人和古罗马人会在饮酒时兑水。——原注

④ 确实有这种可能。“花之园”（Garden of Flowers）的故事中提到了一种香料酒（夏巴斯《过去的记录》，第156页），将其称为“埃及的芳香饮料”（perfumed drink of Egypt）。还有一种叫“s'et”的饮料，应该是一种烈性葡萄酒，也可能只是葡萄汁。——原注

⑤ 《所罗门之歌》常提到一种“混合酒”（mixed wine）。——原注

并且此前完全不习惯喝啤酒，但他坚信这种啤酒一点儿也不比葡萄酒差。将狄奥多罗斯的评价与希腊人的轻蔑态度相比，当地出产的啤酒肯定比其他地方要好。斯特拉波等学者也提到过“zythus”，尽管希罗多德声称“zythus”只是粮食产区酿造的一种“啤酒替代品”[①]。一种更合理的结论是，“zythus”可能是全埃及农民都喝的饮料[②]，当然在葡萄产地会喝得少一些。实际上，希罗多德的作品可能引导我们思考粮食产地因不种植葡萄而不饮用葡萄酒。但商品只要用钱就能买到，所以只要把结论涉及的对象缩小到“穷人”，还是可以成立的。埃及各地的富人都想方设法弄葡萄酒喝，所以无论是自己种，还是去其他地方买，都要搞到葡萄。

如果希罗多德有机会在19世纪的英国转一转，可能也会得出类似的结论。不过，我们普遍认为英国啤酒质量很好，葡萄酒年消费量也不少，并且进口葡萄酒也没有什么困难。但古埃及的葡萄酒无论是自产还是进口，消费者都是富人。斯特拉波称，即使是靠近毛累提斯产地的亚历山大也是如此——当地明明可以获得比其他地方更多的葡萄酒，一般人最多只能喝点啤酒；即便能喝到葡萄酒，也是产自利比亚沿海的次货。

埃及的啤酒用大麦制成，但因为没有啤酒花，为了提升啤酒的口味，不得不用羽扇豆、裙带菜和一种亚述植物的根。

不止一位学者提到培琉喜阿姆的啤酒很有名。阿特纳奥斯（Athenseus）对埃及啤酒的描述是口味非常浓烈，有提神的效果，以致喝了的人就会跳舞、唱歌，并做出与那些喝了酒性最烈的人一

① 指尼罗河三角洲广袤的平原地带。上埃及和下埃及都种粮食。——原注
② 和法国部分地区一样。——原注

样的过激行为，这一点被亚里士多德的观点证实了，在这方面他的评论读起来至少很有趣。亚里士多德认为，喝葡萄酒大醉的人仰面朝天躺下，喝啤酒大醉的人会面朝大地扑倒，我们对此只能付之一笑了。

与其他地区的同类产品相比，古埃及啤酒很特别，正如斯特拉波观察的那样，不同的人酿酒的方法不一样。当然，那个时代啤酒的口味和今天也不一样。即便在今天，也就是19世纪，英国和荷兰出产的啤酒和法国出产的啤酒或埃及出产的“布扎”（booza）口味也大不相同。对于布扎，没人说它口味儿像啤酒，大家一般都只认为这是一种能让人喝醉的饮料。自古以来，人们就会用大麦酿造啤酒，但因为懒惰而只愿意执行最基本的发酵过程，就像做面包等食物一样，19世纪的埃及人酿“布扎”时也这样①。

古埃及还出产一种老普林尼所说的“人造”（artificial）葡萄酒，也就是用多种果汁酿的酒。古希腊人和古罗马人②认为所有发酵饮料都可以用同一个名称指代，如把啤酒称为“大麦酒”。但埃及人毕竟用了“zythos”这个词，这暗示埃及人创造了区分不同饮料的专有名词。更有可能的是，每一种果汁酿的酒都有独特名称；酿酒原料中涉及的每一种果汁，在质量等特点上都有具体的要求。有时用什么水果，酿出来的酒就用水果的名称命名，就像19世纪的雪梨酒和苹果酒一样。我们可以在古墓和神庙中的

① 象形文字中的“beer”写作“”（heqa），这是早在第四王朝时期就已经使用的单词。当时的啤酒是用红薏米或麦芽酿造的，被称为“tes'er”。埃及东部有一个叫卡蒂（Kati）的地方，古埃及进口的啤酒就来自这里。当时的啤酒有两种，一种酒精含量高，比较刺激；另一种较温和，用于医疗。古埃及人也沉迷于喝啤酒，塞提一世时期的纸莎草文献中记载了一个因醉酒而堕落的人。——S.B.

② 一种主要的果酒种类在象形文字中写作“”（baqa），被认为是用枣子或无花果酿造的，来自巴勒斯坦。——S.B.

象形文字铭文中发现，铭文中明确写着若干种古埃及葡萄酒的名称。老普林尼认为东方最常见的酒水之一就是棕榈酒，希罗多德认为古埃及人会用棕榈酒进行防腐作业，但他不清楚酿造方式和老普林尼的记载有什么异同——将成熟的棕榈树果浸泡后，挤出果汁，每1.5配克[①]（peck）的果汁兑入约22品脱[②]（pint）水。

19世纪的棕榈酒主要是一刀切入紧挨上层树枝的树心[③]，然后摆个罐子接树汁，但这样可能导致棕榈树直接死亡。我们有理由认为，除非枣树大量生长或者在绿洲地区，否则古埃及人断然不会冒这样的风险。在19世纪的埃及，这种饮料被称为“洛贝格赫”（lowbgeh），其味道类似一种很新的淡酒。酿造时间不长的酒可以大量饮用，但随着发酵过程的持续，这种酒变得一饮即醉。“洛贝格赫”不只是埃及和绿洲地区的人们在喝，非洲其他地区[④]和许多盛产棕榈树的国家的居民都有以同样方式酿酒的习惯，就连真主安拉也无法阻止穆斯林信众喝这种酒。努比亚人酿造椰枣酒，但这种酒现在已经不流行了。他们用椰枣酿造出一种纯度更高的白兰地。在整个尼罗河流域，这种白兰地很受欢迎。

古埃及人常用无花果和石榴等水果酿造果酒，为此还用了多种草药。可以推测，这些草药加进酒里是为了医用[⑤]。

---

① 1配克约为8.81升。——译者注

② 1品脱约为568.26毫升。——译者注

③ 老普林尼将其称为树的“脑”（medulla）或“髓”（cerebrum），在阿拉伯语中读作“qulb”或“jummár”，意思是“心”。有时，在开罗，树心被当作美食贩卖，味道尝起来像甜萝卜。——原注

④ 黑人喝喜欢能醉人的饮料，可以说，在尼罗河流域，肤色越黑的人越喜欢喝能醉人的饮料。努比亚人比所有埃及人都爱喝酒，这符合前面提到的规律。——原注

⑤ 芸香、鹤望兰、苦艾及许多其他植物都用于酿酒。葡萄酒也会加入这些草药的

古埃及人种植的最重要果树当然是棕榈树，因为它数量多，用途广泛。棕榈树的果实是古埃及人的食物，一年中包括8月在内的很多个月，他们都会采摘新鲜的果实，甚至将其储藏起来。储藏的方式有两种，一种是简单干燥法，另一种是糖衣保存法（19世纪类似的保存方法写作“agweh”或“adjweh”）[①]。糖衣可以煮着吃，也可以当作甜食直接吃。笔者在底比斯考察的时候，在古墓[②]中发现了一些残留的古代糕饼[③]和干枣。虽然老普林尼说埃及、埃塞俄比亚和阿拉伯的椰枣因灼热、干燥的土壤而无法保存，但现代的经验和我们对埃及古俗的了解证明老普林尼说得不对。不过，老普林尼提到在底比斯保存枣类必须用花瓶，如果他没有另外暗示另一个信息，也就是必须先把枣烘干的话。

老普林尼对棕榈树的生长、耗水量极大的记载还算准确，东方人几乎都知道，除非在水源充足的地方，否则棕榈树是不会生长的，但我们仍然会在文献中读到在沙漠中生长的棕榈树，好像它在干旱地区很受欢迎或者是沙漠特有的植物。因此，除了绿洲和附近存在泉水的地方，沙漠中没有棕榈树；如果它在沙质土壤中生长旺盛，这只出现在它的根部能获得一定水分的情况下。人工栽培的棕榈树是用枝条培育的，那些在地表布满石头的地区长出的棕榈树品质会比较差，先生长七年，再过五六年才会结果。如果土壤或栽培方式得当，一棵棕榈树可以活六七十年甚至更长时间。

和东方一样，在古埃及，椰枣也被作为骆驼等动物的饲料，

汁液进行浸泡或调味。——原注

① 把大量椰枣搅碎，压成糕饼，19 世纪，埃及所有市场都有售。——原注

② “palm”在象形文字中写作“[illegible]”（bener）。——原注

③ 其中一块现藏于大英博物馆。——原注

这说明椰枣的产量很大。椰枣树也是一种高产、高价值的作物[1]，树干可以做房梁，树枝可以做柳条筐、床架、鸡笼和房间的天花板，可以充当板条或任何薄木制品的材料。此外，它的树叶可以做成垫子、扫帚和篮子[2]，树枝基部的纤维状皮层可以做成坚固的绳索；甚至树枝的基部可以整平，然后做成扫帚。成串的茎干也有用处，它们的纤维被木槌分开后，既可用于制作绳索，也可用于沐浴。除了白兰地、“洛贝格赫”和椰枣酒，还可以用椰枣提取醋。椰枣中另外还含有大量糖精，都可以为人类所用。

上埃及还有一种大量种植的底比斯棕榈树[3]，它产出的木材比枣树更结实、更紧凑，既可以用来做木筏和其他水中作业的工具，也可以做梁和椽子。这种棕榈树的一般特征与普通的椰枣树不同，它的树枝总是分杈，在古雕像中很好辨认。[4]它的果实是一个大的圆形坚果，外面有一层纤维状的包裹物，味道甜美，与我们欧洲的姜饼很像。坚果未成熟时也可以吃，这时的状态类似于软骨或角；但一旦成熟，它就会变得非常坚硬，虽然小很多，看上去和可可豆几乎一样。埃及人用底比斯棕榈树做钻头的空心

① 一颗椰枣树最多可以产 4 坎塔尔（qantars）的椰枣，相当于金衡制的 440 磅（8 串），但一般不可能产这么多。笔者在沙漠东部的艾恩德井（Wadee el Enned）边发现了一颗野生椰枣树，有 125 根果柄组成，每根果柄上有 30 到 60 颗椰枣，所以平均每 45 根果柄上有 5625 颗椰枣。每株椰枣树产 5 串到 15 串椰枣，但笔者仔细观察后发现，这种椰枣树的果实就像所有野生椰枣树一样很小，质量也很差，有的果实可能还没成熟。尼罗河流域 1 费丹（feddán，可能相当于 1 英亩）土地会种植 400 棵椰枣树。——原注

② 这些东西也可以用芦苇、纸莎草、底比斯棕榈树的叶子、杞柳树、一种叫“scálfeh”的植物及其他植物来做。——G.W.

③ 如今，它的学名是“海枣”（Hyphæne cucifera），象形文字写作“”（mama）。——原注

④ 在离地面 5 英尺左右的地方，树枝会分成两个杈，每个杈又分成另外两个杈，最上面的几组杈会被叶子和果实盖住。——原注

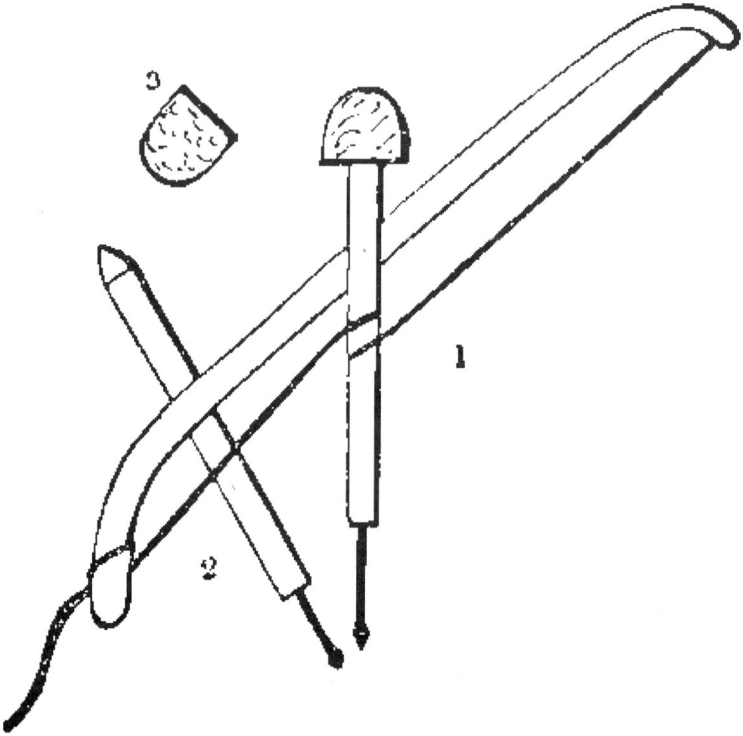

●1 弓；2 钻杆；3 弓钻

套筒。因为底比斯棕榈树材质非常耐用，所以特别适合做钻头的空心套筒。截至19世纪，埃及的木匠和橱柜制造商仍然使用底比斯棕榈树。古埃及人使用它的方式与19世纪的现代方式几乎完全一样，这可以从底比斯的古代雕像中得到充分的证明，不过，古埃及人也常用一些硬木来代替底比斯棕榈树出产的木材。关于大英博物馆收藏的、在底比斯发现的非常有趣的工具套装，敬请参见插图《伯顿在底比斯发现的木工用品》，这是在一个工人的墓穴中发现的。

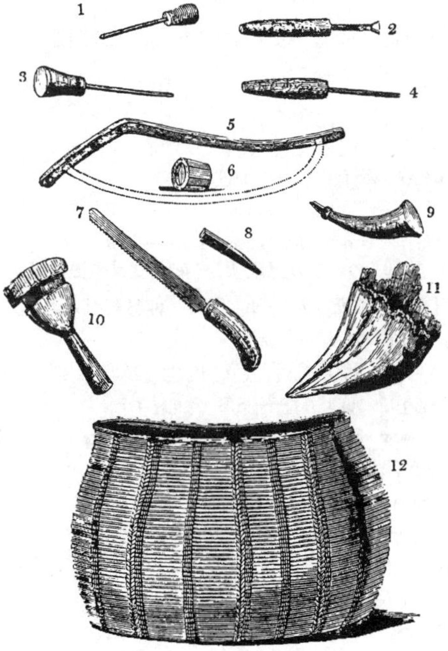

●伯顿在底比斯发现的木工用品：1、2、3、4凿和钻；5、6钻（部分零件）；7、8锯；9盛油的角；11装钉子的包；12工具包

椰枣核可以用于制作穆斯林的念珠[1]，因为硬度高，可以进行抛光精加工。在底比斯的古墓中，我们发现了很多椰枣果实和用椰枣核制作的珠子的样品，都以很好的状态保存至今。树叶可以用来制作篮子、麻袋、垫子和其他类似的编织品，包括扇子、苍蝇拍、刷子，甚至拖鞋的组成部分。

除了椰枣和第449页脚注③提到的海枣之外，梧桐[2]、无花果、石榴[3]、橄榄[4]、桃子[5]、杏仁[6]、鳄梨[7]、洋槐[8]（kharoob），以及被写作“nebq”或“sidr”的植物[9]和被写作“mokhayt”或“myæa”[10]的植物都被种植。不结果的植物中最引人注意的是柽柳（19世纪学名Tamarix gallica，Linn，阿拉伯语发音同Tárfah）、被称为“áthul”的植物[11]、腊肠树、番泻叶、蓖麻油树、桃金娘[12]、老鼠簕[13]（sont）、几种相思树（acacia）[14]，以及被称为“sayal”[15]、“fitneh”[16]、“tulh”[17]、“lebbekh”[18]的植

① 像这样的念珠在各地都有售。——原注
② 在纪念碑上写作“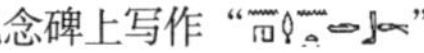”（neha en teb）。——S.B.
③ 古代纪念碑上写作“ermen”或“remen”。——S.B.
④ 象形文字写作“”（t’et），夏巴斯认为“teb”就是橄榄树果实的意思。——S.B.
⑤ 这是波斯人引入的，波斯人希望将它作为一种毒药引入埃及。但老普林尼否认了这种不可能发生的事情。——原注
⑥ 老普林尼认为埃及养不活樱桃树，直到19世纪当地也没有种植。——S.B.
⑦ 也许就是古文字中的“as’t”。——S.B.
⑧ 角豆树（Ceratonia siliqua）被老普林尼称为“Ceraunia sihqua”，但他说角豆树不是埃及土生土长的植物。——原注
⑨ 鼠李属植物（Rhamnus nabeka）。——原注
⑩ 19世纪学名为Cordia myæa，Linn。——原注
⑪ 或为东方柽柳（Tamarix orientals, Forsk）。在象形文字中写作“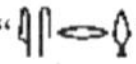”（aser）。——S.B.
⑫ 这不是埃及本土生长的植物。——原注
⑬ 阿拉伯金合欢（Acacia nilotica或Mimosa）。——原注
⑭ 其中一种在象形文字中被写作“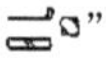”（ās’），一些人认为这其实是雪松（cedar）。——原注
⑮ 塞伊尔相思树（Acacia seyal）。（相传这就是建造约柜的木材。——译者注）——原注
⑯ 鸭皂树（Acacia farnesiana）。——原注
⑰ 胶黄蓍树（Acacia gummifera）。——原注
⑱ 大叶合欢（Acacia lebbek）。——原注

物等，还包括一些在19世纪只在沙漠中或埃塞俄比亚南部才有的树①。不过，笔者希望把重点集中到古埃及人培育的作物上来，集中到与他们的节日庆典和家庭生活有关的植物上来。

古埃及人对树木花卉也很感兴趣，巴不得把整个花园都堆满这些植物，甚至为此要求纳贡称臣的外国进贡稀有花木。②

除此之外，古埃及人还把莲花和其他他们喜欢的花画在墙上、房屋的家具上、衣服上、椅子上、箱子上、船上……总之一切想装饰的事物都被用花的图案装饰。在老普林尼看来，古埃及人还制作了被称为“Ægyptiæ”的人造假花③，这可能和他后面记载的、被称为“hybernæ”的假花相似。和古罗马人一样，古埃及人在城市的寓所中在粉墙上画上花园图案；如果他们只喜欢一种花，就用花朵图案铺满整个墙壁。古埃及人很早的时候就开始佩戴小花环等装饰品，虽然主要是使用荷花，也有采用菊花、金雀花、金合欢、绞股蓝、柿子花、银莲花、橄榄树、桃金娘、月桂树④、菊花、月桂等植物的花或叶。根据普鲁塔克记载，阿格西劳斯二世在埃及的时候对国王赠送的纸莎草小册子感到很喜欢，回斯巴达的时候还带了一些走。

---

① 其中可能包括榅桲（bak或qab）。“nebs”应该是一种桑树。一种叫“ta en nebs”的植物可以用来做面包或点心。“meri”是一种梧桐。除此之外，还有“kat”、产红色果实（或树皮）的“taseps”、“àm或àmàm”应该是杨树。还有叫“nàru”的植物及其他种类，很多在19世纪尚属未知。——S.B.

② 阿特纳奥斯记载古埃及人很重视自己的花园。因为古埃及气候良好，加上古埃及人的这种爱好，在其他地方只能在一年特定时节开放的花朵可以在埃及全年任何时候怒放，即便深冬也可以见到玫瑰和紫罗兰鲜花。——G.W.

③ 对古墓的发掘证实了这一点。——原注

④ 笔者注意到，在古墓中发现的一些东西似乎就是古代留下的月桂树叶。虽然月桂树不是古埃及的本土植物，但埃及人可能种植过。一旦什么东西冠上“Alexandrian”，可能就引自希腊。——原注

●跟在克姆神像后面被抬着的桌子

古埃及人的园林守护神是克姆（Khem），对应古希腊神话的山林之神潘（Pan）。克姆受拉诺（Ranno）的特别保护，拉诺是一种常常以蛇的形态或人首蛇身的形态出现的女神。所以酒作坊、葡萄园或别墅的其他部分的雕像上都有蛇的象征性形象出现。拉诺也是法老和王子的守护神，其形象和蛇及王室之间有紧密的联系[①]。与拉诺有关的蛇被赋予另一个名称，写作“uræus”——这是商博良根据“ouro”推导出来的，这个科普特语中的单词意思是“国王”（king），类似源于希腊语“basiliscos”[②]的另一个单词“basilisk”。

① 和卡尔·冯·林奈（Carl von Linnaeus）记载的眼镜蛇相比，只是头部特征有所区别。如今这种蛇被命名为“naja haye”，这个名称有问题：“haye”在阿拉伯语中是对撒哈拉角蝰（Cerastes vipera）的称呼，不是指眼镜蛇。——原注

② 意思是“royal”（王室的），但也泛指“蛇”（snake）。——G.W.

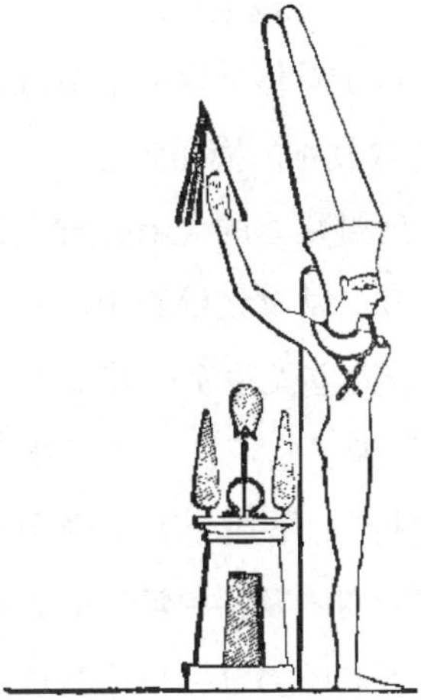

●克姆神像

●一组象形文字，合在一起意思是“埃及”

不管是克姆还是潘，从其神性来看，影响的是万物的繁衍生息。因此，古埃及神庙的雕像中发现法老当着克姆的面用锄头刨地的场景，这象征这位神能起到的积极作用。法老在现实中真的会用雕像表现的、刨地的方法祭祀克姆神及其另一种身份“创造者阿蒙-拉”（Amunra Generator），“创造者阿蒙-拉”也是底比斯朱庇特神的一种表现形式。人们会抬着克姆神像或者祭坛游行，克姆神庙中会种植两棵以上的树，还有自己特有的标志。罗塞塔石碑和其他埃及古迹上暗示“埃及”的象形文字可以读作“树木之国”（land of trees），这显然与克姆有关系——“Khem”[①] 与“Chemi”一词如此相似，而“埃及”在科普特语和古埃及语中都被称为“Chemi”。毫无疑问，希腊人和罗马人将他们的花

① 潘诺波利斯（Panopolis）也被称为“Chemmis”，其中古埃及来源的痕迹在 19 世纪的今用名“E'Khmim”这一写法中也能看到端倪。——原注

园置于普里阿普斯（Priapus）保护之下的习俗就是以类似的神性产生的，但当时，跟其他许多情况不一样，对于具体神性的抽象概念没有产生①，人们只是用简单的想象力去勾勒神的模样而已。

古埃及人很可能会在花园的阴凉处度过夏季的大部分时光，也会像罗马人一样在花园接待自己的朋友。从墓穴壁画中一些亭子的大小来看，我们可以断定花园不是为主人独享而建造的，也有接待朋友的功能。花园最初可能是为了实用，主要用来种菜，以便满足一家人的需要。但随着财富的增加、奢华受到推崇，古埃及人开始更多地种植可以遮阴的树木及各种常见的芳香植物和观赏性花卉。后来，花园被分为不同的部分，根据其功能分别称为葡萄园、果园、厨房和花圃，具体取决于主人的财力或喜好。一些比较富有的人将别墅建得很大，还增加了一个花园（paradeisos），其中除了鱼塘和狩猎游戏区，还有许多不同的区域，如养鸡区（gallinarium）、养鹅区（chenoboscium）、养牛的牛棚及野山羊和其他来自沙漠的动物的饲养区，它们的肉都是餐桌上的美味佳肴。正是在这些数量众多的“保护区”里，富人以狩猎为乐：他们在沙漠中用网栅栏围出相当大的空间，把动物赶到里面——尽管在开阔平原地区，我们能更多地见到这种行为。闲暇时，许多人从事渔猎休闲活动。射箭很受欢迎，不少年轻人，有时甚至是少女都喜欢对着靶子练习射箭。②

① 值得注意的是，古希腊人和古罗马人不断地从文字中提取抽象而且形而上学的概念，而古埃及人则将物质意义上的存在转化为形而上学的概念。——原注

② 较穷的人也有凉亭，他们在地里搭起一个看守棚，用它保护自己的作物不受侵犯。这种“黄瓜园里的小屋” 在19世纪的埃及各地仍然很普遍，即便是现代农民同样需要采取类似的预防措施。——G.W.

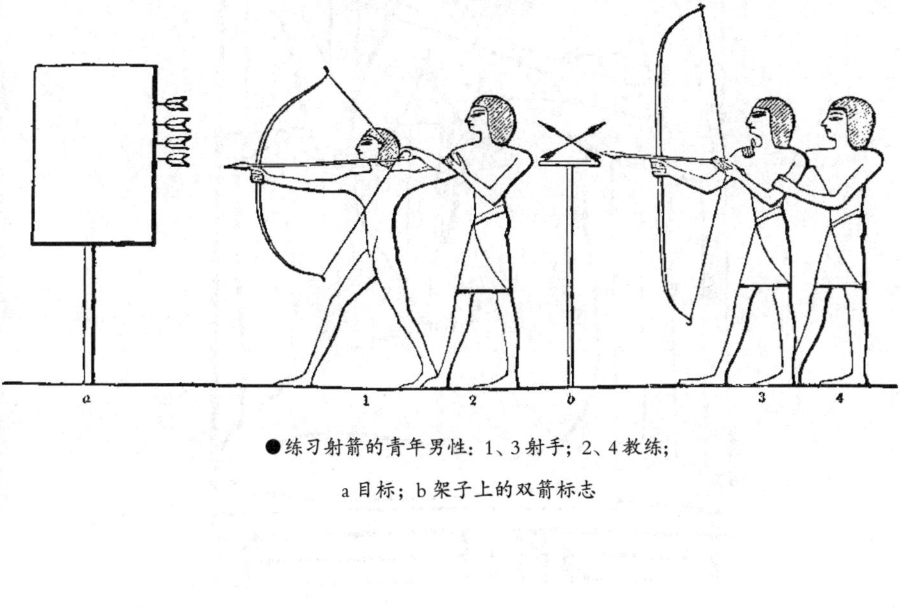

●练习射箭的青年男性：1、3 射手；2、4 教练；

a 目标；b 架子上的双箭标志

●弹吉他的古埃及女性

第6章

埃及房间里的各种家具—埃及人是如何坐下的—乐队和乐器—宗教器具—舞蹈动作和模式

● 19 世纪埃及人用于粮食脱粒的机器“诺列格”（Nóreg）

接待朋友的起居室有时在一楼，有时在二楼。在室内，主客双方通常坐在漂亮的椅子和沙发上，每张椅子像希腊人的“单人椅”（thronos）可坐一个人。他们偶尔也使用凳子和矮座位。有的人盘腿坐在垫子或地毯上，或呈单膝跪地姿态。但男人和女人通常是分开的，但不会分开房间。交谈时，他们不像现在的东方人那样躺在睡椅（diwans）上，也不像罗马人那样吃饭时用左手肘撑着身子躺在长长的躺椅或沙发上，尽管古埃及同样有这类家具。

除了单人椅，还有一种可坐两人的“双人椅”[①]（diphros），当然有时是一家之主两夫妇坐。不过，双人椅不是只有一家的主人才能坐，更不会有一家之主“只能坐某一张椅子”的规定，因为我们经常发现屋主人像客人一样坐在单人椅上的场景。客人不管

●双人椅（2）和单人椅（1）

① 象形文字写作“[illegible]”（qana）。——原注

●莱顿（Leyden）博物馆收藏的古代椅子：1 高 8 英寸，椅背高 1 英尺 4 英寸；2 高 14 英寸，椅背高 2 英尺 6 英寸

男女，很多时候也坐双人椅，这是被允许的。

古埃及家具都做得非常华丽：由乌木和其他稀有木材制成，镶嵌着象牙①，与如今19世纪欧洲使用的一些家具很像——这些现代家具在设计时往往参考了古埃及家具。在底比斯的墓穴中没有发现很精美的古代椅子，偶尔能见到质量一般的古代椅子，其中一些藏于大英博物馆等处。实物沙发比雕像中的形象要小得多，座位只有8英寸到14英寸高，与画中的座位相比，其形式和结构没那么好看。有些椅子是木制的，有些椅子是用绳子或麻绳编成的，各方面和19世纪欧洲用草编的椅子不太一样，可能是给下等人或者普通客人使用的。

古埃及雕像中为我们呈现了各种椅子，这些椅子出现在各种

① 埃塞俄比亚以贸易或朝贡的形式向埃及提供大量乌木镶嵌象牙的制品。看来，在古代，埃塞俄比亚人很擅长制造这种家具。这种家具在象形文字中好像被写作“[象形文字]”（maut），有人会把它读作“mafut”。在贝托阿里（Beitoualli），这个词用来描述黑人向拉美西斯二世进献的贡品。——S.B.

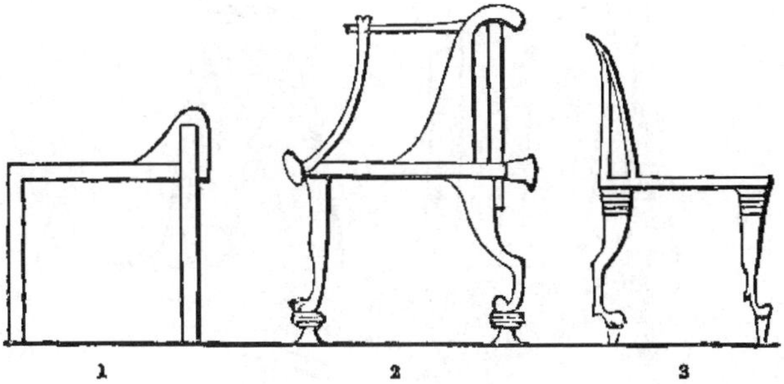

● 1 无椅背的椅子或沙发；2 袋鼠椅（kangaroo chair）；

3 用交错绳编织工艺制成的椅子

宗教场景和世俗场景之中[①]。有的椅子就像我们19世纪野营时带的小凳子，坐的时候上面再加个垫子，垫子用豹皮或其他动物皮做成[②]。不坐的时候，只要把垫子拿掉，就可以把椅子收起来。制作其他各种椅子、木制枕头，当时很常见，笔者就从底比斯带走一个，现藏于大英博物馆，见下文插图《古埃及枕头》中的2。古埃及人用各种方法装饰凳子，有的加上金属板，有的嵌入象牙或外来稀有木材，或者通过涂漆将普通的椅子变得像以稀有木材制成的一样，使其看起来更有价值。

椅子的坐垫部分通常用皮革制成，上面画了鲜花等美丽的图案。有时，从侧面看，椅子的造型或装饰部分看起来甚至像俘虏或被打败的敌人的形象。有时，坐垫用编织工艺做成，就像19世纪英国人能用到的印度藤椅一样，这种座椅似乎很适合在炎热的气候中使用。不过，古埃及人坐这种椅子时，偶尔会放置一个图

① 古代中国也有这样的椅子。——原注
② “豹皮”在象形文字中写作“”（abu）。——S.B.

●莱顿博物馆收藏的椅子，高13英寸（1），椅背高17英寸（2）

案精美的麻布垫子[①]。

大多数椅子和凳子的高度与19世纪欧洲现在使用的椅子和凳子差不多，座位和椅腿形成的直角夹角几乎与膝盖弯曲形成直角平齐。但有些椅子和凳子非常低，有些椅子可以让千年前的古埃及人享受如今欧洲人在自己客厅里的袋鼠椅上摆出的各种姿势。椅腿在设计时主要模仿一些野生动物的腿，如狮子腿或山羊腿，其中模仿狮子腿更多一些。椅腿抬起并支撑在一根短销上，值得注意的是，即使在约瑟时代——这是一个比较古老的时代，古埃及橱柜制造商已经不再需要额外用杆子连接椅腿，但这种情

① 其中一根椅腿的一部分呈鹅头造型，鹅嘴张开，上面的象形文字可以这么翻译："世袭之人，世界之主（法老）的大顾问，王室书记官，大屋（宫殿）的内侍，阿蒙霍特普（Amenhetp）确实配得上这些头衔。"此人死后，这些文字被刻在上面，这表明这把椅子要带进墓里。这是一把第十八王朝时期的椅子，如今收藏在莱顿博物馆。——原注

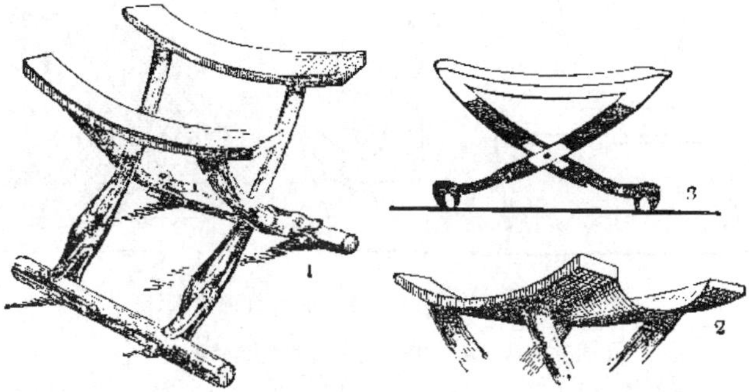

●1、2大英博物馆收藏的古代凳子，和我们今天用的马扎类似；3古代雕像呈现的同类产品，还有一个坐垫

况并不绝对——造凳子和椅子（更少）时偶尔需要这些加固部件，就算19世纪的英国也是如此。不过，各种沙发的外观没有因如此不雅观、显得笨拙的外部支撑而退化。古埃及椅子的靠背同样轻巧而结实，有时是凹进去的，就像一些罗马椅子或所罗门王座一样，在许多大沙发上，由两只狮子的造型分别形成扶手。但沙发背通常有一组直立的横杆，或形成一个逐渐往后斜的造型，外加一根垂直横杆支撑，靠背本身形成一道优美曲线；再加一个漂亮的枕头，枕头由彩色棉花、涂漆的皮革甚至金银制成，于是，沙发就像《圣经·以斯帖记》中提到的亚哈苏鲁（Ahasuerus）宴席上的床，或像斯卡乌鲁斯（Scaurus）宫殿中绣着金丝线的羽毛垫子那样。

一些在公共场合使用的小凳子，其精美程度足可媲美一般的椅子，唯一的区别是，与椅子相比，它们没有靠背。做工最精致的凳子都以乌木制成，另外镶嵌了各种名贵的材料。很多凳子具备如今凳子的折叠功能。比较常见的凳子低矮，有的凳子只

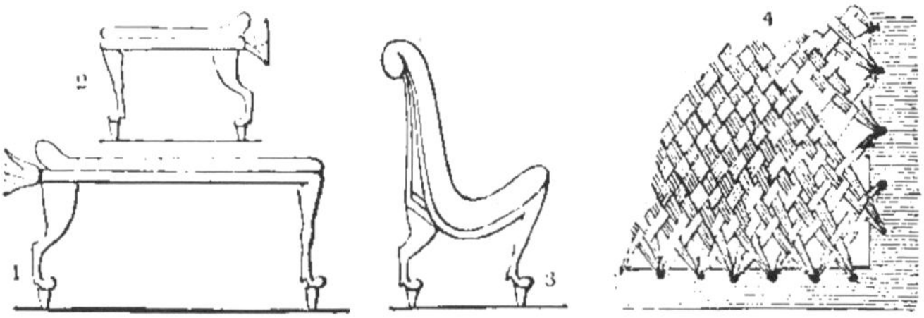

●1没有靠背的双人椅；2类似设计的单人椅；

3袋鼠椅；4用交错编织工艺制成的椅座

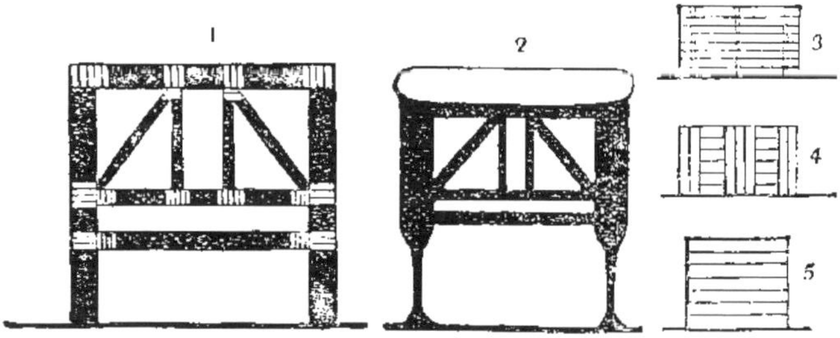

●1凳子（侧面空心）；2装坐垫的凳子（侧面空心）；3、4、5侧面为实心的凳子

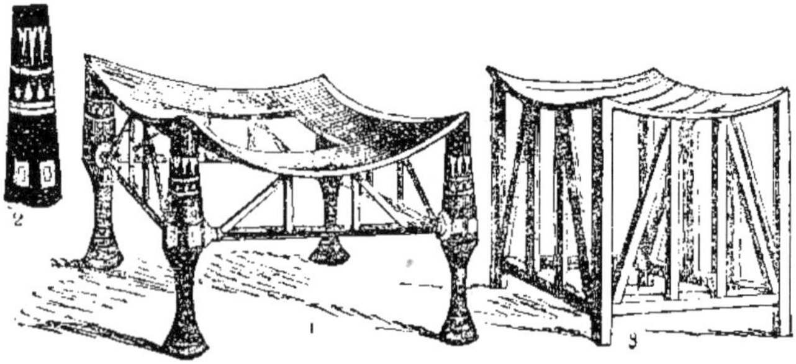

●1大英博物馆收藏的嵌有象牙的乌木凳子；

2椅腿；3另一种比较常见的古代凳子

有三条腿，这是给下等人使用的，就像19世纪英国农民坐的凳子一样。

箱式凳（ottoman）在造型上可以看作“方形沙发”（square sofa），其高度和椅子相仿。它的顶部材质为皮革或棉；它的底部为木制，有俘虏形象等彩绘图案做装饰——俘虏的图案只配给人“坐”，因为他们地位低下。这种低下体现在各个方面，小到凉鞋的装饰，大到宫殿彩绘，甚至建筑细节也不例外。

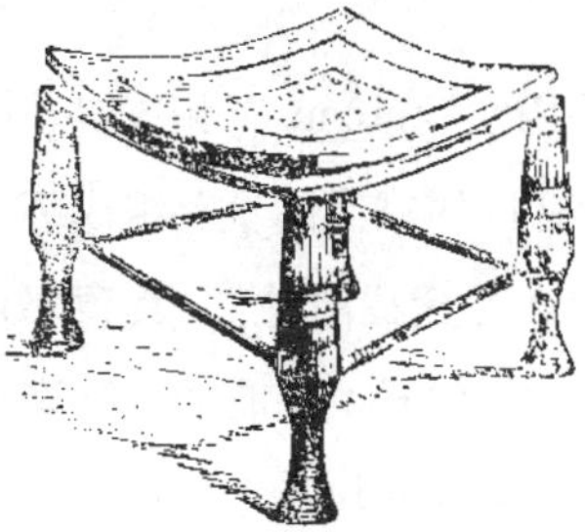

●有皮革垫子的凳子

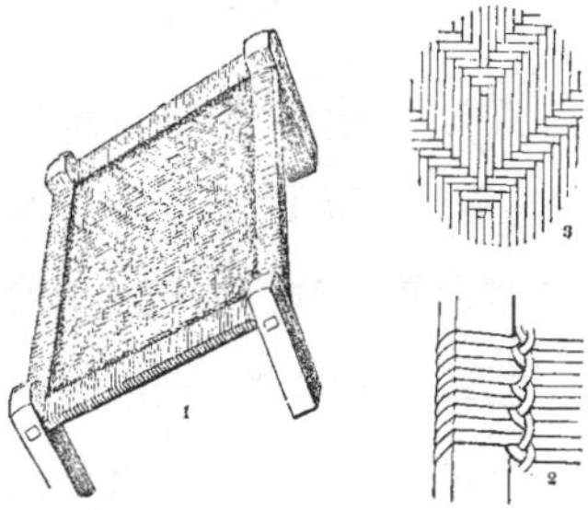

●1 柏林博物馆收藏的小凳子；
2、3 坐垫的编织纹路

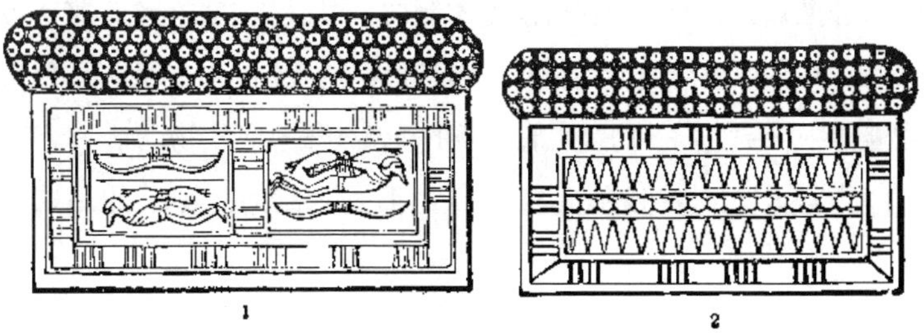

●拉美西斯三世陵中出土的箱式凳

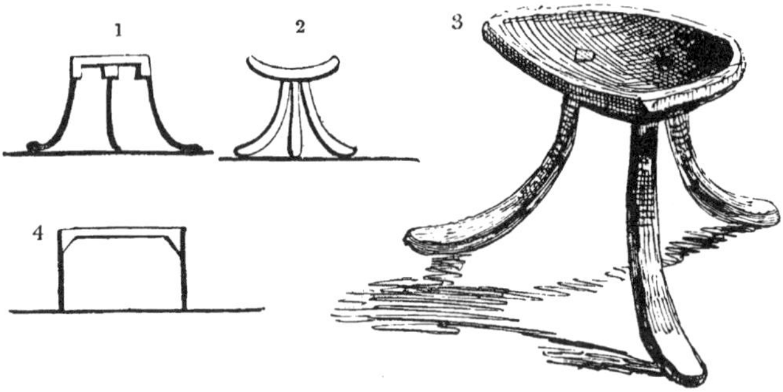

● 1、2 古代雕像图案上的三腿凳；3 萨特收藏的古代木凳；4 和 1 材质可能为铁

搁脚凳（footstool）对应古希腊语中的“thrēnus”和古罗马拉丁语中的“scabellum”，是古埃及人客厅里家具的重要组成部分之一。从侧面看，搁脚凳包括有凳腿和无凳腿两种①，其顶部采用编织工艺或者垫垫子，高度因具体产品而异——有的搁脚凳和如今的常见尺寸相仿，有的搁脚凳的厚度和一块小地毯相仿。搁脚凳和其他记载中看起来“低矮”的椅子其实就是指地毯，荷马和狄奥多罗斯②都曾提到地毯，这是一种很早就存在的发明，因为我们已经发现若干有人坐在地毯上的例子。我们甚至可以按照同样的道理推知，有的古地毯可能是木制的，可以从中间折叠起来。古埃及人在客厅里普遍使用垫子，像19世纪的我们一样；我们不仅在古雕像中看到它们，而且在底比斯的坟墓中发现了实物。

古埃及人对沙发的要求很高，都是木制的。沙发的一端翘

① 图特摩斯三世时代的石板中“hunn”。——原注

② 狄奥多罗斯曾经提及一种专门为古埃及宗教中的动物铺设的地毯（stromnai polutelestatai）。——原注

● 1 可能是一张可以坐的地毯；2 可能是 1 的同款，也可能是木制的；3 小地毯

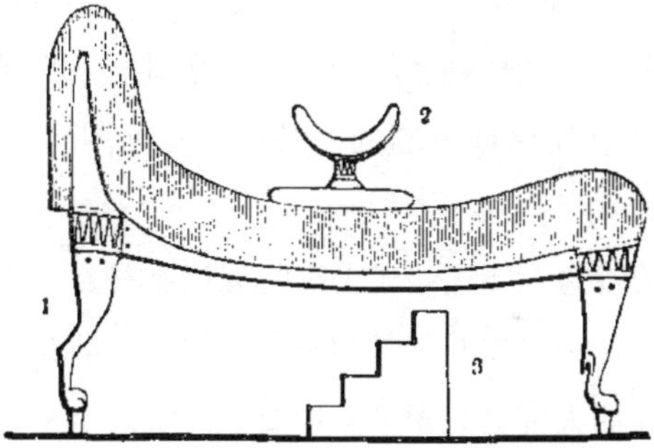

● 1 沙发凳；2 枕头；3 登上大沙发所需的台阶

起，并以优美的曲线向后收。椅腿就像前面描述的许多椅子一样，被设计成类似于一些野生动物的腿[①]。尽管古埃及人有自己的沙发，与同样普遍拥有沙发的19世纪现代欧洲人相比，他们似乎并非更经常地躺在上面。事实上，基于雕像和宗教历史作品，我们有理由相信，埃及人和早期的古希腊人、古罗马人[②]一样惯于坐着吃饭。正如斐洛公正地指出的那样，约瑟招待他的兄弟们

① 古希腊人也会这么设计自己的家具。——原注
② 据说这是布匿战争之后从迦太基引入的。——原注

时，让他们按年龄坐下，也就是说，边躺着边吃的习俗在那时尚未引入[①]。

沙发[②]似乎作为床架使用，晚上可以充当睡觉的床。白天，被褥被其他东西替代，于是，它们从床变成装饰性的家具[③]，如枕头和台阶之类的饰品都有力地支持了这一推测。在19世纪的现代东方，这种做法也不罕见。

古埃及人使用圆桌[④]、方桌或椭圆桌。圆桌一般作为餐桌，包含支撑在中轴的顶部圆形平面（即拉丁语中的“monopodium”，古埃及圆桌的中轴常被做成下等人的形象，即俘虏），以及3条或4条桌腿（大桌子）[⑤]，当然存在一根实心圆柱到底的造型。虽然圆桌一般都是木制的，但也有许多是金属制或石制的，其尺寸根据用途的不同而存在差异。

古埃及的普通人要么像19世纪的现代亚洲人一样盘腿而坐，要么蹲在地上。许多埃及雕像和彩绘中的人物都是蹲着的，凡是见过埃及农民的人都会意识到，埃及人乃至整个东方的居民都惯于蹲着。每当见到神龛或希望向上级表达敬意时，古埃及人一般都会采用跪坐的姿势。值得注意的是，19世纪穆斯林社会中地位

---

① 古中国人和古埃及人是东方仅有的两个使用椅子、桌子和床架的民族，尽管巴珊（Bashan）国王欧格（Og）同样使用这些家具。——原注

② 被称为“nemma”。沙发直到今天也用于同样的目的。但19世纪，尚未发现人睡在沙发上的古代纪念碑绘画作品。——S.B.

③ 被称为“方块样的家具”（square piece），象形文字中写作“”（aft）。床垫和坐垫的填充物似乎都使用水禽的羽毛。——S.B.

④ 在第十二王朝的象形文字中写作“”（tahetp）。——S.B.

⑤ 在插图《大英博物馆收藏的古代木桌》中，桌子上半部分装饰的是丰收女神拉努（Rannu），形态是盘起的蛇。蛇的跟前是一个装满食物的祭坛，祭坛摆在葡萄藤下，上面有她的名字。靠近边框的一行象形文字指出，这是为已故的帕佩尔帕（Paperpa）做的桌子。坟墓本身被献给了奥西里斯神。——S.B.

●1 古代雕像中的桌子，材质可能是石质或木质；2 石桌，下面的人物是按照战俘的形象塑造；3 古代雕像中的桌子图案，可能是金属材质

●大英博物馆收藏的古代木桌

●1 底比斯古代雕像上的桌子；2 桌子的侧面图，是实心的

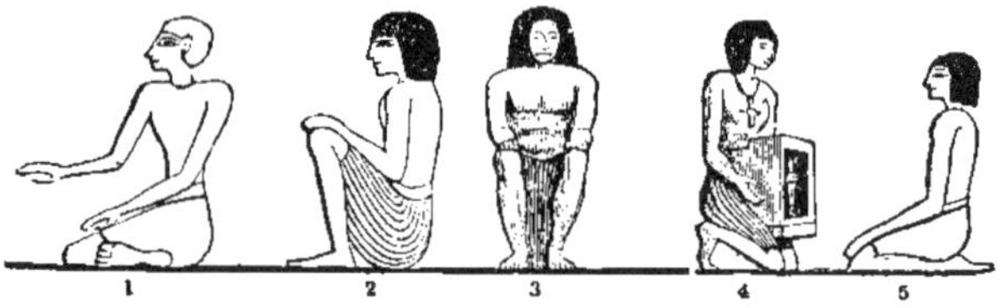

●席地而坐的姿势：1 投掷飞镖；2 稍息状态；3 和 2 相同，但露全脸；4 托着一个神龛；5 保持精神集中，或者表示尊敬

低下的人仍然这么做，见插图《席地而坐的姿势》中的4和5。

19世纪，我们对古埃及人的寝室用具知之甚少，但至少知道他们会大量使用木枕，尽管波菲利会让我们认为这种枕头仅限祭司使用——考察古埃及人生活方式时，波菲利提到一种用来支撑头部的半圆柱体物品，表现的是祭司朴素和克制生活①的例子。富人主要使用东方雪花石膏制成、带有优雅的凹槽的枕头，枕头上雕刻着象形文字，并涂上蓝色。还有用稀有木材制成的枕头②，而更普通的枕头则用梧桐树、柽柳和外地引入的木材制成，穷人满足于用更便宜的陶器或石头当枕头。波菲利提到了一种棕榈树枝的柳条床架（即“baïs”）③，他说这是祭司用的；但我们有理由推断，其他人的房子里也能见到这种床架，至少在社会中下层常见。值得注意的是，19世纪的现代埃及人仍然使用古代传下来的框架作为起居室的窗帘和床的支撑，其尺寸根据房间的

① 见插图《底比斯发现的木枕》和《古埃及枕头》。——原注

② 象形文字中写作“[illegible]”（urs），同科普特语中的“ouols”。枕头有各种尺寸，但为了舒适，会被做成符合人头型的造型，否则人睡在上面会感到很痛苦。有时，枕头会加上贝斯（Bes）或贝萨（Bessa）神的雕像，有时会加上他的女伴侣陶尔（Taur）或图厄里斯（Thoueris）。有时，枕头上还会做一个月亮形状的装饰。在古埃及早期几个王朝的棺椁中，这样的枕头常被发现。——S.B.

③ 科普特语中“棕榈树枝”（palm branch）被称为“Bai”。——原注

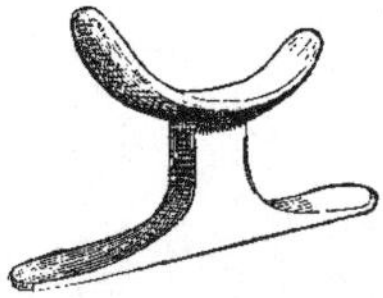

●底比斯发现的木枕

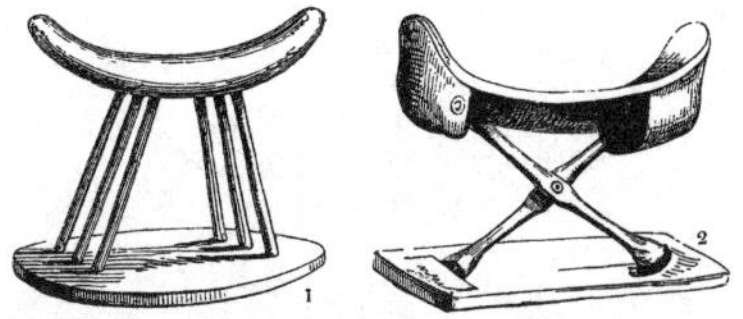

●古埃及枕头：1一种异形木枕；2一种异形木枕，藏于大英博物馆，底座已佚

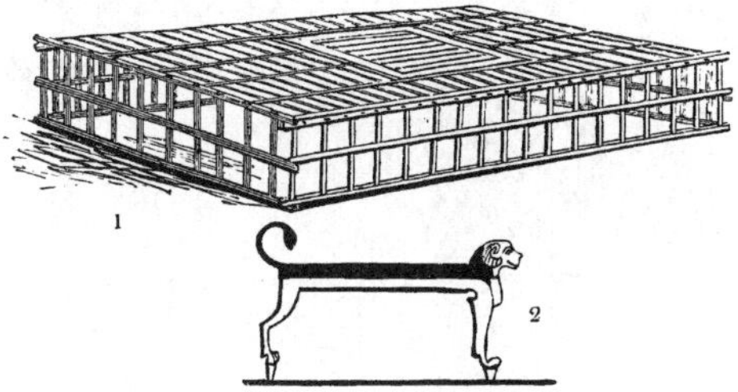

●1埃及人在19世纪使用的棕榈树枝的卡法斯床架；2停尸台，人死后，尸体被放在上面

大小和其他情况而变化；但它们都由棕榈树枝等材料制成，一般称为“卡法斯”[①]（Kaffass）。放置床的一端以同样的方式建造了横向的格栅，中间是一小块排列紧密的格栅，格栅并非实用而是用于装饰。床架的通常尺寸大约是长7英尺，宽3.5英尺，高1英尺到2英尺。床架有木制的，也许还有铜制的[②]，铜制床架可能为古埃及人中较富裕的阶层所使用。有这样一种可能，就是古埃及人睡觉用的床和死后停尸的（沙发）床都装饰得很华丽。更有可能的是，死后停尸用的沙发在一般风格上与活人住宅里起居室的家具外观很像。

① 包括鸡窝棚在内的多种柳条制品都可以用这个词称呼。——原注
② 巴珊国王欧格使用铁床架。——原注

●波斯雕像：1、2、3 波斯酋长和打阳伞的随从，就波斯雕像来说，这颇具埃及特色；4无疑参考了带翅膀的球体造型

古埃及人会穷尽一切手段让宾客感到欢乐：音乐、歌曲、舞蹈[①]、滑稽表演、敏捷的表演或猜枚游戏，应有尽有。为了表示欢迎，主人竭尽所能提供一切奢侈的酒水和食物。受邀参加晚宴时，主客大约在中午见面，通过乘车、坐轿或步行到达。有时，随从会携带一种遮阳伞为主人挡阳光，就像上面木刻画插图《波斯雕像》中表现的那样。插图中的伞似乎用皮革制成，使用轻巧的框架[②]；但埃及法老专用的伞由羽毛制成，与19世纪的教皇在正式场合携带的圣扇没有区别。同样的习俗在波斯和其他东方国家盛行：在波斯波利斯的雕像中就有这样的例子，雕像中的

① 《圣经·路加福音》：“把肥牛犊牵来宰了，我们可以吃喝快乐。”夜晚当大儿子回家的时候，便“离家不远，听见作乐跳舞的声音”。——原注

② 观察标题为《被轿子抬着的将领，一个随从在他身后扛着盾牌》的插图时，笔者认为因为有一个人手拿一把斧头，所以轿子后面那部分图案觉得应该是盾牌，即便如此，从画面上的人高高举起的姿势来看，盾牌应该是用来遮阳的。（这是将领专用的遮阳盾，写作“aqam”。——S.B.）——原注

●被轿子抬着的将领，一个随从在他身后扛着盾牌

伞与19世纪的雨伞更像，并且款式比埃及同类产品更好看。从总体特征来看，波斯雕像与埃及雕像中的伞很像，故而可以假设，这些雕像中有许多是由波斯征服底比斯时从底比斯抓来的俘虏完成的。

在插图《一个古埃及人乘车去聚会》中，看到客人来了，有的仆人拿着马扎帮他下车，其他仆人准备了各种让他玩得开心的东西。客人们齐聚一室，但暂时还没开饭，于是通过奏乐来待客。古埃及人和古希腊人一样，认为客人一来刚坐下就开饭很没教养，也许像阿里斯托芬的作品《马蜂》中布德利克里翁（Bdelycleon）推荐父亲菲洛克里翁（Philocleon）做的那样，先逛房间，夸一遍家具有多精致，或者说，把他们认为所有值得夸的东西全部夸一遍。世上的聚会在哪里都一样，有的人会早到，有的人会像插图中一样比其他人晚到一段时间，这样一来，他们会如惯例般显得行色匆匆——一个仆人跑上前去敲门，其他仆人跟在后面

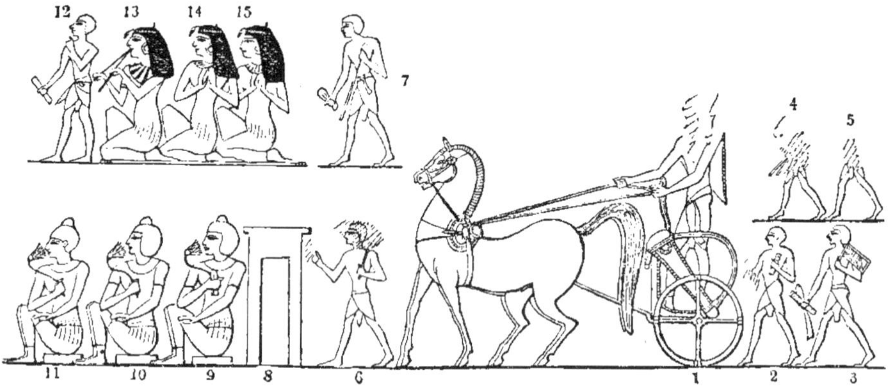

●一个古埃及人乘车去聚会：1 古埃及人驾车去房子；2、3、4、5、6、7 步行跟随的随从；8、房门；9、10、11 客人；12、13、14、15 乐手

准备见机行事。注意看，画面上的人手上拿着自己的凉鞋，这是因为他认为这样跑动更省力。其实，这是19世纪仍然存在于埃及农民乃至阿拉伯人中的一种信仰——鞋子不过是束缚，摆脱后力量会更大。

对于长途跋涉的旅人或者提出需要的人，进入宴会厅前，主人会给他们上洗脚水[①]。同时，客人们会另外洗手，给他们上洗脚水的方式一直到19世纪还没怎么改变。为了众宾客能够洗脸洗手，主人专门准备了盆，富人家的盆要么是金盆[②]，要么由其他名贵材料制成。不过，对于住在主人家附近的宾客，他们可能

① 约瑟就曾经命令仆人给他的兄弟们上洗脚水，让他们吃东西之前先洗脚。东方乃至古希腊、古罗马的人们在用餐之前都要先洗脚。如果待客的时候忽视这一程序，会被视为缺乏善意。——原注

② 希罗多德提到阿玛西斯有一个金盆（podanipter），被用来和客人一起在宴会前洗脚。——原注

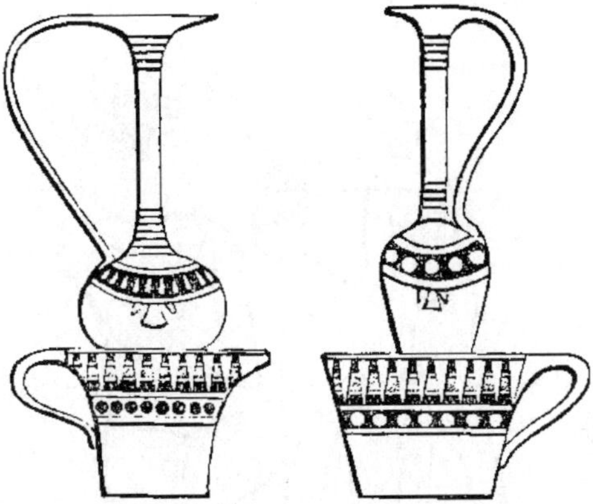

●拉美西斯三世陵中的金瓦罐和盆子

会想在出门拜访主人之前就洗漱，所以至少在底比斯，我们在19世纪尚未发现与洗漱有关的壁画。阿特纳奥斯对希腊人的描述如下：

任何人如果不洗漱干净就去赴宴，都会被认为是不体面的。不过，在主人的家里，客人不仅能够洗漱，连衣服都要换一套全新的。

包含古希腊人在内的多个古代民族都有给宾客送水、洗漱的习惯，《荷马史诗》中就有很多例子，维吉尔也描绘了埃涅阿斯受到狄多（Dido）接待时仆人送水的情形。人们不把送水当作一种可有可无的事情，即便出来之前已经洗过澡、涂过油膏，一旦主人家提供水，也不会拒绝再来一次[①]。

古埃及人可能和古希腊人一样，离开家之前要涂油膏。即便

① 19世纪，穆斯林也做类似的事，他们主要用清水泼自己的手。——原注

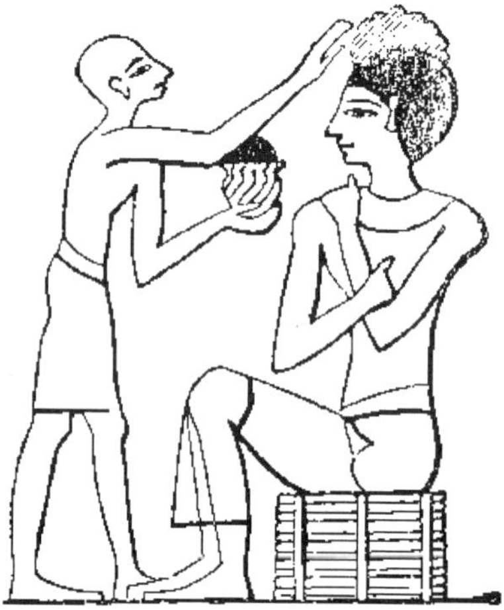

●仆人给客人涂油膏

如此，在主人家坐下的时候，仆人还是会在他的额头上再搽一次[1]，这是表示欢迎的主要活动之一。使用的油膏都散发出甜美的香味，古埃及人无比喜欢[2]——它们有时装在雪花石膏[3]制成的瓶子中，有时装在优雅的瓷瓶中，它们因不同配方的完美交融而散发出浓郁的芳香，可以持续数百年之久不散[4]。然而，这种奢侈品不讨斯巴达人的喜欢，他们把所有卖油膏的商人全部撵走

① 古埃及人会剃头、戴假发。古希腊人和犹太人等民族都很喜欢各类香膏、香水等物品。——原注

② 《过去的记录》记载，这种油膏在象形文字中被写作“”（tepi），直译就是“头油”（pomatum），这个词组常在象形文字中以“”（qumi）的形式出现。——S.B.

③ 玛利亚（Mary）给耶稣洗脚时，她的身边就有一个做这种用途的小雪花石膏盒子。——原注

④ 阿尼克城堡博物馆里有一个雪花石膏瓶，雪花石膏瓶里藏有一些古老的药膏，距今已有两三千年的历史，截至 19 世纪，其香气仍在。——原注

了。客人进屋，仆人为他们拿着凉鞋，如果屋子里不适合摆放鞋子，仆人就一直提在手上①。

涂油膏仪式结束以后，入席时，每个客人有时获赠一朵莲花，玩的时候，要拿在手里。然后仆人会呈上莲花花环，这是被戴在脖子上的②。另外还有被戴在头上的花环，额头上还要另外挂花蕾或者是盛开的莲花。很多花朵都被编成花环等饰品，挂在屋子里的架子上，随取随用。仆人们③还会被要求从花园里现采鲜花，发现客人拿到的花干枯了马上更换。为了让花没那么快干枯，通常把它们放在靠近水罐的地方，同时让花茎尽可能浸入

① 所以，第六王朝的乌那（Una）获准在法老面前穿凉鞋时，意味着这个人已经获得了很大的特权。——S.B.

② 这是在表示友好。为客人戴戒指也是类似的友好表现。直到19世纪，在东方，戒指都被当作个人身份的印信看待，所以在阿拉伯语中读作“khátom”。埃及法老乃至神像都佩戴项链。——原注

③ 一般来说都是摘莲花（s's'ni）。另外，根据《过去的记录》记载，摘花也是园丁的职责之一。——原注

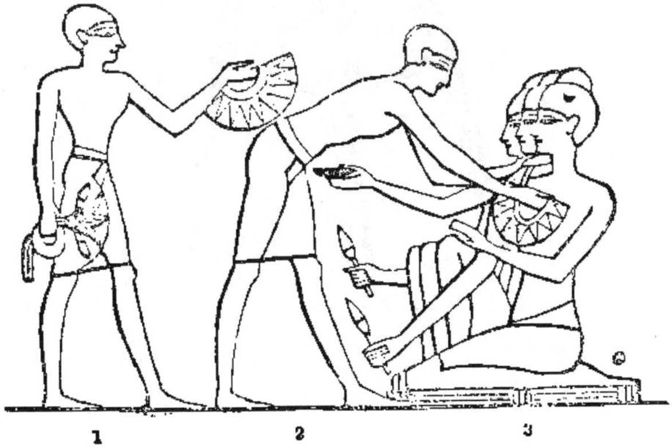

●拿着花环项链的古埃及仆人：1和2仆人；3客人

水中。

上文提到的架子和我们之前提到的双耳罐和花瓶一样，在底比斯都有发现。女性的梳妆室里会摆放架子，浴场中有摆放衣物的架子，就连厕所中也有摆放杂物的架子。不同的架子大小各异，有的架子顶部低而宽，有的架子顶部则较高，有的架子顶部小到只能摆放一个杯子[①]或一个小瓶子，萨特有一件这样的藏品如今在大英博物馆展出。尺寸较大的架子更多，用途更广泛。还有一些架子虽然比普通的架子小得多，但更宽，可以作为小桌子或作为装瓶子的箱子的支撑使用。柏林博物馆收藏着一个架子，据说它属于一个医生，也有可能是一个底比斯女人摆在自己厕所里的。

●顶部 3 平方英寸的架子，托着一只小杯子，

底部宽 1 英寸 6 英尺，高 3 英尺 2 英寸

① 一般来说，小架子在墓穴壁画上展现得比较多。——S.B.

●架子支撑的箱子，里面装满了瓶子

狄奥多罗斯记载，古埃及人进入宗教祭拜场所时，手里拿着翦股颖花（agrostis），暗示自己来自水草丰茂的地方或沼泽，需要湿润而不是干燥的食物。在类似的场合，莲花也受到推崇。同时，古埃及人还用其他大量花朵来编成花束或花环，甚至因此使用人造假花，这一点可以从考古发掘和老普林尼留下的记载中得到体现。类似地，古希腊人和古罗马人也使用鲜花或制作花环，并且给客人献花。根据阿特纳奥斯记载，鲜花要在开席之前送上；也有人认为，鲜花应该是在第二道菜上桌之前送上。不管什么时候送上鲜花，鲜花都是由做东的一方提供。古希腊人和古罗马人不仅佩戴鲜花作为饰品，还用鲜花装饰座椅、房屋等。昆图斯·贺拉斯·弗拉库斯、阿纳克里翁、奥维德（Ovid）等人的作品显示，古埃及人最看重的身体部位是头部，希腊人可能就是在古埃及学到了额头涂油仪式——当然也有人会说，额头涂油仪式是爱奥尼亚人从亚细亚学来的。为了让家居环境芳香四溢，古埃及人使用没药、乳香和其他来自叙利亚的芳香剂——这是肯定的，尽管我们在19世纪暂时还没有发现描绘这种做法的古代雕像。根据普鲁塔克的记载，在接待阿格西劳斯二世时，提奥斯为他举办了包括牛肉、鹅肉及其他菜肴的埃及宴会，十分丰盛。阿格西劳斯二世戴上了纸莎草花环，受到热烈欢迎，却因拒绝甜食和香喷喷的油膏而被埃及人厌恶，埃及人因此觉得他是不文明的野蛮人。

在节庆聚会时，包括古希腊人在内的一些古代民族会穿上适应节令的衣服，一般来说，这类衣服都是白色的，但古埃及人不会这样。我们至少可以通过常理和雕像的形象推断，他们应该不穿阴暗色调的衣服。

欢迎仪式结束后，仆人会对入席的客人殷勤敬酒。对妇女来

●向坐在垫子上的客人敬酒

说，酒一般装在一个小花瓶里，当把酒倒进酒杯里，空了的瓶子就被递给跟在后面的仆人或奴隶。但对男性来说，酒经常装在一个单柄的高脚杯里，不必另外倒入其他杯子。有时，酒装在一个或大或小的金、银或其他材质的花瓶里。古埃及人似乎不像古希腊人那样有为每个客人提供自己的杯子的习惯，尽管有证据表明，在某些情况下，埃及人会这么做，并且有一个杯子是专门为主人保留的①。

希罗多德和赫拉尼库斯都说古埃及人用黄铜杯或青铜杯喝酒。一般来说，黄铜酒杯是古埃及仅有的酒杯，但我们知道约瑟有一个银酒杯，而雕像中也有玻璃、陶瓷、青铜②等各种酒杯的身影出现。买不起贵重杯子的人应该只能用普通的陶土杯子。19世纪的埃及人有用陶瓶喝水的习惯，富人使用铜杯③，他们偶尔使用瓷杯和银杯。如果杯子都被一个文明程度和富裕程度低得多的民族用来喝像水这么简单的饮料，那么文明、富裕、热衷于炫耀的古埃及人一定会用。我们已经知道，古埃及人在房子里和神庙里使用玻璃、瓷器和贵金属花瓶，这些材料的用途十分广泛。

在娱乐活动或晚宴开始前上葡萄酒④，这不是古埃及人特有的习俗，今天的清朝人⑤如果举办宴会，客人到齐后也要上酒。我们发现古埃及人会边用餐边饮酒⑥，他们也许还会说“祝某人

---

① 见《圣经·创世纪》：“为什么偷走我主人的银酒杯呢？那酒杯既是他喝酒用的，也是占卜用的，你们犯重罪了！”——原注

② 古罗马人在这方面也模仿古埃及人。——原注

③ 19 世纪在开罗卖水的人（subbalin）也用这种器皿。——原注

④ 朱迪亚和叙利亚举办宴会也有这种习俗。——原注

⑤ 本书出版时正值清朝后期。——译者注

⑥ 希伯来语“וַיִּשְׁכְּרוּ”的意思是“狂饮作乐”，而“שֵׁכָר”（sikr）在希伯来语中也是这个意思，即便被翻译成阿拉伯语，也是这个意思。——原注

健康（可能是某个没来的客人）”的祝酒词；他们可能没有19世纪那样在生活中制止纵欲过度的监酒人，但主人肯定会向客人推荐酒，还会劝大家都“满上”。有时，就算在碗上也会挂花环（古希腊人和古罗马人也常这么做），主人面前会摆一个小架子，上面有一个插满莲花的花瓶，花瓶经常被放在屋主面前——就算没有花瓶，仆人也会给主人献花。

虽然没有开席[①]，宴会却因音乐而变得活跃。这时会出现一个由使用竖琴、里拉琴、手鼓、双管和单管乐器、长笛、类似吉他[②]（guitar）的乐器和其他乐器的乐手组成的乐队，演奏当时最受欢迎的乐曲。就算贵为祭司，欣赏音乐和舞蹈也不会被认为道德败坏，他们很愿意亲朋好友齐聚一堂，享受快乐。古希腊人也这么做——色诺芬和柏拉图告诉我们，苏格拉底这个古希腊最聪明的人，会和朋友们一起听音乐、欣赏舞蹈和戏剧等取乐。

即便在19世纪，我们也很难还原古埃及音乐的具体特征和风格，但至少我们知道古埃及音乐应该是一种符合科学规律的音乐。毕达哥拉斯对古埃及音乐高度重视，这个花费很多年时间在古埃及求学的人让我们完全有理由相信，在各种场合，有人接受奏乐的聘请来谋生。当时，音乐已经是一门很重要的学科，主要是祭司阶层在孜孜不倦地研究。根据狄奥多罗斯的记载，古埃及

① 19世纪的现代阿拉伯人和当时一样，会为招待客人而杀羊或者准备其他丰盛的食物。阿喀琉斯也是这样接待了普里阿摩斯（Priam）。在19世纪的开斋节（Eed），这种习俗仍在大大小小的穆斯林城市盛行。——原注

② 这种乐器和现代意义上的“吉他”是有区别的，但可以被视为现代吉他的原型之一。关于现代吉他的源头有“古希腊源头说”、“美索不达米亚平原源头说”和“古埃及源头说”。直到19世纪初，吉他的外形才慢慢固定为现代语境中的模样。本书遵原文一律翻译为“吉他”，特此说明。——译者注

人不习惯把音乐作为教育的一部分，他们觉得音乐没用甚至有害，会让人的思想变得软弱。但这种说法有其局限性，人们只有单纯把音乐当作娱乐项目，才会有这样的想法，因为娱乐项目会让人变得奢侈、放荡。柏拉图很了解古埃及人，他明确表示古埃及人重视音乐，因为音乐对青年的思想有益。根据斯特拉波的记载可知，古埃及人对后代教育的内容包括认字、法律和政府允许了解的音乐；此外，他也承认“是神发明了古埃及的音乐”，而古希腊诗人和音乐家出于改善作品的目的曾到古埃及访学。

作为权威学者，柏拉图在古埃及待了13年，很关注古埃及制度，所以他的评价比较有分量，在此向读者介绍《法律篇》第二卷中的一段对话。

柏拉图（作为雅典来的客人）：“埃及人很早就像现代人一样给青年制定教育计划，换言之，计划的内容包括音乐等一切元素，只要不是美的就不给青年看。埃及人在确定什么内容比较适当之后，就会在神庙将其展现给年轻人，他们不允许画家或其他艺术家进行创新或发明任何与既定形式不同的艺术形式，无论是绘画、雕像还是音乐的任何分支都不准进行任何修改。因此，你会发现，与现在相比，一万年前的绘画和雕像在任何方面都差不多。”

克仑尼亚斯（Clenias）回答道：“您说得很对！”

柏拉图：“这才真正符合法律和政策该有的精神。埃及人的其他东西也许无关紧要，但对音乐的规定绝对正确。值得重视的是，埃及人对音乐立法，坚定地去纠正那些不美的旋律。这大概是神或具有神性的人的杰作吧！事实上，埃及人说音乐都是伊西斯创作的，还有诗也是如此。如果有人能理解，那么这个人应该像埃及人一样让诗和音乐符合秩序。人对快乐和痛苦的探索总是与新音乐有关，而神圣的唱诗班往往不会因一个古老的指责而腐化堕落，它没有那么大的力量。看来埃及人的唱诗班是唯一不会被腐蚀的！”

古埃及人对音乐的热爱可以从其文明早期的墓穴的壁画中得到充分证明，他们甚至使用弹奏最受欢迎乐器乐手的形象作为装饰图案。柏林博物馆的一个木匣上就有弹奏类似今天吉他乐器的女乐手形象作为装饰——下文还要提到，笔者将借此说明古埃及设计中一些很优雅的元素。

考虑到古埃及乐器及古埃及人对和谐原则的完美认识，就会发现他们对音乐的研究真是十分到位。古代雕像不仅展现古埃及人对音乐的热爱，还证明他们是多么高超的乐手，这被阿特纳奥斯的描述所证实①——据他记载，无论是希腊人，还是蛮族，都从埃及难民那里学习音乐，亚历山大的埃及人更是笛子等乐器方面最好的乐手。

正如伯尼博士（Dr. Burney）所说，最早的时候，“除了打击乐器，没有其他乐器，因此音乐几乎是不讲什么韵律的”。后来，各种管乐器发明了，它们起初非常粗糙，笛子就是用生长在河中和湖泊中的芦苇制成的。根据昆图斯·贺拉斯·弗拉库斯的记

① 《亚历山大编年史》中引用了巴卡的梅内克莱斯（Menecles of Barca）和安德隆（Andron）的话。在托勒密七世迫害艺术和科学人士的时期，埃及似乎产生了很多出逃的（音乐家）难民。——原注

载，最初，笛子[1]短小，结构很简单，上面只有几个孔。如果在戏剧的合唱中使用，这样的笛子只有在比较小的剧院使用才能让观众听见。后来，笛子被不断改进，可以吹奏更多的音符，音调也更高；笛子的材质被改为黄铜后，足可以和小号媲美。其实，发明这样的乐器一开始恐怕要下一番功夫，然后慢慢改进；在某种规律的推动下，音乐经过了早期的婴儿和青年阶段，直到最终成熟。但在乐器臻于完美之前，人类思想的力量已经被召唤出来改进演奏，然后慢慢把音乐发展成一门高尚、有价值的科学。在改造早期的简单乐器之后，人类又发明了其他更加复杂的乐器，如多弦竖琴、里拉琴等，演奏因此变得更丰富、更有力量。

演奏时通过缩短指板上的琴弦，就像现代小提琴一样从较少的琴弦上获得完美的旋律，在音乐最初出现时，这无疑是不可能完成的任务，也就是说在这一目标完成前（或者说，技术上能做到前），技术肯定已经取得了长足发展。通过古代雕像，我们大概知道，这些问题被古埃及人解决了，因为雕像显示他们经常使用三弦吉他（three-stringed guitar）。

竖琴和里拉琴都是有多根琴弦的古老乐器，但如果一个人不了解音乐的基本原理，那就只能傻傻地用它们弹出几个单调的音符。这么说吧，即使在乐器已经大大简化的19世纪，这样的乐器还是很难学的。这样看来，古埃及人不仅由衷热爱音乐，而且在音乐的研究与学习上下了很大功夫。

狄奥多罗斯不认为埃及人把音乐视为成功教育的必要组成部

---

① 即“Tibia”，但这个词也可以用来表示其他种类的管乐器，如“tibia dextra et sinistra”就是一种双管乐器。一般意义上的笛子，也就是“flute”，应该写作“Tibia obliqua”（πλαγίαυλος）。——原注

分，但他还是将音乐的发明归于神，神同样赐予古埃及人法律、文字、宗教、天文学与装饰艺术等。

像这样的描述简直是一种神话，表明音乐得到了祭司阶层承认，甚至是通过祭司阶层发展的，毕竟祭司总是用“神赐”来解释自己鼓励发展的科学技术的来源，而他们的身心则是这些科学技术的唯一寄托。所以赫耳墨斯（或称“墨丘利”）被认为是首个发现声音的规律（principle）与和谐（harmony）的人，他同时也是里拉琴的

●在金字塔附近发现的关于古代乐器的壁画：1 拿着竖琴的竖琴手，这是七弦竖琴；a 象形文字“sqa em bents”，意思是“乐手”；2 坐着的歌手；b 象形文字“hes t”；3、4 相似的竖琴手和歌手；c 和 d 竖琴手和歌手铭文；5、6 歌手和笛（管乐）手；h 象形文字“hes”，意思是“歌手”；g 乐手前面的象形文字“memt”，意思是“管乐器”；7、8 坐着吹笛子的人和歌手；e 笛子那里的象形文字“seba”

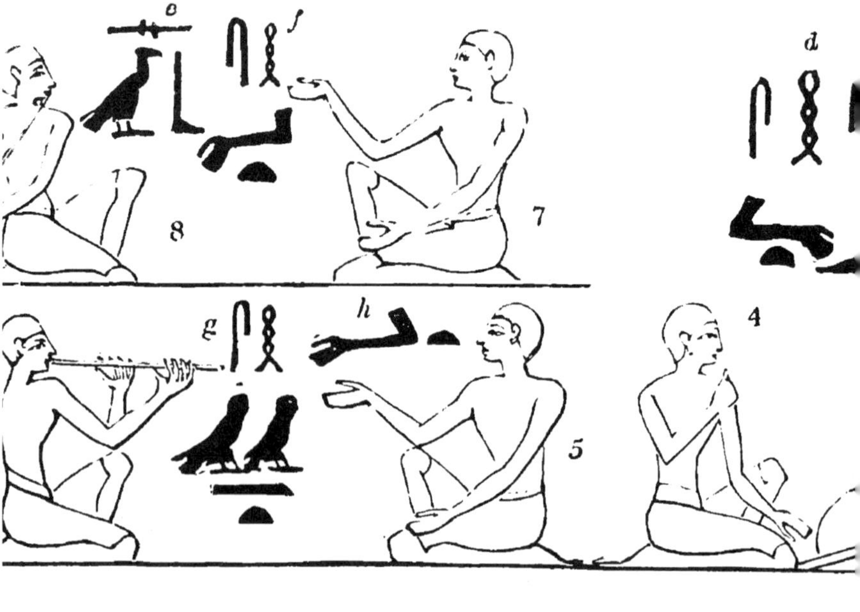

发明者[①]。

狄奥多罗斯认为里拉琴“只有三根弦”，他显然将里拉琴和另一种乐器混淆了，这种乐器非常古老，可以看作那个时候的“吉他”。狄奥多罗斯是在埃及听到这个说法的，这不仅说明弦乐器很早就出现了，也说明古埃及祭司高度尊重音乐。祭司阶层认为神是发明音乐并且支持其发展的人，这不奇怪，毕竟古希腊也是这样：古希腊人把音乐的发明归于众神，把管乐器的发明归于密涅瓦，里拉琴归于墨丘利，而音乐的守护者则是阿波罗。

布鲁斯（Bruce）对底比斯[②]一座古墓中的竖琴做了如下评论：

① 同样的寓言传到古希腊，阿波罗是第一个随里拉琴的声音而歌唱的人，所以一般认为，与马西亚斯（Marsyas）的笛子相比，他的笛子具有绝对优势。——原注

② 拉美西斯三世在位时期（公元前 1235 年），这比此前在埃及发现的古代竖琴雕像早了不少。——原注

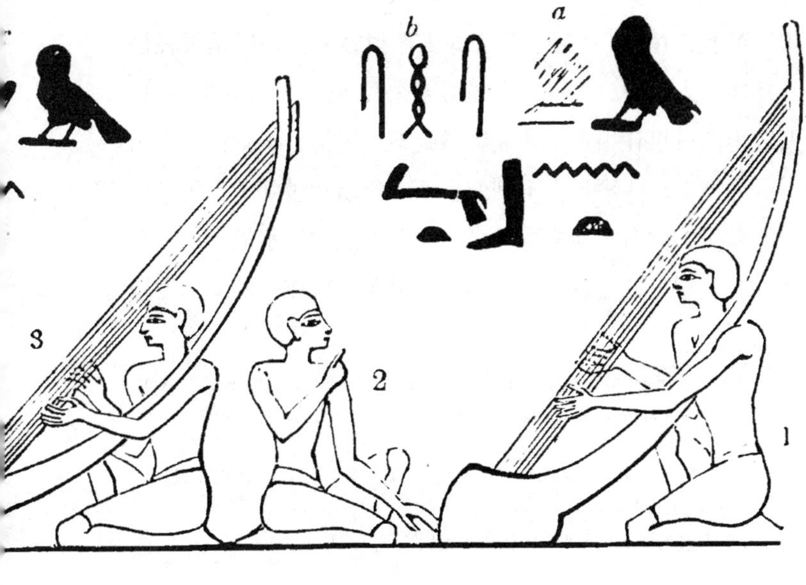

对于东方最早的音乐和乐器状态的描述，这些竖琴的面世实际上是颠覆性的新发现，无可争辩地表明几何学、绘画、机械学和音乐在当时已经发展到完美的程度，比一千条古希腊文献都有力，但我们竟然把这些乐器已经很完备的时期称作“它们刚刚出现的时期”。

19世纪，我们尽管尚无法确定埃及各种乐器确切的发明年代，但可以确定的是，在已知历史最早的时期[①]，这些乐器就已经普遍投入使用了[②]。布鲁斯描述的那些画着古代竖琴的墓写作“Bibán el Moloók”，冠以这个称号的墓都是王陵。在我过去的作品（《埃及和底比斯》第109页）中，一般简称这种墓为“布鲁斯墓”（Bruce’s tomb）或“哈珀墓”（Harper’s tomb）。

我们应该给予布鲁斯更多的重视，因为他暂时处于“好心没好报”的状态中[③]。怀疑一个人的工作很容易！怀疑是很轻松的，并且在他人眼中，怀疑者会显得多么气势磅礴、博学多才！布鲁斯取得的成果让很多专业读者感到不可置信，毕竟他们自诩聪明，认为世上有些事是做不到的，而布鲁斯却做到了。于是，他们只好撒谎，对布鲁斯横加指责。但在激烈的口水战中，很多人其实没有提意见的足够知识。某些读过布鲁斯作品的人因为忌

---

① 在雅各时代的叙利亚，竖琴或某种里拉琴是很常见的乐器。这种被称为“kinóor”的乐器和管风琴（organ或aogab）是该隐（Cain）的第六个后代朱巴尔（Jubal）发明的。——原注

② 金字塔内古代乐器的时代显然远早于欧瑟特森一世时代或约瑟来埃及的时代。——原注

③ 这一点在他考察当地绿宝石矿的时候尤其突出。——原注

●竖琴（2）和双排管（1）

妒，说他的发现不过是编出来的神奇故事①，而那些都没读过其作品的人更是直接放心大胆地曲意逢迎。幸运的是，更加成熟的史学研究还是证明了布鲁斯作为一名成熟的旅行者的品格。笔者希望，在研究布鲁斯曾涉猎的有趣的古代纪念碑时，他的名字能被提起，这样既可以纪念在最恶劣情况下他仍然勤奋工作，又象征了其研究成果的准确性，他的墓碑也将得到我们的尊重。

从古代雕像插图《古埃及女竖琴手和双管乐手，中间的男性弹奏的乐器相当于今天的吉他》中可知，古埃及人很早就习惯雇乐手搞三重奏，让乐器、乐声和歌声和谐地交融。有时，古埃及

① 《瓦波利亚纳》（*Walpoliana*）中是这样写的："布鲁斯的盛气凌人引起了他人的敌意和偏见，而他把自己研究的精华放在书里，然后交给出版商卖，更是错误的。一个故事如果情节合理，那么可信度会高一些，反之就会显得很假。在一个大公司的晚宴上，我曾见到布鲁斯畅所欲言。有人问阿比西尼亚人用什么乐器，布鲁斯犹豫了一会儿，他显然没有准备，最后只说自己'在那儿看到了一把里拉琴'。乔治·塞尔温（George Selwyn）对旁边的人小声说：'可不是嘛，他一走，当地的里拉琴又少了一把！'"——原注

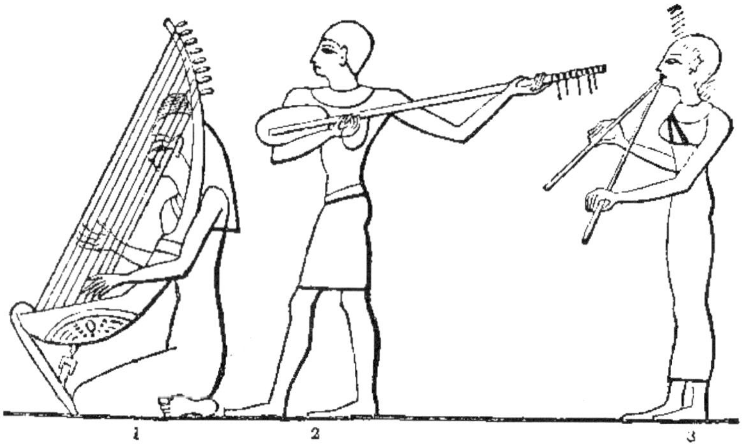

●古埃及女竖琴手和双管乐手，中间的男性弹奏的乐器相当于今天的吉他

●竖琴（左）和较小的四弦竖琴（右）

乐队会有两把竖琴、一支笛子再加一支管乐器，或一把竖琴和一支双管笛再加类似吉他的乐器，或一把十四弦竖琴、一个类似吉他的乐器、一把里拉琴、一支双管笛和一个铃鼓，甚至会同时上两把尺寸、音色不一[①]的竖琴等，具体可以参见本章相关插图[②]。

① 古希腊人和古罗马人也惯于用里拉琴和其他乐器搭配演奏。——原注

② 有的插图配标题，分别是“在金字塔附近发现的关于古代乐器的壁画”、“五种古代乐器”、“乐队组合（1—5）”和“盲人竖琴手和合唱家们”；有的插图则配有解说，分别是“古埃及女竖琴手和双管乐手，中间的男性弹奏的乐器相当于今天的吉他”“竖琴（左）和较小的四弦竖琴（右）”“女竖琴手（转495页）

●五种古代乐器 :1 竖琴手；2 拿着相当于 19 世纪吉他的舞女；3 吹双管笛的女乐手；4 舞女；5 里拉琴手；6 打手鼓的女乐手；7 不详

●乐队组合（1）：1、2 弹奏类似今天弹吉他乐器的舞女；3 伴奏的女竖琴手；4 拍手打节拍的女性；5 吹双管笛的女乐手

●乐队组合（2）：1 领奏的笛手；2、3 竖琴手；4、5 男歌手

●乐队组合（3）：1、2 女歌手；3 里拉琴女乐手；4 吹双管笛的女乐手；5 竖琴手；6 男歌手

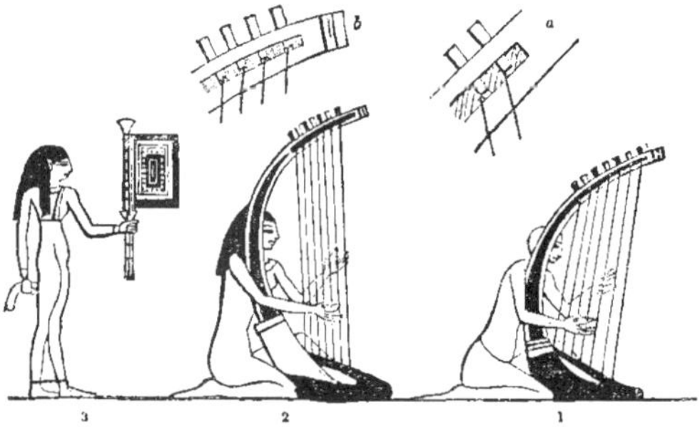

●乐队组合（4）：1 男竖琴手；2 女竖琴手；3 拿着类似铃铛乐器的女乐手

●乐队组合（5）：1“达拉卜卡”（darabooka）女鼓手；2 拿树枝的小孩；3、7 拿树枝和方形铃鼓的女性；4 拿着圆形铃鼓（tympanum）的女乐手；5、6 拿树枝的女性

●1手持类似铃铛奇特乐器的乐手；2女歌手

根据阿特纳奥斯记载，在托勒密二世时期与酒神相关的庆祝活动上，乐队包括600多名乐手，其中有300人演奏一种叫“基萨拉”（kithara）的乐器。

有时，竖琴也会以独奏或人声伴奏的形式演奏，一般为7个及以上合唱者演唱热门歌曲提供伴奏，还有击掌打节拍的人。有时，没有竖琴，一个20多人的合唱队只有两个人拍手打节拍①。笔者曾经看到一个妇女手里拿着一件东西，那可能是一件乐器，其用途和发出的声音可能与打节拍有关。

打节拍仍然是古埃及的常见习俗，尽管笔者知道现代人的看法和观念应该和古埃及人相去甚远，就像他们作为文明种族和蛮族之间的关系一样。

在某些场合，古埃及妇女会拍打铃鼓和“达拉卜卡②，载歌载舞，同时她们手里还拿着棕榈树枝前往已故朋友的坟茔。在19

（接492页）和弹奏类似今天吉他乐器的女乐手，最左边的是女歌手”和“手持类似铃铛奇特乐器的乐手（右）和女歌手（左）”所对应的插图。——原注

① 根据古埃及雕像和希罗多德的记载，古埃及人会吹笛子，打铙钹，拍手打节拍。——原注

② 这是阿拉伯语的音译，古埃及名称已佚。直到19世纪的埃及，这种鼓仍作为乐器使用，还叫这个名字。——原注

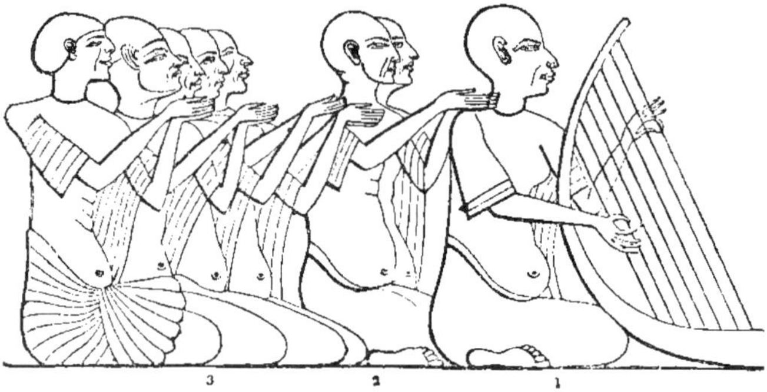

● 1 盲人竖琴手；2、3 合唱家们

世纪的现代埃及，穆斯林农民在某些葬礼和每周五前往墓地的宗教仪式中仍然保留了这种习俗。

古埃及的上层人士不会为了在社会上公开演奏而学习音乐，但仍然能在他们中找几个业余演奏音乐的人；我们可以说，作为对音乐敏感的民族，古埃及人肯定普遍掌握了某些音乐常识，而祭司阶层起到了调节人们音乐品味、防止歪风邪气侵袭的作用。受雇演奏的乐手都是底层人，甚至很多合唱歌手及游吟诗人都是盲人[①]。这说明了几个问题：

首先，古埃及祭司阶层学习音乐不是为了娱乐，毕达哥拉斯对埃及音乐是本着作为一门科学的态度进行学习的。

其次，古埃及人在聚会的时候欣赏音乐很普遍。

最后，基于狄奥多罗斯的评论，古埃及人没有学习音乐的习惯，古埃及上层社会也不把音乐当成娱乐，尽管“Auletes”就是

① 斯特拉波出生在位于卡帕多西亚边界、本都的阿马西亚（Amasia），他曾在希腊学习，但接受的是罗马教育。——原注

托勒密十二世因擅长吹笛子而获得的名字，但一个希腊国王的任性不能被用来概括整个民族的民族性。斯特拉波对托勒密十二世的批评与其说是基于一种罗马式的感情①，不如说是确信国王的行为与世情民意抵触，毕竟古希腊人对音乐和舞蹈的看法和古罗马人本就不同，人们非但不认为有地位的人在音乐和舞蹈方面表现出色是自轻自贱，反倒认为一个没有接受良好教育的人不可能在音乐和舞蹈方面有出色的表现。西塞罗指出，希腊人认为歌唱和乐器演奏是学习的重要课题之一。所以在笔者看来，最伟大的希腊人之一——伊巴密浓达（Epaminondas）就很擅长吹笛子，而地米斯托克利（Themistocles）因为在一次娱乐活动中拒绝竖琴演奏的要求而被认为没有教养。古希腊因出名乐手而闻名，那些演奏技术不好的人都被认为是没有教养的失败者。

在谈到伊巴密浓达时，科尔奈利乌斯·奈波斯（Cornelius Nepos）说："他会用竖琴和长笛演奏，也很了解舞蹈和其他知识。在罗马人看来，这些都是不值一顾的细枝末节，但希腊人非常看重。"

犹太人同样认同这种道理，他们不仅认为音乐和舞蹈是很好的娱乐工具，有教养的犹太人更认为音乐和舞蹈是教育的必要组成部分，毕竟曾经和他们长期相处的古埃及人就是这么看待音乐和其他很多事物的。在各种公私场合，犹太人都要奏乐，但他们的宗教音乐和世俗音乐界限分明。他们会根据不同的场合、不同的情感演奏不同的音乐，主要使用竖琴、琉特琴（lute）和小手鼓②

---

① 波利比乌斯（Polybius）称赞阿尔卡迪亚人热爱音乐和舞蹈。——原注

② 希伯来语中写作"כִּנּוֹר"（kinóor），其实更像里拉琴，早在赛斯（Seth）和约伯（Job）的时代就已经存在。——原注

等，他们还会唱歌跳舞。在宴会上，犹太人的娱乐方式和古埃及人差不多①。即便是在各种宗教仪式乃至最庄严的神庙中，都有男女乐手的身影出现，其中女乐手大多是利未人（Levites）的后代；和底比斯的古埃及同类表演者是王室女性成员或祭司阶层后裔一样，这类乐手应该都是专为宗教目的服务的。大卫王（David）就是音乐品味和演奏技术都很高的人，他见利未人众多，并且宗教用品都已经在耶路撒冷安顿下来，不再需要他们搬运，所以就让大部分人在宗教节日中唱歌、奏乐。在犹太神庙祭祀时，所罗门王用了“120名吹号的祭司”，约瑟说仪式上有不少于20万名音乐家和同样数量的利未人歌手②。

人们一直在思考犹太人有没有像古埃及人、古希腊人那样系统地研究音乐。在记谱法发明之前，传统古曲都靠表演者的本事和技艺代代相传，这就让人质疑这些作品能否大量保存，或者至少原汁原味地保留了一些③。

和19世纪现代社会不一样，古希腊人和古埃及人一度可能没有办法把自己创造的音乐作品忠实地传承下去，这种困难不会影响对音乐的研究。19世纪，我们已经不可能确定古埃及祭司是否曾经设计过保存旋律的方法，或者他们把一切都“托付”给口口相传。参照那个年代古希腊人采用的方法④，我们认为就算古埃

① 《过去的记录》摘录了古代铭文中对游吟诗人职能的说明，游吟诗人中有一位首席诗人。——S.B.

② 约瑟夫斯说：“所罗门按照摩西的吩咐，做了 20 只小号，又为利未人歌手做了 20 件细麻布的衣服……用最好的黄铜做的乐器共 4 万件。”——原注

③ 卡尔·恩格尔（Carl Engel）在《最古老民族的音乐》（*The Music of the most Ancient Nations*）中讨论了希伯来人的音乐，他倾向于古人使用五声音阶。——S.B.

④ 在赫库兰尼姆（Herculaneum）的一幅画中，可以看到一个女人在弹奏由 11 根弦组成的琴，另一个人拿着一张写着音符的纸在唱歌，写在纸上的也可能是歌词。——原注

及人有这样的方法，也是烦琐且不完善的。

虽然存在许多种说法，但一般还是认为著名诗人和音乐家特潘德（Terpander）于约公元前670年发明了最早的音符，但1620个不同音符的组合在任何时候都会给人的阅读和记忆带来很大的困难。

查阅毕达哥拉斯、柏拉图①和其他古希腊圣贤留在文章里的观念后发现，有趣的一点是，他们都在古埃及花了很多时间，他们留下的资料几乎是我们在19世纪获知古埃及音乐特点与这些学者理念的唯一途径②——普鲁塔克、柏拉图和毕达哥拉斯等人都对音乐知识给予了极大关注。毕达哥拉斯认为，使用音乐的最崇高目的之一是舒缓和平静心灵，并认为哲学家有责任将音乐视为一项智力研究，而不是一种娱乐。因为毕达哥拉斯是一个严肃的学者，他批判了以感性评判音乐的习惯，认为应该以敏锐的头脑评判音乐，依据一种讲究比例和谐的规则审视音乐。作为哲学家，他认为“空气是声音的载体，而作为一种元素的激烈振动是由发声体各部分的类似作用引起，这是声音产生的原因。琴弦或其他发音体的振动被传到空气中，影响听觉神经，产生声音的感觉，声音的大小与振动的快慢成正比”。其他人不这么想，阿里斯托赛诺斯（Aristoxenus）认为耳朵是评价音乐的唯一标准，这种方

① 根据斯特拉波的记载，柏拉图和尤得塞斯在埃及待了13年。底比斯的王陵中有一个铭文，是由一个拥有伊洛西亚（Eleusinian）秘密的人雕刻的，他自称在“柏拉图神”（divine Plato）到访之后多年重新研究了这些纪念碑。——原注

② 见威廉·夏普（William Chappell）1874年的作品《古音乐史》（*History of Ancient Music*），他认为毕达哥拉斯从巴比伦或埃及引进了八度音阶系统。锤子和铁砧的发明故事被托勒密否定了，但天平的发明一般还是归功于毕达哥拉斯。——S.B.

法足够准确，尽管从数学方法来看未必如此。在他看来，耳朵的辨音能力是一定的；即便满足耳朵听音乐的需要，超出这个限度也是荒谬的，所以不该接受毕达哥拉斯的学说，因为这是在用经验代替理论抽象，让音乐成为智力处理的对象，而非感官处理的对象。

这就产生了一个有趣的问题：毕达哥拉斯是从哪里发展出声音理论的？是经验的累积促使他做了这样的判断？还是在古埃及人的帮助下产生了一定洞见？但从毕达哥拉斯对这门古老学问掌握的情况来看，他的学问不是源于古希腊而是源于古埃及，这是因为古埃及人更早地证明"短弦的振动越快，发出的声音越尖锐"。同样，尼古拉·哥白尼（Mikołaj Kopernik）之前的欧洲人尚不知道太阳系的知识[①]，在古希腊只有毕达哥拉斯一人知晓，而他是从古埃及人那里学到这些知识的[②]。

在本书其他章，笔者会再次回顾古埃及的宗教音乐，下面要先谈谈古埃及人在世俗娱乐活动中的习俗了。主人如果聘请乐手奏乐，就会安排他们站在宴会厅的中央或一侧。有的乐手会盘腿坐在地上，19世纪的现代土耳其人等东方居民仍然会这么做。这种场合通常有男女舞者，他们或让观众享受艺术的优雅之美，或逗得观众开怀大笑，博得观众的掌声，并娱悦会场的气氛。

---

① 伊安布利霍斯告诉我们，毕达哥拉斯从埃及获得了丰富的科学知识，并将其传授给弟子。他从古埃及祭司那里学到哲学知识，用音乐来治疗身体和心灵的疾病，并坚持认为音乐对"健康有很大的帮助……能调节和指导人们的道德和生活，这种方法最有益。"——原注

② 西塞罗引用西奥弗拉斯特（Theophrastus）的话说，叙拉古的伊西塔斯（Icetas of Syracuse）认为，天、太阳、月亮、星星等我们头顶的所有物体都是静止的，只有地球在运动。地球以自己的轴线为中心转动时，其效果与其他所有物体运动的效果相同。——原注

古希腊人很早就认为音乐和舞蹈是必备的娱乐项目。盲诗人荷马断言，宴会必须用歌舞助兴。普鲁塔克说："这种观点得到了阿里斯托赛诺斯的证实，他认为，推荐音乐是为了抵消醉酒产生的影响——酒使身体和头脑混乱，而音乐有能力使其复原。"

普鲁塔克可能确实就是这么看待这些娱乐活动的[①]，尽管音乐对醒酒的作用是否真的这么大值得怀疑。

不管是从希罗多德那里，还是其他的古代学者那里，有关古埃及音乐的风格特点能得到的信息都有限。希罗多德告诉我们一些古埃及歌曲比较平淡无奇，但这么平淡的歌曲用在一个欢快民族的节庆活动上这是不可想象的，他们的一种歌曲[②]——"Maneros"和古希腊人的一种歌曲——"Linus"有异曲同工之妙，在腓尼基、塞浦路斯和其他地方都很有名，希罗多德对尼罗河畔也出现这样的音乐感到惊讶："在埃及搞研究时，我对很多东西感到惊讶，只是这首歌让我感到特别惊讶，只知道其名字写作'Maneros'。古埃及人好像很早就了解这首歌了，他们还信誓旦旦地跟我说，这是根据历史上第一位古埃及法老的王子的名字命名的[③]。他因为早夭，所以古埃及人用葬礼的哀歌纪念他，这恐怕是古埃及人在历史最早时期使用的第一首歌曲，恐怕也是唯一的歌曲。"

---

① 古人对音乐的效果有很高的评价，有的是基于事实，有的是基于寓言和想象，如安菲翁（Amphion）的琴声促进底比斯城墙的建成，帕萨尼亚斯拒绝做证。另见朱利安（Julian）讲述的一些关于音乐对野生动物影响的故事。——原注

② 帕萨尼亚斯曾提到古埃及人把"Linus"称作"Maneros"，还曾提到两个叫"Linus"（里努斯）的人。——原注

③ 普鲁塔克认为，马内罗斯（Maneros）是在伊希斯对着奥西里斯的尸体致哀时看着她的孩子。——原注

当然，这种说法的真实性很低，但19世纪埃及人仍然流传的很多歌曲中确实有一首和“Linus”是相似的，虽然平淡无奇，但适合在哀伤的场合平复心情。古埃及和腓尼基哪个才是这种音乐产生的地方？其实没必要为此过度纠结。

普鲁塔克在另一方面断言，“Maneros”同样适用于宴饮和节庆活动，在社交场合“也演奏这种音乐”——我们为了调和这两种看似互相矛盾的说法，就会得出这样的结论：古埃及人有两种名称写法都很像“Maneros”的音乐体裁（分别是活泼风格和平缓风格），却被古希腊学者混淆了。

对于这种音乐的起源，有很多猜想，如“王子命名说”和“发明者命名说”[①]等。普鲁塔克意识到了这两种观点的存在，并在另一部作品中引述赫拉克利特（Heraclitos）的说法，认为“Linus”是埃维亚岛（Euboea）原创的音乐。[②]希罗多德认为，这种音乐伴随的是读起来引人厌烦的诗歌。这都意味着这种音乐和古埃及的“Maneros”在起源上有相似之处，可能就是为了纪念历史上著名的里努斯（Linus）而命名的。

但如果我们可以进行一些猜测，或许两种音乐其实只是碰巧在一般特征上相似，“Maneros”这个名字应该不是得名于某个

① 波鲁克斯（Pollux）认为这个“马内罗斯”同样还是发明了农业这门职业的人，并且认为这是一首农夫传唱的歌。——原注

② 至少赫拉克利特没有像希罗多德一样把两种音乐混为一谈。帕萨尼亚斯认为，“Linus”的发明者里努斯是太阳神阿波罗之子。不过，他在自己的作品中还提到了另外两个“Linus”，其中一个（被阿波罗杀死）是海神尼普顿（Neptune）和乌拉尼亚（Urania）的儿子安菲玛勒斯（Amphimarus）的儿子，另一个（被赫拉克勒斯杀死）则是伊斯梅纽斯（Ismenius）的儿子。“Linus”到底有几个？说法并不一致。有的学者认为有三个，帕萨尼亚斯则认为我们在这里提到的后两个“Linus”“并没有创作任何诗歌，至少是没有任何流传下来的作品”。——原注

人[1]，而普鲁塔克在这方面为我们提供了另一个证据："有的人说'Maneros'其实也不是从人的姓名派生出的词汇，这是古埃及人相互问候的一种说法，意思大概是'祝你心想事成'，正是这样的问候引入后变成了音乐的名称。"

我们也确实有理由认为古埃及音乐是按照场合与情感的不同而创作的，各行各业不论是那时候，还是如今的19世纪，都有自己的专属音乐。

如果进行采用音乐的宗教仪式或具有宗教性质的游行，应该不会允许普通的表演者参加，而必须专门雇用隶属于祭司团并且专为宗教活动组成的乐手参加，这个道理就像每个军队都有自己的专属乐队一样[2]。

一个人不幸去世，妇女会从家中出来，把自己弄得蓬头垢面，游荡在街镇之中发出悲痛的叫喊，并且唱哀歌致以哀悼。大家会轮流表达对失去亲朋这件事的遗憾及对死者生前德行的赞美。虽然观之有一点点不和谐，但对古埃及人来说，这是习以为常的事。前面说的一般都是亲朋好友自己哭的情形，但当尸体被交付给防腐师处理的70天时间里，就要聘请专门的乐团唱哀歌了[3]。犹太人在为死者办葬礼时，也流行这么干。

举办音乐晚会的时候，男男女女会分别演奏各种乐器，但笛子似乎只有男性吹，铃鼓和"达拉卜卡"鼓大多是只有女性在敲。底比斯少见"达拉卜卡"鼓，这说明这个地方可能只在某

① 我们在两张莎草纸文献上发现过一首节日使用的哀伤歌曲，应该是第十一王朝的安特夫（Antef）法老创作的，已经被C.W.戈德温翻译出来，参见《过去的记录》第115—118页。——原注

② 参见卡诺普斯法令的古代铭文。——S.B.

③ 古罗马人也这么做。雅各死后，古埃及人为他哀悼了70天。——原注

● 1、2“达拉卜卡”鼓正放与倒放的视图；3 缩小的视图

些场合由特定的人（农妇和尼罗河的船夫）使用，19世纪也是一样。根据古代文献的描述，笔者可以确定，不论是当时，还是现在，鼓都是用羊皮纸制作的。鼓呈现一种空心圆台的形状，鼓面被粘在截顶漏斗状的陶器上，可以直接拍打。如果发现鼓面松了，就让阳光晒一晒，或者用火烤一烤。鼓一般都有可以挂在脖子上的带子，用左手抓鼓、右手拍打，参见本书随附插图。

古埃及人还有自己的铙钹[①]和一种圆柱形的小手锤（cylindrical maces），一套乐器共两件，彼此敲打发出尖锐的声音。制造铙钹的原材料显然是黄铜或黄铜和银的合金，但至今只发现了5.5英寸到7英寸的样品，比19世纪现代同款乐器小一些。笔者认为这类敲击乐器的手柄也是用黄铜制作的，用皮革、绳子或任何类似

① 19 世纪，底比斯古墓中已有实物出土。——原注

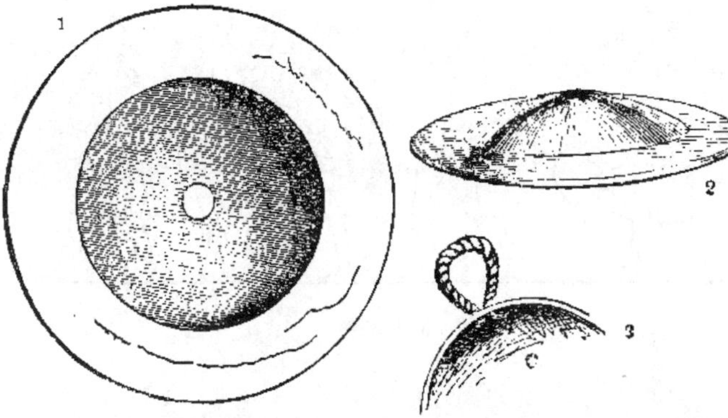

● 1 古埃及铙钹底部视图；2 侧面边缘视图；3 顶部的绳结

的东西捆绑，插入乐器顶端的一个小孔中，通过弯曲两端进行固定。19世纪的现代埃及人也使用同类乐器，它是一种用手指和拇指[①]演奏的小铙钹，在“阿尔美赫”（almeh）这种舞蹈中起到响板的作用。像这样的乐器无疑是西班牙手鼓的起源，用栗木等木材制成，最早被摩尔人带到了西班牙。古代阿拉伯人也使用铙钹，克莱门斯表示，铙钹是古代阿拉伯人行军打仗时使用的乐器。

19世纪现代埃及的铙钹主要由谢赫陵寝的侍者使用，这些人在一年中的某些时期会走遍全国收集虔诚信众的捐款，这对那些游手好闲的人来说倒形成了一些“鼓励”，他们希望从谢赫这样的贤人那里得到保佑。值得注意的是，婚庆场合使用的鼓和另外一些发出响声的乐器配合铙钹使用，而底比斯古画中没有发现古埃及人节庆聚会中使用铙钹的例子。从古代棺椁外壁的象形文字来看，持有一对铙钹的人被称为“给神吟唱的人”，因此可以认为铙钹从古至今都是古埃及的一种宗教乐器，当然还有专业性更

① 两根手指握持乐器的方法在赫库兰尼姆壁画中有所体现。——原注

●闻鼓点而起舞

强的叉铃[①]。

手锤也被认为是在正式场合使用的乐器，它很适合在军乐队中使用，也可用于调节舞蹈节奏。不同的手锤形态略有不同，一般来说都有一个圆柱体形状和一个直柄及一些装饰，它们主要以黄铜或者其他能发出清脆响声的金属为材料。

有时手锤的手柄略微弯曲，分叉出两个锤头，但所有被描绘的演奏者的双手各持一个单头的手锤。手锤发出怎样的声音，主要取决于敲的时候有多出力。手锤的空心锤头有一个可动的金属球，摇动时它会发出清脆的叮当声，无论是古代，还是现在（19世纪），这都是军乐必备的元素。[②]

赫库兰尼姆古画中体现出一些舞蹈者的形象，他们手中的手

① 插图《闻鼓点而起舞》中的人物是否在敲铙钹，笔者并不确定，也不确定这些人手里拿着什么乐器，至少他们在图中确实在敲打乐器奏乐。——原注

② 参见皮洛特（Pierret）《埃及考古学辞典》（*Dictionnaire d`Archéologie Égyptienne*）第119页：“阿托的随从手里所拿乐器应该是舞蹈用的响板，欧洲有很多博物馆都收藏了用于同样目的的古代文物。这种文物是由象牙或木头制成，呈扁平状，一端穿孔用来安放固定它们的绳子。有时，它们是下弯的，并且其底端拍打在一起的部分总是做成人头形状。象牙制响板的外侧通常刻着主持舞蹈的神贝斯（Bes）和阿托，以及各种动物的图案。”——原注

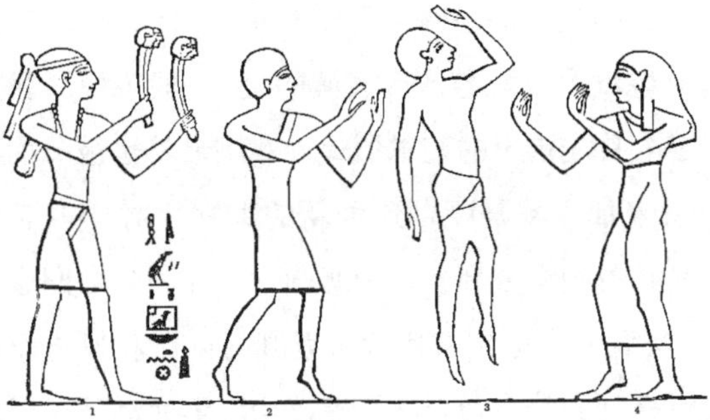

●舞蹈：1拿着圆头棒状物（响板）舞蹈的人；2男舞者；3一跃而起；4舞女

锤形似圆头大钉子，主要用来给弹琴的人伴奏，但我们并不知道古希腊、古罗马学者是否提及过这样的乐器。

有一个这样的结论：古埃及人并没古希腊人和古罗马人那么高昂的娱乐开支，比如底比斯著名音乐家伊斯梅尼亚斯（Ismenias）在科林斯吹笛子，收到的报酬竟高达3塔兰特，相当于19世纪的581英镑5先令。据色诺芬记载，一个“南郭先生”式的笛手想要改变自己的名声，就必须和好笛手一样花大笔钱添置各种精美的家居，在公众面前出现时还必须伴随大量仆人。作为雅典著名竖琴手的阿莫埃卜西乌斯（Amoebseus）演出日薪是阿提卡塔兰特，约合19世纪的193英镑15先令。古罗马艺人的薪酬也不低，罗斯西乌斯（Roscius）的年薪约合19世纪的4036英镑9先令2便士。后来，艺人越来越受欢迎，城市中出现了与他们相关的专门集会，其影响力甚至达到让支持者为了艺人和他人爆发激烈冲突的地步。

古埃及人喜欢看小丑和滑稽戏表演，但这样的项目几乎没有在剧院公开表演过，而当时由舞蹈和手型组成的古埃及哑剧[①]在19世纪暂时也没有发现是怎么表演的[②]。一般来说，我们认为舞台是古希腊人首先推出的艺术形式，戏剧最早也被分为喜剧和悲剧两类，后来加入罗马哑剧这种新的类别。对于古老的喜剧来说，音乐是必备的组成部分，和悲剧一样在两幕之间会安排合唱团唱歌[③]。当我们考虑到古代针对喜剧的许可和禁止而颁布的法令，以及对喜剧的禁演乃至禁止建造剧院等活动就可以相信，古埃及祭司阶层应该是不能容忍喜剧表演的，不管它是作为土生土长的埃及艺术，还是偶然从古希腊人那里引进的艺术形式，都是如此[④]。

军乐队使用的一些乐器和普通乐手的乐器不一样，也有人提出疑问，指出这些雕像是否能穷尽古埃及军队使用的所有乐器。最常用的两件乐器似乎是指挥部队集合、作战的小号[⑤]与用来调整行军节奏的鼓[⑥]。

古埃及小号和犹太人的同款产品一样，长约1.5英尺，显然是铜制，结构简单，吹奏时可以选择双手或单手握持。

---

① 相当于屋大维皇帝之后那些不说话的剧目，拉丁语写作“mimi”或“pantomimi”。——原注

② 然而，埃及人打算通过一些特殊手势来表现激情和某些行为，观众看后，会觉得好像发生了各种各样的冒险。即便不存在表现哑剧时有人说话的记录，但真的有人说话也并非不可能。——S.B.

③ 现代交响乐团里就有合唱队。在文明的不同时期，古希腊合唱团的具体职能也不一样。——原注

④ 埃及中部的安提诺厄城由阿德里安（Adrian）建立，亚历山大也有一个地方叫“安提诺厄”，但这些都是古希腊和古罗马的城镇，古埃及没有叫“安提诺厄”的城镇。——原注

⑤ 参见上文表现战争场面的底比斯古代雕像。——原注

⑥ 军乐的主要用途是调节行军速度，从而使不同部队的队列不至于互相撞上。——原注

●古埃及军乐队：1号手；2鼓手；3、4、5响板手

小号有时单独使用，有时配合鼓等乐器一起使用。军乐手和普通的士兵没有区别，穿的衣服也一样，只是不配武器。在插图《古埃及军乐队》中，有一部分让人看上去有种不同的军人中穿着不同服饰的感觉，这可能让人认为小号手穿特殊服装。但在其他情景中，我们会看到同样的弓箭手也穿“特殊服装”，一个“团”的所有士兵穿的服装也是一样的。在插图《秩序井然的埃及军队》中，底比斯士兵的行进队列把古埃及军队的服饰特点展现得淋漓尽致。当然，我们也不能轻信古代雕像；真要与敌人决一死战时，乐手肯定也要配备必要的自卫武器的。

军乐虽然不只用到军号，但军号无疑非常重要。古埃及的军号是直的，就像罗马人的“图巴”（tuba）或我们19世纪的小号一样。但我们不确定古埃及骑兵使用的军号是否区别于步兵使用的军号及与罗马军队号角（clarion）相近的“利图斯”（lituus）。这种号

●小号手

角就像祭司手杖一样在一端弯曲。

古希腊人用各种各样的乐器作为召唤军队的军号。斯巴达人和克里特人用笛声召唤军队，有的城邦用琉特琴召唤军队。根据普鲁塔克记载，还有喜欢用里拉琴召唤军队的城邦，里拉琴也被克里特人的军乐队使用。古希腊文明早期不经常用军号作为军乐，根据《荷马史诗》记载，特洛伊围城战期间，希腊军乐主要用笛子、里拉琴和管乐器演奏。当时出现了一种叫“撒宾克斯”（salpinx）的乐器，它和19世纪的小号比较像。据说，这是密涅瓦或赫拉克勒斯之子第勒赫努斯[①]（Tyrrhenus）的发明，它后来被大量使用，既作为一种军乐乐器，也被街头的流浪乐手使用[②]。某些地

① 根据阿特纳奥斯记载，正是此人发明了号、角两种乐器。——原注

② 德·索勒提亚·阿尼玛利乌姆（de Solertiâ Animalium）记载了一件趣事，就是古代一只喜鹊竟能模仿小号手表演奏乐。——原注

方的古埃及人对小号有偏见，如布西里斯和吕高波利斯就完全不用——普鲁塔克表示当地人认为这种乐器的声音像驴叫，听到它的声音就让人想到象征恶灵的动物。

犹太人把号角投入军用，也用于宗教目的和节庆活动，而这么光荣的工作只交给祭司做。军号有不同种类，有银质的①和角质的，银号适用于所有的场合，而角号可能和罗马人在围攻耶利哥（Jericho）的时候使用的、早期的“科尔努”号（Cornu）一样，仅有军事用途。②古希腊人有6种号角；古罗马有“图巴”、“科尔努”、“布西那”（Buccina）和“利图斯”四种。古埃及更早的时期，还有用贝壳制作而得名的“孔查”号（Concha），它是当时唯一的军乐乐器，与古希腊人和古罗马人的军乐乐器不一样。

●鼓手

●把鼓背在背后

① 根据约瑟夫斯记载，这种号近1.5英尺长，吹管的厚度和一根笛子的笛管差不多。——原注

② “sóferóth”，即“喇叭”（cornet）。所谓的银号被写作“khetztzróth”或“khetzotzróth”。笔者认为，仅从名字来看，前一种乐器的声音会比较尖锐。——原注

底比斯古代雕像没有为我们区分什么乐器是专门的军乐器和什么乐器不是专门的军乐器，但我们知道两种鼓中较长的既被作为军用，也被演喜剧的小丑使用。

有的小丑是外国人，从本节相关插图来看甚至可能有黑人，他们都是靠表演自己的民族舞（或跟埃及人学舞蹈）逗乐观众。很多古老民族都有教导自己奴隶唱歌跳舞的习惯，这样能让主人心情愉悦或者帮着待客，古罗马人甚至让奴隶为自己做工。如果奴隶表现出某种天赋，也可以接受学科教育。这样一来，主人不仅可以因为奴隶的劳动而获利，更可以高价出售奴隶而获利。从古代雕像中可以看出，很多音乐家和舞蹈家其实都是奴隶，在埃塞俄比亚和亚洲地区被埃及人作为战俘抓走，但在受教育方面可能和罗马人不太一样——这体现出古埃及人的人性和宽容①。想想约瑟，他得到了很好的待遇，还获得了解放，成为自由身，甚至和祭司团高级成员的女儿②结婚。当然，我们还是更应该把约瑟看作一个特例。

古代雕像中有唯一的一面长鼓，和古印度的“托托姆”（totom）很像；它长2英尺到2.5英尺，打起来的手感类似古罗马的“蒂帕努姆”（tympanum）。鼓身是木制的或铜制的，两端用羊皮纸或皮革作为鼓面，用绳索支撑，斜着延伸到圆柱体的外部，在这一点上与我们现代的鼓不同。在演奏时，这样的鼓被一条带子吊在鼓手的脖子上，鼓手在行进过程中以垂直的姿势背着它，它和小号一样主要具备军事用途。雕像的证据还能得到亚历山大的

---

① 比起主人波提乏受的惩罚确实很轻。——原注

② 也就是波提非拉（Potipherah，希伯来语写作“Poti-Phra”，古埃及语言中写作“Pet-Phre”或“Pet-re”）之女阿瑟那（Asenath），是赫利奥波利斯的昂（On’，太阳神）祭司。——原注

克莱门特的文献作为旁证，他表示古埃及人在打仗的时候会使用鼓。我们从底比斯的雕像中发现，小号和鼓在公元前1600年就已经相当常见，当然也没理由认为这类乐器被发明的时间比这个文献记载的时间更早。

一队兵听着鼓点往前走，鼓手往往位于队列的中间或者后方，有时跟在旗手的后方。除非召唤他们前进或者随队冲锋，号手一般站在队伍前列。鼓手并不总是孤身一人，如果组成乐队，他们在战斗部队列队的时候会站到另一边，就像我们现代的欧洲军队一样。

古埃及人还有另一种鼓，和现代的鼓在各方面都不太一样，长2.5英尺，宽2英尺，长宽比例比“托托姆”这种乐器要大。这种鼓有两根木鼓槌，但因为没留下关于使用方法的描述，我们在19世纪还不能确定它跟一种在开罗使用的鼓一样两端都有可以敲打的鼓面，还是跟我们现在的鼓类似，即只有一个鼓面。笔者认为，应该是比较接近19世纪埃及的“坦博尔”（tamboor）这种乐器，都被挂起来敲打。有的鼓槌有一定曲度，有的则是直的，长约1英尺。从柏林博物馆收藏的鼓槌手柄来看，确实应该是属于两端都有鼓面可以敲击的鼓。鼓的每一端都覆盖着红色的皮革，用穿过其宽边上的小孔的猫肠线来支撑，并直接延伸到铜鼓身上。从其凸度来看，鼓身的形状类似于一个木桶[①]。

为了把猫肠线张紧从而让鼓撑起来，古人在靠近皮革边缘的两端各延伸出一条猫肠线，并以直角穿过鼓身的弦，分别缠在每根弦上，把整个鼓撑起来，但这只在皮革和鼓身的弦因经常使用

① 巴黎一个博物馆保存的另一种鼓相信也是这种属性。——原注

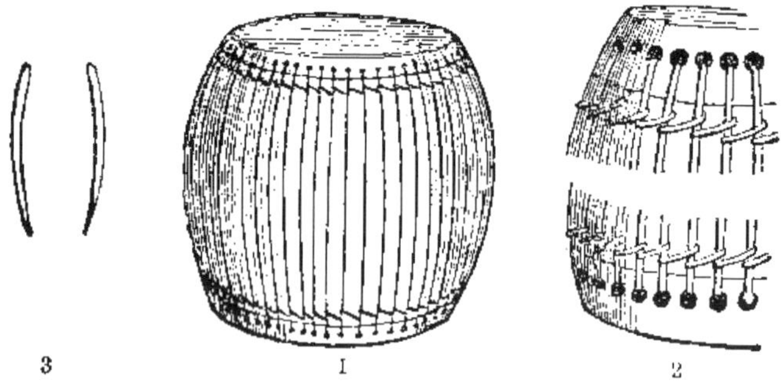

●鼓：1 一面鼓；2 展示鼓的支撑方式；3 鼓槌

被打松时才这样做。由于这根猫肠线被套在两端，就有办法使每根弦的拉力加倍。虽然这种鼓暂时还没有出现在截至19世纪发现的任何雕像中，但它肯定是一种古埃及乐器，其中一面鼓是1823年马多斯（Madox）先生在底比斯的考古发掘中发现的，插图《鼓》就是他慷慨提供的，在此向他致谢①。

还有一些因为特别的目的或主人的爱好而特制的乐器。这样的乐器有的结构简单，有的则用最昂贵的材料支撑，很多都被装饰得很华丽，在竖琴和里拉琴方面尤其如此。笔者研读古代壁画后发现竖琴有四弦、六弦、七弦、八弦、九弦、十弦、十一弦、十二弦、十四弦、十七弦、二十弦、二十一弦和二十二弦等多种版本。巴黎收藏的一把古琴有21根琴弦，笔者自己在底比斯发现的一把古琴有17根琴弦。这样的竖琴非常高大，甚至超过一人高，上面有荷花等花作为花哨的装饰。古埃及王室游吟诗人②也

① 马多斯的描述中有一点不准确，实际用的弦是他描述的弦的两倍。——G.W.

② 可以比较大卫王和所罗门王的王室游吟诗人。大卫王的首席乐师是亚撒（Asaph）。——原注

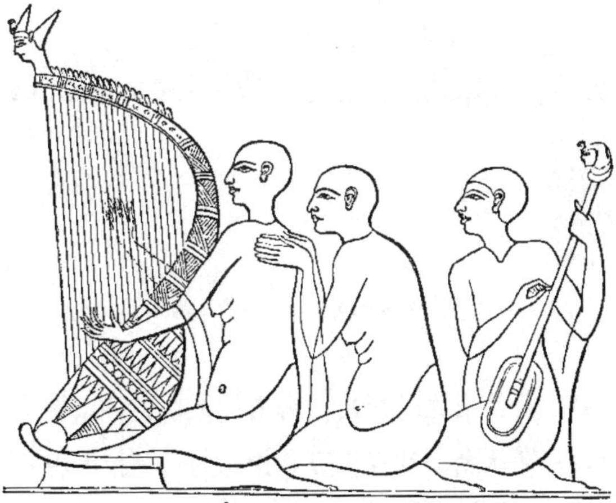

● 1 架子上装饰精美的竖琴；2 打节拍的人；3 弹奏类似现代吉他乐器的乐手

使用非常华丽的竖琴，竖琴上还会装饰法老的头像或半身像。吉萨金字塔附近的一座古墓中的竖琴雕像是19世纪已知最古老的竖琴雕像，其粗犷的图案跨越三四千年的时光；它的琴弦应该是7根或8根，其摆放的方式和一般的竖琴也不一样。

竖琴有着悠久的历史，从古埃及雕像中可以知道，东方和亚细亚民族很早就开始使用竖琴。古希腊人不是首创使用奇塔拉琴[①]的民族，只是很多如奇塔拉琴（cithara）这样的弦乐器从亚细亚传入希腊[②]。根据普鲁塔克记载，奇塔拉琴最初就被称为“来自亚细亚的乐器”，从莱斯沃斯岛[③]（Lesbos）引入，当地一直以产出

① 一种竖琴。——原注
② 一些古代学者把埃及也归入亚洲。——原注
③ 莱斯沃斯人以弹奏里拉琴和其他多种乐器闻名。——原注

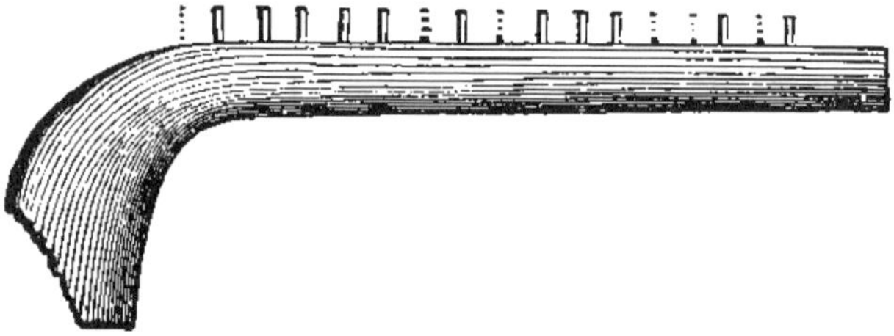

●大英博物馆收藏的底比斯竖琴琴头

音乐人才著名。普鲁塔克还指出，奇塔拉琴在各种宗教场合和喜庆场合使用，莱斯沃斯岛的赫拉克利德认为奇塔拉琴由安菲翁发明，关于奇塔拉琴是如何传入希腊的，一直存在着不同的意见。

生活在盲诗人荷马之后约两百年的特潘德[①]（Terpander），是最早使用这种乐器的人之一，据说他为这种乐器制定的规则比为长笛或其他管乐器还要早一些。特潘德的弟子策皮安（Cepion）沿用莱斯沃斯模式确立了奇塔拉琴的形制。直到公元前400年左右，米利都的提摩太斯（Timotheus）才在七弦琴的基础上增加了4根，还做了另外一些修改。

这就说明古埃及人很早的时候就取得了高深的艺术造诣。事实上，在古希腊人刚知道里拉琴是什么东西时，古埃及弦乐器研究艺术就已经发展到巅峰，很难找到更上一层楼的改进之处。希腊圣人慕名到古埃及研究音乐和其他科学，从而让埃及名声大噪。第十八王朝的阿玛西斯作为开国君主，生活在很久远的时期，当时一个普通的古埃及乐手就已经在弹十四弦和十七弦的

① 莱斯沃斯或安提萨（Antissa）人，一种说法认为是他把竖琴从四弦增加到七弦，而普鲁塔克认为特潘德时代的竖琴已经有七根弦，特潘德让他的琴弦增加了多种音调。——原注

琴，这是公元前1570年[①]发生的事情，比特潘德早了900年。

古埃及竖琴的琴弦用猫肠线制成。我们于1832年在底比斯发现的一些古代竖琴保存得非常好，碰一碰还能发出声音，这一点以后还会再谈。有些竖琴配备了宽大的底座，可以立在地上，有些竖琴放在小架子上。在一些古代艺术作品中，古埃及人可能表达的意思是自己的竖琴和很多古希腊同款产品一样偶尔也用玳瑁制成。在许多情况下，游吟诗人站在乐器前朗诵；这时，他们通常使用底部扁平的竖琴，就像“布鲁斯墓”中发现的竖琴一样。但许多为此目的而设计的方形竖琴，其形状都是向弹琴者倾斜的，弹琴者演奏时自己要撑着竖琴。因此，方形竖琴手似乎更

●有架子支撑的竖琴。象形文字铭文意思是：“神庙留言，游吟诗人阿玛西斯”

① 欧瑟特森一世时期的一些竖琴就是七根弦的。——原注

多是女性而非男性。游吟诗人的确男女皆有，但我们经常看到的是男人坐着弹琴的情景，他们弹琴有时呈跪姿，有时呈站姿。当然，也有女琴手坐着弹琴的情况。

笔者在下文还要提到一种四弦乐器。一般来说，它被扛在肩上双手弹奏，可能只限女性使用。还有一种小型四弦竖琴，通常由男性演奏，为更大尺寸的竖琴提供伴奏。许多竖琴都用公牛皮或者其他皮革覆盖，竖琴有绿色①或者红色②，镶嵌着各种装饰，巴黎收藏的一些古代竖琴就有这样的痕迹。

也有人会质疑前面提到的这些弦乐器是否应该称为“竖琴”，因为在形状上，它们和那种作为大竖琴伴奏乐器的乐器不一样，这确实可以说明两种乐器不是一样的。巴黎博物馆和大英博物馆收藏的两件相同的便携式乐器也说明了这一点。小竖琴虽然只有四根弦，却有6个琴栓，这表明琴手有时会多拉两根琴弦，当然也有可能是当时的人粗心没有拉弦③。另一件古乐器和伦敦、巴黎收藏的文物完全一样，有4个琴栓和相应数量的琴弦；乐器下端固定在凹形琴身中央延伸的一根横杆上，横杆上覆盖着皮革；皮革处于紧绷状态，上面开孔，以便发出声音。这种乐器是用手弹奏的，而不是像古代的吉他和一些里拉琴那样用拨子弹奏。在底比斯还发现了另一种形式很像、琴弦数量相同的乐器。从笔者看到的、由马多斯先生制作的副本来看，这种乐器的底部似乎有一个琴栓，不知道其具体用途是什么，可能是用来固定琴弦的。

① 萨特就发现过一架这样的琴。——原注

② 马多斯在底比斯见过这样的琴。——原注

③ 笔者曾见过一架有 6 根琴弦和 9 个琴栓的竖琴的古画，可能是画者粗心画错了，除非琴栓因其他的目的而被画出来。赫库兰尼姆有一把古代里拉琴，有 11 根琴弦和 7 个琴栓。——原注

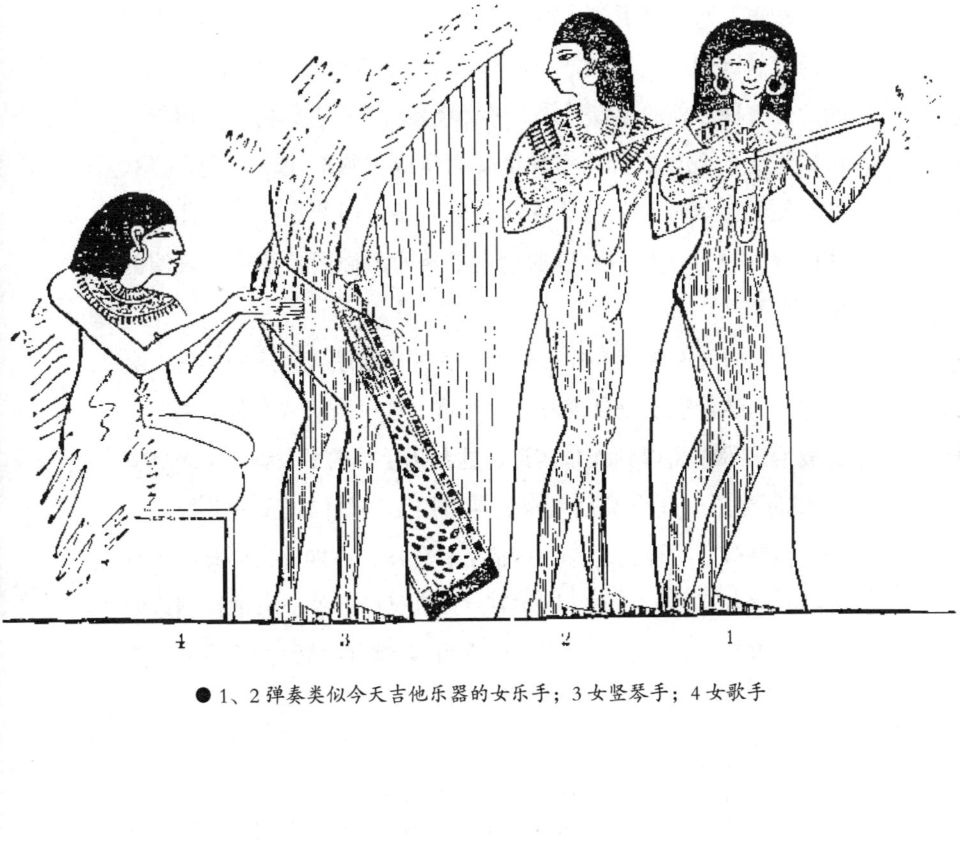

1、2 弹奏类似今天吉他乐器的女乐手；3 女竖琴手；4 女歌手

看来，古埃及人好像并未尝试通过改短竖琴的琴弦或者开发乐器脚踏板替代品的方法改进乐器的表现力；19世纪，我们也没有发现古埃及乐器中存在类似老式威尔士竖琴那样的两套弦结构，也就是说古埃及竖琴只有一个调，除非重新调一次音。调音主要靠转动琴栓完成。不过，我们或许可以相信，古埃及人通过增设一排琴栓解决了缺乏踏板的问题。我们发现，琴栓通常都是琴弦数量的两倍，换句话说，一根琴弦会对应两个琴栓[①]，这可能产生一种额外的半音效果。弹奏竖琴时，一些游吟诗人可能会像19世纪的现代亚洲人一样盘腿而坐或单膝跪地，一些人喜欢坐在矮凳上表演，一些人喜欢站着表演，即便是在私人住宅表演的普通场合。读者可以通过本书随附的插图了解乐手表演的姿势。[②]

我们研究游吟诗人在宗教仪式和神像前站着表演的姿势，会自然认为站着表演是展现对神的尊重，这可以从“布鲁斯墓”中的竖琴乐手作品得到大量实证。这些乐手当着舒（“Shu”，一种古埃及神）的面奏乐。还有其他表现竖琴被用于宗教仪式及赞美神的证据。竖琴被证明很适合作为一种宗教乐器，古埃及人刻画的神有的亲自拿着竖琴，其他神则拿着手鼓和叉铃。有充分的证据表明犹太人也是这么想的，毕竟他们有很多东西都是跟古埃及人学来

① 插图《乐队组合》（1）中的竖琴就是8根琴弦配16个琴栓。——原注

② 卡尔·恩格尔在《古人的音乐》（*Music of the Ancients*）中讨论了用竖琴演奏五声音阶的问题，威廉·夏普在《音乐史》（*History of Music*）论述了竖琴形状从弓形到三角形的演变及古埃及竖琴与古希腊竖琴的关系。图特摩斯三世法老的年谱中曾经提到一架由银、金和宝石制成或镶嵌的大竖琴。“harp”（竖琴）这个单词在古埃及语中写作“ben”、“ben.t”或“ta ben”。——S.B.

的——在《圣经》中，竖琴和索尔特里琴[①]（psalteries）被摆在首要地位，而铙钹、小号和短号都是宗教乐器，这一点和某些古埃及宗教仪式一致。

笔者认为，犹太人的索尔特里琴（psaltery）和前述四弦乐器即使不完全相同，至少基本相似，尽管约瑟认为它有“12种音符”（twelve musical notes）。“psaltery”这个单词的希伯来语转写版本写作“psanterin（psalterion）”，有时可能也写作“nabl”，这个词衍生自希腊语中的“nabla”[②]，斯特拉波曾提及它，是蛮族知名乐器之一。

阿特纳奥斯认为，“nablum”“pandura”“sambuca”“magadis”和“trigon”都不是新创造的乐器，但应该也不是土生土长的古希腊乐器，肯定是从外国引入的。后来，他引述阿里斯托赛诺斯的作品，列出了一份从外国引入乐器的名单，我们注意到，其中有“Phœnicica pêctis”“magadis”“trigon”“clepsiangus”

① 之所以叫“psaltery”，是因为它有10根琴弦。古代文献中经常被提到的乐器有小号、笛子、竖琴、拉推号（sackbut）、索尔特里琴和大扬琴（dulcimer）等，这些乐器的希伯来语名称转写成英语分别是“korna”、“mushrookítha”、“kítharus”（显然更像是希腊语的转写）、“sabka”、“psanterín”和“sumphonéeh”（显然更像是希腊语的转写），转写成叙利亚语名称则是“karno”“mushrookítho”“kíhoro”“kinoro”和“tziphunio”，其中第四项乐器的名称已佚。

几种乐器的阿拉伯语版本如下：“والصفارة”（小号）、“والمزمار”（笛子）、“والونج”（竖琴）、“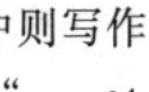”（里拉琴）、“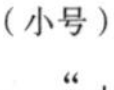”（索尔特里琴）和“ق”（管乐器）。

几种乐器在《圣经》中则写作“σάλπιγξ,”（小号）、“σύριγξ,”（笛子）、“κιθάρα,”（竖琴）、“σαμβύκη,”（里拉琴）、“ψαλτήριον”（索尔特里琴）和“συμφωνία”（管乐器）。小号（trumpet）在希伯来语中写作“שֹׁפָר”（sofar）。阿拉伯语中有个发音相似的“siffer”，意思是“吹口哨”。——原注

② 可能是指“nefer”，换句话说就是类似吉他的乐器。见威廉·夏普《古音乐史》第61页和第301页。——原注

“scindapsus”和“enneachordon”（有九根琴弦）等乐器名词[①]。

如果想往深处进一步探讨《圣经》中所载乐器具体是什么，可以通过研究古埃及乐器得到一些启示。但即便是进行这方面的研究，也可能存在名词混淆的问题，比如“cithara”、“kitarus”、“āshúr”[②]、“sambuc”、“nabl”和“kinoór”等名词让人感到疑惑。古代犹太人使用的那些乐器就更让人搞不懂了。这里的难点在于，古希腊人为同一种弦乐器起了很多名字，而古埃及雕像中的竖琴和里拉琴，无论是在外形上，还是在表现出的发声原理上，都无比接近，让我们不禁犹豫到底哪个是哪个。其中一种琴有9根琴弦，乐师携带时，或夹在腋下或用皮带背在背后。还有一种琴有8根琴弦，它立在地上，游吟诗人站着用手指拨动弹奏。9根琴弦的琴底部有流苏，似乎只是装饰性的，但也有这样一种可能，那就是因为没有琴栓，所以流苏实际上是可以调节音调的部件，我们在巴黎博物馆收藏的古琴中就可以看到这种结构。这把琴中等尺寸，21根琴弦，也可能是22根琴弦。它有趣的地方不仅是因为其被保存到19世纪，更因为其让我们了解到古代乐器的外形和工作原理。在外观上，就算这种琴不是古代最优美的，用料不是古代最考究的，至少也是最难使用的

---

① 阿特纳奥斯还认为潘杜拉琴（pandura）应该是由生长在红海之滨的月桂制成；这里的月桂实际上可能是斯特拉波笔下沿海生长的橄榄树（shorai 或 Shora maritima）。J. 波鲁克斯笔下的潘杜拉琴是一种由亚述人发明的三弦乐器，他认为阿纳克里翁使用的乐器“magadis”实际上就是一种索尔特里琴，造型上像是一种四角形的弦乐器。演奏方法很像阿拉伯的乐器“qanóon”，但音色不太一样。（见威廉·夏普《古音乐史》第 301—302 页。——S.B.）——原注

② 约瑟夫斯：“维奥尔琴（viol）有 10 根琴弦，用‘弓’（即 bow，这里可能指 plectrum，也就是拨子）弹奏。索尔特里琴有 12 个音符，用手指弹奏……铙钹是用黄铜制成的乐器，大而宽。”——原注

乐器之一，因为古埃及人很少在雕像中表现一个乐器弹出两个以上的八度音。

古埃及竖琴无一例外没有琴柱，也就没有固定琴上半部分的支撑，具体成因是个谜。我们很难想象，在没有琴柱的情况下，竖琴弦是如何被张紧的；我们也很难想象，在没有琴柱的情况下，三角形竖琴如何不至于被张力扯到变形。

1823年，人们在底比斯发现了另一把和巴黎收藏的古代竖琴差不多大的竖琴，感谢马多斯为本书提供了与它有关的插图《五种古乐器》①。这种乐器有20根猫肠线琴弦，在古墓中以近乎完

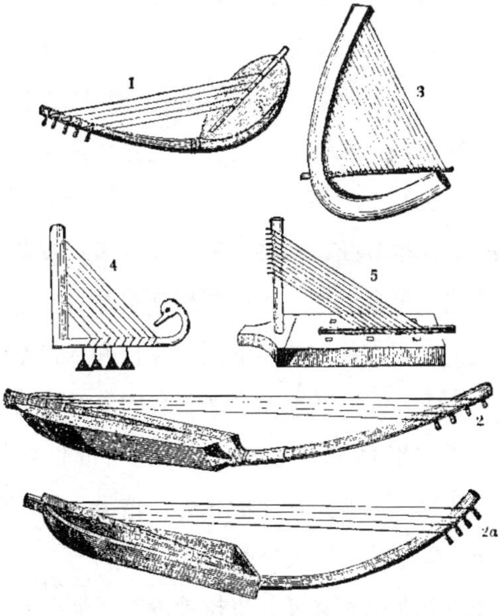

●五种古乐器：1 一种古代五弦乐器，类似吉他；2 和 2a 肩扛式四弦乐器；3、4 两种竖琴；5 琉特琴

① 具体参见其中的3。——原注

好的状态被保存了约三千年。这把竖琴仍然能弹，如果它是古墓中唯一保存完好的文物，就一定会引起人们更多的惊呼。它之所以保存得这么完好，主要是因为当地土壤和岩石极其干燥，并且能完全隔绝空气，而考古挖掘的深度更是经常达到15英尺、30英尺，甚至70英尺，这样的深度自然能完全隔绝空气。考古时发现古墓里各种作物种子的状态没有发生任何变化，但也没有生根发芽的痕迹。

传说有人把这些古墓中出土的千年种子重新播种，它们真的还能发芽[①]。笔者无意证明这种说法是真还是假，但倾向于认为这是有可能的，因为经验表明种子如果埋得太深确实不能发芽，但把这样的种子转到地表附近的土中，就算它们在埃及的沙地平原上躺了多年，一旦遇到雨水，真的能立刻生根发芽。

前面提到的乐器在地位上可能介于竖琴和里拉琴之间，20根琴弦数量的结论也基本不会有误。古埃及里拉琴的质量很不错，有木制的琴架和18根琴弦，以红色皮革做外表，皮革上有象形文字。琴弦被固定在琴身上部；一根琴杆连接琴身底部，可能是拉紧琴弦用的设备，跟古代里拉琴的同类零件和19世纪埃塞俄比亚的“kisirka”一样。古代里拉琴顶部安装的琴杆是可以转动的，而“kisirka”的琴弦都被固定在一个由某种黏性材料制成的环上，这个环的转动可以调节琴弦的张力。这类乐器都没有琴栓，可以说是区别于竖琴的一个重要标志。

另外两种乐器似乎和竖琴、里拉琴没有任何关系，但也有支

① 欧洲在19世纪收藏了一些这样的种子，相关实验相传是在法国进行的。（一些植物学家强烈否认种子在这么多年后发芽的可能性，原因是紧贴地表下的脆弱而微小的植物胚胎不可能过了这么久还有生命力。——S.B.）——原注

撑琴弦的琴栓。其中一种琴身宽大，上面覆盖着一块音板，音板的中央有一根固定琴弦的杆子；另一根杆子位于乐器上端，与固定琴弦的杆子垂直，上面插着支撑和拉紧十根琴弦的琴栓①。

《五种古乐器》中的1和《古琴》两幅插图表现的乐器和古埃及竖琴的相似程度更低。从外表上看，这些乐器似乎有五根琴弦，每根琴弦都有一个木质琴栓固定，并穿过一个空心的圆柱体，圆柱体上可能覆盖着一块薄木头或皮革。和前面提到的乐器一样，这种古乐器在圆形部分的另一端有两个孔，它们用来固定琴弦的杆子②，这可以从萨特在底比斯发现、现存于大英博物馆的两架琴中的一架看出。这不是19世纪保存得最完好或质量最优的古琴，其中一架琴的琴栓已经失去了两个，另一件乐器只有四个琴栓，底部受损很严重。两件乐器和柏林收藏的古琴一样，都是梧桐木制品。

除了类似吉他的乐器、竖琴和里拉琴之外，我们还可以列举出至少五种独立于前面提到的四弦竖琴的乐器③，它们都不属于这三种乐器中的任何一种。此外，古墓雕像中那件可被称为“站立式里拉琴”（standing lyre）的乐器也不算④；此外，还有一件乐器出现在同一墓中，它作为里拉琴的伴奏而存在，但遗憾的是，它已严重损坏，仅存几根琴弦，我们从中可知在演奏的时候还需要一根棍子⑤。

---

① 参见插图《五种古乐器》中的5，这是罗塞里尼的作品。——原注

② 参见插图《巴黎收藏的三角琴，也可能是竖琴。留意右下角，这表示琴弦已经张紧了》。——原注

③ 参见上文插图《竖琴（左）和较小的四弦竖琴（右）》。——原注

④ 参见插图《一种罕见古代乐器》。——原注

⑤ 参见插图《一种伴随里拉琴演奏的乐器》的插图。——原注

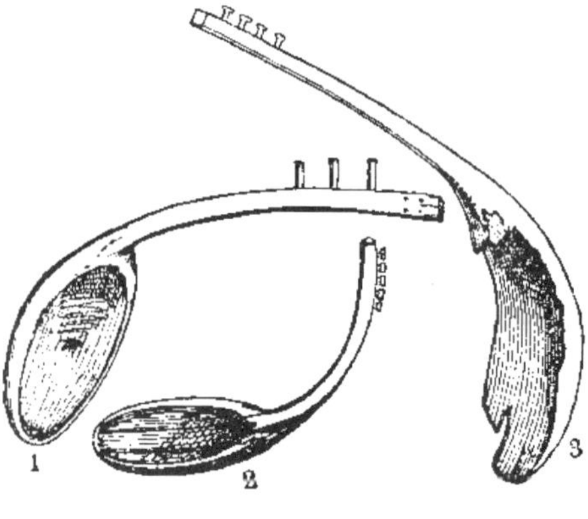

●古琴: 1、2大英博物馆收藏的古乐器;
3柏林博物馆收藏的古乐器

●三角琴(2)

●三角琴(1)

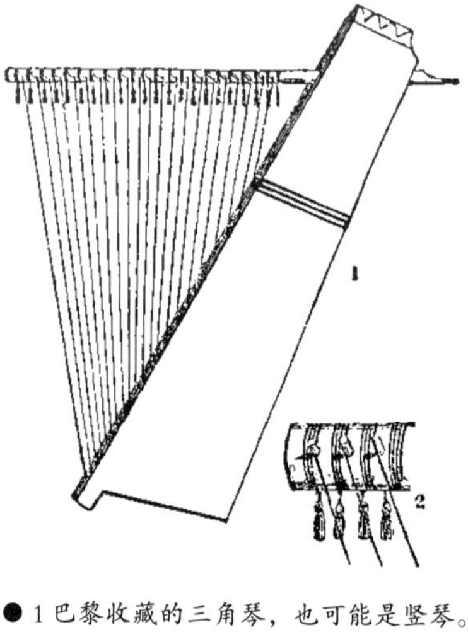

●1巴黎收藏的三角琴，也可能是竖琴。
留意右下角2，这表示琴弦已经张紧了

●一种罕见的古代乐器

●一种伴随里拉琴演奏的乐器

插图《五种古乐器》中1和2相似度很高，3和4在演奏音调等方面存在很大差异，但也不能把这些乐器归入竖琴、里拉琴或类似吉他的乐器的类别之中。这类乐器应该跟作为一种近似现代吉他的乐器“nabl”相似，除此之外，相似的还有另一种名称写作“sambuc”的乐器和犹太人的十弦乐器“āshúr”，弹的时候要用拨片。

笔者见过的与《五种古乐器》中2相关的最有趣文物就是伯顿从底比斯带回来的，现藏于大英博物馆。看上去它是一种四弦乐器，各部分零件都保存得相当好。我们可以从琴的尺寸和质量了解到它的携行性，它确实可以像雕像中刻画的那样被背在背上演奏。

在外形设计方面，古埃及里拉琴非常丰富，琴弦也不比一般的竖琴少，古埃及人会在琴身上加上各种各样的装饰。狄奥多罗斯认为，这种里拉琴只有三根琴弦，但他这样的评论像是在说类似吉他的乐器而不是在说里拉琴，所以笔者先把这段评论按下不表。

阿波罗多鲁斯讲了一个古埃及乐器被发明出来的奇特神话故事[①]：“尼罗河泛滥，整个埃及都受到影响。大水终于退去，岸边留下了大量各种动物，其中有一只乌龟。它的肉被太阳晒干后[②]，除了神经和软骨，壳内什么也没有留下，而乌龟的遗体在

① 希腊式里拉琴也是墨丘利发明的。帕萨尼亚斯认为墨丘利在阿尔卡迪亚的一座山［靠近锡林山（Cyllene）］上发现了一个名字写作“Chelydorea”的玳瑁，把它做成了一把琴。他还提到阿尔戈（Argos）的阿波罗神庙里的墨丘利像，其手里拿着准备做琴的玳瑁。——原注

② 帕萨尼亚斯认为阿尔卡迪亚帕特尼乌斯山（Mount Parthenius）的乌龟特别适合用于做琴，还有索伦（Soron）橡树林的乌龟，在做琴这方面可以和印度的品种相媲美。——原注

热量的烘烤下先膨胀再收缩，然后就能发出声音来了。墨丘利在河岸边散步时碰巧一脚踢到，他对产生的声音非常满意[①]，于是他的头脑中出现了做一个琴的想法。因此，他把乐器做成了乌龟的形状，并用死去的动物的干筋拿来给它当琴弦。[②]”

古埃及里拉琴有五弦、七弦、十弦和十八弦等版本，通常都被放在身体一侧用手肘支撑，以手指拨动弹奏，这和希腊人和罗马人用拨片的情况不一样。可以说古埃及人不是参照古希腊人弹竖琴的方法演奏，也可以反过来认为在古希腊不用拨片弹竖琴是一件很奇怪的事情。赫库兰尼姆的古画呈现了两种弹法都有的例子——三弦、六弦、九弦和十一弦的琴专用拨片弹奏，四弦、五弦、六弦、七弦和十弦的琴专用手弹奏，九弦和十一弦的琴两种弹法都有。

部分里拉琴用可爱的木雕动物头像作为装饰，如马、山羊或羚羊，其他里拉琴的装饰更简单。琴弦的上端固定在连接两边的横杆上，下端固定在琴身中央的一个凸起的台子或空心的音板上，音板和乐器的其他部分一样，都是木制的。柏林博物馆和莱顿博物馆的藏品中都有这种琴，琴弦之外的部分都完美地保存了下来。柏林博物馆的藏品上装饰着马头，从形式、发声原理和琴弦的长度来看，其与插图《柏林博物馆所藏的里拉琴》相似。

《柏林博物馆所藏的里拉琴》的实物琴身高约10英寸，宽

① 大英博物馆收藏了一个乌龟壳制成的小型里拉琴的音板，是已故亚历山大的A.C. 哈里斯（A.C.Harris）的藏品。——原注

② 因为是龟壳制作的缘故，里拉琴也得到了“testudo”这个名称。——原注

●动物头装饰的里拉琴

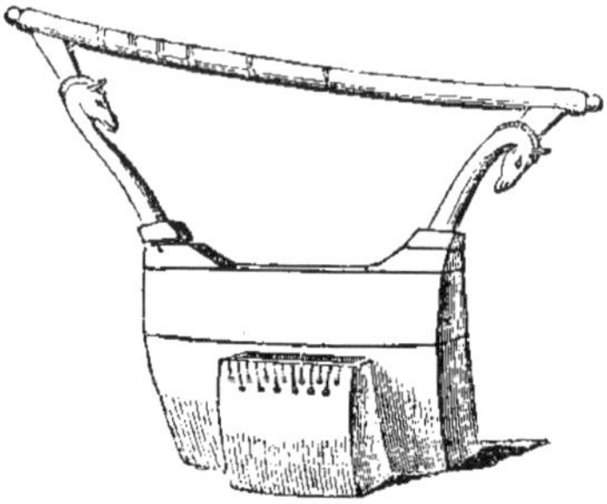

●柏林博物馆所藏的里拉琴

40.5英寸，乐器高2英尺；莱顿[1]所藏里拉琴的琴身较短，装饰也较少，但同样保存完好，正面有一个用墨水书写的象形文字，非常有趣。这把琴没有额外的音板；其空心琴体足以发挥同样功能。琴弦可能穿过一个活动的琴桥（movable bridge），并在底部用一个小金属环或钉子固定。这两把琴都是完全由木头制成的[2]，其中一面比另一面长（很多雕像都是这么表现的）；因此，乐师沿着琴杆向上滑动琴弦来实现调音。

① 借此机会，笔者向A.冯·洪堡男爵（A.von Humboldt）、帕萨拉夸（Passalacqua）、莱曼斯博士（Dr. Leemans）和扬森（Jansen）表示感谢。在笔者看来，大英博物馆和莱顿博物馆是为研究者摘录文物信息提供最大便利的两座博物馆。——原注

② 参见插图《不用拨子弹奏的里拉琴》和《一种伴随里拉琴演奏的乐器》。——原注

●不用拨子弹奏的里拉琴

古希腊很多里拉琴都与此类似。有的里拉琴模仿羚羊角的形状，有的里拉琴造型更简约，琴弦的数量和古埃及同款产品一样多。古希腊里拉琴起初只有四根弦，后来在安菲翁的改进下增加三根弦。如帕萨尼亚斯暗示的那样，安菲翁学习了吕底亚的音乐知识，人们认为墨丘利教他使用里拉琴。这可能是一种“神创论”，和古埃及一样，笔者在下文还会提到。

也就是说，在特潘德时代，里拉琴就是七根弦了。特潘德是莱斯沃斯附近安提萨的诗人和音乐家（公元前670年）[①]，他增加了里拉琴所能演奏的音符数（尽管得不到改进的占大部分）。里拉琴很早就被认为是性能优越的乐器，并且常被使用，但尽管如此，古希腊人

① 老普林尼在这里和普鲁塔克的记载不一致，他把里拉琴增加第八根弦的事情归于西蒙尼德（Simonides），第九根弦归于提摩太斯。他还在著作中提到了对其他乐器发明者的见解。（威廉·夏普《古音乐史》第29至49页对此有详尽介绍。——S.B.）——原注

似乎还是更喜欢使用没那么“强”的乐器弹奏。在赫库兰尼姆古画中，琴弦的数量各不相同，和古埃及壁画中一样，分别有三根弦、四根弦、五根弦、六根弦、七根弦、八根弦、九根弦、十根弦和十一根弦等配置。

上述古画中虽然没有竖琴，但有一种三角形乐器[1]——这种乐器有八根琴弦，夹在胳膊上用双手弹奏，和前面说的底比斯同类乐器有些相似；让人感到头疼的是，它到底是竖琴还是里拉琴[2]。这类乐器中的任何一种能否归入前面谈过的“magadis”[3]，这很难判断。根据阿特纳奥斯的记载，“奇塔拉琴、里拉琴和另一种叫‘巴尔比顿’（barbiton）的乐器都配有琴弦”，但即便这么形容，还是不能确定这些乐器到底长什么样子[4]。仅从形状上看，段首提到的三角形乐器让人想到“trigon”或“sambuca”这种被描述成三角形的乐器[5]。

犹太人的“kinoór”是一种有6根琴弦的乐器。这种乐器可以用手或拨片弹奏，有时也会呈现9根琴弦。如果对象形文字比

① 支撑琴弦的两部分构成了相对的两条边，第三条边则形成类似等腰三角形的底边。——原注

② 见插图《三角琴（1）》。——原注

③ 一种管乐器也用“magadis”这个名称。——原注

④ 亚里士多德说：“像‘pectides’和‘barbiti’等让人的耳朵感到愉悦的乐器。此外还有七角琴（heptagona）、三角琴（trigona）、被称为‘sambucœ’的乐器，以及其他需要熟练运指才能演奏的乐器。”（“magadis”这种乐器有一个琴桥。将琴弦从长度的单位以二比一的比例分成两部分，这样以一根琴弦就能演奏八度。古埃及的同款乐器是七弦琴，具体请见《柏林博物馆所藏的里拉琴》和《1 里拉琴；2 里拉琴的底端视图》两幅插图。——S.B.）——原注

⑤ 苏伊达斯（Suidas）对被称为“σαμβύκη”的乐器进行了记载，其原文是：“ὄργανον μουσικὸν τρίγωνον”。据说，它是由长短不一、粗细不一的弦组成，与上面提到的赫库兰尼姆的那把琴的外观吻合。赫库兰尼姆还存在一个三角形的乐器，它有 10 根弦，乐手用两只手扛在肩上演奏。——原注

较熟悉，就知道贝尼–哈桑的那些“陌生人”其实就是到达埃及之后的雅各一家。除此之外，还能研究古埃及人是怎么利用象形文字表现犹太人弹琴的声音的。因为墓穴中的壁画大多呈现墓主人生活时代发生的事情，所以如果当时的法老是欧瑟特森一世，那么他肯定赞助了约瑟。但对于象形文字中所介绍的人的身份仍然存在分歧，因为根据象形文字记载有37个人，这和前面的结论矛盾[①]。

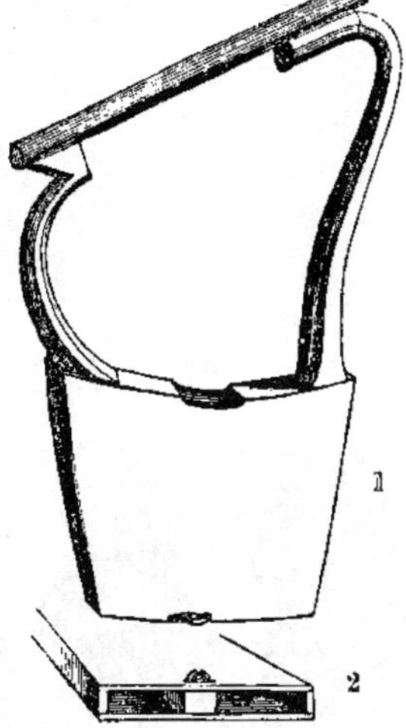

● 1 里拉琴；2 里拉琴的底端视图

提出这个数字也不和本书主题相悖，这个数字很奇怪；我们对描绘古埃及历史的壁画很感兴趣，因为这和犹太人有关，也揭示了那个年代的埃及风俗。下面展示插图《来到埃及的外国人》：

排在第一个的是古埃及书记官，他跟一个坐着的人介绍来者的身份。所谓“坐着的人”当然就是墓主人，当时他肯定是法老最重要的官员之一。书记官身后的人也是埃及人，他们会把外国人迎到墓主人的面前：两个人奉上野山羊和羚羊作为礼物，这种

① 在《埃及和底比斯》第26页中，笔者陈述了数字“37”与“俘虏”（captive）这样的表述带来的问题，所以恐怕只能将其归入古埃及人在亚细亚作战时抓获的普通俘虏。之所以使用“俘虏”这个词，可能是因为古埃及人谈到外国人时都会用蔑称。——原注

●来到埃及的外国人

动物是他们生活地区的土特产。后面的四个人拿着弓和棍棒。在下半部分图中，领头的人牵着驴，驴上坐着两个孩子，身后跟着一个男孩和四个女人。最后是另一头满载的驴和两个人，一个人拿着弓和棍棒，另一个人拿着琴，用拨片弹奏。和古埃及人的习俗不同，所有男人都留着胡子，这在当时的东方非常普遍。作为蛮族的一个特点，在当时的古代雕像中，这也能被观察到。男性都穿凉鞋，女性穿一种长可遮住脚踝的靴子①。很多亚细亚男人和女人都遵从这种穿鞋方法。这一行人的琴质量不好；在外观上，他们的琴和埃及人常用的琴略显不同，但既然能出现在壁画上，说明这是一件非常古老的弦乐器②。

类似吉他的乐器只有三根弦，狄奥多罗斯所说的“三弦里拉琴”应该就是这个东西。狄奥多罗斯认为，类似吉他的乐器是墨丘利（赫耳墨斯）发明的，它的三根弦分别和一年中的三个季节对应。这位发明者教给人类文字、天文知识和宗教仪式的应用，让琴可以分别弹奏高、低、中三种音，这三种音分别对应一年中的夏、冬、春三个季节。

很多象形文字铭文和古希腊文献都证明古埃及人把一年分为

① 在底比斯古墓中，这种靴子也被发现了。希腊人和米底奈特哈布也曾穿过这样的靴子。——原注

② 这幅壁画表现的场景是王室书记官内弗霍特普（Neferhetep）见证阿穆人（Aamu，或是闪族人的一个部落）献上眼线膏（hohl）的情形。壁画上半部分有象形文字铭文，大意如下：“来到这里，献上37个阿穆人带来的眼线膏。”图中的内弗霍特普展开一张莎草纸，上面写着这样的文字：“上下埃及法老拉克哈克赫普（Rakhakheper，欧瑟特森二世）陛下在位第六年，带到总督彻努姆赫特普总督（nomarch Chnumhetep）那里都是‘舒的阿穆人’（Aamu of the Shu），数量是37人。”书记官身后的埃及传令官叫“科拉提”（Khrati）。“Heqa”或“Hyk”转写成古埃及文字是“Ab-sha”或“Ab-shen”，意思是“土地的统治者”。——S.B.

●弹奏类似现代吉他乐器的女乐手

3个季节，一个季节4个月，一个月30天，所以一年共360天的基础日。在此基础上，每年第十二个月增加5天。每四年出一个闰年，闰年的12月再加一天，这种日期调节的方式和当代异曲同工①。

狄奥多罗斯可能确实是把类似吉他的乐器和里拉琴混淆了，因为他认为类似吉他的乐器也是墨丘利发明的，但就常理而言，墨丘利是里拉琴的发明者。狄奥多罗斯之所以犯这样的错误，可能是因为古埃及人也认为墨丘利是其他三弦乐器的发明者，于是，他也成了以讹传讹的一分子。

古埃及人无疑相信，谁要是发明了三弦乐器，一定具有很高的天赋。三弦乐器可以和多弦乐器相提并论，古埃及人认为这种乐器配得上庇护音乐之神的身份。所谓“神发明”的说法无非就是一种寓言②，神的介入其实代表了天赋和智力。

类似吉他的乐器由长长的平颈（flat neck，即手柄），以及一个空心的椭圆形琴身组成。它可能是全木制的，也可能用皮革覆盖；它的顶部有几个让发出的声音得到传播的穿孔。三根琴弦差不多和琴身一样长，无疑用猫肠线琴弦固定在顶端或用同样数量的琴

① 参见《象形文字材料》的附录部分和狄奥多罗斯作品的相关内容，它们提到了有关每四年增加一天的闰年的情况，以及“托勒密十二世时代访问埃及的人”的情形。——原注

② 一个类似的故事是狄奥多罗斯提到的、关于奥西里斯的故事。据说他是第一个种植葡萄的人，并教人如何充分利用葡萄。——原注

●边弹（类似现代吉他乐器）边唱

●古代类似吉他的有肩带乐器

栓固定，当然也不排除还有其他固定方式。这种乐器似乎没有琴桥，琴弦的下端被固定在一块三角形的木头或象牙上。乐器顶部的琴弦因为一根小横杆而被抬高，这跟现代吉他琴弦有一段下垂的目的一样。考虑到吉他颈部平直，所以这样的设计绝对是必要的。

在壁画中，我们肯定看不出里拉琴固定琴弦的装置，但竖琴和索尔特里琴的使用方法相同，就说明里拉琴可能采用固定琴弦的类似装置。最有可能的情况是艺术家完全没有打算画它们，但前文插图《古埃及女竖琴手和双管乐手，中间的男性弹奏的乐器相当于今天的吉他》展现了一种固定琴弦的例子。

有时，类似吉他的乐器前部手柄的长度是琴身部分的两倍甚至三倍。笔者认为类似吉他的乐器长一般4英尺，宽2英尺，用拨子弹奏。拨子通过一根绳子和手柄相连，被固定在手柄和琴身的接合部。演奏的时候，不论男女，一般都是站着，同时以右手为支撑，有时他们还会跳舞。笔者见过另一种演奏方法，就像19世纪西班牙人弹吉他一样，用一根肩带把吉他吊在脖子上弹奏，这种演奏方法在本章插图《古代类似吉他的有肩带乐器》上也能见到。

现代“guitar”确实是从这种古埃及乐器那里演变来的，我们有时会称它为“奇塔拉琴”，尽管古希腊和古罗马的早期“奇塔拉琴”实际上是里拉琴。类似吉他的乐器可以被认为是一种琉特琴，笔者认为它应该与昆图斯·贺拉斯·弗拉库斯等人提到的“巴尔比顿[①]”（有的人认为这种乐器有三根琴弦[②]）是同类乐器。阿特纳奥斯认为，这种乐器有很多根琴弦，并认为它是阿纳克里翁发明的，忒奥克里托斯称其为“多弦琴”（polychordon），但一般认为这种乐器是波利希米亚（Polyhymnia）发明的，它和奇塔拉琴[③]一样似乎都来自莱斯沃斯岛。

底比斯发现了一种椭圆形乐器，它有一个圆（柱）形的手柄，看上去和类似吉他的乐器差不多；但因为实物的保存状况实在太糟糕了，所以我们无法确定琴弦到底是怎么被固定的。木琴身的表面有皮革，手柄和琴身仍然相连，还保存了一部分琴弦，以及相连的拨片。琴身有三个小孔，这应该是它固定琴弦的地方；这三个小孔的上方还有两个小孔，它们可能用来固定某种琴桥——

① 也就是斯特拉波笔下的“barbitos”，被认为是外来乐器，但这个名称肯定不是根据“*βάρβρos*”演变来的。——原注

② 古希腊人的所谓“三弦里拉琴”如果真的只有三根弦，那可能就是“巴尔比顿”，但“三弦里拉琴”是一种小型乐器，而“巴尔比顿”被认为是一种大型乐器。——原注

③ 见大英博物馆中伯顿在底比斯发现的竖琴上的猫肠线琴弦残骸。——S.B.

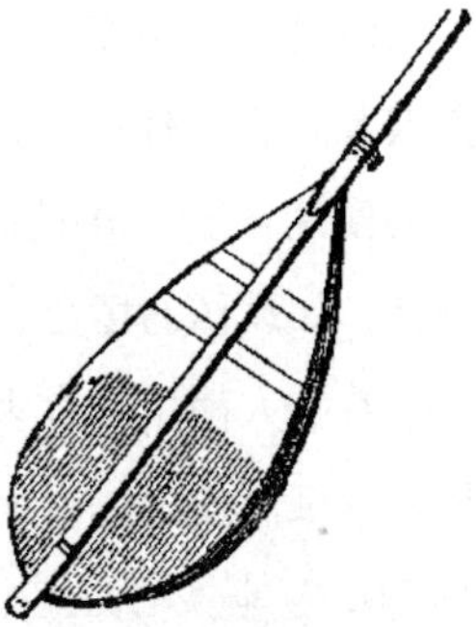

●底比斯发现的椭圆形乐器，类似吉他

因为没有亲自检查实物，所以笔者也无法确定。在此，笔者再次感谢马多斯提供的插图。

古埃及人没有在任何乐器上用过金属琴弦，而从古代文献的角度来看，猫肠线可能是唯一的琴弦种类。人们首先用猫肠线当弓弦，然后把这种“好战”的材料用在了象征和平的里拉琴上。因此，最开始居然是猎人部落的阿拉伯人发明了单弦琴这种乐器，这种乐器甚至都不能用“完善”来形容；19世纪，阿拉伯人仍然用它来演奏，开罗街头的穷歌手在唱歌时以一种叫“拉哈卜”（rahàb）的乐器为伴奏，“拉哈卜”就是一种单弦琴。

这足以说明这种乐器有多么古老，因为诗歌朗诵者会使用它[①]，单弦琴是早期游吟诗人开始使用的乐器，而游吟诗人可以说是每一个古代国家最早的音乐家。古埃及雕像中暂时还没发现单弦琴。即使游吟诗人知道这种乐器，应该也不可能将它作为音乐娱乐活动的专门伴奏乐器，除非这种乐器也作为朗诵的伴奏乐器。

根据昆图斯·贺拉斯·弗拉库斯记载，最原始的笛子是非常简单的乐器，只有四个孔，直到正在别奥须亚（Boeotia）的底比斯的狄奥多罗斯（Diodorus of Thebes）增加了笛子的孔数，他做的另一个

① 因此得名“rahàb e sháer”，即“诗人的维奥尔琴”（poet's viol）。参见莱恩（Lane）在他的大作《现代埃及人的风俗习惯》（*The Modern Egyptians: Manners and Customs*）第二卷第74页中的相关插图及描述。——原注

重要改进就是制作了侧面开口的吹嘴。19世纪，我们不方便妄猜古埃及人有几种笛子，但我们知道古埃及人在宴会和宗教巡游中都会使用笛子，并且他们和古希腊人[①]一样，把笛子用在很多种场合，如哀伤的场合、喜庆的场合等。

希腊人使用的大多数笛子可以直接从名称上判断，它们大多是从亚细亚传入的，来自如吕底亚、弗里几亚、加利亚和迈西亚（Mysia）等地。马西亚斯的弟子奥林匹斯（Olympus）把这种乐器从弗里几亚引入希腊，有人认为他还从同一个地方带来了里拉琴。据说，生活在特潘德后很多年的克洛纳斯（Clonas）是第一个为长笛发明规则、创作合适乐曲的人，虽然一般认为这些乐曲都是从迈西亚人那里借鉴来的。帕萨尼亚斯则认为，发明长笛的人是武尔坎之子阿达鲁斯[②]（Ardalus）。

亚里士多德则认为密涅瓦女神才是音乐的发明者，他只是简单提及几个和密涅瓦有关的神（阿波罗和墨丘利）及他们之间产生的寓言故事。后来，他还提到，密涅瓦因为觉得吹笛子让自己的嘴型变难看了，所以愤怒地把笛子扔到一边。亚里士多德可能是借此表达自己对笛子的批评，他认为学习笛子的过程可能干扰一个人的思考：

笛子对人的思想没有好处，不过就是在酒神节庆活动上演奏的乐器而已，年轻人和自由之身的人如果被禁止使用这种乐器，

① 比较著名的笛子风格有三种，如多立克式（Doric）、吕底亚式和弗里几亚式。——原注

② 阿特纳奥斯认为马西亚斯发明的乐器在希腊语中写作“*αὐλος*”，在他之前的时代已经有“*κάλαμος*”，即“芦苇（制成的）”乐器投入使用了。欧弗里翁（Euphorion）指出希腊语原文写作“*μανοκαλάμος*”的乐器是墨丘利的发明。——原注

人们丝毫不感到奇怪。实际上，对希腊人来说，只是在对波斯的战争取得胜利后，因为胜利的自豪生而变得骄矜，从而把辨别能力扔到了九霄云外，不管什么乐器都可以教学，而不去思考乐器的引入是否恰当、对道德是否有好处。希腊人忘记了，音乐如果有助于引导和纠正年轻人的思想是好的，但如果仅仅把音乐作为一种乐趣而沉溺于其中则是非常有害的。

别奥须亚的底比斯人普罗诺姆斯（Pronomus）集多立克、吕底亚和弗里几亚三地乐器的优势于一体，对现有的乐器进行了改进。但这里改进的可能是双管笛之类的乐器，而19世纪的人们已经观察到竖琴和里拉琴的改进都是在古埃及人改进同类乐器的时代后很长时间才出现的。大金字塔旁边的一座古墓（三千年到四千年前）中有19世纪已知最早的古埃及雕像，也就是上文插图《在金字塔附近发现的关于古代乐器的壁画》。之后的第十八王朝出现了更多的乐器组合。

插图《乐队组合（2）》展示了乐手演奏时呈现的各种姿势。笔者在考察的时候发现男性乐手经常出现在壁画中；更有意思的是，象形文字中出现了“sébi”①（科普特语中的“笛子”）；这是一种双手握持的乐器，它有时被做得很长且有很多孔，这就意味着乐手演奏时不得不把手伸长，以便按孔发音。

看起来，各种管乐器（pipe）如果不为男性乐手所“垄断”，

① 这个单词的应用证明了，不论是古代，还是19世纪，以前被称为“别奥须亚”的地方都有用动物腿骨制作笛子的习惯，“sébi”与拉丁语中的“tibia”同义，也就是“胫骨”。同理，“CHBI-Ṅ-PAT，*sebi en-rat*”对应的就是“tibia cruris”，即“股骨”（thigh-bone）。——原注

也基本都是男性在演奏；不过，因为19世纪在雕像中发现的管乐器不多，所以笔者认为这类乐器受到的重视程度不高。其他很多国家也是这样，将管乐器视为田间地头的农民乐器；起初，古希腊只有阿尔卡迪亚有管乐器①。古埃及的同款乐器与古希腊的“*μόαυλος*”和古罗马的“费斯图拉”（fistula）略有不同，尽管古希腊的单管乐器“*μόαυλος*”被认为是从古埃及引进的②。这种乐器长度适中，显然不超过1.5英尺长，更像是一种农民乐器，登不了大雅之堂。笔者见过长9英寸的管乐器③，莱顿博物馆同类藏品的长度在7英尺到15英尺之间。

说起这类管乐器，有的是3孔，有的是4孔，莱顿博物馆的一件藏品甚至有14孔。这些乐器都是用芦苇制成，有的甚至还有用简易材料制成的吹嘴，或者用一根粗长的稻草插入管的空心部位，把上端压紧以便留下一个很小的孔来吸气。参见插图《芦苇秆制成的乐器》中的a和b。

●芦苇秆制成的乐器：a带吹管的芦苇秆笛，长9英寸；
b一端的孔洞；a、b的下方是芦苇秆笛，长15英寸

① 阿特纳奥斯记载了一些管乐器，它们是由芦苇制成的，意大利的多里安人（Dorian）称其为“提提林”（tityrine）。这类管乐器还有两个希腊语名词作为其称呼，分别是“*καλαμαύ λης*”和“*μονοκάλαμος*”。——原注

② 阿特纳奥斯也这么认为，他说这种乐器是奥西里斯神的一位祭司发明的。——原注

③ 可能因为年代过于久远，所以芦苇管的中间断裂了，最后只剩这么长了。——原注

J.波鲁克斯认为这种管乐器的能力是很强的，可以吹奏“多个音调”：“……这是用大麦秆制成的乐器，是奥西里斯的得意发明……还有一种叫‘吉加鲁斯’的乐器，这是古埃及人使用的一种小型管乐器。”

●笛手及其长长的乐器

如果“吉加鲁斯”不是用芦苇制成的，就算是19世纪的我们，也搞不清楚它究竟是什么了。

罗塞里尼在古埃及文物研究方面取得了丰硕的成果，他的《埃及古文物》（*Egyptian Antiquities*）一书中介绍了一种类似我们现代长笛的乐器，但插图上有分割线，不知道那是什么意思，可能代表它不是像现代乐器那样整体铸造而成，分割线即代表芦苇秆连接的接口。虽然这样的乐器只有五孔，但也很复杂，以下请见威廉·夏普对埃及古笛的观察：

古埃及早期的几个王朝存在一种习俗，就是要在死者的尸体旁边摆放一根管乐器和大麦秆。吹奏乐器时要用刀砍一段麦秆配合进行，削出大概是管口直径四分之一粗的一根麦秆，然后转平刀刃一拉，拉出1英寸或者更长一些的小条，它起到簧片的作用；乐器有了它，才能发声，其原理和牧羊人使用的同类乐器一样。当时，牧羊人已经没有那么强大的音乐天赋，男孩们如果在乡下长大，就会学着吹奏这种乐器。大英博物馆里的一件乐器藏品中就有一根这样的稻草簧片。萨特的藏品在莱顿博物馆和大英博物馆都有陈列，其中就包括被用作此目的的稻秆。我们看着这些文物，对古埃及人的“灵魂转生说”又有了新的认识：古埃及人对死者致以崇高敬意，认为他的来世生活相当美好，最终可以带着自己的乐器实现复活。这些乐器落到鸟兽那里是没用的。

当然，另一个有趣的点在于音乐本身。我们通过这些古代管乐器可以了解到，古埃及人应该已经了解风笛（bagpipe）和老式英格兰牧童笛（English Recorder）的发声原理，威廉·莎士比亚（Shakespeare）在《哈姆雷特》（*Hamlet*）和《仲夏夜之梦》（*A Midsummer Nigh's Dream*）中都曾提到它们。古埃及人已经在使用五声音阶、二声音阶来演奏音乐。都灵收藏了一件古代管乐器，它需要在管内3英寸处插入一片稻秆“簧片”才能发出声音来，直接用嘴接触稻草，吹不出声音——风笛发出声音也是基于类似的原理。大英博物馆收藏了一件牧童笛，长10.125英寸，有四孔，在距离吹嘴1英寸的水平位置还有两个对面开的圆孔，它们在保持打开的情况下，笛子仍然发不出声音。但和现代英国同类产品一样，这种乐器的两个孔被覆盖了薄薄的囊，就像鱼鳔一样。如此一来，囊的振动产生轻微的颤音。跟英国场地或风琴中的二音管那样纯净和稳定的音质不同，这种古乐器的声音更像人声。这种笛子还有另一种特点，就是使用五音阶，其音高（pitch）相当于现代口琴，音符则和钢琴上的黑键对应。其音阶用五线谱大概可以这样表示：

要发音就要往笛子里吹气，气流在整个笛管内部空间发生作用，从而让这个音发出来。

大英博物馆收藏了一件高音管乐器，长8.75英寸，它是四孔乐器。其音阶在五线谱上这样显示：

最后一个音符用了升号（sharp）。升号可能是为吹G音准备的，但如果不是，那就是要为高音管乐器提供导音（leading note）。古埃及第四王朝的忒卜赫恩（Tebhen）墓中有三个乐师用不同长度的管乐器一起演奏的情形，这一定是在分别演奏高音、中音和低音。同时，这表明升F音是给另一管乐器提供的导音。另外，在都灵收藏的古代管乐器中有这么一件乐器，它吹不了第五个音，前四个音能比上图显示的只低一个音。这件乐器可以发出类似风笛的声音，只有三孔，长23.375英寸。

双管笛是一种有两根笛管的管乐器，有时，它们会共用一个吹嘴，吹的时候一只手捻一根管子。古希腊人和其他古代民族无不经常使用这类乐器[①]，并且根据吹奏时使用的手，它们分别被命名为“左管”（tibia sinistera）和“右管”（tibia dextera）。[②]括号里的

① 见插图《双管笛》。古希腊双管笛有时在下端各有两个琴栓，或者一共12个琴栓，一边5个，另一边7个。——原注

② 阿特纳奥斯：“根据亚历山大大帝所说，被称为‘magadis’和‘palœpmagadis’的管乐器可以发出深厚尖锐的声音。”——原注

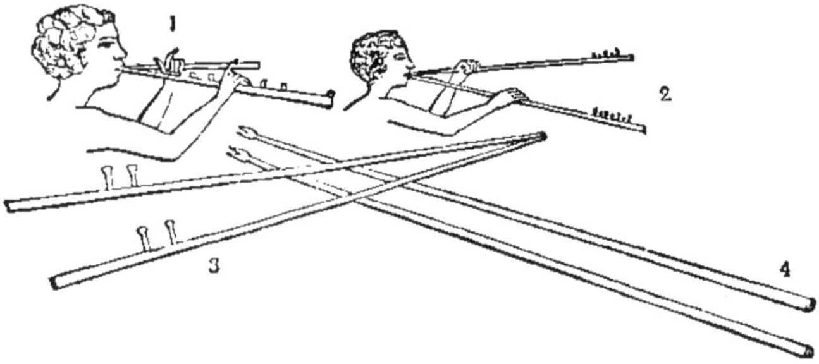

●双管笛：1 笛手，其中双管笛的一支笛管有按键；
2 笛手，双管笛的两根笛管都有按键；3 双管笛的两
根笛管都有按键；4 两根双管笛的笛管都没有按键

专有名词用的是拉丁语，这意味着这种乐器也有古罗马版本，只是这种罗马乐器的孔数很少，发出的声音很低沉，属于低音乐器。另一种同类乐器的孔数更多，它可以发出更尖的声音。所以对于一根芦苇，古埃及人喜欢用上半部分制作右管，用下半部分制作左管[①]，古希腊人给这种乐器取名“auloi”，就像给胆管乐器取名“monaulos”一个道理。

赫库兰尼姆古画里的部分双管笛有琴栓，琴栓固定在乐器管身的上部，具体用途不明：有的双管笛一边各有两个琴栓，有的双管笛左边5个右边7个，有的双管笛左边没有右边5个，也更短更薄[②]。

古埃及雕像中暂时还没有发现这类乐器，但当时很可能有同

① 奥科美那斯（Orchomenus）的芦苇因适合制作笛子而得名“auletic”，另一种适合制作管乐器的芦苇得名“syringia”。——原注

② 这种情况和上文“右管声音更尖锐”的结论不符。不过，还有一种可能，就是具体哪一个管发出尖锐的声音还是要看乐手的喜好。参见插图《双管笛》。——原注

款乐器。了解这类乐器对研究其外观和一般用途有帮助，所以本章引入了《芦苇秆制成的乐器》这幅插图。

一开始，单管乐器和双管笛一样，最早都是用芦苇制作的，慢慢地发展成使用黄杨木①、莲刺（lotus-thorn）②等能够发声的木头或角、象牙、骨③、铁和银等材料制作。管乐器在古希腊人和古埃及人中都是常见的乐器④，不仅在正式场合使用，在节庆宴会上也常用。乐手有男性，但更多还是女性⑤，他们偶尔边弹边唱。根据19世纪现存的古代雕像来看，古埃及人应该更喜欢双管笛。吹

① 黄杨木制成的乐器用于庄严的宗教场合。莲刺一般用于轻巧活泼的乐器。——原注

② 根据阿特纳奥斯记载，用非洲莲花木（lotus-wood）制成的管乐器被亚历山大人称为“photinges”。——原注

③ 底比斯和别奥须亚都用小鹿的腿骨。阿特纳奥斯还提到，斯基泰人的骨笛用老鹰和秃鹫的骨头制作。——原注

④ 根据阿特纳奥斯记载，专门的男性宴会上演奏用的双管笛名称写作“hemiopus”。——原注

⑤ 参见本章相关插图。——原注

●随着笛声翩翩起舞

奏时，这种乐器可以表现怎样的音调我们不清楚，但作为一种能同时展现高音调和低音调的乐器，发出怎样的声音还是不难想象的，19世纪的埃及人对他们的乐器“zummára”也采用了同款设计。不过，笔者认为，这样的设计不是很成功，因为这种乐器结构很粗糙，并且发出的声音刺耳、不和谐。这种19世纪乐器和它的双管笛祖先不一样，已经不能登大雅之堂，乐队也不再使用，只能被乡野村夫在户外吹着玩儿，为沉闷而漫长的、骆驼背上的旅行解乏。

古代的很多乐器，不管是古希腊人的、古罗马人的还是古埃及人的，发出的声音都显得嘈杂且不和谐。琉善笔下有一个叫哈摩尼德（Harmonides）的年轻笛手，他想在奥林匹克运动会的时候让自己的音乐技惊四座，于是借着独奏的机会一阵猛吹，最后力竭而亡[①]。哈摩尼德吹的真的是笛子吗？古代学者在讨论同样场合的时候，常常会把笛子和单簧管和另一种钟形吹嘴的管乐器（bell-mouthed pipe）混淆，这种乐器和由一根平直笛管组成的“费斯图拉”不一样，一般被归入“阿夫洛斯管”（aulos）或“骨笛”（tibia）这种乐器大类之中。19世纪时，我们在古埃及乐器中尚未发现有单簧管的存在，19世纪现代埃及人手中那些喧闹的同类乐器应该来自罗马人或其他民族，他们在阿玛西斯统治的时代结束之后访问埃及，或对埃及发动过入侵。

在墓葬壁画中的音乐场景或雕像刻画的音乐场景中，我们未再发现由长短苇秆组合而成的乐器，如今我们一般称它为“排箫”[②]（pan-pipes）。因为犹太人使用过，所以古埃及人应该也使用

---

① 无疑是死于血管破裂。J. 波鲁克斯曾提到一个名叫“梅佳拉的希罗多德”（Herodorus of Megara）的人，他的小号技巧技惊四座。——原注

② 赫库兰尼姆古代遗迹中的排箫有的完全以长度相同的芦苇秆制成，有的呈现

过。排箫在希伯来语中写作"āogab"[①]，算是宗教历史作品中提到的最古老乐器之一，据说，在挪亚时代之前，它就存在了。

铃鼓是宗教场合和喜庆场合最受欢迎的乐器，大概分三种，外形和音色各不相同：一种是圆形铃鼓，另一种是正方形或长方形铃鼓，第三种是由两个正方形组成的铃鼓，两个正方中间有一条杠[②]。它们都是用手拍打的，并作为竖琴和其他乐器的伴奏使用。

无论男女，都可以拍打铃鼓，女性居多，而古埃及人经常随着鼓声起舞，这里不用添加其他音乐作为伴奏。铃鼓很早就在古埃及使用了，似乎在犹太人离开叙利亚时就已经存在[③]。拉班（Laban）曾经提及这种乐器，它在希伯来语中称为"taph"，现代阿拉伯人称为"tar"。

从底比斯残缺、斑驳的古墓绘画和雕像的呈现来看，很难说古埃及铃鼓是否和现代同类产品一样在其木框架中装有相同的活动金属片。但从敲完鼓后要摇晃来看，我们或许可以据判断古埃及人应该选用了金属环，因为演奏时容易发出声音。赫库兰尼姆的古画告诉我们，古希腊铃鼓配有金属球，从其圆形边缘的前部或中部垂下，每个金属球似乎都由一条短线连接。铃鼓和古埃及

出芦苇秆长度往一边递减的形式。正如J.波鲁克斯描述的那样，这些芦苇秆用蜡线捆绑在一起。——原注

① 在《圣经》中被翻译为"管风琴"（organ）。——原注

② 《出埃及记》："亚伦的姐姐，女先知米里亚姆，手里拿着鼓，众妇女也跟她出去拿鼓跳舞。"（在不同版本的《圣经》中，"米里亚姆"有时也译作"米利暗"；"鼓"指"timbrels"，也就是"铃鼓、手鼓"。——译者注）——原注

③ 竖琴也是同样的道理。《圣经·创世纪》中有一个词组"带着小手鼓和竖琴"（be taph oo be kinoor），竖琴、手鼓、铃鼓这类乐器在约伯时代就已经为人所知了。——原注

同款产品一样在大部分时间是女性的专属乐器。古希腊人一般只在酒神和西布莉（Cybele）的节日使用铃鼓。

阿纳查西斯（Anacharsis）的名字总是与铃鼓联系在一起，总有人相信他从希腊回来后把铃鼓引入了斯基泰，然后他被自己愤怒的同胞做成了人牲。有些人进一步推断，阿纳查西斯想按照雅典的模式改造斯基泰法律，所以才丢掉了性命。

插图《宗教乐手和献祭祭司》表明，古埃及宗教乐器的种类很多，竖琴、笛子、里拉琴、双管笛、铃鼓、铙钹甚至类似吉他的乐器都可被计算在内。如果军队也参与宗教游行，那还要算上小号、鼓和手锤，只是这三样乐器只能在普通场合使用，不能进入神庙的庭院，而“神圣乐器”（holy instrument）这个独一无二的尊号或许应该属于叉铃。

神庙宗教仪式上①允许使用的乐器有竖琴、里拉琴和铃鼓，我们可以在已发现的登德拉②壁画和古埃及人塑造的纪念阿托的游行队伍场景中见到弹竖琴和敲铃鼓的两位女神形象③，在赫尔蒙提斯（Hermonthis）发现了另一位神的形象，神的手中出现了铃鼓。祭司们带着各种宗教标志，循着笛声④进入神庙庆祝重要的宗教节日。古埃及宗教仪式基本不排斥引入器乐或声乐，阿比多斯的奥西里斯神节的庆祝活动除外。

① 犹太人用竖琴、琉特琴和“āshúr”这种乐器来赞美上帝，其他赞美乐器包括小号和铙钹等。《圣经》中记载的有同样功能的乐器包括手鼓、竖琴和琉特琴（索尔特里琴）及小号等，亚撒甚至还敲过铙钹。——原注

② 原名“腾提里斯”（Tentyris），位于上埃及。——原注

③ 赫库兰尼姆的古画中有表现在伊西斯神庙献祭的情景，里面就有吹号角和敲铃鼓的人。——原注

④ 阿普列乌斯（Apuleius）提到伊西斯神时谈论了笛子。——原注

●宗教乐手和献祭的祭司：1 祭司；2 宗教竖琴手；
3、5 笛手；4 宗教乐手，使用类似今日吉他的乐器

布巴斯提斯的狄安娜［即“巴斯特”（Bast）］节的庆祝活动上也存在音乐，就像其他类似场合一样①。希罗多德在记载这一情况时提到了笛子和“克罗塔拉”（crotala）两种乐器，这些乐器是由女神的选民沿着尼罗河前往布巴斯提斯（神庙所在）的路上演奏的，笛手走在前，跟在后面的人吟唱赞美诗。古代雕像中的笛子被专门的宗教乐手拿在手中，他们是阿蒙神的祭司，会参加纪念阿蒙神的宗教仪式。铙钹大概也会被用于同样的目的，因为这种乐器被发现和一个女人埋在一起，棺椁上的铭文声称她是阿蒙神的游吟诗人。

克罗塔拉是一种由空心木壳制成的响板，而铙钹则被称为“克里姆巴拉”（crembala）。希罗多德作品的某些段落中会用“克罗塔拉”指代铙钹，这种乐器看起来其实很像我们用来吓唬鸟的拍子，帕萨尼亚斯可能因为考虑到这一点，所以觉得“克罗塔拉”实际上应该是一种比普通响板更响亮的乐器：“斯廷法罗斯（Stymphalus）恐怖的怪鸟以吃人肉为生②，相传被赫拉克勒斯用箭射死，但卡米鲁斯的庇珊得耳（Pisander of Camirus）确认它们是被克罗塔拉的声音吓跑了③。”

---

① J. 波鲁克斯说：“在宗教场合，古埃及人、古希腊人、古罗马人和米底奈特哈布多少都会用到小号。”——原注

② 对伊特拉斯坎古墓进行考察得到的发现。——原注

③ 不管是“克罗塔拉”，还是响板，古埃及人的这种乐器都用象牙或木头雕琢而成。有的乐器顶部是人头形，有的乐器顶部是手形。从外形上看，这种乐器是扁平的；一般在没有太多装饰的一端穿孔，并由一条棕榈纤维制成的绳索固定在一起；敲击时，乐器会发出一种沉闷的拍打声。从花瓶上绘制的图案可以看出，希腊的“克罗塔拉”形状完全不同，它是扁平的，看起来和钟类似，由黄铜制成。毫无疑问，这种乐器发出的声音更响，适合用来吓唬鸟类，在 19 世纪还没有实物被发现。插图《古埃及军乐队》与古希腊人花瓶画上可以看到贝萨（Besa）神和各种动物的图案，这些通常是埃及文明后期的作品。

从斯特拉波的观点可以看出，竖琴是宗教仪式中最受欢迎的乐器。象形文字铭文中常常提及阿蒙神和其他神的游吟诗人，这也可以从壁画中阿奥（Ao）神跟前的两个竖琴手那里看出。

在古代民族中，古埃及人不是唯一去朝圣并且赞美神的民族，犹太人也认为音乐是宗教不可或缺的一部分，竖琴在宗教中的地位更是相当高[①]。大卫王被誉为“乐器的发明者”，他[②]因为技术精湛，经常在最高规格的宗教仪式上演奏。很久以前，犹太人在赞美上帝时使用手鼓或铃鼓，女先知米里亚姆就曾在振臂高呼摧毁法老军队时使用过这种乐器。对大多数古代国家来说，音乐参与宗教的行为是被允许的。如果古埃及祭司[③]认真研究音乐、宣扬音乐学习的必要性，并且从对科学知识的热爱和音乐对人心灵影响的角度考虑音乐研究，而不是单纯将其作为娱乐或某种在回忆中营造民族气氛的动机，很容易相信音乐在宗教仪式中

古希腊人花瓶画上的“克罗塔拉”常常出现在美娜斯（Mnads）或酒神手中。——S.B.

① 《圣经·列王记（下）》：“大卫和以色列的全家在耶和华面前，用松木制造的各样乐器——琴、瑟、鼓、钹和锣，作乐跳舞。”——原注

② 《圣经·阿摩司书》：“弹琴鼓瑟唱消闲的歌曲，为自己制造乐器，如同大卫所造的。”《圣经·历代记》：“（有四千人作守门，又有四千人用大卫）所作的乐器颂赞耶和华。”（这句话是大卫自己说的。）——原注

③ 按照狄奥多罗斯记载，祭司们不需要学习音乐，但斯特拉波提到祭司中有歌手、笛手和竖琴乐手，被称为“hieropsaltistæ”，即“神圣竖琴手”。克莱门斯曾经提到“hymnodos”，即“赞美诗朗诵者”；“赞美诗朗诵者”背下了两本书的内容，主要是给众神的赞美诗。约瑟夫斯指出，祭司会使用写作“buni”和“enharmonic trigon”或“trigonon enharmonion”的乐器。象形文字中的“hes”，即“游吟诗人”，是一个常被提到的词语，但这个群体似乎不属于祭司阶层。卡诺普斯保存下来的古代法令中保存了为贝雷尼克王后（Queen Berenike）丧子而哀悼的哀歌，宗教书记官将其交给“ododidaskalos”，即宗教乐队的领袖。参见莱普西乌斯《卡诺普斯法令》（*Die Dekret von Kanopus*），1866年发表于柏林。——S.B.

被接纳，甚至成为不可或缺的部分。因此，宗教乐手都是祭司阶层的成员，像利未人一样只负责这项工作，就连分工和监督方式可能也和犹太人一样。

在大卫王时期和所罗门王时期，耶路撒冷宗教场所音乐的负责人共有3位，分别是亚撒（Asaph）、赫曼（Heman）和耶杜逊（Jeduthun）。亚撒有4个儿子，耶杜逊有6个儿子，赫曼有14个儿子，这24个利未人是24个音乐家队伍的领袖，每个队伍按顺序轮流为宗教圣殿服务。宗教仪式上需要很多乐师参加，大的宗教仪式更加如此；祭品在祭坛上被点燃，乐师们则按顺序围在祭坛四周，科哈（Kohath）家族的人在中间，梅拉里（Merari）家族的人在左边，革舜家族（Gershom）的人在右边。乐师家族的后代终其一生，其唯一目的就是学习音乐并且练习，因为衣食无忧，所以不存在影响音乐练习的障碍，他们也很容易就能把技艺练到炉火纯青。宗教仪式同样也允许女乐手参加，通常都是利未人的女性后裔。赫曼有3个女儿，个个都是音乐专家，而《圣经·诗篇9》（the ninth Psalm）正是写给在圣殿中唱歌的年轻妇女队伍的首领比拿雅（Benaiah）的。

以斯拉在列举获救的被虏获的人时，估计男女歌手就有二百人，据说撒迦利亚（Zechariah）、亚基尔（Aziel）和舍米拉摩（Shemiramoth）掌管第七个音乐队——由年轻妇女组成的音乐队。

古代文献中随处可见唱歌奏乐的女性[①]，其中一部分是最有名望的家族和祭司阶层的后代，古埃及人也是如此，只允许祭司和王室的女性后代侍奉神。希罗多德记载女性在古埃及确实当不了任何神的祭司，只有男性才可以——当然，他谈到提供祭品、

① 《圣经·诗篇》：“歌唱的行在前，作乐的随在后，都在击鼓的童女中间。”——原注

杀死祭祀用的活物及其他与祭祀相关的职责，最适合的莫过于男性。即便如此，女性也在神庙中侍奉神。根据希罗多德记载，这些女性充分学习了宗教知识，即便两个这样的女性被绑走卖到希腊和利比亚，她们也可以就地宣布宗教神谕。两种说法一前一后，似乎互相矛盾，但也不矛盾，因为女性不能担任的只是祭司这样的高级职务。

这些女人鲜有在历史上留下名字的，更别提确切的等级或职位了，但她们还是能担任重要职务，并且这些贵胄家庭的女性后裔都乐于接受[①]。在规格最高的宗教游行中，这些女性成员和男性祭司一起走向祭坛，手里拿着祭祀用的叉铃。法老给祭司献上赞美和祭品，一位王后或公主常常要拿着一件或两件乐器陪在他的身边。

一些叉铃的使用目的是震慑恶灵（Typho），普鲁塔克提及这一点时补充说："（叉铃的）凸面部分呈现一只有人类面孔的猫。（叉铃的）较低部分呈现伊西斯的脸，与之相对的位置呈现尼弗泰斯（Nephthys）的脸。"

叉铃一般分为三枝，很少有四枝，每枝上有3个或4个金属环，发出的响声很大。这样的乐器一般长8英寸到16英寸不等，有时长18英寸，整体由青铜或黄铜制成，有时镶嵌金银或其他饰

① 我们已经注意到，早在第四王朝和第六王朝时期，女性便已经开始担任神职，比如"neter hent"，即"女先知"。这些先知为阿托和奈特两位女神服务。古埃及王后有"neter hemet"或"tut"的宗教头衔，意思是"（阿蒙）神的妻子或助手"。这个头衔被古希腊学者写作"pallakis"，这种头衔很可能只是荣誉性的。后来到第十八王朝出现了宗教叉铃乐手（aha），通过象形文字，我们确定宗教叉铃乐手主要是拿着叉铃的女性。除此之外，还有与神相关崇拜的歌手（qemā）。底比斯的阿蒙–拉神庙就设有这样的神职人员。当时还有若干女性可以担任的世俗官职。——原注

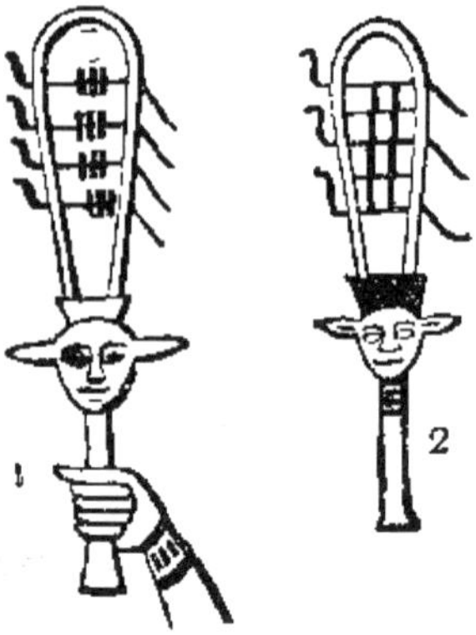

●四枝叉铃的常见款式（1）；一款罕见的叉铃款式（2）

品。一般要直直地拿着叉铃然后摇动，枝上的金属环随之发出声音。这些环常被制成蛇形，两端弯曲以便固定，还有通过相互连接以加固的环，具体参见插图《四枝叉铃的常见款式（1）；一款罕见的叉铃款式（2）》中的2。

赫库兰尼姆的伊西斯神祭品中有一种乐器，由一根棒子和一组活动的球组成，显然演奏的时候是要摇动的；表演者的另一只手还要拿着四个彼此相连的铁环，无疑铁环会发出类似的叮当声。这种乐器出现在古画中的时间已经比较晚了，看上去是从古埃及仪式上“借用”的，所以必须说的是，暂时还没有古埃及人将其当作宗教乐器使用的直接证据。

笔者见过最有趣的叉铃是伯顿发现的，他在底比斯发现了它，并且带回了英国，藏于大英博物馆。这个叉铃外形优美，而且具有明显的埃及特征，这表明这是一只古老的叉铃，它被使用的时候正是古埃及艺术处于巅峰的时代。

大英博物馆收藏的另外两件古代叉铃相对而言年代晚得多，第三件四枝叉铃藏品也是比较接近现代且尺寸较小。伯顿收藏

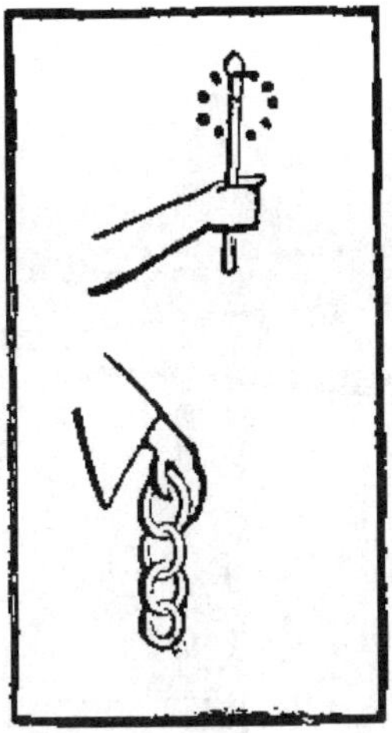

●赫库兰尼姆发现的一款宗教乐器，摇晃后发出铃铛一样响声

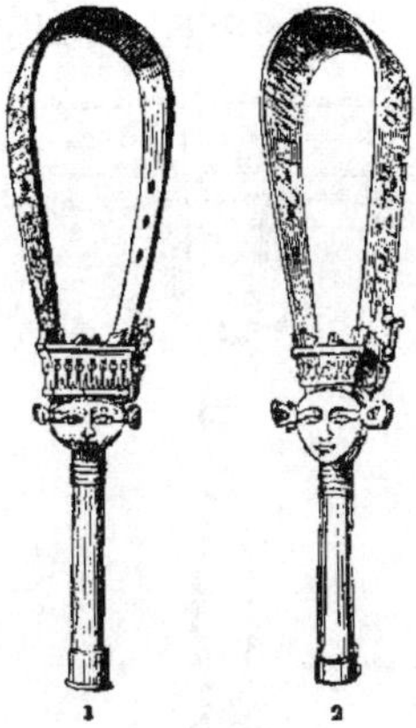

●伯顿发现的叉铃，藏于大英博物馆

的一件叉铃高1英尺4.5英寸，三枝金属杆都是可拆卸的，可惜已经丢失了。叉铃手柄上半部分有女神、宗教标志（兀鹫）及其他标志；叉铃手柄下半部分有一个女性形象，她有两只手，每只手分别拿着一只“叉铃”。

柏林收藏着两件古代叉铃，分别高8英寸和9英寸。8英寸叉铃有四枝，手柄顶端圆盘部分有猫的装饰，还“加冕”了一个圆盘，寓意是“太阳”[①]。9英寸的叉铃有三枝，手柄上的装饰图案是恶灵，而手柄的顶端有阿托头像及其他装饰[②]，没有金属环。

① 它们是罗马统治埃及时期的叉铃。普鲁塔克认为叉铃的四股象征着世界上的四种元素。——原注

② 《埃及考古学辞典》第514页：早期，叉铃顶部都会装饰阿托头像，并且头像上常常镶嵌金银阿托大概相当于希腊的阿芙洛狄忒或维纳斯。19世纪，博物馆里已经收藏了比伯顿发现的时间更早的叉铃。“sistrum”一词显然来自“ses’”，尽管“seistron”一词可能来自古希腊。摇叉铃的动作被称为“àrt

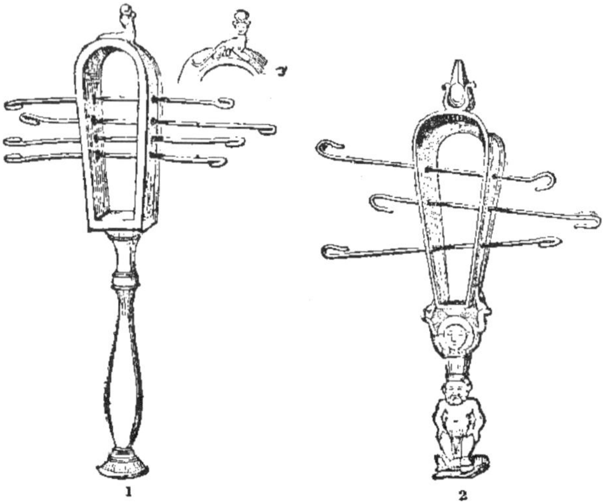

●柏林博物馆所藏叉铃：1 四枝叉铃，顶部有猫（狮）头，是罗马时期的乐器；2 三枝叉铃，把手被做成贝斯神的形状，上方是阿托神头像，也是罗马时期的乐器

但同一批藏品中还有一只埃及三枝叉铃，做工粗糙，却有三个环。虽然叉铃枝数和古雕像有区别，但环数是一样的。

古埃及的舞蹈有各种舞姿，舞者在表演时都会尽力呈现出来。有时，男女共舞；有时，男女分别跳舞。一般来说，当时的人们更喜欢分开跳舞，因为分开跳舞更优雅、更有气质。舞者随着舒缓的音乐起舞，音乐非常衬托他们的动作，体现出古埃及人的优雅。舞者表现出这样的舞姿，并且出现在底比斯的古墓

ses'"，是喜悦的动作。除了本节插图中的木制叉铃（可能是一个木制雕像的组成部分），还发现过蓝色或蓝绿色的瓷器叉铃款式，从手柄来看，其尺寸比较大。大英博物馆收藏的西奥叉铃带有鹰和秃鹫的装饰，其底座呈现出塔的形状，有时镌刻着"Bast"——这个女神大概相当于阿耳忒弥斯，同时是第二十六王朝一位法老及其直系继承人的姓名。有人猜测叉铃在葬礼上使用，但 19 世纪还没有发现直接证据。——S.B.

中[1]，怎么能不让人好奇！除了舒缓的动作，有人喜欢活泼的动作，并且搭配活泼的音乐。人们跳舞的兴致一来，也会一改东方舞蹈的风格，而是像我们欧洲人一样一跃而起，参见本章插图《各种不同舞姿》。这种场合不投入太多种乐器。我们看到了圆柱形的手锤，以及拍手的女人，这是用来代替铙钹和响板的。

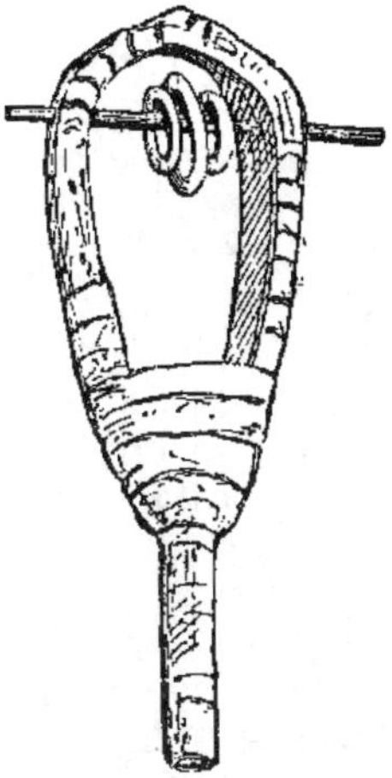
●柏林博物馆所藏古代简易叉铃

古埃及舞蹈以优雅的体态和手部动作著称，而舞蹈的品位则由舞者的身份地位或能力决定，祭司家中演出的舞蹈肯定和农民或城镇底层人们欣赏的舞蹈不同，这在任何国家都是一样的。

对于舞蹈这种娱乐活动，古埃及贵族不习惯在公私场合欣赏，社会底层的人们和靠利用各种节庆聚会搞钱的人们在这方面参与程度更高。古希腊人也习惯在宴会上让精通音乐与舞蹈的妇女待客，他们认为舞蹈是社会所有阶层都可以沉浸其中的娱乐活动，是上流人士应该取得的成就，所以舞蹈应该像音乐一样成为教育的一部分就不让人感到惊讶了。

古罗马人则反之，他们认为乐舞都不是有地位的人或者聪明人该去沉迷的东西。

西塞罗说："清醒的人是不跳舞的，除非他疯了——在独处时，上流社会的人们亦然。因为舞蹈是恣意欢愉、放荡和尚侈者

① 约公元前1450年的古墓。参见插图《各种不同舞姿》。——原注

●各种不同舞姿：1 跪地转头；2 手持乐器；
3 跳舞打鼓；4 转过身来；5 往前行进

的伴侣。①”

希腊人也不会过度迷恋舞蹈，有个性的智者认为这是不雅的。根据希罗多德记载，雅典人希波克拉底（Hippoclides）曾在希腊所有贵族面前被推荐为阿尔戈国王克利斯提尼（Clisthenes）的驸马，但由于在舞蹈中他的姿势过于夸张而被拒绝。

希腊人中最以热爱舞蹈著称的是爱奥尼亚人，但从他们轻浮的歌声和舞姿来看，这种舞蹈有淫乱的特点，被罗马人称为“爱奥尼亚式动作”（Ionic Movements），和19世纪东方的“阿尔美赫斯”②一样。只有不那么淫秽的温和的舞蹈才被认为符合众神的

① 在撒路斯特（Sallust）生活的时代，罗马妇女常常载歌载舞。——S.B.

② 写作“Alméh”、“Eulmeh”或“Ghowázee”。埃及等地的妇女跳这种舞时都有小提琴和铃鼓伴奏，并且姿势都很不雅。“Eulmeh”本来用来形容有学问的妇女，她们靠背诵诗歌取悦幽居深宫之中的女性。这种称呼被“Ghowázeh”

身份。朱庇特的身份是“众神和众人之父”，以众神中舞蹈的形象出现。盲诗人荷马认为，阿波罗不仅和众神一起跳舞，还得了一个“舞者”（orchestes）的头衔，因为他的艺术能力十分出众。很久以前还没有被称为“奢侈品”的东西。那个年代的舞蹈都很纯洁。阿特纳奥斯说：“跳舞的人都是有荣誉、有智慧的人。”

但早期舞蹈的纯洁、简朴很快就被浮夸的动作毁了①，普鲁塔克说：“在我们的时代，没有任何与音乐有关的艺术像舞蹈一样受到如此大的贬损。”

古埃及人担心舞蹈会让自己这个活泼快乐的民族快速腐朽，所以不把舞蹈当作教育的必要组成部分，更不认为一个清醒的人应该沉迷于此。与其当作一种成就，不如说古埃及人只把舞蹈看作一种消遣，在聚会上雇用专业演员跳舞娱人娱己，这样就不会让自己的尊严在享受舞蹈的同时被诋毁了。

古埃及人担心舞蹈会使一个天生活泼、追求欢乐的民族的风俗败坏，认为舞蹈既不是教育的必要组成部分，也不能培养人的理智，遂禁止上层人士把它作为一种成就，甚至作为一种娱乐来学习也不可以。不过，古埃及人在集会时允许用专业舞蹈演员招待客人，从而在不损害自身尊严的情况下认可了舞蹈有娱乐的价值。

只要有人出钱雇用自己，就要对其言听计从，在私下里尤其是这样。所以表演者必须尽量避免任何令人不悦的姿态或表情，

取代，这个单词由“Ghoos”（勇士）衍生而来，“Ghoos”是马穆鲁克的一种头衔。马穆鲁克的宴会上经常可见妇女舞蹈，但她们的地位已经没那么高了。——原注

① 苏格拉底很鼓励跳舞，认为这有益健康。——原注

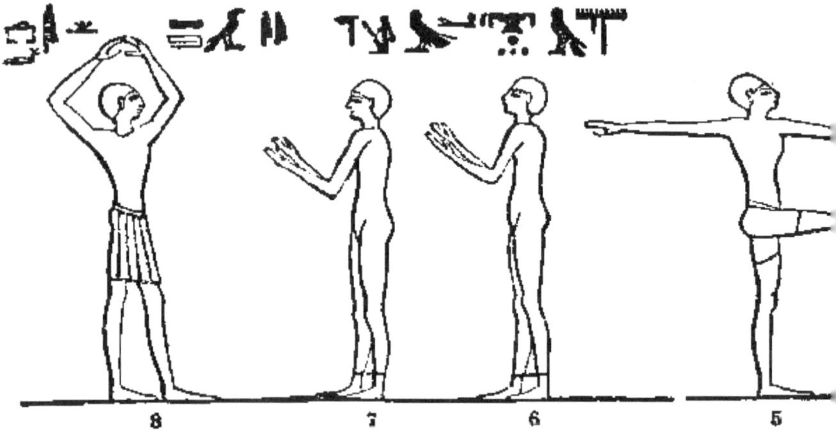

●三千五百年前的古埃及舞姿：1 发出邀请；2 接受邀请；3、4、5 皮鲁埃特旋转；6、7 女歌手；8 举起双手，这是一种古代芭蕾舞舞姿

表演者首先要了解观众的口味，不会自以为是地“创新”，这就导致不同社会阶级的人欣赏的表演在风格上差距极大。

富人对表演的需求是表演者体态、动作优雅，而小丑讲一些不失体面的笑话大家也是可以接受的。无论贫富，只要办宴会音乐就必不可少，大家随着竖琴、里拉琴、吉他、手鼓等乐器发出的声音跳舞①，走在街上的人随着鼓声就能直接起舞。

古埃及人的舞姿很多类似现代芭蕾舞，古埃及人早在3500年前就很喜欢皮鲁埃特旋转这样的动作。

女舞者的衣服薄如蝉翼，透明的料子质地很好②，能凸显出

---

① 《圣经·马太福音》：“我们向你们吹笛，你们不跳舞。（我们向你们举哀，你们不捶胸。）”——原注

② 古希腊人在作画时不仅会画衣服，而且会用透明手法表现舞者的身体轮廓。——原注

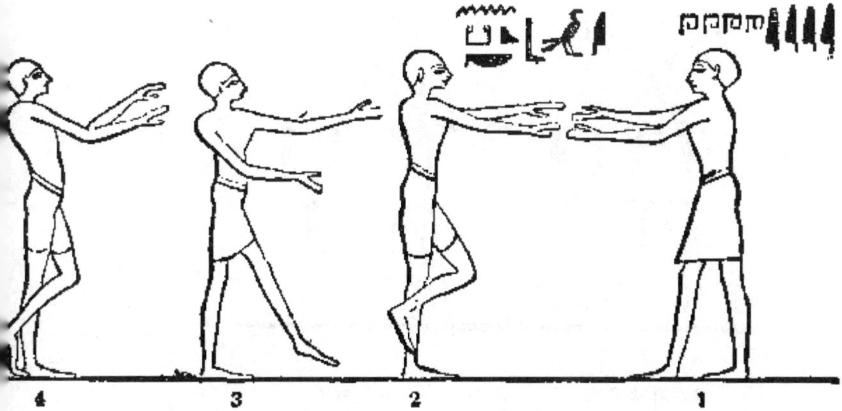

她们的体态和动作之美。一般而言，女舞者都穿遮住脚踝的宽松长袍，有时会在腰部系紧长袍；臀部周围有一个狭窄的小腰带，腰带装饰着珠子等多种饰品。有时，女舞者跳舞完全不穿衣服，但她们是否故意这么做却很难判断，因为壁画中的长袍轮廓被抹去了；一些古代遗迹虽然保存较好，但其壁画模糊得难以辨别。19世纪的我们还是很难想象，古埃及人这种高度文明的民族会堕落到接受让艺术家记录裸女对着男人跳舞这样的事情。神职人员会允许吗？明显不可能。

奴隶们要学习音乐和舞蹈技能，除了照料家务，他们还要跳舞给亲朋看。埃及自由人可以靠表演谋生，这可以从古画中被画成与同胞肤色相同的舞者形象看出。

跳舞可以独自一人或者两人手拉手，还可以有音乐伴奏，具体可参见本章随附的几张相关插图，如《独舞的男性》和《象形文字中的“dance”（舞蹈）》等。

不管舞蹈是否有音乐伴奏，舞者都会展现力量和敏捷：有些

●独舞的男性：1号笛舞（hornpipe），举起双手，脚踏地面；2举起双手，抬起一只脚

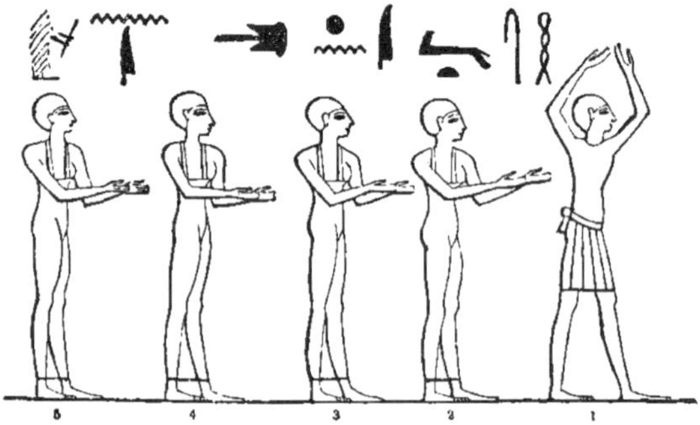

● 1独舞的男性；2、3、4、5歌唱的女性

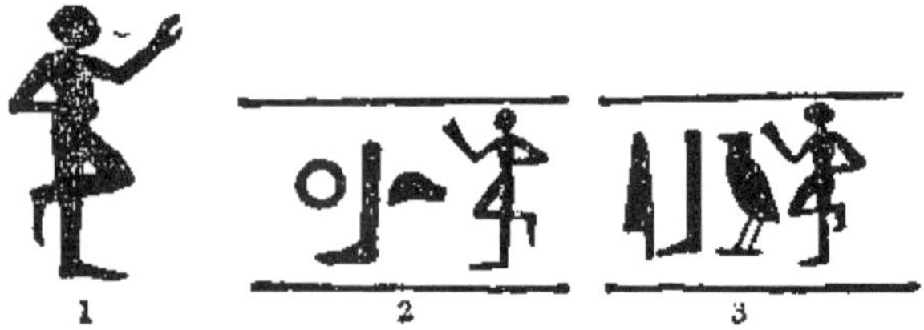

●象形文字中的“dance”（舞蹈）：1象形文字中的“dance”一词；2形容一种舞蹈的单词“χebt”；3形容一种舞蹈的单词“abu”

舞者互相拉着手，从一臂之长的距离向相反的方向旋转；有些舞者以各种困难的姿势把对方从地上举起，并尝试各种可以通过敏捷或力量完成的杂技姿态；但由于这些姿态更适合当作竞技比赛的名称来介绍，所以笔者不会在这里啰唆，而是结合古埃及人的体操一起谈。①

低级舞者倾向于表演哑剧，这容易理解，因为乡野村夫更喜欢粗犷可笑的表演，而不是优雅绰约的姿态。当然，插图《舞人像》中的一些人手持兵器跳跃的姿态是模仿战争中的动作，但这也可能是在表演中展现古埃及人尚武。

除了上述舞蹈类型，古埃及还流行另一种舞蹈。在这种舞蹈中，两个搭档（通常是男人）相向而行，面对面站在一条腿上，在做完一系列动作后，又向相反的方向退去，继续用一只手握住，最后互相转身，就像《舞人像》6a和6b表现的那样。《舞人像》中间一对舞者的姿态是常见的舞蹈动作，这一点可以从象形文字中采用同样的形式作为描述舞蹈的象征性方式得到充分证明。

---

① 几个早期埃及王朝的墓穴中有若干关于舞蹈的壁画或者雕像，比如莱普西乌斯作品记载的双手过头、右脚离地的动作。孟菲斯一座古墓中的闭环呈现出14名妇女在摆祭品的桌子前跳舞的场景，对应的铭文是“后宫中人的歌舞”（*hes àn χen em àm*），另一座墓中的同类作品则刻画了15名妇女的形象。第六王朝的安姆特（Anmut）墓中的一处壁画呈现了3名妇女跳舞的情形，铭文写作“*ab en χetf*”（过去的舞者），另一处壁画也有随附铭文“*χen en am*”（后宫四个女人的舞蹈）场景。被发现的裸舞场景刻画不少，后来的“阿尔美赫斯”也继承了这一点，不过裸舞的时候也会系腰带（kestos）。与此相关的古代铭文有的模糊，有的清晰，罗塞里尼的作品中记录了“per em neter”（神的表演），代表了佩特女神（象征“天”）在塞布女神（象征“地”）的上方舒展身体的情形。还有表现“sat kar sak”（用凉鞋打倒）的场景，表现埃及法老揪住一个女人的头发，用一只手在她头上挥舞的情形。第五王朝的普塔赫特普（Ptahetep）墓中刻画的舞蹈动作具有连续性、冒险性，呈现了一对年轻双胞胎兄弟冒险的场景。参见杜米申（Duemichen）的《结果》（*Die Resulate*），1869年出版于柏林。——S.B.

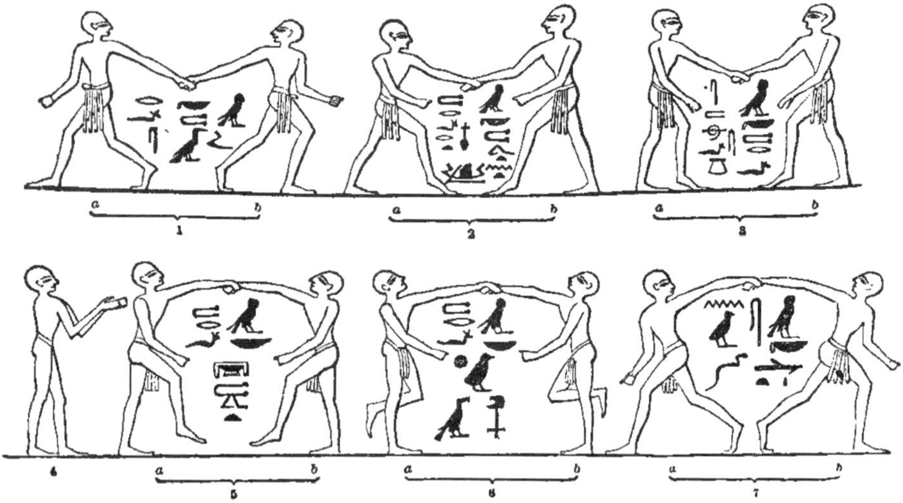

●舞人像：1“mek terf mus”，芭蕾舞“牛群”，这是对牛的模仿；2“mek terf ti nefer en ua”，模仿一队船舶的舞蹈；3“mek terf sta sef h”，模仿动物（sef k）姿态的舞蹈，其实只有领舞才扮演动物；4—7 在原图例和增补的描述中存在分歧，原图例：4 拍手动作；5 模仿一群人淘金的舞姿；6 模仿一列柱子；7 皮鲁埃特旋转（pirouette）。增补描述：4“mek terf nub ti”，即模仿淘金；5“*mek terf uχa*”，模仿排成一列的柱子；6“mek ua snut”，皮鲁埃特旋转。增补的 4—6 引自莱普西乌斯作品

另一种舞姿就是脚跟触地，另一只脚踩实，然后交换双脚。19世纪，这种舞姿仍然存在，参见插图《独舞的男性》。

古埃及人等民族非常重视舞蹈中手部动作的应用，普鲁塔克就曾提到一个因为舞姿标准而被赞扬的人①。我们恐怕不能把古埃及和古希腊的舞蹈艺术分成三个部分。舞蹈、诗和歌曲可能使用同样的分类法。

虽然上层对舞蹈享受施加了限制，这种限制好像管不住底层的人们——底层的人们醉酒以后就会纵欲妄为，还会像东方其他国家的人们一样讲荤段子取乐。古埃及人在这种场合会旋转身体，尽管不灵活。有些人甚至双手抱于胸前，以头顶地表演倒立，并表演各种专业的滑稽动作。

与古希腊人一样，犹太人认为在庄严或喜庆的场合，有身份的人不该跳舞，米里亚姆、大卫王和希罗底（Herodias）的女儿的显著例子就充分说明了这一点。

古埃及人还会在神庙中跳纪念诸神的舞蹈，这从对古代几个宗教游行队伍的描述中可以看出。游行队伍中的人们根据音乐的声音做出手部动作，然后在接近神庙的时候跳舞。这种活动和普通庆祝活动有什么不同，19世纪的我们仍然没有定论；尽管形容这些活动的象形文字和通俗舞蹈图案所配象形文字完全一样，但我们或许可以认为这表明普通舞蹈与神庙宗教舞蹈很像。

乍一看，这好像亵渎了古代宗教的严肃性，但当我们回想起在方舟前跳舞的大卫王的心情，就不会觉得很奇怪了。犹太人认为用舞蹈、手鼓和竖琴接近上帝是自己宗教义务的一部分，

① 这可能不是指艺术舞蹈，而是指某种体操动作，但接下来，普鲁塔克还是提到了舞蹈中的各种手部动作。——原注

这足以消除任何可能对埃及仪式中引入这种舞蹈的可能性提出的异议[①]。一个更有力的证据是犹太人崇拜黄金牛犊（golden calf）的活动，活动的内容包括歌曲和舞蹈，这是他们一离开埃及就立刻出现的习俗。[②]

① 《圣经·诗篇》："愿他们跳舞赞美他的名，击鼓弹琴歌颂他。"——原注

② 结合前文，我们有理由相信，完全可以用舞蹈表达连续的动作甚至故事的叙事，但这是私人领域而非公共领域的表演，由女性、达官显贵的家族成员或请来的舞者表演。古埃及人不跳芭蕾舞，也不会以松紧绳作为舞蹈的道具，19 世纪发现的墓葬雕像和壁画，乃至古代文献都没有发现古埃及人用舞蹈来表现剧情。除此之外，我们有理由相信当时已经有动物被训练表演某种舞蹈，歌手或清唱，或在竖琴等乐器的配合下歌唱。人们的态度和思想感情决定了文明的高度，古埃及文明重视审美。阿托女神被认为是主管乐舞的神，贝斯被塑造为能歌善舞的神。歌舞一起表演算是已知最古老的娱乐活动，无论何时何地，无论一个种族是野蛮还是文明，都会享受它。——S.B.

图书在版编目（CIP）数据

神的子民：古埃及人的风俗与日常. 第Ⅰ卷 /（英）约翰·加德纳·威尔金森著；梁力乔译. -- 北京：中国工人出版社，2024. 9. -- ISBN 978-7-5008-8511-5

Ⅰ. K411.2

中国国家版本馆CIP数据核字第2024YU8481号

神的子民：古埃及人的风俗与日常. 第Ⅰ卷

出 版 人	董　宽
责任编辑	傅　娉
责任校对	张　彦
责任印制	黄　丽
出版发行	中国工人出版社
地　　址	北京市东城区鼓楼外大街45号　邮编：100120
网　　址	http://www.wp-china.com
电　　话	（010）62005043（总编室）　62005039（印制管理中心） （010）62379038（社科文艺分社）
发行热线	（010）82029051　62383056
经　　销	各地书店
印　　刷	天津中印联印务有限公司
开　　本	880毫米×1230毫米　1/32
印　　张	18.25
字　　数	409千字
版　　次	2025年1月第1版　2025年1月第1次印刷
定　　价	98.00元